樊登 著

《孟子》新解

·上卷·

中信出版集团 | 北京

图书在版编目（CIP）数据

《孟子》新解：全2册/樊登著. -- 北京：中信出版社，2024.7（2024.7重印）
ISBN 978-7-5217-5110-9

Ⅰ.①孟… Ⅱ.①樊… Ⅲ.①《孟子》－研究 Ⅳ.①B222.55

中国国家版本馆CIP数据核字（2024）第109529号

《孟子》新解
著者：　樊登
出版发行：中信出版集团股份有限公司
（北京市朝阳区东三环北路27号嘉铭中心　邮编　100020）
承印者：　三河市中晟雅豪印务有限公司

开本：787mm×1092mm 1/16　　印张：43.5　　字数：540千字
版次：2024年7月第1版　　印次：2024年7月第3次印刷
书号：ISBN 978-7-5217-5110-9
定价：129.00元（全2册）

版权所有·侵权必究
如有印刷、装订问题，本公司负责调换。
服务热线：400-600-8099
投稿邮箱：author@citicpub.com

目 录

梁惠王 上

XVII 序言

002 **义利之辩：**
学会站在更高维度看问题

006 **为师者：**
唤醒自尊，点亮价值

010 **王无罪岁：**
遇到不如意，多反省自身

015 **仁者无敌：**
管理国家，比武力更重要的是人心

021 **定于一：**
你的价值观是怎样，你的行为便是怎样

025 **君子远庖厨：**
学会修炼心性，把善念放大

030 **推己及人：**
挖掘需求前，你得先搞懂自己

035 **缘木求鱼：**
方法对了，才能事半功倍

梁惠王 下

044 与民同乐：
感同身受，是提升领导力的重要一课

050 一怒而安天下：
大勇有大智

055 雪宫问乐：
厉害的人会拼，更会玩儿

061 寡人有疾：
先相信，再做到

067 智者千虑，必有一失：
犯错不丢人，只要敢于直面错误

072 璞玉于此，玉人雕琢：
让专业的人做专业的事

077 拯己于水火之中：
管理的出发点，是让大家都变得更好

082 出乎尔者，反乎尔者：
你的福报、恶报，都来自你自己

085 强为善而已：
不要讨好别人，要让自己强大

089 君子不以其所以养人者害人：
懂得放弃，也是一种智慧

093 行止，非人所能也：
不要在意他人的评价，而是做好自己的事

公孙丑 上

100 **行仁政而王：**
懂得顺势而为，才能有所作为

106 **四十不动心：**
坚持本心，每个人都能活出自己的勇敢

111 **我善养吾浩然之气：**
做好每件小事，活出自己的道义

116 **不仁不义不为之：**
古之贤者，必先养心

124 **以德服人：**
在其位，尽其本分

132 **人皆有不忍人之心：**
不断放大内心的善良，那是很了不得的事

136 **善与人同：**
做人，要多学习别人的长处

140 **隘与不恭，君子不由也：**
过于坚守自己的个性并不是一件好事

公孙丑 下

146 天时不如地利,地利不如人和:
我们掌控不了外界,只能掌控自己

150 用师者王:
任人唯贤,企业才能越做越强

156 君子货取:
当受则受,当辞则辞

161 无官守无言责:
身心自在,进退自如

166 尽于人心:
做事的标准是让自己心安

170 何为劝之哉:
懂得倾听别人说话的真实意图很重要

174 过则改之:
在不确定性中把事做成

178 有人乎缪公之侧:
职场上学会沟通是一件很重要的事

185 君子不怨天,不尤人:
不因他人言论,轻易放弃梦想

滕文公 上

192 **圣人必可学而至**:
别人能做到的,你也一样可以做到

196 **草尚之风必偃**:
想要别人做什么,自己要先做好表率

201 **民事不可缓**:
仁君理应把百姓摆在第一位

207 **百工各有所劳**:
任何系统的正常运转,都离不开有效合理的分工

213 **为天下得人难**:
管理最难的,是寻找合适的人才

218 **物之不齐,不可同贾**:
尊重价值,是管理好市场的第一步

223 **无差别对待甚难**:
亲疏远近之分,乃人之常情

滕文公 下

230 枉寻而直尺不可为：
为利而失去底线，不可取

235 大丈夫者：
有所为，有所不为

238 仕由其道：
凭本事赚钱才是君子所为

246 举首而望之：
理想和现实总有差距

252 谁与为善：
永远不要低估环境对一个人的影响

256 由是观之，则君子之所养可知已矣：
一个人为人处世的态度，反映了他的人格

260 如知其非义，斯速已矣：
并不是所有事都能循序渐进，有些改变刻不容缓

263 夫子好辩：
为正义，该发声时要发声

270 仲子恶能廉：
苦难，从来不值得被歌颂

离娄 上

276 **公输子之巧：**
没有规矩，不成方圆

281 **法尧舜：**
道一以贯之，做到仁义足矣

286 **反求诸己：**
遇到问题要学会从自身找原因

290 **仁不可为众也：**
行仁政，是让天下人归附的唯一途径

294 **人必自侮，然后人侮之：**
你对待自己的态度，决定了别人对你的言行

299 **自弃者，不可与有为也：**
自暴自弃的人不值得交往

303 **伯夷辟纣：**
管理的最高境界是收买人心

308 **存乎人者，莫良于眸子：**
一个人的内心藏在眼睛里

312 **其身正，不令而行：**
最好的教育是以身作则

315 **事亲，事之本也：**
真正的孝顺，不只是物质的富足

离娄 下

330 君子平其政：
利他，是最高级的利己

336 君仁莫不仁，君义莫不义：
做人懂大义，不非议

341 言不必信，行不必果：
君子不世故，永葆赤子心

345 惟送死可以当大事：
珍惜时光，敬畏生命

347 君子欲其自得之也：
真正的学习不在于别人教，而在于自己领悟

351 以善养人，然后能服天下：
自己善良还不够，要让别人成为善良之人

353 不祥之实，蔽贤者当之：
做一个内心坚定的人

355 声闻过情，君子耻之：
人要做有本之水，而不要做无本之雨

358 由仁义行，非行仁义也：
不要强迫自己，而要出于本心去做事

361 立贤无方：
向古人古书学习，做称职的管理者

366 **为师必察人**：
老师要先教会学生怎么做人

372 **西子蒙不洁**：
因势利导事竟成

376 **君子无一朝之患**：
度量大了，烦恼起码少一半

381 **进退皆有道**：
达则兼济天下，穷则独善其身

384 **君子合乎义**：
一个人值不值得交往，主要看其内心准则

390 **圣人无异于常人**：
唯一的区别，在于内心是否光明

万章 上

394 **大孝终身慕父母**:
在追求未来之前,要学会与原生家庭和解

402 **永言孝思,孝思维则**:
一个人和世界的关系是和家庭关系的映射

409 **天与之**:
你只管努力做好自己,剩下的上天自有安排

417 **万章论圣贤**:
谣言止于智者

万章 下

428 治则进，乱则退：
识时务，知进退，凡事恰到好处

433 友也者，友其德：
交友之道，贵在平等

440 恭也：
与人交往，莫过于"恭敬"二字

446 辞尊居卑，辞富居贫：
真正的"躺平"需要极高的修为

453 不敢见于诸侯：
真正的交朋友，是结交贤人

告子 上

460　**人无有不善**：
仁义来自人的内心

467　**求则得之，舍则失之**：
人和人的差别在于能否顺应本性生活

474　**苟失其养，无物不消**：
教育的本质是让人意识到自己的善良和美好

482　**专心致志**：
无论做什么事，都应坚定不移

488　**不知类**：
学会思考，用理性和智慧洞察事物的真相

494　**人人有贵于己者**：
真正的尊贵源于自尊

告子 下

500 礼重之辩：
不在同一基线上的比较，没什么意义

504 人皆可以为尧、舜：
只要你愿意做，没什么难的

509 亲亲之怨为仁：
向父母表达自己的愤怒，是被允许的

513 怀利与怀仁义：
合作，不能只谈利益

517 仪不及物：
比起礼物本身，心意更重要

520 不识君子：
心中若怀仁义，不必求同

526 逢君之恶其罪大：
挑选人才，尤其要警惕阿谀奉承之人

531 不能一朝居也：
人不能太短视，要学会把眼光放长远看问题

539 言将行其言也：
能够做到自我实现，是工作的最好处境

544 生于忧患而死于安乐：
不要小看挫折带给我们的成长力量

尽心 上

550 修身以俟之，所以立命也：
对内凡事尽心，对外顺从命运

555 反身而诚，乐莫大焉：
获得快乐的最佳途径就是忠于自己的内心

559 穷不失义，达不离道：
无论穷或达，都要守住做人的道德底线

563 虽无文王犹兴：
真正的强者，从来都不会被动等待

568 无欲其所不欲：
顺应本心，时间自有答案

573 正己而物正者：
用自身的品行去影响外界和他人

579 登泰山而小天下：
树立宏图大志，才能有所成就

584　人能无以饥渴之害为心害，则不及人不为忧矣：
　　　有时慢下来，才是接近目标的最快方式

591　居仁由义，大人之事备矣：
　　　不要拘泥于小事，在大事上要拎得清

599　恭敬而无实，君子不可虚拘：
　　　真正尊敬对方，才是君子交往之道

607　无疑而问：
　　　若非真诚发问，并无解答之必要

611　薄厚皆有度：
　　　平衡之道的关键，在于各安其位

614　当务之为急：
　　　事有轻重缓急，成大事者当不拘小节

尽心 下

618 **尽信书不如无书：**
要用思辨精神恰当地理解书里的内容

625 **若固有之：**
不为外物所役，安之若素

633 **不信仁贤，则国空虚：**
虚名不如民心，得民心者得天下

637 **贤者昭昭：**
仁义，勇敢，正直

641 **再作冯妇：**
时过境迁，应调整自己的心态和行为方式

646 **大而化之之谓圣：**
人格有六个等级——善、信、美、大、圣、神

650 **人皆有所不忍：**
从小处着手，修炼仁义之心

655 **养心莫善于寡欲：**
修身养性最好的方法，就是减少自己的欲望

660 **思狂狷，恶乡原：**
伪君子比真小人更可怕

666 **然而无有乎尔，则亦无有乎尔：**
以天下为己任，是孟子的大丈夫气概

序言
敬仰孔子，喜欢孟子

如果能生活在圣人身边，你很难把孔子当朋友，因为他"望之俨然，即之也温"，所说所做无不中规中矩，"从心所欲不逾矩"。这种没有缺点的"合适"实在令人肃然起敬，只能感慨"瞻之在前，忽焉在后""高山仰止，景行行止"。但孟子就不同了，这个人有很多缺点，有缺点的人才会显得可爱。比如孟子性急，骂起人来口不择言。梁惠王虚心向他请教，他说梁惠王"率兽而食人"，说刚刚即位的梁襄王"望之不似人君"，说青年导师墨子和杨朱"无父无君，是禽兽也"。他骂人骂得理直气壮，而且当面背后一样骂，从来不怕打击报复。孟子一直自信地认为"圣人复起，不易吾言"，但我怀疑孔子会送他一句"质胜文则野"。

孟子也很天真。他有一套肯定实现不了的仁政思想，到处兜售。他认为只要把一个小国家用仁政治理好了，外部的敌对势力就会纷纷放下武器，像久旱逢甘霖一样地渴望被你征服。在弱肉强食的战国时代，很少有诸侯敢听他的。他把这套天真又自洽的理论讲到自己都感动了，却只说服了后世同样天真的读书人。孟子也能挣钱，他可能是中国最早的知识付费创业者。面对农家学生的质疑，孟子认为教化解决的问题远大于种田和做车轮，凭什么不能收钱？是的，孟子和孔子不同，他更像一个敢爱敢恨、喜欢辩论，也有着焦虑的现代普通人。但这个普通人却有着绝对的过人之处，这让他成为包括我在内的很多人的精神支柱。

孟子有一股浩然正气！"仰不愧于天，俯不怍于人""心勿忘，勿助长"。他对于自身的修养不是仅仅停留在语言文字可以描述的境界，而是进入了一个感觉、探索、意会的境界。如果操之过急，就会"揠苗助长"；而如果不思精进，又会"一曝十寒"。孟子一定是领悟到了一些孔子没有涉足的东西。后来禅宗的"言语道断，心行处灭""不立文字，教外别传"，在孟子这里已经有了体会和总结。所以王阳明在后来建立心学时接续的，大都是孟子的血脉。"知行合一""心即理""在事上磨炼""触之不动"这些心学理念和方法，几乎都可以在《孟子》中找到源头和启示。

孟子活得坦荡、快乐、不纠结。骂他的人很多，但他说"有不虞之誉，有求全之毁"。这句话得安慰多少舆论旋涡中的名人啊！别老觉得自己挨骂委屈，你还接受了很多过誉之词呢！孟子号召每个人在与别人交往的时候多反思自己的问题，所谓"行有不得者皆反求诸己"。但如果你反思来反思去自己都没什么错，对方还是对你不满意，那对方就是个"妄人"！妄人，就是神经病啊！你跟一个神经病纠结什么？你看，什么烦心事到了孟子这里，都没啥好纠结的。行所当行；义之所在，虽千万人，吾往矣！

我喜欢孟子的一个重要原因，可能是我们都在做着一些"知其不可而为之"的事情：劝人读书，劝人向善。孟子一定也遇到过这样的抱怨：“我学了很多，可是没什么用啊！”"我读了很多书，可是还是很烦恼啊！""为什么我读了书总是记不住？""为什么我读了书总是不会用？"……孟子给这些人讲了一个"杯水车薪"的比喻。水能灭火是一个常识，但一杯水能否扑灭一车柴引发的大火呢？当你只用了一杯水救火，就宣布水不能灭火的时候，是否太没有耐心呢？知识可以减少烦恼，善行能够减少恶行，但如果你浅尝辄止，并到处宣扬知识无用论，那不仅自己吃亏，还连带着祸害别人。

以上几点，不能表达孟子价值之万一。所以我花了很大力气，把整本的《孟子》逐字逐句地讲解了一遍。和《樊登讲论语》一样，我依然是以现代人的视角去理解圣人，更看重《孟子》在今天生活中的价值。解读的角度涉及心理学、领导力、经济学、管理学和复杂科学等。尽管可能贻笑大方，但我依然希望孟子是一个活在我们身边的智者。他的言语和文字，在今天依然生动。

梁惠王

上

义利之辩：
学会站在更高维度看问题

　　孟子见梁惠王。王曰："叟，不远千里而来，亦将有以利吾国乎？"

　　孟子对曰："王，何必曰利？亦有仁义而已矣。王曰：'何以利吾国？'大夫曰：'何以利吾家？'士庶人曰：'何以利吾身？'上下交征利，而国危矣。万乘（shèng）之国，弑其君者必千乘之家；千乘之国，弑其君者必百乘之家。万取千焉，千取百焉，不为不多矣。苟为后义而先利，不夺不餍（yàn）。①未有仁而遗其亲者也，未有义而后其君者也。王亦曰仁义而已矣，何必曰利？"

注释　｜　① 餍：满足。

　　林语堂曾说过："现代青年人，应该多读《孟子》，常读《孟子》，年年再读《孟子》一遍（《万章》、《告子》、《尽心》诸篇最好）。孟子一生都是英俊之气，与青年人之立志淬砺工夫，是一种补剂。"

　　我也这样认为。

不管时代如何发展，国学经典《孟子》中蕴含的关于企业管理、人际关系、亲子教育、自身修养等方面的人生智慧依然值得我们每个人静下心来好好品读。

在书的开篇，孟子和梁惠王讨论了仁义和利益的话题，孟子也借此向梁惠王阐述了自己的施政理念。

人应该是无私的还是自私的？我们是应该追求仁义还是追求个人利益？这是我们每个人都会面对的现实选择和难题，孟子在这篇里说了他的答案。

"叟，不远千里而来，亦将有以利吾国乎？""老人家你不远千里而来，一定是给我们带来许多好处吧。"梁惠王一张口，就说了孟子最不喜欢的一个词，就是"利"。

梁惠王如此重利，孟子马上告诉梁惠王，满口都是"利"字的结局就是"上下交征利，而国危矣"，如果这个国家从上到下所有人的脑子里想的全是赚钱这件事，国家就危险了。

这让我想到了法国的路易十五，他曾说过一句话，"我死后哪怕洪水滔天"。路易十五骄奢淫逸，为了满足自己的私欲，不管国家的存亡，把能够卖钱的东西全部拿来卖钱，最终导致国家摇摇欲坠。

同样，明朝的万历皇帝为了满足自己的私欲，走上了疯狂敛财的道路。本来整个国家都是他的，他不需要赚钱就可以享受生活，但他不满足于此，让矿监额外向百姓收取钱财，加速了明朝的灭亡。

这些历史都印证了孟子"上下交征利，而国危矣"的观点。

为什么人们会如此注重利益呢？因为人们都有欲望，欲望越积越多，最终向利益转化了。就像孟子说的："万乘之国，弑其君者必千乘之家；千乘之国，弑其君者必百乘之家。万取千焉，千取百焉，不为不多矣。"

在拥有万辆战车的国家，杀掉国君的，必定是在国内拥有千辆战车的大夫；在拥有千辆战车的国家，杀掉国君的，必定是在国内拥有百辆战车的大夫。在拥有千辆战车的国家，这些大夫拥有百辆战车，已经够多的了。

在我们看来，你分个百分之十，差不多了吧？不行，正因为你心中有着无限的欲望，这个欲望最终扩大成想要全部拿走才行。正所谓"苟为后义而先利，不夺不餍"。你永远把"义"字放在后边，把"利"放在第一位的话，你不全拿走，你就不会满足。

历史上有名的阳虎之乱，主角阳虎就是典型的百乘之家。阳虎不满足于家臣的地位，逼着季孙氏签订盟约，把权力让给他，又联合孟孙氏和叔孙氏的家臣，发动政变，把鲁国搞得一团糟。

在孟子看来，相比利益，一个人心中有仁义更重要。仁义是非常重要的。可在现实生活中，很难有一个人能完全做到注重仁义而轻视利益。义和利似乎是一对矛盾体。比如，管理一家公司，是放权多一点好，还是控制多一点好？教育孩子的时候，是宽松一点好，还是严厉一点好？仁义和利益就像天平的两端，到底孰轻孰重？看似是无解的问题，但我从刚刚读的一本书《解惑》中找到了答案。

书的作者是20世纪60年代一个非常著名的整体性思维的学者，他认为这个世界上有两种问题，一种叫汇聚性问题，一种叫发散性问题。

所谓汇聚性问题，比如我要造张桌子，最后造出来的桌子东方西方都差不多，因为它有一个答案。造一辆自行车，造一台电视机，也都如此。

所谓发散性问题，比如，假如你觉得教育孩子宽松些好，那应该宽松到什么程度？宽松到放任，肯定不行。如果你觉得领导一家公司放手更重要，那放手到什么程度呢？放手到完全不管，好像也不太行。所以你发现，发散性问题永远没法找到一个确切的答案，它只能是一个度的问题。

那怎么解决呢？在《解惑》中，作者 E. F. 舒马赫就说，任何两个需要平衡的观点，到最后要想解决问题，绝对不是简单地选择其中的一个，而是从更高的维度出发来解决问题，就是你怎么让矛盾中的各方变得更好。

当时的孟子看到了这层问题，才感叹说："未有仁而遗其亲者也，未有义而后其君者也。"如果一个人心中有仁，他是不可能把自己的父母扔在一边的；如果一个人心中有义，那么他不可能把自己的国君放在自己的利益之后。也就是说，有仁义的约束，才不会让利益走向极端。

而当时的梁惠王根本意识不到这点，他觉得这个世界上没别的，就是利。他觉得周围强敌环伺，每天脑子里想的都是怎么向秦国和齐国报仇。在梁惠王看来，孟子的主张"迂远而阔于事情"，离他要解决的问题太远了，所以他不感兴趣。

梁惠王也想不明白"这个利，我是留得多一点好，还是分给百姓多一点好，我该跟敌国打仗好，还是不打仗好"。这些问题在梁惠王看来非常难以解决，因为它们是无解的，是矛盾的。

其实，孟子的解决方案，才是真正有效的解决方案。即你要从更高维度让这个国家的人理解，什么叫作仁，什么叫作义。

所以，从更高维度来解决你眼下看起来非常棘手的事，调动大家的成长型思维，才是解决发散性问题的方案，这是本篇孟子带给我们的最重要启发。

为师者：
唤醒自尊，点亮价值

孟子见梁惠王。王立于沼上，顾鸿雁麋鹿，曰："贤者亦乐此乎？"

孟子对曰："贤者而后乐此，不贤者虽有此，不乐也。《诗》云：'经始灵台，经之营之。庶民攻之，不日成之。经始勿亟①，庶民子来。王在灵囿②，麀（yōu）鹿攸伏③。麀鹿濯濯④，白鸟鹤鹤⑤。王在灵沼，于（wū）牣（rèn）⑥鱼跃。'文王以民力为台为沼，而民欢乐之，谓其台曰灵台，谓其沼曰灵沼，乐其有麋鹿鱼鳖。古之人与民偕乐，故能乐也。《汤誓》曰：'时日害（hé）⑦丧？予及汝偕亡！'民欲与之皆亡，虽有台池鸟兽，岂能独乐哉？"

注释
① 亟：急，快速，迅速。
② 囿：园林。
③ 麀鹿：母鹿；攸伏：攸，即所，东汉赵岐注："安其所而伏，不惊动也。"
④ 濯濯：肥胖有光泽的样子。
⑤ 鹤鹤：《诗经》作翯，羽毛白而有光泽的样子。
⑥ 于牣：于，语气词，无意义；牣，满。
⑦ 害：何时。

善与恶，光明与黑暗，有时候只在一念之间。

很多人喜欢考验人性，大概是认为人性总是往下走的，但孟子不同，他认为，人人心中都有一个善根。而孟子所说的"人性善"，也是他所倡导的仁政最重要的基础。他坚信，每个人心中那颗善的种子是一定能够被点亮的。因此，无论面对多么顽劣的学生，孟子都不会轻易放弃。

在这一次会面中，孟子便以实际言行诠释了自己的教育观：为师者，最为重要的，便是唤醒自尊，点亮价值。

孟子再次见到梁惠王，一上来梁惠王就给孟子出了一道难题。这一回，梁惠王正"立于沼上"，望着鸿雁和鹿群。此时，梁惠王对孟子说的这句话就很有意思了："贤者亦乐此乎？"

这是什么意思呢？他在问孟子，像你这样的贤良之士，难道也喜欢这些吗？这实际上是梁惠王应对孟子的一套"地趟拳"打法。他先把自己的身段放低——你看，我不讲仁义，你觉得我不是什么好人，那我确实不是什么好人。如果你是好人，你怎么也喜欢这个呢？

他认为，我不贤，你贤，但你这个贤者别和我装，因为你这个贤者也喜欢玩，也喜欢娱乐，你也喜欢看鸿雁麋鹿、沙鸥翔集。

这让我想起做记者时，采访各行各业的人，他们最喜欢带我去打麻将，唱卡拉OK。和这个梁惠王一样，他们先把你拉进跟他们同样的环境中，然后说你也喜欢这个呀？！

在他们看来，贤与同乐是对立的关系——贤者不能与他们同乐，若是同乐便是不贤，和他们没有什么区别了。

对此，孟子又会做何回应呢？

孟子对曰："贤者而后乐此。不贤者虽有此，不乐也。"就是说，只有真正的贤者才能够感受到这件事情的美好。如果你不是一个贤者，你都没法感受到站在这座池沼上的快乐。为什么呢？一个真正的贤者，是有闲情逸致去欣赏景色的,他内心是能够放下的。放不下的人,看着那番景色,心都是乱的。

就像钱锺书先生所讲,你洗了一件衣服觉得很愉快,你喝了一杯茶觉得很愉快,并不是那件衣服和那杯茶给你带来了快乐,而是你心中无事。

这里,就完全展现出孟子为师者的发心——向上而非向下。

原本梁惠王想传达给孟子的是,我就是这么个人,你若不喜欢,干吗和我一起看呢?孟子没有因为他的这番言论而生气,也没有顺着他的话去打压或是贬斥,而是先把他拉到与自己同样的高度。

接着,孟子开始引经据典。他引用了《诗经》和《尚书》中的内容,主要说的是什么呢?同样是动用了民力而坐拥灵台灵沼的君王,周文王与夏桀在百姓那里的待遇却是天壤之别。

文王时期,君愿与民同乐,所以老百姓修建灵台、灵沼就很积极,都踊跃地来帮他,完成后也发自内心地祝福文王,将建造的台、沼称作灵台、灵沼,为自己的国君有麋鹿鱼鳖高兴。周文王的公园,老百姓都能进来逛,所以大家很高兴。

而到了夏桀时期,状况便大不相同。大家都知道,每一个王朝的最后一个帝王,基本上形象都不太好,更别说与民同乐了。桀曾把自己比作太阳,他说我就是太阳,所以你们一定要被我照耀。而他的统治也是非常专制独裁的,不管人民死活。所以,百姓才会发出"时日害丧,予及汝偕亡"这样的声音,意思是"太阳"你什么时候才会死,你死了我和你一块儿死。老百姓想的都是与之同归于尽,盼着他灭亡。

所以,孟子此时又说:"民欲与之皆亡,虽有台池鸟兽,岂能独乐哉?"

像桀这样,虽然拥有了台池鸟兽,但百姓都想和他同归于尽,难道他可以独自享受这种快乐吗?

这里孟子已经给出了答案：你喜欢这个东西没有错，但是你得像周文王一样，如果你与民同乐，百姓也会爱你，他们也希望你过得好，这时候你的喜欢就没有任何错误，反倒是兴旺的先兆。

　　此时，孟子所做的，就是以唤醒自尊的方式点醒梁惠王。

　　从这里可以看到，孟子是很懂教育的良师，他知道，真正的教育，就是要发现他人身上的优点，并且把它不断放大，这也是我们可以从中学习到的智慧。

　　在我们的生活中，无论是作为家长，还是作为管理者，我看到很多人都是非常焦虑的，这是因为他们总是把眼光聚焦在孩子或是员工所犯的错误上。很多人咨询我，说自己的孩子其他方面都好，就是哪里怎么怎么不好。你看，他们总是把焦点放在错误上。这里，我想推荐一本书给大家——《自尊》。

　　我曾经讲过这本书。这本书带给我最大的感受就是，一个人的自尊会带来自律，也就是说一个人的自律水平来自他的自尊水平。要想提高员工和孩子的自律水平，一定要想办法提高他的自尊水平。你得能够看到他身上的亮点，并且激发他，让他能够感受到，他其实有机会做得更好，他有机会成为一个更好的人。

　　当然，有时候，孩子或者员工可能真的很"难缠"，不好管理，就像这个梁惠王，想把孟子从贤者的位置上拉下来。这时候我们就可以向孟子学习。面对梁惠王这个有点难缠的学生，他选择了向上看，先把他拉回和自己同样的高度，再去发现并肯定他的优点，告诉他怎么做可以做得更好，甚至给出了可以参考学习的范例。

　　这便是我们可以从中学习到的，作为教育者或者管理者，我们要懂得发现孩子和员工身上的闪光点，这是非常重要的。

王无罪岁：
遇到不如意，多反省自身

梁惠王曰："寡人之于国也，尽心焉耳矣。河内凶，则移其民于河东，移其粟于河内。河东凶亦然。察邻国之政，无如寡人之用心者，邻国之民不加少，寡人之民不加多，何也？"

孟子对曰："王好战，请以战喻。填然鼓之，兵刃既接，弃甲曳兵而走，或百步而后止，或五十步而后止。以五十步笑百步，则何如？"

曰："不可。直①不百步耳，是亦走也。"

曰："王如知此，则无望民之多于邻国也。不违农时，谷不可胜（shēng）食也。数（cù）罟（gǔ）②不入洿（wū）③池，鱼鳖不可胜食也。斧斤以时入山林，材木不可胜用也。谷与鱼鳖不可胜食，材木不可胜用，是使民养生丧死无憾也。养生丧死无憾，王道之始也。五亩之宅，树之以桑，五十者可以衣帛矣。鸡豚狗彘（zhì）④之畜，无失其时，七十者可以食肉矣。百亩之田，勿夺其时，数口之家可以无饥矣。谨庠（xiáng）序⑤之教，申之以孝悌之义，颁白⑥者不负戴于道路矣。七十者衣帛食肉，黎民不饥不寒，然而不王（wàng）⑦

者，未之有也。狗彘食人食而不知检，涂有饿莩（piǎo）⁸而不知发；人死，则曰：'非我也，岁也。'是何异于刺人而杀之，曰：'非我也，兵也。'王无罪岁，斯天下之民至焉。"

注释
① 直：只是。
② 数罟：数，细密；罟，渔网。
③ 洿：三国魏张揖《广雅·释诂》云："洿，深也。"
④ 鸡豚狗彘：豚，小猪；彘，大猪。
⑤ 庠序：学校。
⑥ 颁白：头发花白，也作"斑白"。
⑦ 王：以仁德的政治统一天下。
⑧ 饿莩：莩同殍，饿死的人。

世间有两件事最难，一是把你的想法塞进别人的脑袋，二是把别人口袋里的钱转移到你的口袋。

孟子就在做着第一件事，他要把自己对王道的理解说给梁惠王听，并且希望梁惠王能够听进去、做起来。遗憾的是梁惠王不仅有自己的想法，对待孟子的态度也不够重视。直到跟孟子打了两次交道后，梁惠王才意识孟子确实是个不可多得的人才，他开始正视孟子的观点，跟他认真请教问题。

梁惠王有一个困扰他多时的疑惑，那就是："寡人之于国也，尽心焉耳矣。河内凶，则移其民于河东，移其粟于河内。河东凶亦然。察邻国之政，无如寡人之用心者，邻国之民不加少，寡人之民不加多，何也？"

梁惠王认为他是一个用心治国的君主，要是河内的百姓遭灾了，他就把百姓转移到河东，还拿河东的粮食到河内救灾。反之，河东有难，他也会如此操作。但是，让梁惠王费解的是，隔壁赵国和齐国的君主，都没有他这般用心，但他们国家的人口不见减少，而自己国家的人口也不见增多。到底哪个环节出了问题呢？

战国时期，人口数量是衡量一个国家强大与否的重要标准，因为人是劳动力，是财富的来源，而且人口可以自由流动，哪个国家好，人口就流动到哪个国家。梁惠王觉得他是一代明君，百姓一定都会来到他的国家，事实却并非如此。

对此，孟子一眼就看出了梁惠王的问题所在。

他是这么回答梁惠王的："王好战，请以战喻。填然鼓之，兵刃既接，弃甲曳兵而走，或百步而后止，或五十步而后止。以五十步笑百步，则何如？"

既然梁惠王喜欢打仗，那孟子就用战争中发生的事给他讲道理。

战场上兵刃相见，稍不留神，命就没了。当战鼓敲响，两军对垒时，有士兵就怕死了，为了尽快逃命，就把沉重的铠甲一扔，赶紧跑路。有些人跑出去五十步，就会嘲笑那些跑出去一百步的士兵，因为他们觉得自己还算勇敢，而那些跑得远的人，才是懦夫和逃兵。这就是我们熟知的"五十步笑百步"。

梁惠王对临阵脱逃的士兵一律严惩，他不管你是跑出去五十步还是一百步，只要你逃跑了，就要重罚。但秦国的做法不一样。士兵逃跑二十步、五十步，或者一百步，惩罚是不同的。

对此，梁惠王认为自己是对的，跑出去五十步的人是没有资格和立场嘲笑跑百步的人的。因为大家的行为本质相同，结果一致。

孟子用了三句话，进一步剖析梁惠王提的问题：为什么他是仁君，国家人口却不比别的国家多？

第一句是"不违农时，谷不可胜食也"。这话跟《论语》中"使民以时"有着异曲同工之妙。身为一国之君，要让百姓顺应天时。比如到农忙的时候，百姓要忙着播种施肥除草，你就不能大兴土木，把百姓安排去修王宫、建城池。你违背自然规律，导致老百姓没法好好种地，全国百姓吃什么？用什么？所以，按照自然节气，让百姓安心务农，才能保证百姓衣食无忧。

第二句是"数罟不入洿池，鱼鳖不可胜食也"。这个"罟"字是渔网的意思，数罟就是细密的渔网。这种网很厉害，能把大鱼小鱼一锅端，属于毁灭性的网鱼法。所以孟子说，别把特别细密的网撒进深水中，给小鱼留条活路，这样鱼虾蟹鳖可以生生不息，让人们一直有的吃。

第三句是"斧斤以时入山林，材木不可胜用也"。按照树木生长的规律，择时砍伐，不要乱砍滥伐，森林才会永葆青葱，源源不断地供应木材。

说实话，我很欣赏孟子的这个观点，这跟我们现代社会倡导的生态环保理念不谋而合。

这样做带来的一个结果是"是使民养生丧死无憾也"，百姓活着有饭吃，死了能安葬，这样就了无遗憾了。孟子告诉梁惠王说："养生丧死无憾，王道之始也。"百姓不担心生死，能安心生活了，这就是君主实行王道的开始。

总结一下，孟子想灌输给梁惠王的王道思想到底是什么？在我看来，孟子的理念，颇具世外桃源的意味。

他心中理想国的标准是"五亩之宅，树之以桑，五十者可以衣帛矣。鸡豚狗彘之畜，无失其时，七十者可以食肉矣"。百姓每家都有五亩田地，种桑养蚕，养鸡养猪，五十岁时，人人可以穿绸缎衣帛，七十岁能大口吃肉。"百亩之田，勿夺其时，数口之家可以无饥矣。"家里田地多的，能好好打理，不荒废田地，家有七八口人，人人能吃饱饭。

通过这些内容，我们不难发现，孟子就是希望梁惠王能够做好那些接地气的事，踏踏实实为百姓谋福利。对百姓而言，吃饱穿暖，家人和睦，兄友弟恭，子女孝顺，老有所养，就是最幸福的人生。

孟子的价值观就是这么朴素，所以他会劝说梁惠王，治国要选择好努力的方向，方向不对，努力白费。

还有一点就是"王无罪岁，斯天下之民至焉"。作为一国之君，要有担当。要是国家治理不好，百姓过不上好日子，这个责任在君主，不要把责任推卸给自然环境。梁惠王自我感觉很好，觉得自己做得比其他国君好，其实没有本质区别，就是五十步笑百步而已。如果梁惠王治国的方向不是让百姓吃好穿好，老有所依，其他国家的百姓凭什么来投奔你呢？

说到这里，我想到最近几年，身边很多开公司的创业者，一直在抱怨经济大环境不好，导致生意不好做。诚然，外部环境的确会影响公司运营，但他们的思维方式是先从外部找原因，鲜少反思自身。毕竟，大环境再不好，每个行业依然有做得好的企业。危机来临，是危险，也是机遇，就看我们如何应对。作为企业管理者，你要明白根本原因在哪里，多从自身找原因。

这也是孟子希望梁惠王可以领悟到的一个常识：百姓渴望的生活就是吃饱穿暖，一家人齐齐整整。作为君主，总是发动战争，不停折腾，哪个老百姓喜欢在战火纷飞中讨生活呢？

这是治国的常识，也是仁君应该努力的方向。

咱们个人做事也要选对方向，再付诸努力。当结果不如意时，多反省自己，少怨天尤人，这才是成事的根本。

仁者无敌：
管理国家，比武力更重要的是人心

梁惠王曰："寡人愿安^①承教。"

孟子对曰："杀人以梃（tǐng）^②与刃，有以异乎？"

曰："无以异也。"

"以刃与政，有以异乎？"

曰："无以异也。"

曰："庖有肥肉，厩有肥马，民有饥色，野有饿莩，此率兽而食人也。兽相食，且人恶之，为民父母，行政不免于率兽而食人，恶（wū）^③在其为民父母也？仲尼曰：'始作俑者，其无后乎？'为其象人而用之也。如之何其使斯民饥而死也！"

注释
① 安：乐意。
② 梃：棍棒。
③ 恶：同乌，疑问代词，哪，何。

梁惠王曰:"晋国①,天下莫强焉,叟之所知也。及寡人之身,东败于齐,长子死焉②;西丧地于秦七百里③;南辱于楚。寡人耻之,愿比死者壹洒(xǐ)④之,如之何则可?"

孟子对曰:"地方百里而可以王。王如施仁政于民,省刑罚,薄税敛,深耕易耨(nòu)⑤,壮者以暇日修其孝弟忠信,入以事其父兄,出以事其长上,可使制梃以挞秦、楚之坚甲利兵矣。彼夺其民时,使不得耕耨以养其父母,父母冻饿,兄弟妻子离散。彼陷溺其民,王往而征之,夫谁与王敌?故曰:'仁者无敌。'王请勿疑。"

注释
① 魏、赵、韩三家分晋代表了战国时代的开始。晋为春秋时期的超级大国,魏国继承了晋国的精华部分,在梁惠王的祖父魏文侯时期,魏国国力大增,一度称霸。这里的晋国指的是魏国。
② 齐魏马陵之战,魏军大败,庞涓自杀,太子申被俘死。
③ 秦以商鞅为将攻魏国,魏战败失地,公子卬被俘。
④ 洒:洒同洗。
⑤ 易耨:易,清王引之《经义述闻》解释,疾也,速也。耨,除草。

很多管理者都抱怨,管理真难。因为管理表面上是管事,实际上是管人,但人是复杂的生物,所以,管理很难。孟子在这个篇章里和梁惠王讨论的就是管理中什么才是最重要的,相信会对所有管理者有所启示。

孟子和梁惠王几次交锋,梁惠王意识到孟子说话很在理,开始愿意听孟子讲话。这次,孟子也一改往日灌输观点的方式,连用两个反问句,引导梁惠王意识到自己施政的问题所在。

第一句,孟子问道:"杀人以梃与刃,有以异乎?"孟子说,你用一根棍子把人打死了,和你用一把刀把人杀了,有区别吗?梁惠王回答说没有。

第二句,孟子又问:"以刃与政,有以异乎?"孟子说,你用刀杀人,和你用政治杀人,有区别吗?梁惠王又回答说没有。

孟子层层递进,就是为了让梁惠王承认用政治也能杀人。

接下来,孟子说了一段非常有名的话:"庖有肥肉,厩有肥马,民有饥色,野有饿莩,此率兽而食人也。"意思是,你的厨房里有大量的肥肉,你的马厩里有大量的肥马,你们家的牲口都吃得很好,可是,老百姓一看就没吃饱,浑身浮肿,路上也多是饿死的人。

"兽相食,且人恶之,为民父母,行政不免于率兽而食人,恶在其为民父母也?"紧接着孟子又向梁惠王发出灵魂拷问,梁惠王你所做的事情就是带着畜生在吃人哪,你觉得做这样的国君你心安吗?

不得不说孟子很聪明,这一连串的问题,就是先让梁惠王自己承认用政治杀人也是杀人,然后又摆出事实告诉梁惠王你已经这样做了。然后,孟子又引用孔子说的一个词"始作俑者",是说殷商时期,如果一个国君或者一个大夫死了,那他喜欢的妃子、小妾、侍从,都会一块儿被埋葬,也就是用活人去殉葬,听起来挺惨无人道的。后来,有人用陶俑代替活人埋在墓里,按理说这是一个进步,但孔子觉得这样依旧很残忍。

孟子说这段话,意思是孔子连模仿人的样子殉葬都不忍心,你梁惠王怎么能真的让老百姓饿死呢?孟子再次让梁惠王意识到他用政治杀人有多残忍。

这让我想起我曾讲过的一本书,叫作《经济学的思维方式》,这是美国芝加哥学派著名经济学家托马斯·索维尔的书。书中有一个观点:人类历史上所有的饥荒,没有一个来自战争和灾难,而是全部来自管制。

也就是说,打仗打得再厉害,只要管理者允许做小买卖的人贩卖粮食,那么商贩为了追求更高的利润,人们就一定能够吃到东西,绝不会饿死。而一旦管理者进行严格管制，把这些做小买卖的人全部杀了，结果就会有大批的人饿死。

这和孟子的观点如出一辙，用政治杀人可能比用刀棍杀人更可恶。这次，梁惠王没有反驳孟子，而是把孟子当成自己人，向孟子诉说了自己的苦衷。

梁惠王说："东败于齐，长子死焉；西丧地于秦七百里；南辱于楚。寡人耻之，愿比死者壹洒之，如之何则可？""东败于齐"，说的是马陵之战，魏国为了补偿在桂陵之战中的损失攻打韩国，后齐国出兵攻魏救韩，魏国又转将兵锋指向齐军。庞涓作为魏国的将军跟齐国的孙膑打了一仗，结果，庞涓中计死于树下，然后梁惠王的长子太子申也被抓了，后来也死了。

"西丧地于秦七百里"，是说秦国和魏国争夺河西之战。魏国的商鞅因为没受重用，跑到秦国去，又带着兵回来攻打魏国，还把梁惠王的弟弟公子卬俘虏了。最后，梁惠王割让了七百里土地给秦国。"南辱于楚"是说魏国在南边跟楚国打仗，丢了八座城池。

梁惠王说，你看，我作为一国之君，我于地、于人、于精神，都受到了莫大的屈辱，孟子你这么厉害的人，你告诉我怎么才能让我报仇。如此看来，梁惠王已经对孟子信任有加了，不仅倾吐苦恼，还开始主动向孟子寻求报仇雪恨的良方。

孟子告诉梁惠王，"地方百里而可以王"。就是说，只要你有方圆一百里的一小块地方，你都有可能王天下，你不要觉得自己的资源不够。就像周朝兴起时，岐山才多大点地儿，而且是与游牧民族混居，还到处被人赶着跑来跑去，最后竟然能够建立周朝。

孟子也不再卖关子，而是直截了当地告诉梁惠王在不靠资源的情况下，如何做才能王天下。"王如施仁政于民"，如果你将我所说的仁政用在老百姓身上，你就能成为天下之王。

你看，梁惠王最关心的是打仗和报仇，而孟子告诉梁惠王，你不要总想着报仇，要想着如何让老百姓把日子过好，并说出了具体的办法："省刑罚，薄税敛，深耕易耨，壮者以暇日修其孝弟忠信，入以事其父兄，出以事其长上，可使制梃以挞秦、楚之坚甲利兵矣。"用今天的话说，不外乎物质生产和精神文明两手抓。物质生产上，你要把法令变得简单一点，税收得少一点，耕地的时候，耕得深一点，除草的时候，除得勤快一点。精神文明上，你可以学点儒家的东西。成年人在闲暇时，能孝顺父母、敬爱兄长，在家里侍奉父兄，出门服侍尊长。这样你就算给老百姓一人发一根木棍，都能够打败秦、楚的坚甲利兵。

接下来，孟子又进一步解释原因。

"彼夺其民时，使不得耕耨以养其父母，父母冻饿，兄弟妻子离散。彼陷溺其民，王往而征之，夫谁与王敌？"因为与你打仗的国家的人种不好地，吃不上饭，也没法奉养自己的父母，百姓受冻挨饿，兄弟妻子离散。他们身陷深重苦难中，如果你带兵征讨，谁又能抵抗得了。

"故曰：'仁者无敌'，王请勿疑。"这里出现一个成语，叫"仁者无敌"，意思是，一个人真的打心里做到仁，施行仁政，天下便没有敌手。

总之，这一段对话是孟子劝说梁惠王做一个仁君，不要打仗，不要用武力解决问题，而是要靠仁政收买人心。

这是孟子的想法，我的理解是：孟子认为，从短期来看，用武力治理国家也许有效；但从长期看，用仁政让老百姓过上美好的生活才是根本之策。

回到开篇那个问题，在我看来，管理之所以难，关键在于人性的不可捉摸。

我们也常问，制度和人心哪个更重要？孟子和梁惠王的对话告诉我们，制度用来约束人的行为当然没错，但用仁政笼络人心远比用严苛的制度控制人心更有效。这放在今天，无论在管理国家还是管理公司上都适用。

定于一：
你的价值观是怎样，你的行为便是怎样

孟子见梁襄王。出，语（yù）人曰："望之不似人君，就之而不见所畏焉。卒（cù）然问曰：'天下恶（wū）乎定？'吾对曰：'定于一。''孰能一之？'对曰：'不嗜杀人者能一之。''孰能与之？'对曰：'天下莫不与也。王知夫苗乎？七八月之间旱，则苗槁矣。天油然①作云，沛然下雨，则苗浡然②兴之矣。其如是，孰能御之？今夫天下之人牧，未有不嗜杀人者也。如有不嗜杀人者，则天下之民皆引领而望之矣！诚如是也，民归之，由水之就下，沛然谁能御之？'"

注释 | ① 油然：自然地，不由得，充沛的样子。
　　 | ② 浡然：兴起貌，物体站立起来的样子。

有一句话是这样说的，价值观决定行为，行为决定结局。意思就是，价值观支配着我们的行为，也决定着我们做出什么样的选择，进而影响着我们得到什么样的结局。那什么样的价值观才是正确的价值观，才能指导我们做出正确的选择呢？孟子在这一篇里告诉了我们他的答案。

梁惠王去世，他的儿子梁襄王继位。孟子见了梁襄王，可孟子对他的印象并不好。

"望之不似人君,就之而不见所畏焉。"这是孟子对梁襄王的评价。孟子觉得梁襄王这人看起来不像个国君,因为你跟他近一点说话,发现他大大咧咧,什么都不在乎。孟子认为要当好一个国君,你不能什么都不在乎,你得如履薄冰,时刻谨慎小心才行。

显然,孟子不喜欢这个新国君,这里也把孟子善于观察人的特点体现了出来。而两人接下来的对话,更像是一种博弈,孟子在观察这个新国君,梁襄王也在考验孟子。

"卒然问曰,天下恶乎定?"梁襄王猛然间问了孟子一个问题:"怎么才能平定天下?"于是,孟子说了这篇最核心的一句话"定于一",意思是,只有统一才能安定。

"孰能一之?"梁襄王又问:"谁能够统一天下呢?"孟子回答说:"不嗜杀人者能一之。"这里的"不嗜杀人者",并不是说不杀人的人,而是说不以杀人为乐的人。

在孟子看来,因为打仗不得已杀人是可以的,但是你不能以杀人为乐。孟子说的这句话,在当时所有的君王听来,大概是个笑话。因为每个君王都知道,想要扩张地盘,就要杀死尽量多的人。所以君王都在搞军备竞赛,在努力征兵讨伐。但是孟子竟然说不喜欢杀人的人才能平定天下。

梁襄王当然也无法理解,所以他问"孰能与之",就是说,谁能跟着不喜欢杀人的人呢?在梁襄王看来,不喜欢杀人的人就代表着没有能力,镇不住人,那别人怎么能心甘情愿跟着你呢。

孟子又坚定地说"天下莫不与也"。不喜欢杀人的人,天下人都愿意跟着他。孟子接着又用了一个比喻阐明为什么不以杀人为乐的人能统一天下。

"王知夫苗乎?七八月之间旱,则苗槁矣。天油然作云,沛然下雨，则苗浡然兴之矣。其如是，孰能御之？"意思是，梁襄王你知道地里的禾苗吗？七八月份如果不下雨，禾苗就都枯槁了。但如果此时天上突然涌起一团团的乌云，大暴雨下来了，禾苗一下子就缓过来，开始往上长。禾苗遇到大雨就会向上生长，请问谁能阻挡得了呢？

"今夫天下之人牧，未有不嗜杀人者也。如有不嗜杀人者，则天下之民皆引领而望之矣！诚如是也，民归之，由水之就下，沛然谁能御之？"意思是，今天天下的这些国君没有一个不喜欢杀人的，如果有不喜欢杀人的国君，那么天下的百姓就会仰望他，纷纷跑来归附，就像瀑布流下来一样，这种充沛的力量谁能够阻挡呢？

孟子用这个比喻就是想告诉梁襄王，人心所向，如久旱逢甘霖。禾苗遇到大雨自然生长无法阻挡。同样，老百姓也会自愿跟着不嗜杀的国君。

这里有人可能会反驳，孟子说得不对吧，你看秦始皇统一六国，靠的不就是杀人吗？

但我的理解是，秦始皇虽然靠武力统一了六国，但他却没有守住辛苦打下的江山。秦始皇想让百姓臣服，下令把民间的私有兵器全部收缴上来，还把和他意见不同的书全部烧毁，最终却因为没有得到民心，仅仅过了十几年，秦朝就灭亡了。

而你看汉朝，从刘邦建立汉朝开始，所有的斗争基本都局限在宫廷内，对老百姓的影响很小。到文帝和景帝的时候，也不怎么打仗了，而是让老百姓休养生息，国家变得更加富庶繁荣，出现了被后人称颂的文景之治，汉朝（西汉）国祚也持续了两百多年。

所以，不用武力统治天下，而是让百姓过上好日子，这才是孟子说的"定于一"的内涵。

我曾说过，这个世界上有两种法则，一种叫作社会法则，一种叫作自然法则。社会法则就是我把你打败了，你被我占领了。自然法则就是我春天播下了种子，不断呵护它，给它浇水、施肥，到了秋天才能收获。万事万物自然生长，自然消亡，就是遵从自然法则。

从短期看，似乎总是社会法则在起作用，但是从长期看，一定是自然法则在起作用。

我也推荐读者听一下我讲的《世界观》那本书。你会发现先进的世界观替代落后的世界观，永远都是摧枯拉朽之势。

在牛顿之前，宗教的世界观是多么强大，人们对于各种奇怪法术的追求是多么执着。可当牛顿出现以后，科学开始在世界上以无法阻挡之势传播。同样，先进的价值观快速替代腐朽落后的价值观也是无法阻挡的。

孟子在这里的观点是，作为领导者，当所有人都认为打仗杀人才能统一天下时，只有你能意识到要让老百姓过好日子，大家才会归顺你。这就是先进的价值观。

不断修正自己的价值观，用先进的价值观取代落后的价值观，这便是我从这一篇悟出的道理。

君子远庖厨：
学会修炼心性，把善念放大

齐宣王问曰："齐桓、晋文之事，可得闻乎？"

孟子对曰："仲尼之徒，无道桓、文之事者，是以后世无传焉，臣未之闻也。无以，则王乎？"

曰："德何如，则可以王矣？"

曰："保民而王，莫之能御也。"

曰："若寡人者，可以保民乎哉？"

曰："可。"

曰："何由知吾可也？"

曰："臣闻之胡齕（hé）曰：王坐于堂上，有牵牛而过堂下者，王见之，曰：'牛何之？'对曰：'将以衅钟①。'王曰：'舍之！吾不忍其觳觫（hú sù）②，若无罪而就死地。'对曰：'然则废衅钟与？'曰：'何可废也？以羊易之。'不识有诸？"

曰："有之。"

曰："是心足以王矣。百姓皆以王为爱③也，臣固知王之不忍也。"

王曰:"然。诚有百姓者。齐国虽褊(biǎn)④小,吾何爱一牛?即不忍其觳觫,若无罪而就死地,故以羊易之也。"

曰:"王无异于百姓之以王为爱也。以小易大,彼恶知之?王若隐其无罪而就死地,则牛羊何择焉?"

王笑曰:"是诚何心哉?我非爱其财而易之以羊也。宜乎百姓之谓我爱也。"

曰:"无伤也。是乃仁术也,见牛未见羊也。君子之于禽兽也,见其生,不忍见其死;闻其声,不忍食其肉。是以君子远庖厨也。"

注释　① 衅钟:明王夫之《四书稗疏·孟子》解释,"衅,祭名,血祭也,凡落成之祭曰衅"。古代,国家制造出一件重要器物或在宗庙举办活动,都需要宰杀活物来祭祀。
② 觳觫:因恐惧而发抖。
③ 爱:舍不得,吝啬。
④ 褊:狭小。

　　仁政一直是孟子对每个君王倡导的施政理念。在孟子看来,一个人只有存善念、行善事,才能做到仁政。换句话说,孟子觉得能够施行仁政的人一定是有善根的人。

　　在本篇,孟子离开魏国,来到齐国,见到了齐宣王,两人讨论的就是善念的问题。

　　"齐桓、晋文之事,可得闻乎?"齐宣王一见到孟子就问,齐桓公、晋文公的事你可以讲给我听听吗?

　　大家都知道,齐桓公、晋文公是春秋五霸中非常重要的两位,他们靠军事实力和经济实力九合诸侯。齐宣王想听听齐桓公、晋文公的事,想学习一下治理国家的方法,也可以理解。

　　孟子对曰:"仲尼之徒,无道桓、文之事者,是以后世无传焉。臣未之闻也。"怎料孟子却说,孔子的徒子徒孙从来不说齐桓公、晋文公的事，所以他们的事没有传至后代，我也没有听说过。

其实这里孟子是在装糊涂，孟子假装没听说过，是因为齐桓公、晋文公施行的这些穷兵黩武的治国政策，与孟子提倡的仁政背道而驰。

接下来孟子说："无以，则王乎？"大王如果一定要我说，那我就说说用道德来统一天下的王道吧。孟子的意思是，你齐宣王不就是想学习怎么治理国家嘛，你别走霸道路线了，你听听我给你支的着儿，咱们走王道路线。

"曰：'保民而王，莫之能御也。'"孟子说："你能够让老百姓过上好日子，推行王道，就没有人能够阻挡你了。"

也许有人会问，孟子怎么知道齐宣王就能走王道路线呢？其实孟子很有智慧，他之所以给齐宣王讲王道，是因为孟子曾听说过一件事，觉得齐宣王内心充满仁慈。

接下来，孟子就和齐宣王讲了他听说的这件事。

"王坐于堂上，有牵牛而过堂下者，王见之，曰：'牛何之？'对曰：'将以衅钟。'王曰：'舍之！吾不忍其觳觫，若无罪而就死地。'对曰：'然则废衅钟与？'曰：'何可废也？以羊易之。'"

说有一天，齐宣王正坐在殿堂上，看见有一个人牵着一头牛从旁边经过，得知这头牛即将被杀死。把牛的血喷在钟上，这叫衅钟，是一种祭祀仪式。齐宣王看到这头牛在发抖，觉得它又没做什么坏事，就要把它杀死，太残忍，但祭祀不能废，那就把牛换成羊杀了就行了。

这在咱们看来，好像有点讽刺，杀牛和杀羊有什么区别，不都是杀生吗？要不说孟子是高人呢，他从这件事里看出了我们普通人看不到的东西。

"是心足以王矣。"孟子说，齐宣王你有用羊来换牛这个心就足够王天下了。孟子为什么这么说呢？其实当时老百姓都不太理解齐宣王。"百姓皆以王为爱也"，老百姓都以为齐宣王是舍不得钱财，因为牛贵，才把牛换成了羊。

孟子说:"臣固知王之不忍也。"孟子说,我知道您不是爱财,您是不忍心啊。齐宣王也为自己解释说:"即不忍其觳觫,若无罪而就死地,故以羊易之也。"齐宣王说:"我就是不忍看它瑟瑟发抖的样子,才拿羊换了它。"

这里我们能看到孟子是一个特别厉害的谈心高手。他先共情,表示自己理解齐宣王,知道齐宣王的真实意图绝不是贪财,而是不忍心。然后,孟子又把齐宣王往善的方向引导。

"无伤也,是乃仁术也,见牛未见羊也。"孟子说:"没关系,这是好的表现,因为你看见了那头牛,而没有看见那只羊。"君子之于禽兽也,见其生,不忍见其死;闻其声,不忍食其肉。是以君子远庖厨也。"

"君子远庖厨"这句话,就是从这里来的。

孟子又说:"君子见到活的飞禽走兽,便不忍心看着它们死去;听到它们哀叫,便不忍心吃它们的肉。所以,君子总是远离厨房。"古时候的君子、有钱人、受过教育的人,都不喜欢目睹杀生的过程。这里孟子也暗示齐宣王就是个君子。

不得不说,孟子有一个非常强大的能力,就是推而广之。

孟子因为这一件事推断齐宣王是有善根的,相信他能把善念推广到更多人身上,进而施行王道。

现实生活里,我们每个人心中一定是既有善根,也有恶念。如果你不小心把恶念放大,就会变得越来越恶,仇恨一点点笼罩你,你就会像电影里那些不断黑化的人物,最终被恶念吞噬。但是如果你能够找到心中那颗善念的种子,哪怕很小也没关系,然后慢慢把它放大。你不仅对你的家人好,你还能推而广之,对你的邻居好、对你孩子的同学好,进而扩大到对你接触的人都好一点。你的善念被逐渐放大,你就会变得越来越好。

"勿以恶小而为之,勿以善小而不为",说的也正是这个道理。

所以,所谓的善,不是要做出什么惊天动地的善行,而是在道德和行动上对自己有所约束,心存善念,多做善事。

推己及人：

挖掘需求前，你得先搞懂自己

王说，曰："《诗》云：'他人有心，予忖度之。'①夫子之谓也。夫我乃行之，反而求之，不得吾心。夫子言之，于我心有戚戚焉。此心之所以合于王者，何也？"

曰："有复于王者，曰：'吾力足以举百钧②，而不足以举一羽；明足以察秋毫之末，而不见舆薪。'则王许之乎？"

曰："否。"

"今恩足以及禽兽，而功不至于百姓者，独何与？然则一羽之不举，为不用力焉；舆薪之不见，为不用明焉；百姓之不见保，为不用恩焉。故王之不王，不为也，非不能也。"

曰："不为者与不能者之形何以异？"

曰："挟太山以超北海③，语人曰：'我不能。'是诚不能也。为长者折枝④，语人曰：'我不能。'是不为也，非不能也。故王之不王，非挟太山以超北海之类也；王之不王，是折枝之类也。老吾老，以及人之老；幼吾幼，以及人之幼，天下可运于掌。《诗》云：'刑于寡妻，至于兄弟，以御于家邦⑤。'言举斯心加诸彼而已。故推恩足以保四海，不推恩无以保妻子。古之人所以大过人者无他焉，善推其所为而已矣。今恩足以及禽兽，而功不至于百姓者，独何与？"

注释　① 出自《诗经·小雅·巧言》。忖度，揣测。
　　　② 钧：一钧等于 30 斤。
　　　③ 太山，即泰山；北海，即渤海。
　　　④ 折枝：字面意折树枝。一说枝通肢：唐文治《孟子大义》认为是弯腰；清毛奇龄认为是按摩；大意都是为老年人做点小事。
　　　⑤ 出自《诗经·大雅·思齐》。刑，同型，做示范。寡，这里是大的意思，寡妻指正妻。

这世间最难得的莫过于"懂得"二字。

每个人都渴望自己能够被理解，而真正的理解，往往发生在我们看见对方的需求并给予回应的那一刻。

这个道理，孟子非常明白，也总会巧妙地将其运用到每一次谈话中。

比如上一篇，他在面见齐宣王时，讲到齐宣王不忍以牛祭祀，而以羊替之。百姓误解齐宣王吝啬，但孟子认为齐宣王之所以以羊替牛，是因为他看见了那头牛的痛苦，动了恻隐之心，而这就是一种仁爱之心。

果然，齐宣王听了这话龙心大悦。

王说，曰："《诗》云：'他人有心，予忖度之。'夫子之谓也。夫我乃行之，反而求之，不得吾心。夫子言之，于我心有戚戚焉。"齐宣王被孟子说得意解心开，瞬间就产生了共鸣，这就是齐宣王的需求在孟子这里得到了回应。

接下来，齐宣王进一步问道："此心之所以合于王者，何也？"齐宣王的确同情那头牛，但是他不明白为什么它能合于王道。

孟子开始讲故事了。

曰："有复于王者曰：'吾力足以举百钧，而不足以举一羽；明足以察秋毫之末，而不见舆薪'。则王许之乎？"假如有人向您报告说："我的力气能够举起三千斤重的东西，但是我却拿不起羽毛。我的视力特别好,能够看到秋天鸟兽身上新长出来的绒毛的末端,但我却看不见一车柴火。"大王您相信他说的话吗?

齐宣王也不傻,自是不信的。

孟子又说:"今恩足以及禽兽,而功不至于百姓者,独何与?"

大王对一头牛都能有恻隐之心,而你的所作所为,却不能让你的百姓过得很好,原因是什么?

"然则一羽之不举,为不用力焉;舆薪之不见,为不用明焉;百姓之不见保,为不用恩焉。"

孟子是类比大师。一个人能举起千钧,却不能举一根羽毛,唯一的原因是他假装如此,他不使劲。一个人能够看到秋毫之末,却看不到一车柴,唯一的原因是他根本就没看。那么,你连一头牛都能保护,却未能爱护你的百姓,你是没有用恩,你没有把你对牛的恻隐之心推而广之,用在百姓身上。

结论出来了:"故王之不王,不为也,非不能也。"大王你今天没有王天下,你不是做不到,你是根本就没做,你不愿意王天下。

齐宣王有些糊涂了:"不为者与不能者之形何以异?"不为者和不能者这两个怎么区分呢?

孟子讲:"挟太山以超北海,语人曰:'我不能。'是诚不能也。为长者折枝,语人曰:'我不能。'是不为也,非不能也。故王之不王,非挟太山以超北海之类也;王之不王,是折枝之类也。"

什么意思呢?一个人说他不能把泰山夹在胳肢窝下边跨过渤海湾,这个他是真做不到。至于"为长者折枝",有人说是把树枝掰一段下来,给老人家做拐杖,也有人说是向长者弯腰,还有人说是给长者按摩,总之就是非常小的一件事儿。就这个事儿你跟别人说你做不到,那是你不愿做,不是做不到。

接着孟子讲了一段很多人都能背诵的话。

"老吾老，以及人之老；幼吾幼，以及人之幼，天下可运于掌。"你对自家的老人好，对不认识的老人也可以好一点；你对自己的孩子好，对不认识的孩子也可以好一点。如此，你管理天下就是举手之劳。

《诗》云：'刑于寡妻，至于兄弟，以御于家邦。'言举斯心加诸彼而已。故推恩足以保四海，不推恩无以保妻子。古之人所以大过人者无他焉，善推其所为而已矣。今恩足以及禽兽，而功不至于百姓者，独何与？"

这一段是说，给自己的妻子乃至兄弟做好示范，由内向外不断地推而广之。你的家，你的邦，都能够让这个好的状态持续、扩散。从你爱牛这件事儿开始，把仁慈的心推广开，把恩德推广开，这样整个国家你都能够保得住。如果不推恩，只把它当作一个偶发事件，过去了就过去了，说不定什么时候你的内心又会升起一股残忍之心，那么你连老婆孩子可能都保不住。

亡国之君哪个不是这样的？把所有精力都用在打仗、敛税、收钱这样的事情上，最后连家人都保护不了。崇祯皇帝最后拿着剑杀死了自己的女儿，还说谁让你生在帝王家，这多残忍。

古代的圣贤，他们之所以比我们强，没有别的，只是善于推己及人而已。你今天对禽兽都这么好，却不能够惠及百姓，又是为了什么呢？

孟子真是一个善于做思想工作的人，推己及人的确很重要。我经常讲，一个人能不能赚钱，核心在于他是不是具备很强的感知力、共情力。而一个人的共情能力，其实是基于对自己的了解。

所以说，你要想让你的公司做出好的产品，服务好市场，就得有从内心去发掘需求的能力。怎么挖掘别人的需求呢？首先你得搞懂自己的需求。

我为什么会有恐慌？我为什么会有喜怒哀乐？我为什么会有期盼？我在那个时段最想要的是什么？如果你对自己的诉求都很了解，你就很容易理解他人，这就是推己及人。

而现实生活中很多人是麻木的，跟齐宣王一样既不懂道理，也不想深究。我讲过一本家庭教育方面的书——《为什么我的青春期孩子不和我说话》。青春期的小孩为什么那么难以理解呢？有一个很重要的原因，那些孩子的家长似乎忘记了自己在青春期的表现。

我看到很多朋友，教育起孩子来就特别义正词严，好像自己是个道德楷模。我经常提醒他们，咱们小时候比孩子还差劲，干过很多比这更糟糕的事，你怎么忘了呢？这就是不善推其所为。

所以一个人要想对别人好，对这个世界好，他要做的第一件事，就是与自己和解，接纳自己。只有看到自己内心的念头，才能够推己及人地去理解别人。

孔子也讲："己所不欲，勿施于人。"

事实上，无论你是想打造一款市场认可的产品，还是想经营好一段关系，都得从需求入手，但在挖掘别人的需求前，请先搞懂自己。

先推己，再及人。

缘木求鱼：
方法对了，才能事半功倍

"权，然后知轻重；度，然后知长短。物皆然，心为甚。王请度之。抑王兴甲兵、危士臣，构怨于诸侯，然后快于心与？"

王曰："否。吾何快于是？将以求吾所大欲也。"

曰："王之所大欲可得闻与？"

王笑而不言。

曰："为肥甘不足于口与？轻暖①不足于体与？抑为采色②不足视于目与？声音不足听于耳与？便嬖③不足使令于前与？王之诸臣，皆足以供之，而王岂为是哉？"

曰："否。吾不为是也。"

曰："然则王之所大欲可知已。欲辟土地，朝秦、楚，莅中国而抚四夷也。以若所为，求若所欲，犹缘木而求鱼也。"

王曰："若是其甚与？"

曰："殆有甚焉。缘木求鱼，虽不得鱼，无后灾。以若所为，求若所欲，尽心力而为之，后必有灾。"

曰:"可得闻与?"

曰:"邹人与楚人战,则王以为孰胜?"

曰:"楚人胜。"

曰:"然则小固不可以敌大,寡固不可以敌众,弱固不可以敌强。海内之地,方千里者九,齐集有其一。以一服八,何以异于邹敌楚哉?盖(hé)④亦反其本矣。今王发政施仁,使天下仕者皆欲立于王之朝,耕者皆欲耕于王之野,商贾皆欲藏于王之市,行旅皆欲出于王之涂,天下之欲疾其君者皆欲赴愬(sù)⑤于王,其若是,孰能御之?"

王曰:"吾惛⑥,不能进于是矣。愿夫子辅吾志,明以教我。我虽不敏,请尝试之。"

曰:"无恒产而有恒心者,惟士为能。若民,则无恒产,因无恒心。苟无恒心,放辟邪侈⑦,无不为已。及陷于罪,然后从而刑之,是罔民⑧也。焉有仁人在位,罔民而可为也?是故明君制民之产,必使仰足以事父母,俯足以畜妻子,乐岁终身饱,凶年免于死亡。然后驱而之善,故民之从之也轻。今也制民之产,仰不足以事父母,俯不足以畜妻子,乐岁终身苦,凶年不免于死亡。此惟救死而恐不赡,奚⑨暇治礼义哉?王欲行之,则盍⑩反其本矣。五亩之宅,树之以桑,五十者可以衣帛矣。鸡豚狗彘之畜,无失其时,七十者可以食肉矣。百亩之田,勿夺其时,八口之家可以无饥矣。谨庠序之教,申之以孝悌之义,颁白者不负戴于道路矣。老者衣帛食肉,黎民不饥不寒,然而不王者,未之有也。"

注释

① 轻暖:不冷不热。

② 采色:即彩色。

③ 便嬖:在王左右亲近有宠信者。

④ 盖:何不。

⑤ 愬:通诉,控诉、控告。

⑥ 惛:同昏。

⑦ 放辟邪侈:放、侈,放纵;辟、邪,不正派,不正当。指肆意作恶、穷奢极侈。

⑧ 罔：通网，罗网。名词作动词，陷害。
⑨ 奚：何。
⑩ 盍：何不。

很多人特别不理解，明明自己对人都很好，可是人际关系却很差。问题可能出在你从未真正理解过别人的需求，你给的不是别人真正需要的。关于这一点，我们倒是可以向孟子学习一二。一直以来，孟子都很会将心比心，推己及人。这不，孟子又开始进一步挖掘齐宣王的核心需求了。

回到上一次孟子提出的问题：齐宣王对禽兽都有恻隐之心，对百姓却很严苛，这又是何故？

"权，然后知轻重；度，然后知长短。物皆然，心为甚。王请度之。抑王兴甲兵、危士臣，构怨于诸侯，然后快于心与？"意思是说，一个东西，要先称一下才知道它的轻重，量一下才能知道它的长短，所有东西都这样。很多时候，我们会量长度、称重量，但是我们常常不会称量自己的心。

孟子说心才是最重要的，所以请大王好好地测量一下你的心。难道你整天动员大量军队，让官员们陷入危难，跟周围所有国家产生这么深的仇恨，这种事让你很愉快吗？

推己及人的核心是先找到自己内心的感受，孟子希望齐宣王能够醒悟：问问你的内心，让那么多人去死，跟大家反目成仇，这些事真的是你想干的吗？

齐宣王自然是否认，他其实还挺委屈的，他说我不喜欢干这样糟糕的事，不想整天跟人打仗，我只是有一个很大的理想。

是什么样的理想呢？孟子希望齐宣王推心置腹地聊一聊。但齐宣王不说，那孟子就来猜。

孟子说：是因为好吃的东西不够多？裘皮、舒服的衣服不够穿？

美好的事物不够看？还是音乐不够好听？我们所能有的享受，无非就是眼、耳、鼻、舌、身、意这些东西，难道你拥有的这些东西还不够多吗？或者在你左右侍奉的宠臣不够用吗？齐国这么富庶，你手下的大臣已经很多了，难道你还觉得不够吗？

孟子所说的，肯定不是齐宣王想要的，但孟子说的是一个人的合理追求。在这里，孟子试图让齐宣王感受到的是：作为一个人，你能用多少东西呢？你有几个身子去睡几张床呢？他想让齐宣王明白，物质上的东西已经够多了。

齐宣王一听不以为然，说："否。吾不为是也。"我肯定不是为了这个。

孟子说："然则王之所大欲可知已。"你想要什么，我知道了。你希望把土地扩大，然后让秦国、楚国这样的大国来朝拜，尊齐国为老大，让整个中国实现大一统。可惜的是，你用你现在所做的事，想要达到你所要达到的目标，就像爬到树上抓鱼。

齐宣王说，有这么严重吗？有这么离谱吗？

孟子回答，比这更严重，比缘木求鱼还要危险得多。缘木求鱼，爬到树上虽找不到鱼，但不会带来灾祸，大不了被别人笑话。但是你用这样的方法，想要达到那样的目的，是会产生大灾祸的。

齐宣王有点害怕，说，你跟我讲讲看。

孟子说，我的老家邹国，一个小国家，跟楚国打，你觉得谁能赢？

王说，不用说，楚人胜。为什么呢？楚国大。这是一个基本的道理，小国打不过大国，寡不敌众，弱不敌强，我们都能够理解。你想统一天下，你以一敌八，这难道不像是邹跟楚国作战吗？为什么不回到事物的本质上来呢？

"今王发政施仁，使天下仕者皆欲立于王之朝，耕者皆欲耕于王之野,商贾皆欲藏于王之市,行旅皆欲出于王之涂,天下之欲疾其君者皆欲赴愬于王,其若是,孰能御之?"你把自己的事干好,你施行仁政,老百姓的日子过好了,天下的知识分子都希望在你的朝堂上做官;耕田的人都希望在你的田野里耕作;商人都愿意在你的市场里交易;出差旅行的人都愿意借道齐国;那些痛恨他们的国君的人都愿意到你这儿来控诉;天下的士农工商都想跑到齐国来,你觉得谁还能抵挡你?

王曰:"吾惛,不能进于是矣。愿夫子辅吾志,明以教我,我虽不敏,请尝试之。"齐宣王比前面的梁惠王和梁襄王境界肯定是要高一点,最起码他在表面上是非常谦卑的。他说,我理解得不够深入,希望夫子能够帮我达成志向;您把话说明白,让我能够学得清楚;我虽然不是一个聪明人,但愿意尝试一下。

孟子接着说:"无恒产而有恒心者,惟士为能。若民,则无恒产,因无恒心。苟无恒心,放辟邪侈,无不为已。及陷于罪,然后从而刑之,是罔民也。焉有仁人在位,罔民而可为也?是故明君制民之产,必是仰足以事父母,俯足以畜妻子,乐岁终身饱,凶年免于死亡。然后驱而之善,故民之从之也轻。"

这一段是说,士人没有固定的财产也能够有恒心,但这种人是少数。而没有受过教育的老百姓,假如没有恒产,就不会有恒心;没有恒心,他就会做各种坏事。等他犯罪了,把他抓了,要杀他,这无异于用罗网残害人民。有仁政之心的人在位,怎么能去陷害自己的老百姓呢?你给老百姓分配的财产,必使其上能够侍奉自己的父母,下可以照顾自己的老婆孩子。年成好的时候吃得饱,日子过得好,就算遇到灾荒,也能免于死亡。然后你再帮助他学好,学礼义廉耻,老百姓跟随你就会非常轻松。

这就是一个有仁心的在位者应该做的事。这个要求并不高,也是孟子对仁政提出的要求。

"今也制民之产，仰不足以事父母，俯不足以畜妻子，乐岁终身苦，凶年不免于死亡。此惟救死而恐不赡，奚暇治礼义哉？"今天你看齐国这么强大，给老百姓分配了什么呢？上不足以侍奉父母，下不足以照顾妻儿。好的年景也赚不到什么钱，饿得半死，到了凶年不免于死亡，流离失所，饿殍遍野。老百姓连活命都保证不了，你怎么教会他们礼义廉耻？

"王欲行之，则盍反其本矣。"你如果真的想做，为什么不回到本质问题上呢？"本"是什么呢？就是下面这段话，这也是孟子第二次描述了："五亩之宅，树之以桑，五十者可以衣帛矣。鸡豚狗彘之畜，无失其时，七十者可以食肉矣。百亩之田，勿夺其时，八口之家可以无饥矣。谨庠序之教，申之以孝悌之义，颁白者不负戴于道路矣。老者衣帛食肉，黎民不饥不寒，然而不王者，未之有也。"

孟子把跟梁惠王说过的施政方针，跟齐宣王又说了一遍，并做了补充。其实就是一句话：上了年纪的人能够穿得好、吃上肉，大家不挨冻、不挨饿。你的人民富足了，你还不能成为天下之王，这种事从来没有发生过。

其中"此惟救死而恐不赡，奚暇治礼义哉？"这句话放在我们的生活中也是一样的道理。我们经常发现大家都在忙着完成任务，如果你把公司里的所有人都逼得团团转，每个人为了完成KPI，忙得都没空睡觉了，没时间陪孩子了，他们哪还有工夫去创新？哪有工夫去学习？

想一想，我们对孩子是不是这样？有小学统计过孩子们上多少课外班，最夸张的一个孩子，上了40个课外班，比学校里上的课时数还要多，结果是这个孩子天天忙着上课，哪有时间思考？哪有时间放空？哪有时间慢慢地体会、慢慢地成长？

所以，今天你治理一个公司，你得给大家空闲，这时候才能有"暇"去"治礼义"，也就是让他们成为更好的人，这跟孟子说的道理是一样的。

我们不能把老百姓、员工、孩子逼到没有任何空闲时间。其实就是我们得急人之所急，竭尽所能帮助别人解决最基本的需求，而不是不断压榨别人，让百姓、员工永远为生存所苦。想要管理好一个团队或者一个家庭，这些最基本的先做好了，再去管理就会容易得多，这也是孟子所说的仁政的基础。

在《孟子·梁惠王上》，孟子的目标是讲清楚什么叫作"仁政"，仁政能否施行，仁政需要君主做什么样的努力。其实就是一句话，"非不能也，实不为也"，如果你真的想做，一定能做到。

梁惠王

下

与民同乐：
感同身受，是提升领导力的重要一课

庄暴（pù）见孟子，曰："暴见（xiàn）于王，王语（yù）暴以好乐（yuè），暴未有以对也。"曰："好乐何如？"

孟子曰："王之好乐甚，则齐国其庶几①乎？"

他日见于王曰："王尝语庄子以好乐，有诸？"

王变乎色，曰："寡人非能好先王之乐也，直好世俗之乐耳。"

曰："王之好乐甚，则齐其庶几乎！今之乐由古之乐也。"

曰："可得闻与？"

曰："独乐乐，与人乐乐，孰乐？"

曰："不若与人。"

曰："与少乐乐，与众乐乐，孰乐？"

曰："不若与众。"

"臣请为王言乐。今王鼓乐于此，百姓闻王钟鼓之声、管籥（yuè）②之音，举疾首蹙頞（cù è）③而相告曰：'吾王之好鼓乐，夫何使我至于此极也？父子不相见，兄弟妻子离散。'今王田猎于此，百姓闻王车马之音，见羽旄（máo）④之美，举疾首蹙頞而相告

曰：'吾王之好田猎，夫何使我至于此极也？父子不相见，兄弟妻子离散。'此无他，不与民同乐也。今王鼓乐于此，百姓闻王钟鼓之声、管籥之音，举欣欣然有喜色而相告曰：'吾王庶几无疾病与？何以能鼓乐也？'今王田猎于此，百姓闻王车马之音，见羽旄之美，举欣欣然有喜色而相告曰：'吾王庶几无疾病与？何以能田猎也？'此无他，与民同乐也。今王与百姓同乐，则王矣。"

注释
① 庶几：差不多，大概。
② 管籥：东汉赵岐注：管，笙；籥，箫。或曰籥若笛，短而有三孔。
③ 蹙頞：皱缩鼻翼，愁苦貌。
④ 羽旄：本义为乐舞时所执的雉羽和旄牛尾，代指旌旗。

齐宣王问曰："文王之囿①方七十里，有诸？"
孟子对曰："于传（zhuàn）有之。"
曰："若是其大乎？"
曰："民犹以为小也。"
曰："寡人之囿方四十里，民犹以为大，何也？"
曰："文王之囿方七十里，刍荛（chú ráo）②者往焉，雉（zhì）兔③者往焉，与民同之。民以为小，不亦宜乎？臣始至于境，问国之大禁，然后敢入。臣闻郊关之内有囿方四十里，杀其麋鹿者如杀人之罪。则是方四十里为阱于国中，民以为大，不亦宜乎？"

注释
① 囿：园林。
② 刍荛：割草打柴。
③ 雉兔：野鸡和兔子。也指猎取野鸡和兔子。

每个人都有自己的兴趣爱好，即便是君王也不能免俗。

齐宣王喜爱音乐，并且把这事告诉了他的大臣庄暴，这可把庄暴给难住了。

庄暴看到孟子后问："暴见于王，王语暴以好乐，暴未有以对也。"接着又问："好乐何如？"

庄暴告诉孟子，他曾经去见过齐宣王，大王突然跟他分享了一个私人爱好——喜欢听音乐，他不知道该怎么应对了。那么"好乐"这件事到底是好是坏呢？

孟子曰："王之好乐甚，则齐国其庶几乎？"

孟子的意思是说，齐宣王如果真的特别喜欢音乐的话，那我觉得齐国就有希望了，实行王道应该没有什么问题了。

改天孟子见到了齐宣王，跟齐宣王说，您曾经跟庄暴说过您喜欢音乐，有这回事吗？

最逗的地方在这儿，齐宣王立刻变了脸色，说："寡人非能好先王之乐也，直好世俗之乐耳。"

从这句话你能够看出来，孟子在齐宣王心中的形象，和庄暴他们完全不在一个层次上：庄暴呢，是我的手下，那么我带你唱卡拉OK，我跟你一块玩儿，这是没有问题的，但孟子是齐宣王所敬畏的人，有点像万历皇帝跟张居正的关系，就是我稍微有点放纵，我喜欢流行音乐、喜欢RAP（说唱）这样的事，被老师知道了，我会很不好意思。所以当孟子问起这件事，齐宣王一下子就害怕了，他以为是被人打了小报告。他说，我错了，我喜欢的不是"先王之乐"。

孔子在齐闻《韶》，三月不知肉味。好的音乐是具有教化功能的。"放郑声，远佞人"，有的歌，比如郑国的流行音乐，你听都不能听，这都是当时一种教化的方法。所以齐宣王知道自己喜欢的东西并不高级，他说我喜欢的不是先王之乐，我就喜欢点流行音乐、世俗之乐，还挺不好意思的。

孟子说："王之好乐甚，则齐其庶几乎！今之乐由古之乐也。"孟子在"乐"这件事上比较开明，他认为你喜欢音乐，对齐国是有好处的。先王之乐和现在的音乐，没有太大的差别。

王一听就高兴了,说:"可得闻与?"那你愿意跟我再说说吗?各位注意,孟子是一个好的老师,他善于发现这些王身上的亮点和可以发扬光大的种子。对于齐宣王喜欢音乐这件事,他马上给予了肯定。

孟子问:"独乐乐,与人乐乐,孰乐?"你是自己一个人听音乐高兴呢,还是带着一伙人一块儿听更高兴?

齐宣王说:"不若与人。"带大家一块儿听比较高兴,你看我跟庄暴也是一块儿唱卡拉OK。

然后孟子说:"与少乐乐,与众乐乐,孰乐?"你跟几个人一块儿开心好玩,还是在广场上办一个音乐会更好玩?王说:"不若与众。"还是音乐会更带劲。

接下来孟子围绕音乐讲了一大段话,什么意思呢?就是:你在这儿演奏、唱歌,特别热闹;老百姓在墙外边,听到你这边热热闹闹地在敲锣打鼓、吹笙弹琴。然后老百姓互相说什么呢?我们的王这么喜欢音乐,却让我们过这样的日子,这是为什么呢?父子不能相见,兄、弟、老婆、孩子不能在一起待着——因为那时候经常征召民夫。

今天你出去打猎的时候,老百姓听到你的车马之声,看到你的队伍过来,然后"举首蹙頞而相告":"我们的王这么喜欢打猎,却让我们过这么糟糕的生活,这是为什么呢?""父子不相见,兄弟妻子离散。"大家注意,孟子写文章喜欢用排比和重复,这样会带来很大的冲击力。

没别的原因,就是你跟老百姓不一块儿高兴,你只顾自己高兴,你只顾你的小集团高兴,根本不考虑老百姓高兴不高兴。

老百姓现在如果听到乐音就欣欣然,发自内心地高兴,然后奔走相告:"我们的王身体好了,他已经不头疼了,要不然他怎么能够这么开心地欣赏音乐呢?"这就是与民同乐了。如果你能够与百姓同乐,把你喜欢音乐、喜欢田猎这点爱好和百姓分享,你能够考虑到老百姓,让他们跟你一起高兴,王道就实现了,你就能够"王天下",成为天下之主了。

与民同乐重要吗？非常重要。这其实可以算作管理公司、团队的一个秘密武器。不过我也知道，一个管理者要能够做到与民同乐，其实是不容易的。因为很多管理者自始至终都没有考虑过员工的成长。从根本上说，他们和很多君王一样，会下意识地把员工当作自己的私有财产。

所以齐宣王才会非常不解，为什么周文王的园林会那么大。有一天他问孟子：听说文王的园林有方圆七十里这么大，有这回事吗？

孟子对曰："于传有之。""于传有之"就是根据记载有这么回事。孟子也不知道，他说我只能是看书，书上写有这回事。

齐宣王说那不是很大吗？他觉得自己其实已经挺奢侈的了，但文王比我还奢侈啊。周文王是个圣人啊，圣人的园林比我的还大，他有点不太理解。

孟子说："民犹以为小也。"孟子说话总是出人意料。孟子说老百姓还嫌小呢。齐宣王接着问："寡人之囿方四十里，民犹以为大，何也？"我的园林才方圆四十里，怎么老百姓还嫌大呢？

孟子回答："文王之囿方七十里，刍荛者往焉，雉兔者往焉，与民同之。民以为小，不亦宜乎？臣始至于境，问国之大禁，然后敢入。臣闻郊关之内有囿方四十里，杀其麋鹿者如杀人之罪，则是方四十里为阱于国中，民以为大，不亦宜乎？"文王的园林方圆七十里，割草打柴的，以及抓野鸡、抓兔子的，这些人都可以去。他的园林看起来很大，但老百姓可以随便出入。跟老百姓一块儿享受的一个大公园，老百姓可不就嫌它不够大嘛。

孟子说，刚到齐国边界，我就得先问问咱们这儿有没有什么禁区，有没有什么禁令，有什么地方是不能去的。就怕万一不小心去错了地方，那可是要命的事儿。

我听说在您这个园子里，杀一头麋鹿"如杀人之罪"，因为杀的是王家麋鹿。那么您这个园子对于全国人民来讲就是一个巨大的陷阱，因为谁只要进来，一不小心就犯法了。老百姓觉得您这个陷阱做得也太大了，这个难道不正常吗？

北京的森林公园，没有哪个市民说太大了。从亚运村那块，一直到北五环外边都是奥体森林公园，市民都觉得很好。虽然占地面积很大，也不能开着车从里边横穿，但它是向市民免费开放的，市民感觉城市有了一个绿肺，可以去里边玩啊、跑步啊，弄个帐篷在里边待着啊，这就是"与民同之"。

有一部电影叫《青年马克思》，开场的画面是什么呢？一群老弱妇孺在森林里悄悄地捡柴火，这时远处有贵族骑着马过来，拿着鞭子抽他们，因为他们捡的是贵族家的柴火。这片森林看起来很大，大到无边无际，但它是贵族的私人财产，这些穷困的老百姓来这里捡柴火是犯法的。这就是"为阱于国中"。

所以虽然看起来都是园林，但是性质完全不同。《礼记》讲："入境而问禁，入国而问俗，入门而问讳。"就是你到一个国家，你得问问这个国家有什么禁忌，有什么风俗；到别人家做客，你要问问人家有没有什么忌讳，这都是古时候的礼仪。

但作为一个国君，你把你的私人财产看得那么重，未必是一件好事。你的手攥得那么紧。攥紧的手，最后你会发现连一粒沙子都攥不住，但是你的手只要张开，全世界都是你的。你是一个国君，手稍微松一点，让你的园林、财产等等，能够向老百姓开放，这时候老百姓就不会嫌它大了。

从这里我们可以学习到的是什么呢？管理的本质不是掠夺，不是压榨，而是平视，是与民同乐，是和大家一起去创造更多的价值。

一怒而安天下：

大勇有大智

齐宣王问曰："交邻国有道乎？"

孟子对曰：有。惟仁者为能以大事小，是故汤事葛①，文王事混夷②。惟智者为能以小事大，故大王事獯鬻（xūn yù）③，句践事吴。以大事小者，乐天者也。以小事大者，畏天者也。乐天者保天下，畏天者保其国。《诗》云：'畏天之威，于时保之。'"

王曰："大哉言矣！寡人有疾，寡人好勇。"

对曰："王请无好小勇。夫抚剑疾视，曰：'彼恶（wū）敢当我哉！'此匹夫之勇，敌一人者也。王请大之。《诗》云：'王赫斯怒，爰（yuán）整其旅。以遏徂莒④，以笃周祜（hù）⑤，以对于天下。'此文王之勇也。文王一怒而安天下之民。《书》曰：'天降下民，作之君，作之师。惟曰其助上帝⑥，宠之四方。有罪无罪，惟我在，天下曷敢有越厥志⑦？'一人衡⑧行于天下，武王耻之。此武王之勇也。而武王亦一怒而安天下之民。今王亦一怒而安天下之民，民惟恐王之不好勇也。"

注释　① 汤事葛：详见《孟子·滕文公下》。
② 文王事混夷：混夷是周初的西戎部落，文王如何侍奉，已不可考。
③ 大王事獯鬻：大王，即古公亶（dǎn）父，周文王的祖父，周朝建立后尊为太王。獯鬻即猃狁（xiǎn yǔn），活跃在北方的游牧民族，一说是匈奴祖先。太王时期，周人半耕半牧，与猃狁杂处。后为躲避其压迫侵害，太王率领族人来到岐地。
④ 以遏徂莒：徂，往。莒，国名。周文王阻止了对莒人的侵略，具体事不详。后来，莒人参与了武王克商，被封为诸侯。
⑤ 以笃周祜：笃，厚实。祜，福佑。
⑥ 上帝：这一段里面出现了"上帝"和"天"，二者分别为商周两代的主神，都可以直接称为神，在卜辞和金文上也是这样。
⑦ 天下曷敢有越厥志：曷，何。厥，其。
⑧ 衡：同横。

齐宣王问孟子："交邻国有道乎？"他想听听孟子如何看待与邻国的相处之道。孟子回答："有。惟仁者为能以大事小，是故汤事葛，文王事混夷。"

跟他国交往，首先一条就是要怀仁心。孟子口中的以大事小，就是说别仗着自己国家强大就欺负别国，大国的国君应仁慈，跟周围小的国家互通有无，能帮就帮一把。

孟子还举例说，商汤就曾善待过葛国。他看到葛国国君不祭祀就问道，你为什么不祭祀？葛国国君说他什么都没有，拿什么祭祀？商汤就多次给葛国送去祭祀用的动物、粮食等，希望能够教化葛国百姓。商汤这么做是出于好意，遗憾的是葛国国君胡作非为，商汤才开始讨伐葛国。

孟子主张一个观点，"乐天者保天下，畏天者保其国"。如果你是强国的国君，你就乐天，你就顺天应命，老天让你有一个强大的国家，你要发挥大哥的带头作用，维持和周边小国的关系，拿出大国风范，不要以大欺小，让天下都和平相处。反之，如果你是个小国的国君,你要心存敬畏,不要想着以卵击石,去攻击大国,要学会低调,保护好自己的国家。

孟子的话打动了齐宣王,他对孟子说"大哉言矣",您说得太好了,但是我不行。因为"寡人好勇"。齐宣王是个好斗的国君,齐国作为一个大国,本该跟其他小国和平相处,但齐宣王老想打仗。

所以孟子对他说"王请无好小勇"。大王你崇尚勇敢没有问题,但你不要好勇斗狠,别把逞强当勇气。在孟子看来,齐宣王的勇气就是这种情形:"夫抚剑疾视,曰:'彼恶敢当我哉!'"一个人拿着一把剑,用眼睛恶狠狠地盯着前方说,谁敢挡我,挡我者死。看着气势吓人,其实就是匹夫之勇,只够对付一个人。

历史上逞匹夫之勇的典型代表就是与荆轲一起刺杀秦王的秦舞阳。秦舞阳走在集市上,周围人都躲着他,因为他很小就杀过人,眼睛瞪起来,杀气十足,特别吓人。但当秦舞阳到了秦国的朝堂之上,他却吓得瑟瑟发抖,连路都走不了了。

所以孟子跟齐宣王讲"此匹夫之勇,敌一人者也,王请大之"。齐宣王呀,你把自己的勇气再放大一点,格局打开,匹夫之勇没什么意思,你要有大勇。

孟子接着说:"《诗》云:'王赫斯怒,爰整其旅。以遏徂莒,以笃周祜,以对于天下。'此文王之勇也。文王一怒而安天下之民。《书》曰:'天降下民,作之君,作之师。惟曰其助上帝,宠之四方。有罪无罪,惟我在,天下曷敢有越厥志?'"

孟子很博学,他援引了《诗经》和《尚书》中的例子。《诗经》中提到文王生气时,他不是怒气冲冲地跟别国打仗,而是抱着"安天下之民"的初心,把那些作乱的国家制服,让百姓免于颠沛流离,从此过上好日子。

这就是文王的大勇。

《尚书》里也提到，百姓都是上天的子民，上天安排了国君和老师，目的就是代替上天来爱护百姓，因为上天无法直接保护这些百姓。

对国君而言，一个百姓有罪还是没罪，由他来判定。但是，身为一国之君，要明白一个道理，国有国法，家有家规。要按照法律判断一个人是否有罪，不能随意处罚他人，更不能想杀人就杀人。

孟子其实还想表达一层意思，那就是国家的功能，包括国君的作用，就是要减少暴力和战争，要对所有国家进行管制，求一个天下太平。

这一点跟霍布斯的著作中提到的观点类似。霍布斯在研究人类进化的过程时，发现国家的出现使得人类的暴力行为大幅下降。如果没有国家机构，各个部落之间很容易因为鸡毛蒜皮的事情发动战争。没有法律，没有规定，没有第三方做裁判，部落之间的征战很难停止。

孟子告诉齐宣王："一人衡行于天下，武王耻之。此武王之勇也。"当一个国君，好比商纣王这样的人，他横行天下，毫无规矩，没有约束，任性妄为，引起了武王的反感和厌恶，然后周武王勇气爆棚，带兵讨伐商纣，一举将其歼灭。这就是"武王亦一怒而安天下之民"。周武王跟文王一样，一怒之下平了乱世。对于君王来说，有这种勇气和魄力，才是真正的勇者。

孟子接着又鼓励齐宣王说："今王亦一怒而安天下之民，民惟恐王之不好勇也。"如果齐宣王你也学学文王和武王，一怒而安天下之民，那么老百姓巴不得你多一些勇气呢。

齐宣王这个人有个特点，他是有想法的，但有时候行动力差点意思，也就是勇气和魄力不足，所以孟子才不断激励他，勇敢一点，为了天下，做一个大勇之人。

同时，孟子还反复强调一件事：当我们讨论一个人是不是勇敢时，不要从个人角度出发，这是匹夫之勇，只会让人短视鲁莽，逞强斗狠，价值不大。普通人如此也就罢了，齐宣王这样的人，是断然不能这般

"小勇"的。

按照孟子的观点,齐宣王可以好勇,但好的应该是"大勇"而不是"小勇"。如果齐宣王做任何事只为自己,都从自己的角度出发,他再勇敢都是小勇。只有为天下而怒,为苍生而怒,怒而平天下,才是伟大的勇气,也是君王不可或缺的勇气。

孟子苦口婆心,就是为了教育齐宣王,身为一国之主,要心怀远大理想,要将天下苍生的福祉记在心间,这是国君的责任。何况齐宣王还是个能力不错的人,有勇有谋,刚好可以大展拳脚,有所作为。

其实,不管是一国之君,还是普通百姓,孟子"无好小勇"的观点都很有参考意义。有句话说得好:"一个人如果心中只装得下自己,他是不会有力量的。"他所谓的勇敢,只是满足一己之私,这样的勇气是贫瘠的,会很快枯竭。一个人,只有打开眼界,凡事不拘泥于自身,看到身边更多的人,看到更大的天地,才能拥有源源不断的勇气,活出真正的勇敢。

雪宫问乐：
厉害的人会拼，更会玩儿

齐宣王见孟子于雪宫。王曰："贤者亦有此乐乎？"

孟子对曰："有。人不得，则非其上矣。不得而非其上者，非也。为民上而不与民同乐者，亦非也。乐民之乐者，民亦乐其乐；忧民之忧者，民亦忧其忧。乐以天下，忧以天下，然而不王者，未之有也。昔者，齐景公问于晏子曰：'吾欲观于转附、朝儛（wǔ）[①]，遵[②]海而南，放于琅邪，吾何修而可以比于先王观也？'晏子对曰：'善哉问也！天子适诸侯曰巡狩，巡狩者，巡所守也。诸侯朝于天子曰述职，述职者，述所职也。无非事者。春省耕而补不足，秋省敛而助不给。夏谚曰："吾王不游，吾何以休？吾王不豫[③]，吾何以助？"一游一豫，为诸侯度。今也不然，师行而粮食，饥者弗食，劳者弗息。睊睊（juàn juàn）胥谗[④]，民乃作慝（tè）[⑤]。方[⑥]命虐民，饮食若流，流连荒亡，为诸侯忧。从流下而忘反谓之流，从流上而忘反谓之连，从兽无厌谓之荒，乐酒无厌谓之亡。先王无流连之乐，荒亡之行。惟君所行也。'景公说（yuè），大戒[⑦]于国，出舍于郊。于是始兴发补不足。召太师曰：'为我作君臣相说之乐。'盖《徵招》、《角招》⑧是也。其诗曰：'畜君何尤？'畜君者，好君也。"

注释
① 转附、朝儛：山名，儛同舞。
② 遵：沿着。
③ 豫：与游意思相同。
④ 明明胥谗：眀字从目从月，"月"意为"细小的"。"目"与"月"联合起来表示小眼看，即侧目而视。胥，皆。谗，毁谤。
⑤ 慝：从匿，从心，将心思隐藏起来，即有反意。
⑥ 方命：方，违反；命，上天的旨意。
⑦ 戒：准备，不是戒备的意思。
⑧《徵招》《角招》：宫、商、角、徵、羽五音中的两个。招，同韶。

很喜欢一句谚语：只学习不玩耍，聪明的孩子也变傻。

一个人知道努力拼搏是好事，值得表扬，但能做到劳逸结合，善于利用玩乐的过程，在得到放松休息的同时实现自己的目标，这才是真正的高手。

《孟子》中的"雪宫问乐"的内容，记载的就是齐宣王跟孟子两人讨论"玩乐"的事情。

齐宣王看到孟子在雪宫里休闲，就好奇地问："贤者亦有此乐乎？"他不理解孟子这个圣贤，每天教育自己要学好，私下也会享受，在雪宫度假。齐宣王以为孟子不会享乐，没想到孟子回答说："有。人不得，则非其上矣。"孟子说自己也会追求快乐，一个人要是享受不到快乐的话，就会抱怨他的国君。

下面这句"不得而非其上者，非也"，说的是，如果因为没有得到享受就抱怨自己的国君，这么做是不对的。孟子随即话锋一转："为民上而不与民同乐者，亦非也。"作为国君，不愿与民同乐也是不对的。

国君该怎么做呢？孟子说："乐民之乐者，民亦乐其乐；忧民之忧者，民亦忧其忧。"国君要为百姓的快乐而快乐，那么百姓也会为国君的快乐而快乐。领导为百姓的忧愁而忧愁，那么百姓也会替领导忧愁。

这种互动就是人心相通，用孟子的话说就是"乐以天下，忧以天下，然而不王者，未之有也"。如果一个国君能做到满心都是百姓的喜乐哀愁，心怀天下，这种人不王天下简直天理难容。用孟子的口头禅来说就是"未之有也"，从来不存在的。孟子列举了古代的圣贤国君，像尧、舜、禹、汤、文王，确实都是把天下的悲喜放在心间的。

为了让齐宣王更好地理解"乐"，孟子说了晏子教育齐景公的故事。

"昔者，齐景公问于晏子曰：'吾欲观于转附、朝儛，遵海而南，放于琅邪。'"齐景公曾经问晏子，他想去转附和朝儛这两座山走走，沿着海岸线再往南走，最后到琅邪山。齐景公的顾虑是"吾何修而可以比于先王观也"，他害怕自己被人误解去游山玩水，不办正事。他渴望像先王出行一样，视察天下，体察民情。于是他问晏子需要做些什么才能让百姓不误解他浪费民脂民膏，只顾自己玩乐。

晏子说："善哉问也！"他肯定了齐景公的问题提得很好。"天子适诸侯曰巡狩，巡狩者，巡所守也。"天子到诸侯所在的封地去巡视，叫作巡狩。

"诸侯朝于天子曰述职"，诸侯拜见天子，汇报自己的工作叫作述职。"无非事者"的意思就是，无论巡狩还是述职，都是为了工作，所以先王出去巡视，是工作，不是玩。

巡视也要按照合适的时间来，比如这句"春省耕而补不足，秋省敛而助不给"，说的就是春天你去视察百姓耕田的状况，看看谁缺少农资，然后提供帮助。秋天的时候大家在收获，就出去看看丰收的情况,如果看到有人吃不饱饭,就给予他们救济。

夏朝的民谚说:"吾王不游,吾何以休?吾王不豫,吾何以助?"我们的王如果不出来视察,我们怎能够得到休息?我们的王如果不出来游玩,我们如何获得救济?

"一游一豫,为诸侯度。"君王出游的所作所为,都是诸侯的榜样,是为了给诸侯打个样,让他们看看一个管理者到底该怎么做。

"今也不然",现在则不同了。"师行而粮食,饥者弗食,劳者弗息",只要带着大队人马出行,这些人的吃喝拉撒就需要大量的供给。如此一来,就让饿的人没饭吃,工作的人没法休息。

"睊睊胥谗",睊睊就是眯着眼睛,意思就是大家眯起眼睛,互相使眼色做表情,一起说你的坏话。"民乃作慝",慝就是心生反意的意思,老百姓不乐意了。"方命虐民,饮食若流",意思是违反天命虐待老百姓,消耗了百姓那么多的粮食。"流连荒亡,为诸侯忧",一个君王,从上游玩到下游,乐而忘返,就叫作"流";从下游再玩到上游,又乐而忘返,这叫作"连"。

我们常说的"流连忘返"一词,指的就是一会儿从上游玩下来,一会儿从下游玩上去。

追逐野兽,不知厌倦,打猎时停不下来,这叫作"荒"。好酒贪杯不知满足,这叫作"亡"。那些荒淫无道的君主,最喜欢干的就是这四件事儿:流、连、荒、亡。

所以"为诸侯忧"的意思就是,天子天天这么瞎玩儿,诸侯们的压力就会特别大,都会觉得很烦恼。

"先王无流连之乐,荒亡之行。惟君所行也。"晏子又说,您不是想学先王吗,先王没有流连之乐,也没有荒亡之行,他只做了一个君主该做的事,尽了自己的本分。

齐景公听完恍然大悟,决心做个好君王,他"大戒于国",这里的"戒"不是戒备,而是准备的意思。他先在国内把粮食物资都准备好,然后"出舍于郊",去郊外驻扎;"始兴发补不足",打开自己的仓库,看哪些人没饭吃,先把粮食发放给他们。

然后"召太师曰:'为我作君臣相说之乐。'"找来乐官,写几首君臣相悦的歌,歌颂君臣之间的相互喜欢。乐官就写了《徵招》和《角招》这两支曲子。曲子的内容是"畜君者,好君也",这里的"畜君何尤"就是喜欢自己的君主有什么不可以呢?

孟子跟齐宣王讲晏子劝说齐景公的桥段,目的就是借用明君齐景公的故事,让齐宣王理解什么叫作"乐"。不要把"乐"肤浅地理解成吃喝玩乐、寻欢作乐。"乐"的本质是:君王做事要有目标,要围绕本职工作。

清朝雍正帝登基前,一个幕僚跟他说,天子没有私事。意思就是说,作为皇帝,所有的事情都是公事。当你把这个念头记在脑海中,就会谨言慎行。

齐宣王喜好"雪宫之乐"没有问题,关键是别忘记自己的出发点。

孟子提到的"与民同乐"和"无非事者",都在跟齐宣王强调一点,把私欲和正事结合起来,就是最有意义的"玩乐"。

就像齐宣王打算出行,只要不让百姓因这次出行加重负担,甚至能得到救济,百姓就会欢欣鼓舞,充满期待,就是一次完美的"与民同乐"。

我们把孟子的"乐"的理念放到当下的生活,也是很有参考价值的,其中一点就是分享。

因为分享会让人快乐。对君王而言,他把国家的福利和皇帝的圣恩分享出去,让百姓也可以享受到。百姓开心了,就会更加拥戴君王。收获了民心,对君王而言,也是一件开心的事情。

对普通人而言,你把快乐分享给身边人,他们也会用快乐来回报你。就好比我们走在路上，对迎面而来的路人微笑，对方也会下意识地对你微笑一样。

可以说，善于分享的人，更容易感到幸福。

第二个参考点就是，人要会玩乐。贤者如孟子，也需要享受生活的美好，看美景，喝美酒，吃美食。普罗大众，也应效仿贤者。一个人如果不懂得享受生命的乐趣，他这一生将何其苍白无趣！

拿现在的孩子来说，他们虽然衣食无忧，但似乎少了很多快乐，一个主要原因就是，孩子们少了玩乐的时间。

学校和家庭给了孩子太多的学习压力，让孩子始终处于高压紧张的状态，把全部心思都放在学业功课上，时间被题海彻底占据。有些孩子想玩会儿游戏，父母就极力反对，坚决不让孩子碰游戏。

其实玩游戏本身不是洪水猛兽，孩子如何在玩的过程中学到东西更重要。比如学习与他人合作，独立思考，以及动手能力，等等。

这就是有价值的"玩"。

毕竟，按照孟子的观点，真正厉害的人，不仅会拼，更会玩儿。

寡人有疾：
先相信，再做到

齐宣王问曰："人皆谓我毁明堂，毁诸？已乎？"

孟子对曰："夫明堂者，王者之堂也。王欲行王政，则勿毁之矣。"

王曰："王政可得闻与？"

对曰："昔者文王之治岐也，耕者九一，仕者世禄，关市讥而不征，泽梁无禁，罪人不孥（nú）①。老而无妻曰鳏（guān），老而无夫曰寡，老而无子曰独，幼而无父曰孤。此四者，天下之穷民而无告者。文王发政施仁，必先斯四者。《诗》云：'哿（gě）矣富人，哀此茕（qióng）独！②'"

王曰："善哉言乎！"

曰："王如善之，则何为不行？"

王曰："寡人有疾，寡人好货。"

对曰："昔者公刘③好货。《诗》云：'乃积乃仓，乃裹糇（hóu）④粮，于橐（tuó）⑤于囊，思戢（jí）⑥用光。弓矢斯张，干戈戚扬，爰方启行（háng）⑦。'故居者有积仓，行者有裹囊也，然后可以爰方启行。王如好货，与百姓同之，于王何有？"

王曰："寡人有疾，寡人好色。"

对曰："昔者太王好色，爱厥⑧妃。《诗》云：'古公亶（dǎn）甫⑨，来朝走马。率西水浒，至于岐下。爰及姜女，聿（yù）来胥宇⑩。'当是时也，内无怨女，外无旷夫。王如好色，与百姓同之，于王何有？"

注释
① 孥：妻子和儿女。
② 哿：也读 kě，可。茕：孤单。
③ 公刘：周代先公之一。先公即先王之前的祖先，从后稷到古公亶甫，皆为先公。文王是否是先公，在于在世时有无称王，现无明确说法。
④ 糇：干粮。"米"与"侯"联合起来表示"地方长官（诸侯）出差或出征所携带的干粮"。
⑤ 囊：口袋。
⑥ 戢：本义为收藏兵器，引申为收敛、止息、收藏。
⑦ 爰方启行：爰，语首词，无实际意义。启行，启动行伍，即出发。
⑧ 厥：其。
⑨ 古公亶甫：即太王，姬姓，名亶。
⑩ 聿来胥宇：聿，语首词，无实际意义。胥，省视，视察。宇，房屋。

我们常说，良言一句三冬暖，恶语伤人六月寒。可见，语言是有力量的。作为儒家亚圣，孟子就深谙语言之道。

孟子接触的对象，不是诸侯君王，就是达官显贵，一言不慎，就会给自己惹来无妄之灾。所以，孟子在应对这些关键人物时，他说的每句话，都饱含智慧，让人折服。

在齐国时，孟子跟齐宣王走得很近。齐宣王跟孟子经常交流，把孟子当成自己的贴心顾问，不管什么问题，他都会问孟子的意见。

这次他又问孟子："人皆谓我毁明堂，毁诸？已乎？"很多人都建议齐宣王毁掉明堂，他该怎么办？

这里解释一下明堂是什么，它是帝王建造的建筑物，有的是一面打开，三面有墙；有的则是四面都没有墙，周围用柱子撑起来。明堂是个公共场所，君王和大臣们把事情摊到桌面上，在这里公开讨论。有了明堂，就不用躲在房间里悄悄谋划，别人都不知道你们谋划了什么。这个做法，表达了君王治理天下的心态是开放的，也有着兼听则明的意味。

针对齐宣王这个疑问，孟子是这么回答的："夫明堂者，王者之堂也。王欲行王政，则勿毁之矣。"这明堂是王者之堂，如果大王想要行王政的话，就不要摧毁它。

齐宣王接着问："王政可得闻与？"这王政是什么，齐宣王还真不知道，也没听说过，他怎么能施行王政呢？孟子告诉他："昔者文王之治岐也，耕者九一，仕者世禄，关市讥而不征，泽梁无禁，罪人不孥。"

孟子给齐宣王举了个例子，他说文王在治理岐地时，将一片田地分成九块，分割的方式就像在田地上写了个"井"字。这九块田地的中间一块是公田，百姓把周围的八块田耕好后，还要助耕中间这块公田。这是"耕者九一"，也叫井田制。那些做官的公务员，一代传一代，世代都享受俸禄。关卡和市场只稽查证件，不征税；百姓可以在湖泊任意捕鱼，在山林随意砍伐，没有禁令；一个人犯罪了，只惩罚他本人，不会株连家属，不连坐。

孟子接着说："老而无妻曰鳏，老而无夫曰寡，老而无子曰独，幼而无父曰孤。此四者，天下之穷民而无告者。文王发政施仁，必先斯四者。"孟子提到的这四类人，也就是我们常说的鳏寡孤独，是全天下最可怜、最无依无靠的人，一肚子苦楚却无处倾诉。文王施行仁政，都要优先照顾这四类群体。

孟子随后引用《诗经》的内容，"《诗》云：'哿矣富人，哀此茕独。'"意思是有钱人的日子过得可以了，我们应该可怜可怜那些茕茕孑立、形影相吊的穷人，要让"矜、寡、孤、独、废疾者皆有所养"，这也意味着要确保最底层、最孤苦的那些人日子也能过下去。

齐宣王听完立刻说道："善哉言乎！"孟子你说得太好了。

孟子趁热打铁："王如善之，则何为不行？"既然你觉得我说得好，你为什么不做呢？赶紧干吧！

齐宣王来了一句"寡人有疾，寡人好货"，这话的意思是，本王不是不想做，只是本王有个毛病：贪财，喜欢征税敛财，充盈国库，同时填充自己的小金库。从这句话我们不难发现，齐宣王挺有自知之明的，他对自己的品行一清二楚。

孟子听完回答说："昔者公刘好货，《诗》云：'乃积乃仓，乃裹糇粮，于橐于囊，思戢用光。弓矢斯张，干戈戚扬，爰方启行。'故居者有积仓，行者有裹囊也，然后可以爰方启行。王如好货，与百姓同之，于王何有？"

孟子告诉齐宣王，过去有个叫公刘的人，他是周朝的先公，是周文王的祖先，此人也很贪财。《诗经》记载，他喜欢积攒大量的粮食，不仅装满了仓库，还装满了很多大口袋，这些粮食是用来打仗的，能保障百姓安居，也能弘扬国威。公刘不仅有粮，还有弓箭武器，随时可以征兵出发。留在家里的人存有余粮，行军的人有干粮，这就能浩浩荡荡向前方进发了。如果你齐宣王也喜欢敛财，带着百姓跟你一起存储积蓄，实行王政还有什么困难呢？

齐宣王又开始找借口了："寡人有疾，寡人好色。"孟子的一番话，似乎没打动齐宣王，他竟然说自己还有个贪恋女色的毛病，该怎么办？面对这种托词，孟子只能见招拆招地说："昔者太王好色，爱厥妃。《诗》云：'古公亶甫，来朝走马。率西水浒，至于岐下。爰及姜女，聿来胥宇。'当是时也，内无怨女，外无旷夫。王如好色，与百姓同之，于王何有？"

孟子宽慰齐宣王，说男人都好色，包括周文王的祖父古公亶甫，他十分宠爱自己的妃子。《诗经》上记载，古公亶甫大清早就骑着马，沿着河西岸，来到岐山下，视察百姓的住宅，有个姜姓的妃子，一直伴其左右，形影不离。在当时，百姓家中没有恨嫁的姑娘，外头也没有单身的汉子，男女皆有对象可以婚配。如果大王你也好色，能够想到老百姓也有这个需求，这对你来讲，实施王政还有什么困难呢？

总结一下孟子的言论，他注重将君王的私欲跟广大人民群众的诉求结合起来，这样就能造福百姓。孟子认为，实施王政并不难，就是做到"己欲立而立人，己欲达而达人"。一个人只需要把自己的欲望稍微扩充一下，你想要的好处，也替他人想一下就可以了。

所以在孟子看来，王天下并不难，但在齐宣王看来却特别难，因为他总想着自身的各种不足，他好勇好货还好色。诚然，能看清自己的不足是好事，但总拿这些缺陷当借口，拒绝前进，拒绝承担责任，就不对了。

过度否定自己，就是自我贬低，齐宣王就有这个倾向，按照现代心理学的研究成果，他的原生家庭中可能有一个非常严厉的父亲或者母亲，或者家庭教师，在他的成长过程中，这个人对他很严苛，时常贬低批评他，让他学会了自我批评和自我贬抑。这种情况就会导致一个人低自尊、不自信，碰到事情前怕狼后怕虎，畏首畏尾。

孟子说了一大堆鼓舞齐宣王的话，摆事实，讲道理，能用的招数都用了，但齐宣王还是没有魄力改变，因为他内心缺乏自信，他不认为自己是一个当仁不让的好君王，他也不认为自己有能力解决别人的问题。他的自我价值很低，觉得自己不够好，当不了明君。

人最大的自信就是：相信自己可以做到。一国之君更应该有这种自信。这种信念能激发人的潜能，决定最终的行动方向。

生而为人，我们都有不足和缺点，多少都带点自卑情结，这很正常。但如果我们能够超越自卑情结，把它变成前进的动力，让自己的价值和社会的整体价值融为一体，我们就会散发强大的力量。

现实生活中不乏齐宣王那样的人，花式找借口，拒绝改变自己，拒绝行动。

有人不能坚持读书和运动，就说是自己不自律；有人一辅导孩子作业就大呼小叫，就说自己没耐心，当不了好父母。他们看到的都是自己"不行"，看不到自己的闪光点，然后打着"我不行"的旗号，光明正大地摆烂躺平。

其实，每个人都有特长，做人要自信，要相信自己可以做到想做的事，不断突破现有的舒适区，哪怕只走出去一点点，也会变成跟过去不一样的人。

智者千虑，必有一失：
犯错不丢人，只要敢于直面错误

　　孟子谓齐宣王曰："王之臣有托其妻子于其友而之楚游者。比其反也，则冻馁①其妻子。则如之何？"

　　王曰："弃之。"

　　曰："士师不能治士，则如之何？"

　　王曰："已之。"

　　曰："四境之内不治，则如之何？"

　　王顾左右而言他。

注释 ①馁：饥饿。

　　孟子见齐宣王，曰："所谓故国者，非谓有乔木①之谓也，有世臣之谓也。王无亲臣矣，昔者所进，今日不知其亡②也。"

　　王曰："吾何以识其不才而舍之？"

　　曰："国君进贤，如不得已，将使卑逾尊，疏逾戚，可不慎与？

左右皆曰贤，未可也。诸大夫皆曰贤，未可也。国人皆曰贤，然后察之；见贤焉，然后用之。左右皆曰不可，勿听。诸大夫皆曰不可，勿听。国人皆曰不可，然后察之；见不可焉，然后去之。左右皆曰可杀，勿听。诸大夫皆曰可杀，勿听。国人皆曰可杀，然后察之；见可杀焉，然后杀之。故曰国人杀之也。如此，然后可以为民父母。"

注释　① 乔木：大树，尤其是宗庙里的大树。
　　　② 亡：去位、去国的意思。

常言道：智者千虑，必有一失。不管多么厉害的人，都会有犯错的时候，但是在我们身边，有太多人不敢直面自己的错误。

齐宣王最初就是这样。孟子在劝导齐宣王的同时，也给了我们一些启示。

孟子一上来就抛给齐宣王一个问题："王之臣有托其妻子于其友而之楚游者。比其反也，则冻馁其妻子。则如之何？"假如您有一个大臣，他要去楚国出差，把自己的老婆孩子托付给他的一个朋友，结果回来发现，他的妻子和孩子受冻挨饿，对他的朋友这种人应该怎么处置呢？

齐宣王很果断地说"弃之"，这种人还留着干吗，直接放弃就好了，不跟他做朋友了。

孟子接着问："士师不能治士，则如之何？"一个司法干部不能管理好他的下属，我们应该怎么办呢？齐宣王也很直接，说"已之"，这种人撤职就好了。

孟子看提示得差不多了，就开始说核心了，他继续问："四境之内不治，则如之何？"一个国家治理得不好，应该怎么办呢？

这时候齐宣王开始慌了，孟子难道是在说我？于是"顾左右而言他"，急忙岔开话题，说其他的事情了。

孟子通过三连问，把齐宣王逼到了墙角。前两个问题类比、递进，一个朋友不负责任，那就不交这个朋友了；一个人当领导不行，那就撤掉他的领导职务；一个人管不好国家，应该怎么办？按照前面的逻辑，齐宣王应该回答，重新选一个，或者让位、禅让。但是齐宣王没有直面错误的勇气，直接选择了逃避，所以他顾左右而言他，转移话题。

齐宣王如果真的是一个有勇气的人，可能他会问孟子，愿闻其详，可能是罪在寡人，请夫子指教。孟子也未必就敢直接说，你就下台吧。但是齐宣王没有这个勇气，他不愿意面对实质性的问题。

齐宣王前面所讲的"寡人好勇、寡人好货、寡人好色"，都是使问题停留在表面不去处理的手段和技巧。有很多人特别喜欢给自己找一些小毛病，遇到问题就说是因为这个，不愿意深入探讨。

孟子希望与齐宣王深入探讨如何管理国家，但是齐宣王不愿接茬儿。所以，一个人最怕的不是犯错，而是不敢面对自己的错误。

我讲过一本管理类的书，叫作《认同》。书中说，公司开会时，好多人总喜欢回避问题，他们希望持不同意见的人最好不要同时出现，免得一开会就吵架，这样似乎能够让工作进行得更顺利。

其实不对，你应该让问题在会议上暴露出来，争执会使得某件事情更容易达成共识，否则遗患无穷。不回避问题更容易解决问题。

经过前面的谈话，孟子对齐宣王已经很失望了，再见到齐宣王的时候，他说："所谓故国者，非谓有乔木之谓也，有世臣之谓也。王无亲臣矣，昔者所进，今日不知其所亡也。"意思是，一个历史悠久的国家，不是说这个国家的树木看着都很粗大，而是说这个国家有能与国家休戚与共的臣子。现在大王身边没有亲信的臣子了，过去能用的人，都不知道到哪里去了。

孟子说这句话，其实是给自己的离开打伏笔。他准备走了，他在走之前，试图跟齐宣王再说一次，希望能点醒齐宣王。

但是齐宣王再一次把话题引偏了，他说："吾何以识其不才而舍之？"舍弃一个人很正常，但我想问的是我怎么能够识别这个人没有能力而不任用他？孟子想告诉他要留住人才，他却问的是我怎样才能舍弃他们。

孟子虽然恨铁不成钢，但还是很有耐心地回答了他。孟子说："国君进贤，如不得已，将使卑逾尊，疏逾戚，可不慎与？"

春秋战国时，家庭出身是非常重要的一件事，我讲《论语》中说到子路、冉有这些人，说做了大官，多大呢？他们做到普通老百姓所能做的最大的官，就是季氏这类大夫的家宰。你要想越过层级，站在鲁国的朝堂之上，非常困难，就算你是孔子最得意的学生都做不到，因为你不是贵族。

所以，孟子对齐宣王说："您要选用贤人，这是一件相当不容易的事，一定要慎重，实在迫不得已要提拔一些人的时候，可能会使地位低的超过地位高的，关系疏远的越过关系亲近的，做这样的选择，怎能不谨慎呢？"

接下来，孟子继续对齐宣王讲了自己的人才观。他说："左右皆曰贤，未可也。诸大夫皆曰贤，未可也。国人皆曰贤，然后察之；见贤焉，然后用之。"

你左右亲近的那些人都说这个人很贤能，不能信。朝廷上的官员大臣都告诉你这个人很贤能，也不能信。全国老百姓都在说这个人贤能，你还要去考察他，如果确实是这样，再任用他。

孟子所讲的是，你需要有一套选拔人才的机制，也就是"必察之"，你不能光听别人说，哪怕是你的大臣说的，也不能轻易相信。

然后是"左右皆曰不可，勿听。诸大夫皆曰不可，勿听。国人皆曰不可，然后察之；见不可焉，然后去之"。一样的道理，亲近的人和大臣都说一个在任官员不行，你也不能随便相信，你需要去考察，如果他确实不够贤明，你再免去他的职。

为了加深齐宣王的理解，孟子继续深入举例："左右皆曰可杀，勿听。诸大夫皆曰可杀，勿听。国人皆曰可杀，然后察之；见可杀焉，然后杀之。"你亲近的人和朝臣都说这个人罪大恶极，甚至连百姓也说他可以杀，你也不能随便就杀了他，你仍然要认真考察，如果确实罪大恶极，再杀了他。这样就可以说是"国人杀之也"，是百姓杀了他，而不是你自己。

"如此，然后可以为民父母。"这是孟子的结论，不管是任用一个人还是罢免甚至杀掉一个人，都要充分考察，这样才可以做百姓的父母。

对于孟子苦口婆心的劝导，齐宣王应该是听进去了，所以后来的齐宣王也做出了一些成绩。

无论是国君还是普通人，犯错都是不可避免的。这些错误可能来自我们的决策失误，也可能来自我们的行为不当。但是，我们不应该害怕犯错，因为每一次犯错都是一次成长的机会。

很多时候，我们无法看清自己的错误，需要他人的提醒和指正。我们需要虚心听取他人的意见和建议，从中汲取智慧和经验。只有这样，我们才能更好地改正自己的错误，避免重蹈覆辙。齐宣王听了孟子的劝导，没有再犯之前的错误，才有了之后的成绩。

而孟子劝导齐宣王的这段话，对我们每个人来说都很有价值。不管是作为一个管理者还是作为一个普通人，你都需要足够的智慧去识别和判断周围人的品质，同时，也要虚心听取各方的意见，对于自己的错误要及时改正，只有这样，才能成为一个真正明智和有远见的人。

璞玉于此，玉人雕琢：
让专业的人做专业的事

齐宣王问曰："汤放桀，武王伐纣，有诸？"

孟子对曰："于传有之。"

曰："臣弑其君可乎？"

曰："贼仁者谓之贼，贼义者谓之残，残贼之人谓之一夫。闻诛一夫纣矣，未闻弑君也。"

孟子见齐宣王曰："为巨室，则必使工师求大木。工师得大木则王喜，以为能胜其任也。匠人斫（zhuó）①而小之，则王怒，以为不胜其任矣。夫（fú）人幼而学之，壮而欲行之。王曰'姑舍女（rǔ）所学而从我'，则何如？今有璞玉于此，虽万镒（yì）②，必使玉人雕琢之。至于治国家，则曰'姑舍女所学而从我'，则何以异于教玉人雕琢玉哉？

注释 | ① 斫：雕琢。
     | ② 镒：二十两为一镒。

我们常听到一句话：让专业的人做专业的事。

一件事，如果自己不擅长、不精通，那么寻找这方面的专家来帮我们解决，就是最佳方案。

道理不难理解，确实也有很多人是这么做的。

但是，对一些位高权重的人来说，要承认自己某些方面技不如人，要认可别人比自己更专业，真的很难。他们一来要面子，二来在高位久矣，早就习惯了高高在上、发号施令、指点江山。

齐宣王曾跟孟子聊过一个话题。他问孟子，真有武王伐纣这回事吗？作为臣子，不但不忠于自己的国君，反而弑了自己的君王，这种事还得了？

孟子说，史书上确实是这么写的，臣子反过来杀掉君主，原因就在于这些君主不仁不义。

"贼仁者"，贼就是破坏的意思，破坏仁德的人我们把他叫作贼。"贼义者"就是破坏道义的人，这种人我们把他叫作残。"贼残之人，谓之一夫"，一夫即独夫，指那些破坏仁德、破坏道义的人。

孟子很有胆量，他在跟齐宣王讨论这个问题时，他的回答是"闻诛一夫纣矣，未闻弑君也"。在孟子看来，武王杀的是一个独夫，没有杀国君。这意味着，如果一国之君贼仁贼义，他就是一个独夫，这种人，人人得而诛之。

齐宣王是上位者，他看待这个历史事件，立场跟孟子是不同的。他认为臣子本该服从君王，不可逆反。就连"杀"字，齐宣王用的也是"弑杀"的弑，这个字有种以下犯上的罪孽感，可见齐宣王骨子里就不能接受下级和臣子对君王做任何大不敬的事情，更别提弑君了。

但孟子用的是"诛"字，这个字气场很大，通常指的是上对下的惩罚，孟子说"君王不仁，人人可诛"，一个君王要是昏庸不仁，人人都能把他推翻。

孟子在跟齐宣王的沟通中，没有妄自菲薄，把自己当成奴颜婢膝的臣子，唯齐宣王马首是瞻；他始终传递着一种教化的力量，有一种大义凛然、不卑不亢的姿态。

为了让齐宣王明白君王要仁义、以德服人的道理，他对齐宣王说："为巨室，则必使工师求于大木，工师得大木则王喜，以为能胜其任也。匠人斫而小之，则王怒。"

孟子知道齐宣王曾经干过一件劳民伤财的事情，他要打造一座巨大的宫殿，让工匠寻找特别大的白檀木，工匠找到后，齐宣王很高兴，对工匠充满信心，觉得他的大房子一定可以顺利盖好。结果工匠把木材进行一番加工后，木材被切割成了一个个小块，见状，齐宣王很生气，觉得这个人完全没有本事，直接开口嘲讽工匠说"姑舍女所学而从我"，让工匠跟着他来学盖房子。

孟子拿齐宣王盖房子的事情，直接挑战齐宣王的权威，他反问齐宣王一个问题："假如我现在给你一块没有雕琢过的璞玉，价值万金，你会自己动手雕琢吗？你肯定不会，你一定会找一个玉匠高手雕刻。"

孟子接着说："至于治国家，则曰'姑舍女所学而从我'，则何以异于教玉人雕琢玉哉？"意思就是，你齐宣王对木工一窍不通，还扬言让工匠听你指挥；我对治国颇有心得和见解，施行王道这事，你只要照我说的去做就没有问题，但你就是不听，还整那么多幺蛾子，告诉我"姑舍女所学而从我"，难道就因为你是领导、你是君王？

通过孟子的话语，我们似乎都能想象出他对齐宣王的一脸不屑，却仍要耐着性子，反复教育这个自大的君王。

当然，用现代人的思考方式来看待孟子的做法，我们就能发现，孟子在做机械类比。雕琢玉石和盖房子这种事，或许听从工匠的安排更靠谱，人家更专业，有自己的专业技能。但谈到治国，孟子和齐宣王谁更胜一筹，还真不好说。毕竟齐宣王从小学的就是这个，他的成长轨迹就是按照国君的模式来培养的。再者，治理国家是一个生态化的事，不能照搬机械化的原理来解决，否则治理国家就太简单了。像用积木搭建房子，三岁小孩也能搭出来。所以孟子的话，只能借鉴他背后的含义，不能生搬硬套。

孟子的本意就是告诉齐宣王一个道理：专业的事情，就让专业的人来做。

就像一个大公司的领导者和管理者，不能仗着自己权力大、地位高，就觉得自己是万能的，是不会出错的，什么决策都要听你的。碰到事情就对下属说，你别说了，都听我的。

如果一个管理者喜欢说这样的话，我们就要当心了，表面看他是为团队负责，杀伐决断，愿意拍板，愿意担责，实际上他是一个极度自负的人。

公司里有各种各样的职位，需要各个领域里精通专业的人，只有让这些人各司其职，发挥自己的特长，公司才能高效运转。有的公司经常花大价钱找出色的职业经理人来打理公司业务，但最后还是大老板说了算，职业经理人形同虚设，没有实际的话语权和决策权。这样的公司迟早出问题。

孟子对齐宣王一番苦口婆心，讲的道理就是，高高在上的君王，要懂得放低身段，多听专业人士的建议，把专业的事情留给专业的人去做。

这一点，宋朝的仁宗皇帝做得很到位。他没什么特长，干什么事都不行，跟宋徽宗没法比。但他会做一件事，就是做皇帝。他不跟大臣杠，大臣说什么他都听，他的皇妃希望他能册封自己的娘家人，宋仁宗直接说"我封了也没用，那些人会给我打回来的"。

这份自知之明，是不是很可爱？

千万不要以为这样的宋仁宗很菜，北宋众多名臣，都在仁宗一朝，他在位期间，宋朝正是鼎盛时期。

反观宋徽宗，诗词歌赋，书法绘画，他样样精通，还会园林设计。从个人能力来说，他绝对是高手，但他却导致了北宋的灭亡。

这些历史事实告诉我们，不论是国家还是公司，最高领导人对这个组织最大的责任，不是事必躬亲，不是亲自过问，插手每个环节，而是要找到各个环节最擅长的专业人士，把决策权交给他们。

放权是不容易的，要克服自己的掌控欲，要摆脱自己的胜负心，要克服自我偏好，克服心中的贪婪和恐惧，敢于信任他人，这是他信，也是另一种自信。

优秀的管理者，不会让自己越来越忙、越来越累，而是能带领一群优秀的人，共同朝着一个目标前进。

所以孟子跟齐宣王讲的这段道理，对今天的很多管理者都是非常有帮助的。

拯己于水火之中：
管理的出发点，是让大家都变得更好

齐人伐燕，胜之。宣王问曰："或谓寡人勿取，或谓寡人取之。以万乘之国伐万乘之国，五旬而举之，人力不至于此。不取必有天殃，取之何如？"

孟子对曰："取之而燕民悦，则取之。古之人有行之者，武王是也。取之而燕民不悦，则勿取。古之人有行之者，文王是也。以万乘之国伐万乘之国，箪食壶浆①，以迎王师，岂有他哉？避水火也。如水益深，如火益热，亦运而已矣。"

注释 | ① 箪：古代盛饭用的圆形竹器，中间有隔板。浆：米汤或酒。

齐人伐燕，取之。诸侯将谋救燕。宣王曰："诸侯将谋伐寡人者，何以待之？"

孟子对曰："臣闻七十里为政于天下者，汤是也。未闻以千里畏人者也。《书》曰：'汤一征，自葛始。'天下信之。东面而征，西夷怨；南面而征，北狄怨。曰：'奚为后我？'民望之，若大旱之望云霓也。归市者不止，耕者不变。诛其君而吊其民，若时雨降，民大悦。《书》曰：'徯（xī）我后①，后来其苏！'今燕虐其民，王往而征之，民以为将拯己于水火之中也，箪食壶浆，以迎王师。若杀其父兄，系累②其子弟，毁其宗庙，迁其重器，如之何其可也？天下固畏齐之强也，今又倍地而不行仁政，是动天下之兵也。王速出令，反其旄倪（máo ní）③，止其重器，谋于燕众，置君而后去之，则犹可及止也。"

注释
① 徯我后：徯，等待；后，夏商两代对"王"的另一种称谓。《左传》中，秦晋殽之战发生前，蹇叔哭师，曾对儿子说："晋人御师必于殽。殽有二陵焉：其南陵，夏后皋之墓也；其北陵，文王之所辟风雨也，必死是间，余收尔骨焉。"另，"司母戊鼎"也改名为"后母戊鼎"了。
② 系累：东汉赵岐注："系累犹缚结也。"
③ 旄倪：老人和幼儿。旄，老耄也；倪，弱小倪倪者也。

对于国君来说，打了胜仗，就可以坐享其成了吗？

这一节，孟子告诉齐宣王，打胜仗只是一个开端，让百姓过上好日子才是终极目标。

齐人伐燕取得了胜利，齐宣王却陷入两难境地。他对孟子说："或谓寡人勿取，或谓寡人取之。"

这段故事的背景是，燕国因为王位继承问题发生内乱，齐国趁机攻打燕国，打了胜仗，齐宣王不知道该怎么办了。有人说应该"取"，有人说"不取"，齐宣王不知如何是好，便来请教孟子。所谓"取"，就是打败了燕国，直接把燕国兼并。所谓"不取"，就是打完胜仗，帮助燕国平定内乱就撤兵。

面对齐宣王的苦恼，孟子用两句话回答了他。

第一句是"取之而燕民悦，则取之。取之而燕民不悦，则勿取。"你把燕国拿下了，如果你能让燕国的老百姓高兴，那你就应该"取"。如果你打了胜仗，当地的老百姓不高兴，那你就不要"取"。

第二句是"箪食壶浆，以迎王师，岂有他哉？避水火也。如水益深，如火益热，亦运而已矣。"意思是，老百姓用筐装着饭，用壶装着酒，出来迎接你的军队，没有别的原因，只是为了逃避水深火热的生活。如果你来了以后，水变得更深了，火变得更热了，也就是老百姓的日子过得更糟了，那老百姓是会转换态度的。

孟子用这两句话回答齐宣王，其实并没有告诉齐宣王到底应该"取"还是"不取"。孟子的意思是，"取"还是"不取"不重要，关键是你如何对待燕国的老百姓。

在孟子看来，如果你实行王道，对老百姓好，老百姓就能拥戴你。相反，如果你对老百姓不好，即便老百姓一开始拥戴你，以后也会转变态度，而老百姓一旦变心，你就管不住他们了。

孟子的这个观点在《洪业》这本书中也得到了验证。这本书讲的是清王朝建立的过程，书中说，一开始清朝的多铎带着部队到了江南，老百姓基本上也是"箪食壶浆"地迎接，结果发现多铎并没有对百姓好，而是大开杀戒，后来老百姓就开始造反了。

那齐宣王最终是怎么做的呢？

齐宣王最终还是吞并了燕国，导致别的诸侯组成联军去攻打齐国。齐宣王就害怕了，问孟子："这么多人一块儿来打我，我该怎么办？"显然，齐宣王没有听进孟子的话。他的军队到了燕国，并没有对那里的老百姓好，所以遇到了麻烦，又来找孟子寻求解决办法。

孟子这回是怎么回答齐宣王的呢？

他说："臣闻七十里为政于天下者，汤是也。未闻以千里畏人者也。"孟子先是安慰齐宣王说："你不用怕，有个叫汤的人，只有方圆七十里的土地，最后都能建立商王朝，你拥有纵横各一千里的土地，你害怕什么。"在孟子看来，国家土地的多少没那么重要，如何对待百姓更重要。

接下来，孟子依然没有告诉齐宣王应该怎么做，而是告诉齐宣王，你看看汤打仗老百姓是什么态度吧。

"《书》曰：'汤一征，自葛始。'天下信之。东面而征，西夷怨；南面而征，北狄怨。曰：'奚为后我？'民望之，若大旱之望云霓也。"

《尚书》上说："商汤的征伐，从葛国开始。"天下人都信赖商汤，他往东边打，西夷就抱怨；往南边打，北狄就抱怨。四周的百姓都渴望汤的军队到他们那里征伐，就好像大旱时抬头仰望着天空的乌云一样。

按常理来说，老百姓都不希望打仗，可老百姓反而都渴望汤来讨伐自己，这是为什么呢？那我再来告诉你汤是怎么做的吧。

"归市者不止，耕者不变。诛其君而吊其民，若时雨降，民大悦。"

原来，汤打仗的时候，集市上该交易的人接着交易，耕地也还是老百姓的，汤不会损害老百姓的利益。他杀掉这些国家的国君，去慰问普通的老百姓，像是及时雨从天而降，老百姓非常欢喜。

那再来看看齐宣王是怎么做的吧。

"今燕虐其民，王往而征之，民以为将拯己于水火之中也，箪食壶浆，以迎王师。若杀其父兄，系累其子弟，毁其宗庙，迁其重器，如之何其可也？"

意思是，燕王对他的老百姓不好，你发兵讨伐燕国，那里的百姓认为你是要把他们从水深火热中拯救出来，因此都用筐装着饭，用壶装着酒迎接你的军队。但是你把燕国人的父兄都杀掉，把他们的子弟都捆绑起来，把他们的祖庙都毁了，把他们的国之重器全部用大车往齐国拉，这又怎么可以呢？

孟子接着说："天下固畏齐之强也，今又倍地而不行仁政，是动天下之兵也。"天下各国本来就害怕齐国变得越来越强大，如今你把燕国拿下来，你的土地翻了一倍，你又不施行仁政，整天想要跟别人打仗，使得各国更加害怕，所以他们才会联合起来打你。

直到这里，孟子一直在举例子、摆事实，告诉齐宣王，汤对老百姓好，老百姓才会欢迎他，你对老百姓不好，老百姓才会反抗你。

最后，孟子也不再卖关子，终于告诉齐宣王该怎么做才能不让大家联合攻打他。

"王速出令，反其旄倪，止其重器，谋于燕众，置君而后去之，则犹可及止也。"你现在赶紧发令，把你抓来做奴隶的老人小孩送回去，把拉走的那些国之重器还回去，然后把燕国的重臣们叫到一起讨论，让燕国推出一个国君来，然后你就撤军，这样我觉得这事还是可以善终的。

孟子的意思是，你得赶紧转变态度，对老百姓好，老百姓才会欢迎你。

总之，孟子认为，对统治者来说，让国家、让百姓变得更好，才是治理国家的出发点。

孟子说的是国家兼并国家，在我看来，放到今天，企业收购和兼并也是如此。作为管理者，你得让大家变得更好，企业才能长久。

历史上很多公司的名字，都是由两个公司的名字合在一起的。所有并购的初心一定都是美好的，可往往做着做着就做不下去了，很大一部分原因是收购者没有善待被收购公司的员工。

收购之后，你的员工高兴不高兴，大家是欢迎被收购，还是担心自己的未来，赶紧另寻出路，决定着你收购后公司的未来走向。

所以，公司越做越大就可以不思进取了吗？创业成功就可以高枕无忧了吗？成为部门主管就可以彻底"躺平"了吗？

当然不是。公司做大、创业成功、职位晋升，只是一个新的开端，管理的出发点，不应该是只让自己变得更好，而应该是让大家都变得更好，这是我从这段故事里悟出的道理。

出乎尔者，反乎尔者：
你的福报、恶报，都来自你自己

  邹与鲁閧（hòng）①。穆公问曰："吾有司死者三十三人，而民莫之死也。诛之则不可胜诛，不诛则疾视其长上之死而不救。如之何则可也？"

  孟子对曰："凶年饥岁，君之民老弱转乎沟壑，壮者散而之四方者几千人矣；而君之仓廪（lǐn）实、府库充，有司莫以告，是上慢而残下也。曾子曰：'戒之，戒之！出乎尔者，反乎尔者也。'夫民今而后得反之也，君无尤焉！君行仁政，斯民亲其上、死其长矣。"

注释 | ① 閧：冲突。

  我们今天常说的成语"出尔反尔"就出自这一篇章，但它原本的意思和今天的理解不太一样。

  今天这个成语的意思是一个人不讲信用，说出来的话又收回去了。

  而这句话的原意是你做出来的事，最后必定返回到你身上。类似于我们今天说的"爱出者爱返,福往者福来"。

这次,在孟子的老家,邹穆公遇到难题,向孟子请教。

邹穆公问孟子:"吾有司死者三十三人,而民莫之死也。诛之则不可胜诛,不诛则疾视其长上之死而不救,如之何则可也?"

"我们前段时间跟鲁国有一场纠纷,我们的官吏死了三十三个人,老百姓逃得一干二净,没有一个上来帮忙的。把老百姓拉回来杀掉的话,杀不完,因为太多了;不杀呢,这些人太坏了,他们看着自己的地方官被打死却见死不救。我到底该怎么办?"

你发现,孟子从来不直接告诉别人解决办法,他都是先用现象和事实来告诉对方别人为什么这么做,这次也一样。

面对邹穆公的求助,孟子回答:"凶年饥岁,君之民老弱转乎沟壑,壮者散而之四方者几千人矣;而君之仓廪实、府库充,有司莫以告,是上慢而残下也。"

"凶年饥岁的时候,你的老百姓身体虚弱的都饿死了,那些还有力气的青壮年到各处逃难去了。你的仓库里有那么多粮食,银库里有那么多钱财,但你的那些地方官却没人与你说过老百姓的疾苦。这是欺瞒国君、欺压百姓。"

孟子说这段话的目的是告诉邹穆公,你的地方官对百姓很不好。然后孟子说出了非常有名的一段话。

"曾子曰:'戒之,戒之!出乎尔者,反乎尔者也。'夫民今而后得反之也,君无尤焉!"孟子说,你做出来的事,最后必定会返回到你身上。也就是说,因为你的官吏先对老百姓不好,老百姓才做出不义之举,你不要责怪老百姓。

今天我们说的"自作孽,不可活",也是这个道理。

最后,孟子给出他的解决方案:"君行仁政,斯民亲其上、死其长矣。"

孟子告诉邹穆公，如果你真的施行仁政，百姓跟地方官的关系就会变好，百姓才会愿意为他的长官赴死。

这里强调了因果报应的思想。也就是说，你的恶行终有一天会回到自己身上。

比如生活里，我们经常见到很多父母在教育孩子时，总是对孩子大声责骂、挖苦讽刺，似乎觉得父母对孩子说话不客气是天经地义的事，却还希望孩子能够乖巧懂事听话。

可想而知，你今天这样对待他，总有一天他会这样对待你。你会发现你在孩子小时候对他有多么不客气，等孩子到了青春期的时候，他就会有多叛逆。

公司管理同样如此。比如，你对员工处处压榨，从来不把员工当人看，也不考虑员工的感受，也许短时间内员工会为你卖命，但时间久了，他们一定会反抗或离开你。

同样，当我们想要别人对我们付出爱和善意时，我们也应该先对别人好。

"命由己造"也是这个道理。总之，善意和恶意都来自你自己。

在与人相处中我们也要明白这个道理，只有不断行善积德、付出爱心，我们才能获得好的回报和快乐的生活。

强为善而已：
不要讨好别人，要让自己强大

滕文公问曰："滕，小国也，间于齐、楚。事齐乎？事楚乎？"

孟子对曰："是谋非吾所能及也。无已，则有一焉：凿斯池也，筑斯城也，与民守之，效死而民弗去，则是可为也。"

滕文公问曰："齐人将筑薛①，吾甚恐。如之何则可？"

孟子对曰："昔者大王居邠（bīn）②，狄人侵之，去之岐山之下居焉，非择而取之，不得已也。苟为善，后世子孙必有王者矣。君子创业垂统，为可继也。若夫成功，则天也。君如彼何哉？强为善而已矣。"

注释 | ① 薛：古国名，任姓，公元前418年为齐国所灭。薛国与姬姓滕国相邻，两国故城都在今山东滕州市境内。
② 邠：今陕西彬州。

上一节我们讲了与人相处，想要别人善待我们，我们要先对别人付出善意。但这里有个度的问题，一味对别人好，就会被解读为讨好。这一节，孟子告诉我们，不要因为自己弱小而讨好任何人。换句话说，自己不强大，投靠谁都没用。想方设法让自己变好、变强大，才是最重要的。

接下来，是滕文公和孟子的对话，滕文公向孟子请教了三件事。本节先讲前两件。

第一件事："滕，小国也，间于齐楚。事齐乎？事楚乎？"

滕文公问孟子，我们是小国，夹在齐、楚两个大国中间，我到底应该跟着齐国走，还是应该跟着楚国走呢？

孟子并没有给滕文公答案，而是给了一个建议："凿斯池也，筑斯城也，与民守之，效死而民弗去，则是可为也。"把护城河挖得深一点，把城筑高，跟老百姓一块儿守卫滕国。如果打到最后只剩一兵一卒，老弱妇孺都上了城墙，老百姓都不愿意离开你，这时候你就有希望了。

孟子的意思是，问题不在于你到底应该跟哪国好，而在于你自己能不能加强防御，能不能让老百姓跟你同仇敌忾。

接下来，滕文公又问了孟子第二件事："齐人将筑薛，吾甚恐。如之何则可？"齐国在加固薛地的城池，也就是在搞军备竞赛，我有点害怕，我该怎么办？

孟子对曰："昔者大王居邠，狄人侵之。去之岐山之下居焉，非择而取之，不得已也。"孟子列举了周太王的例子。周太王是周朝的开国先祖，本来在邠地居住，狄人打过来了，周太王就从邠地搬到岐山之下了。不是他自己选择的，是被迫的、不得已的。

这里，孟子把滕文公和周太王做类比，意思是周太王那时候被人赶得流离失所，但他还是奠定了周王朝的根基。看起来你滕文公可能也会被别人围攻，同样是不得已，那么你能做的事也类似，即努力把国家经营好。

"苟为善，后世子孙必有王者矣。君子创业垂统，为可继也。若夫成功，则天也。"孟子说，我们创立这么一份基业，传下一个典范有人继承就行了。只要你的香火不断，国家就有可能发展起来。你能不能真的跟周太王一样，几世之后，子孙突然一统天下，也未可知，这个事要看天意。

其实孟子就是想说，你别想东想西的了，你只管做好自己的事，把国家建设好，对老百姓好，至于国家未来会怎么样，就交给后人、交给老天吧。

这有点像今天我们说的做好自己该做的事，其余交给命运。孟子也在告诉滕文公，放弃无谓的担心，做好你自己该做的事吧。

接下来，孟子说了这篇最重要的一句话："君如彼何哉？强为善而已矣。"你能拿齐国怎么样呢？你能拿薛地怎么样呢？你别管别人多么强大，你唯一能做的事就是把仁政施行好，这样你就足以自保了。

我们发现，这些君王看到的都是表面问题，而孟子总是能够一语中的，看到问题的本质。

就像这次，滕文公问了孟子两件事，说了他的担心和害怕，但孟子告诉他，你要透过现象看本质。虽然这两件事的目标和要求不同，但是出发点和方法是一样的。不管你投靠谁，也不管你害怕谁，问题的核心是你得让自己变强大，而强大的根本是人和，也就是对百姓好。你自己不强大，投靠谁都没用，投靠谁都会被对方吃掉。

在《高效能人士的七个习惯》这本书里，作者提到"关注圈"和"影响圈"两个概念。所谓关注圈，指的是自己关注的东西的总和，比如国家大事、自己的健康和事业等等。影响圈，顾名思义，指的是通过自身努力可以影响或改变的东西，比如学习成绩、工作表现等等。

该书告诉我们，影响圈是我们自己能控制的东西，我们应该把精力更多地花在自己的影响圈内，积极主动地生活，为自己的未来负责。你别想着那些你改变不了的东西，你要想的是能改变的，就是把自己变强大。这和孟子告诉滕文公的是一个道理。不要想着跟谁好，不要想着靠别人，把精力和行动放在能改变的东西上，让自己真正变强大，才是我们唯一的出路，也是最好的出路。

君子不以其所以养人者害人：

懂得放弃，也是一种智慧

滕文公问曰："滕，小国也。竭力以事大国，则不得免焉。如之何则可？"

孟子对曰："昔者大王居邠，狄人侵之。事之以皮币①，不得免焉。事之以犬马，不得免焉。事之以珠玉，不得免焉。乃属其耆（qí）老而告之曰：'狄人之所欲者，吾土地也。吾闻之也：君子不以其所以养人者害人。二三子何患乎无君？我将去之。'去邠，逾梁山，邑于岐山之下居焉。邠人曰：'仁人也，不可失也。'从之者如归市。或曰：'世守也，非身之所能为也，效死勿去。'君请择于斯二者。"

注释 | ① 皮币：皮，毛皮制成的裘。币，缯帛。古人以丝织品作为送礼和交易的媒介。

我们常说"人不要被欲望所迷惑"。被过多的欲望裹挟，一个人会迷失自我；被太深的执念禁锢，人往往会误入歧途。

生活中，人之所以有很多痛苦，往往是因为自己陷入了欲望和执念的旋涡。

人生难得的清醒，是学会放弃，这也是这篇里孟子告诉滕文公的道理。

滕文公又来问孟子第三件事。

"滕，小国也。竭力以事大国，则不得免焉。如之何则可？"

滕文公说："我已经很累了，我们是个小国，我对这些大国已经费尽心力讨好，还是不能免于被威胁，现在我应该怎么办呢？"

孟子对曰："昔者大王居邠，狄人侵之。事之以皮币，不得免焉。事之以犬马，不得免焉。事之以珠玉，不得免焉。乃属其耆老而告之曰：'狄人之所欲者，吾土地也。'"

孟子又给滕文公列举了周太王的例子。

说狄人打过来了，周太王给这些人皮毛、绸缎、马、狗、宝玉、珍珠，都不行。实在没办法了，就把当地德高望重的老人召集在一起，跟他们说，狄人想要的是咱们的土地。那周太王是怎么做的呢？

"吾闻之也：君子不以其所以养人者害人。二三子何患乎无君？我将去之。"去邠，逾梁山，邑于岐山之下居焉。

周太王说，我听说君子不用供养人类的东西去害人。各位不必担心没有人管理你们，领导多的是。最后周太王直接离开了邠地，翻过大梁山，来到岐山脚下的一块风水宝地，住了下来。

这就牵扯到恩格斯所讲的人的异化。本来土地是为人服务的，但是慢慢地，人变成了土地的奴隶。同样，财产本来是为人服务的，可慢慢地，人却变成了金钱的奴隶。

周太王的意思是，土地本来是用来养老百姓的，我们现在却要为了这些土地来坑害老百姓吗？最终，周太王没有为了守住土地而做出伤害老百姓的事，而是主动放弃了那块土地，让百姓免于战争灾害。

那老百姓是什么反应呢？

"邠人曰：'仁人也，不可失也。'从之者如归市。"当地的老百姓就说这人是个好人哪，他没有动员大家为了保护土地豁出性命，这种人不能失去。跟着周太王一块儿搬家的老百姓，像赶集一样乌泱乌泱的。

但这里有个问题，时代和环境不同，文化也不一样。在周太王那个时代，周人只是个部落，百姓没有国家和领土意识。有人来我就走，就没有那么多的征战了。可在滕文公时代，大家的领土意识已经非常强了，大家会觉得土地比人更重要。所以，孟子最终并没有给滕文公任何具体的建议，而是为滕文公提供了两个选项。

"或曰：'世守也，非身之所能为也，效死勿去。'君请择于斯二者。"

孟子的意思是，你滕文公可以学周太王搬迁，现在没开发的土地还多着呢。你也可以为了守住祖先留给你的土地，跟大国打仗。二者你选一个吧。

但我们可以猜测，孟子给滕文公举了周太王的例子，应该是倾向于告诉他不要在意土地。像滕国这么小的国家，你就别那么执着了，你找个别的地儿，只要对老百姓好，老百姓愿意跟着你，那你就是成功的，后面再慢慢建设自己的国家吧，不要计较一城一池的得失，不要因小失大。

在孟子看来，对于滕文公来说，如果打仗，那就会失去老百姓，得不偿失，不如放弃土地，给老百姓安乐的生活。

孟子的这个理念，和今天我们说的懂得放下、懂得舍弃是一个道理。在如今这个物欲横流的时代，我们被各种物质和关系所包围，我们拥有它们，却也被它们所束缚和牵绊。就像我们都喜欢金钱、面子、荣誉，但如果我们为了这些东西不择手段，最终会迷失自己，让自己陷于痛苦之中，这会得不偿失。

有位哲学家曾说过，一个人要想生活快乐，就应该尽可能减少对外来事物的依赖。人有欲望的确可以让生活变得更好，但人的欲望是无穷的，而欲望的存在有时并不是一件好事。

所以，懂得放弃，也是一种智慧。不管是物质还是情感，都是如此。有时只有放弃一些东西才能拥有更多。

行止，非人所能也：
不要在意他人的评价，而是做好自己的事

鲁平公将出。嬖（bì）人臧仓者请曰："他日君出，则必命有司所之。今乘舆已驾矣，有司未知所之，敢请。"

公曰："将见孟子。"

曰："何哉？君所为轻身以先于匹夫者？以为贤乎？礼义由贤者出，而孟子之后丧逾前丧①。君无见焉。"

公曰："诺。"

乐正子入见，曰："君奚为不见孟轲也？"

曰："或告寡人曰：'孟子之后丧逾前丧。'是以不往见也。"

曰："何哉，君所谓逾者？前以士，后以大夫；前以三鼎，而后以五鼎与？"

曰："否。谓棺椁衣衾②之美也。"

曰："非所谓逾也，贫富不同也。"

乐正子见孟子，曰："克③告于君，君为来见也。嬖人有臧仓者沮④君，君是以不果来也。"

曰："行或使之，止或尼⑤之。行、止，非人所能也。吾之不遇鲁侯，天⑥也。臧氏之子，焉能使予不遇哉？"

注释
① 后丧逾前丧：孟子曾被齐宣王聘为卿，有了大夫的身份，所以在母亲去世的时候，可以用五鼎之礼来摆设供品。
② 棺椁衣衾：椁，套在内棺外的大棺；衾，被子，入殓时盖尸的东西。
③ 克：乐正子之名，似为孟子弟子。
④ 沮：阻止。
⑤ 尼：拉住。

在以往的篇章里，孟子非常喜欢和别人讲他的施政理念，这篇讲的不再是治国的事了，而是告诉我们如何对待别人的评价。

生活中，面对别人对我们的友好评价，我们往往会感到身心愉悦，可一旦听到负面评价，大多数人都会懊恼不已，甚至想要去找对方理论一番。可孟子面对别人的恶意评价，却没有气急败坏，而是泰然自若。孟子是怎么做到的呢？

开篇是鲁平公出门前和一个臣子的对话。

"鲁平公将出，嬖人臧仓者请曰：'他日君出，则必命有司所之。今乘舆已驾矣，有司未知所之，敢请。'公曰：'将见孟子。'"

鲁平公是鲁国的国君。有一天，他要出门，一个叫臧仓的宠臣过来问鲁平公，说，平时您要出门一定会告诉身边的人您要去哪儿，今天车子已经备好了，马上就要出发了，大家都不知道您要去哪儿，您得告诉我们一声。

鲁平公这才说，要去见孟子。可见，鲁平公本不想告诉别人他要去见孟子，在臣子的追问下，他才说出。

鲁平公作为一国之君，为什么不愿意告诉别人自己要去见孟子呢？因为在大伙看来，作为一个国君，要出门拜访一个老百姓，这事有点颠覆性。像梁惠王见孟子，都是孟子到宫廷里去见他。鲁平公怕别人说闲话，所以不敢告诉身边人。

听说鲁平公要去见孟子，臧仓又说了下面一番话。

曰:"何哉,君所为轻身以先于匹夫者?以为贤乎?礼义由贤者出,而孟子之后丧逾前丧。君无见焉。"臧仓说,你一个国君放下身段去拜见一个普通人,你真以为他是一个非常贤良的人吗?如果孟子是一个贤良的人,他应该非常懂得礼义,因为礼义这些事情就是由贤良的人制定出来的,但据我所知,孟子并不是一个懂礼义的人。

臧仓为什么说孟子不是一个懂礼义的人呢?他说出了自己的理由。因为孟子"后丧逾前丧"。"后丧"是说安葬他的母亲,"前丧"是说安葬他的父亲。也就是说,孟子在处理他父母的丧事时,依照的规格是不同的。他母亲的葬礼规格要比他父亲的高很多。

在古代,葬礼制度是非常严格的,不同阶层对应的葬礼规格是不一样的。臧仓觉得孟子没有按照制度安葬他的父母,据此判定孟子不懂礼义,所以不让鲁平公去见孟子。

公曰:"诺。"

听了臧仓的话,鲁平公说好。

这段对话听起来有点类似于我们今天的背后说人坏话,臧仓就在背后说孟子的坏话。

显然,鲁平公受到这些话的影响,改变了自己的行为,他没有去见孟子。但是事情还没有结束。

乐正子入见,曰:"君奚为不见孟轲也?"曰:"或告寡人曰:'孟子之后丧逾前丧。'是以不往见也。"乐正子是孟子的学生,也是鲁国的臣子,他来见鲁平公,得知鲁平公没有去见孟子,便问:"您不是要去见孟子吗?怎么还不去?"

鲁平公也直接把原因告诉了乐正子:"因为有人告诉我,孟子对他父母安葬的规格不一样,这个人不懂礼义,所以我就不去了。"要知道,乐正子很了解孟子,他听到有人在背后说自己老师的坏话,就为孟子发声。曰:"何哉,君所谓逾者?前以士,后以大夫;前以三鼎，而后以五鼎与？"

乐正子对鲁平公说，您所说的逾制到底指什么呢？孟子之前安葬父亲的时候，是用士的规格来安葬的；安葬母亲的时候，是以大夫的规格来安葬的。前边用三鼎来祭祀，后边用五鼎来祭祀。是因为这个原因吗？但其实孟子的做法并不逾制，因为孟子之前是个士，后来是个大夫，地位提高了，祭祀标准提高也是很正常的。

曰："否。谓棺椁衣衾之美也。"鲁平公听了乐正子的话回应说，不是这个，这个我也知道。我所说的逾制是指他给他母亲准备的棺椁、衣服，要比给他父亲的豪华得多。

曰："非所谓逾也，贫富不同也。"乐正子继续为孟子说话，说孟子的行为没有逾制，孟子也不是厚此薄彼，而是因为他现在有钱了。

乐正子一直在向鲁平公说明实情，希望鲁平公不要受到臧仓的影响而冤枉孟子。

但最终乐正子还是没能说服鲁平公。后来乐正子见到孟子，和孟子说起了这件事。他说："克告于君，君为来见也。嬖人有臧仓者沮君，君是以不果来也。"克是乐正子的名字。乐正子说，我跟国君说了这件事，国君本来打算要来见您的，结果臧仓阻止了国君，所以国君没有来。在乐正子看来，是有人在背后阻挡，所以孟子和鲁平公没有见面。

那孟子是如何看待这件事的呢？

曰："行或使之，止或尼之。行、止，非人所能也。吾之不遇鲁侯，天也。臧氏之子，焉能使予不遇哉？"孟子说，一个人来或者不来，是其他人左右不了的。我跟鲁平公没法见面，这是天意，姓臧的那个人怎么能使我见不到鲁平公呢？

从这里我们可以看出孟子是一个豁达、坦荡的人。乐正子觉得孟子应该责怪或者怨恨臧仓。可在孟子看来，一切都是天意。你不用让我去恨臧仓，臧仓对这件事的影响其实很小。他只是一个小人而已，他能够阻止鲁君吗？因为鲁君自己不想来，他才能阻止。

放在今天，如果我们听到别人对自己的负面评价，尤其是歪曲事实的评论，可能会气急败坏、暴跳如雷。但孟子没有。对于说他好话或者说他坏话的人，孟子想得很开，丝毫不为所动。在孟子看来，自己不需要考虑其他人怎么评论，只要把自己该做的事做好就行了。

这里，孟子接续了孔子的自信心，孔子就曾说过"天生德于予"，意思是老天爷把德行传给我，我是肩负使命的人。所以不要怪罪任何人和任何事，一切都是天意。

我想到《论语》最后一句"不知命，无以为君子也"。意思是，不懂得天命，就不可能成为君子，我理解这个"命"应该解释为天然、自然，不是人为预设的。如果你不相信自己的使命，不相信冥冥之中会有某种安排，你认为一切事情都是有小人作怪，你就会过度依附人际关系，被别人的评价牵着鼻子走。

生活中，我们会担心有人在背后说我们坏话，或者过于在意别人如何看待和评价我们。我们也都希望得到正面评价，不希望别人误解。但我们每个人都难免被人评说，如果我们用孟子的这个态度对待生活，不在意他人的评价，而是坦坦荡荡，做好自己该做的事，应该会少生很多烦恼。

比如，你没有得到"年度优秀员工"的称号，而在此之前你恰巧听到别人在茶水间说你的坏话，你马上联想到可能是那些说你坏话的人影响了公司对你的评价，你可能就会气急败坏地找到对方，甚至破口大骂、大打出手。

但如果你想的是，或许本来就因为自己有所欠缺或者他人的确更优秀、更有实力，所以自己才没有获得优秀员工的称号，你的内心就会保持平静。

　　不要把事情的成败归因于别人的评价,更不要因为别人的负面评价而悲伤难过,凡事要归因于自身,脚踏实地做好自己该做的事,这才是理性而明智的生活态度。

公孙丑

上

行仁政而王：
懂得顺势而为，才能有所作为

公孙丑问曰："夫子当路于齐，管仲、晏子之功，可复许乎？"

孟子曰："子诚齐人也，知管仲、晏子而已矣。或问乎曾西[①]曰：'吾子与子路孰贤？'曾西蹵（cù）[②]然曰：'吾先子之所畏也。'曰：'然则吾子与管仲孰贤？'曾西艴（bó）[③]然不悦，曰：'尔何曾比予于管仲？管仲得君如彼其专也，行乎国政如彼其久也，功烈如彼其卑也，尔何曾比予于是！'"曰："管仲，曾西之所不为也，而子为我愿之乎？"

曰："管仲以其君霸，晏子以其君显。管仲、晏子犹不足为与？"

曰："以齐王（wàng），由反手也。"

曰："若是，则弟子之惑滋甚。且以文王之德，百年而后崩，犹未洽于天下；武王、周公继之，然后大行。今言王（wàng）若易然，则文王不足法与？"

曰："文王何可当也！由汤至于武丁[④]，贤圣之君六七作。天下归殷久矣，久则难变也。武丁朝诸侯，有天下，犹运之掌也。纣之去武丁未久也,其故家遗俗,流风善政,犹有存者;又有微子、微仲、王子比干、箕子、胶鬲(gé)⑤,皆贤人也,相与辅相之。故久而后失之也。尺地莫非其有也,一民莫非其臣也,然而文王犹方百里起,是以难也。齐人有言曰:'虽有智慧,不如乘势。虽有镃(zī)基⑥,不如待时。'今时则易然也。夏后、殷、周之盛,地未有过千里者也,而齐有其地矣;鸡鸣狗吠相闻,而达乎四境,而齐有其民矣;地不改辟矣,民不改聚矣,行仁政而王(wàng),莫之能御也。且王者之不作,未有疏于此时者也;民之憔悴于虐政,未有甚于此时者也。饥者易为食,渴者易为饮。孔子曰:'德之流行,速于置邮而传命。'当今之时,万乘之国行仁政,民之悦之,犹解倒悬也。故事半古之人,功必倍之,惟此时为然。"

注释
① 曾西:曾申,字子西,曾参之子。
② 蹙:不安貌。
③ 艴:又音"弗",意为"不平"。东汉赵岐注:"艴,愠怒色也。"
④ 武丁:商代中兴之主,曾征鬼方。有学者认为鬼方是东进的雅利安人。武丁正妻即妇好。商汤至武丁贤圣之君有太甲、太戊、祖乙、盘庚。
⑤ 微子、微仲都是商纣的兄弟,王子比干与箕子是商纣的叔父,胶鬲是商朝的大臣。
⑥ 镃基:锄头的古称,也写作镃錤。

在诸子百家中,孟子尊王抑霸、仁政惠民、民贵君轻、以民为本的思想尤为耀眼。千百年来,孟子的这些理念也是历代贤君治国安民的重要指导思想。今天要讲的内容,可谓是《孟子》全书中最有特色的一篇,读懂这部分内容,就读懂了《孟子》的一大半。

这一篇主要记载了孟子跟他的学生公孙丑之间的问答。

公孙丑问孟子:"夫子当路于齐,管仲、晏子之功,可复许乎?"这话的意思是说,老师您在齐国当政,地位也很高,您能做到管仲和晏子那般的功业吗?

管仲是辅佐齐桓公的，晏子则是辅佐齐景公的，他们都建立了不世功业，所以公孙丑就问孟子，如果你在齐国当政，能否重现那时的盛景。

孟子说："子诚齐人也，知管仲、晏子而已矣。"你这个公孙丑，果然是齐国人，就知道管仲、晏子那点儿事。没错，想成就霸业，靠管仲和晏婴是可以的，但是这二人却不懂王道。

孟子接着说："或问乎曾西曰：'吾子与子路孰贤？'"有人曾经问曾子的儿子曾西："你和你爸爸的朋友子路，谁更厉害一点？"

曾西蹵然曰："'吾先子之所畏也。'"曾西皱眉，子路是我爹都相当敬畏的人，我跟他没法比。

此人又问："然则吾子与管仲孰贤？"那你和管仲比起来，谁更好一点？曾西艴然不悦，说："尔何曾比予于管仲？管仲得君如彼其专也，行乎国政如彼其久也，功烈如彼其卑也。"

这个问题让曾西有点恼火："你怎能拿我跟管仲比？管仲能得到君王的支持和下属的信任。他在齐国操持国政很长时间，但做出来的业绩却一般。"

难道管仲真如此无能吗？其实不是。连孔子都说"微管仲，吾其被发左衽矣"，如果没有管仲的话，我们现在都变成野蛮人，被野蛮人统治了。由此可见，管仲是做出了成绩的，那为什么在曾西和孟子看来，管仲什么都没做呢？

因为管仲并没有实行王政。

孟子说："管仲，曾西之所不为也，而子为我愿之乎？"孟子觉得管仲这样的人连曾西都瞧不上，你公孙丑还希望我成为管仲这样的人吗？

公孙丑不解："管仲以其君霸，晏子以其君显。管仲、晏子犹不足为与？"管仲让齐桓公称霸，晏子让齐景公显耀于诸侯，他们不值得学习吗？孟子说："以齐王，由反手也。"凭借齐国的强大，想统一天下，易如反掌。

公孙丑接着问："若是，则弟子之惑滋甚。且以文王之德，百年而后崩，犹未洽于天下；武王、周公继之，然后大行。今言王若易然，则文王不足法与？"在公孙丑看来，周文王的德行是好的，他活了百年才崩殂，但他推行的德政到他死时也没有遍布天下，反而是在武王和周公继承了他的事业后，推行王道，文王的德行才在天下大行。如果说推行王道易如反掌，那文王是不是就不值得效法了？

孟子解释说："文王何可当也！由汤至于武丁，贤圣之君六七作。天下归殷久矣，久则难变矣。武丁朝诸侯，有天下，犹运之掌也。纣之去武丁未久也，其故家遗俗，流风善政，犹有存者；又有微子、微仲、王子比干、箕子、胶鬲，皆贤人也，相与辅相之。故久而后失之也。"

这段话的核心意思是，不能这样比，因为文王面对的是商汤传下来的商朝，商朝从商汤到中兴之主武丁，中间经历了六七个圣贤之君，天下人归顺殷商很久了，时间一长就很难转变。武丁让诸侯来朝并治理天下，就好比在掌中玩转小球一样。纣王的年代距武丁的时代不算久远，当时大氏族的遗俗，以及先民遗风、仁惠政教都还在，还有微子、微仲、王子比干、箕子、胶鬲这些贤臣的尽心辅佐，帮商纣治理天下，所以商纣统治了很久后才亡国。

孟子接着说："尺地莫非其有也，一民莫非其臣也。然而文王犹方百里起，是以难也。"在当时，没有哪一寸土地不是纣王的，没有哪一个百姓不是纣干的子民。反观文王，他是在岐山脚下方圆百里的地方发家，再慢慢崛起，肯定是艰难的。

"齐人有言曰：'虽有智慧，不如乘势。虽有镃基，不如待时。'"孟子对公孙丑说，你们齐人不是有一句话吗，人再聪明，也要因势利导，顺势而为。你有再好的锄头，也得等到合适的时节才能开垦土地。

孟子在表达一个观点：有智慧的人，做事要审时度势，顺应趋势和潮流。就像现代人调侃的这句话：站在风口上，猪也能飞上天。

顺势，才大有可为。

"今时则易然也。"当今要推行王政很容易，因为"夏后、殷、周之盛，地未有过千里者也"，在夏朝、商朝、周朝的兴盛时期，他们的国土也都没有超过方圆一千里，齐国早就超过千里地了。

孟子接着说："鸡犬狗吠相闻，而达乎四境，而齐有其民矣；地不改辟矣，民不改聚矣，行仁政而王，莫之能御也。"这段话的前几句话在渲染一种氛围，我们不妨想象一下，如果你身处荒野，四下无人，你能听到鸡鸣狗吠吗？基本不可能，因为这些家畜都是跟人一起生活的，有人居住的地方，才会养鸡养狗，鸡犬之声相闻。

齐国从国都到四方边境，每个地方都能听到鸡鸣狗叫，处处充满了人间烟火气。这一方面体现了齐国疆土辽阔，另一方面也反映出齐国人口众多。有了这些优势，齐国不需要再去开拓疆土，也不需要登高一呼，把其他地方的老百姓都吆喝过来。因为它自己的面积足够大，人口足够多，只要实行仁政，一统天下就没有谁能够阻止得了。

孟子接着说："且王者之不作，未有疏于此时者也；民之憔悴于虐政，未有甚于此时者也。饥者易为食，渴者易为饮。孔子曰：'德之流行，速于置邮而传命。'当今之时，万乘之国行仁政，民之悦之，犹解倒悬也。故事半古之人，功必倍之，惟此时为然。"

这段话说的是，隔了这么长时间，都没有见到有王者兴起行仁政了。百姓被暴政摧残折磨，也从来没有如今这般厉害。肚子饿的人，给点吃的他就会狼吞虎咽，口渴的人，拿到水也会一口气喝完。孔子曾说过，如果你是一个有德行的君主，你的德政流行起来，会比设置驿站传达政令还要快。像齐国这样的大国，现在推行仁政，老百姓会非常高兴，就像把一个倒吊的人放下来一样，他会有一种脱离痛苦的由衷的喜悦。有个词叫作"解民倒悬"就出自这里。

现在和周文王那时比起来，条件好得多，我们要做的事情和花费的精力只需那时的一半，但我们取得的成效，比当时要多出一倍，这就是事半功倍。因为我们赶上了好时机。

这也是孟子认为齐国如果推行仁政，就能统一天下的原因。

孟子对公孙丑说："你们齐国就应该让齐王明白，别总想着恢复管仲、晏子时期的盛景，把眼界放宽，格局打开，去挑战文王和武王的功绩，让所有的诸侯都上朝觐见，缔造一个大一统的王朝。"

遗憾的是，孟子虽然学识过人，但也有他的知识短板。他不知道大国有大国的难处，齐国发展到了这种程度，它所需要的运营成本、它所建立的体系的惯性，都不是三言两语、一朝一夕能改变的，就算你推行王道，想一统天下也绝非易事。

相反，小国更容易创新。就像企业管理，小公司规模小、业务少，运营方式灵活，说创新就创新。这种创新一旦越过了某个门槛，就会形成燎原之势，助力企业迅速发展壮大。

孟子把齐国的创新讲得那么容易，是因为他缺乏政治经验。大国想要转型很不容易，一定要等待合适的时机。治国，做人，做事，都应顺势而为，才能有所作为。

四十不动心：
坚持本心，每个人都能活出自己的勇敢

公孙丑曰："夫子加齐之卿相，得行道焉，虽由此霸王，不异矣。如此，则动心否乎？"

孟子曰："否。我四十不动心。"

曰："若是，则夫子过孟贲①远矣。"

曰："是不难。告子②先我不动心。"

曰："不动心，有道乎？"

曰："有。北宫黝之养勇也，不肤挠（náo）③，不目逃。思以一豪挫于人，若挞之于市朝。不受于褐宽博④，亦不受于万乘之君。视刺万乘之君，若刺褐夫。无严诸侯。恶声至，必反之。孟施舍之所养勇也，曰：'视不胜犹胜也。量敌而后进，虑胜而后会，是畏三军⑤者也。舍岂能为必胜哉？能无惧而已矣。'孟施舍似曾子，北宫黝似子夏。夫二子之勇，未知其孰贤，然而孟施舍守约也。昔者曾子谓子襄曰：'子好勇乎？吾尝闻大勇于夫子矣：自反而不缩，虽褐宽博，吾不惴焉；自反而缩⑥，虽千万人，吾往矣。'孟施舍之守气，又不如曾子之守约也。"

注释　① 孟贲、北宫黝、孟施舍都是古代的勇士。曾子与子夏是孔子的学生。子襄为曾子弟子。
② 告子：名不详，一说名不害，稷下学士，主张人性无善无不善。《墨子》也提到过告子，应比孟子年长。
③ 挠：本作挠，退却。
④ 褐宽博：褐，粗衣。褐宽博代指卑贱的人，与下文褐夫意思相同。
⑤ 三军：约三万七千五百人。按周朝制度，天子六军，诸侯大国三军。
⑥ 自反而缩："缩"字可参考《礼记·檀弓》："古者，冠缩缝，今也，衡缝。"缩为直，衡为横。缩由横直的直引申为曲直的直。

老话说得好，名师出高徒。老师优秀，带出来的学生也差不到哪里去。

孟子满腹经纶，才学过人，他的学生公孙丑也不差。公孙丑向老师提出好几个问题，直白但不失深刻，师生二人围绕着"勇"展开了一系列问答，内容十分精彩，值得反复品读。

公孙丑先问孟子："夫子加齐之卿相，得行道焉，虽由此霸王，不异矣。如此，则动心否乎？"这话的意思就是，孟子今天要是接受了在齐国做卿相的邀请，不就有机会推行自己的想法了吗？位高权重后，称王称霸都不足为奇，何况孟子本来就有实力和能力，再加上齐国自身条件好，是个强大的国家，有这么好的平台，孟子只要"登台唱戏"，必定大有作为，做出一番业绩来。所以，公孙丑就问孟子，这么好的事情，你难道就不动心吗？

孟子说："否。我四十不动心。"姜还是老的辣，孟子直接说他从四十岁那年开始就不再动心。为什么是四十岁呢？我想原因有很多，比如四十不惑，活到这个年纪后，很多事情会看淡、看透。所以，他不再随便起心动念，跟打了鸡血一样，热情高涨。

公孙丑听完孟子的话，对他的钦佩之情油然而生，公孙丑说："若是，则夫子过孟贲远矣。"老师您要真的能做到四十不动心，那可比古代的勇士孟贲厉害多了。

这里的孟贲，还有后面提到的北宫黝、孟施舍等人，都是一等一的勇士。

孟子说："是不难，告子先我不动心。"这有啥难的？那位告子比我还早就能做到不动心呢。孟子如何得知这一点的，估计是从告子的文章中读到的。

公孙丑很好奇："不动心，有道乎？"这么多优秀的人都能做到不动心，那么不动心有方法吗？怎么才能做到不动心呢？

孟子回答："有。北宫黝之养勇也，不肤挠，不目逃。思以一豪挫于人，若挞之于市朝，不受于褐宽博，亦不受于万乘之君。"不动心的方法当然有，看那北宫黝，他培养勇气时，别人拿利器眼看就要扎到他身上，他纹丝不动，没有丝毫躲闪。别人用尖锐的刺扎向他的眼睛，他连眼皮都不眨一下。

北宫黝不会让自己有一丝一毫的受挫，但凡被人占据一点上风，他就跟在集市上被人用鞭子抽打一样感到丢脸，所以他绝不会对别人做出丝毫让步。不论对方是穿着褐色土布衣服的平头百姓，还是齐宣王这样位高权重的达官显贵，都别想欺负他，他是坚决不受欺负、不会吃瘪的。

除了不受气，北宫黝还能"视刺万乘之君，若刺褐夫。无严诸侯。恶声至，必反之。"这话的意思就是，不论是让北宫黝去刺杀万乘之君，还是杀底层贱民，对他来讲没有区别，他都敢做。他这人，既不害怕诸侯，也不畏惧士大夫和贵族，身份、地位，他都视若无物，他主打一个天不怕、地不怕。只要有人欺负他，他一定会反击。

通过这些描述，我们似乎看到了一个脾气火爆、有点浑不吝的黑旋风。他敢怒敢言敢反抗，勇气确实可嘉。不过这种勇气尚处于第一层次，只是让自己不受气、不吃亏，境界还不够高。

我们再看另一个勇士孟施舍，他是如何培养勇气的呢？

孟子说："孟施舍之所养勇也，曰：'视不胜犹胜也。量敌而后进，虑胜而后会，是畏三军者也。舍岂能为必胜哉？能无惧而已矣。'"孟施舍培养勇气的办法就是，看待那些不能战胜的人，就跟看待足以战胜的人一样，无所畏惧。即便对手比自己实力强，自己的气势也不能输，要勇敢去迎战。不要哆哆嗦嗦，畏首畏尾，一方面盘算着谁的实力强，另一方面还要预估自己出手是否稳赢不输。想得越多就越懦弱，越体现出自己的胆怯。孟施舍也不是神，也做不到遇敌必胜，他只是做到了无所畏惧，勇往直前。

这一点，让我想起电视剧《亮剑》里的一段场景。李云龙手下的骑兵连跟日寇打仗，打到最后只剩一个人，那个人还在高喊"骑兵连！进攻！"他孤军奋战，一个人却有着千军万马的气势，让人特别感动。孟施舍的气概也大抵如此。

所以孟子说"孟施舍似曾子，北宫黝似子夏"，孟子认为孟施舍像曾子，北宫黝则像孔子的另外一个学生子夏。

"夫二子之勇，未知其孰贤，然而孟施舍守约也。"要是评价这两人谁的勇气更大一点，确实也不好说，但孟子的个人观点是倾向孟施舍的。他说"孟施舍守约也"，守约的意思就是把握要领，所以，孟施舍的勇，加符合孟子心中对勇的定义，他是真正的勇。

孟子接着说："昔者曾子谓子襄曰：'子好勇乎？吾尝闻大勇于夫子矣：自反而不缩，虽褐宽博，吾不惴焉。"曾子有一次跟子襄说，你不是很勇敢吗？我曾经跟孔子学过什么叫大勇。孔子口中的大勇是有勇气反躬自省。

假如一个人自己理亏，不占理，哪怕他是个有身份的人，也要反省自己，不能因为面对的是比自己地位低的人，就颐指气使，吓唬人家。反之，如果自己占理，做事有理有据，即便对方千军万马，人多势众，也要坚持自己的道义，不畏惧强权。

从这些对话中，我们不难总结出一个结论：北宫黝的勇气，是血气之勇，他就像意气风发的青年，人不犯我，我不犯人，反正这条街上没人能够欺负我；孟施舍的勇气，叫立场之勇，只要是为国家做事，不管结果如何，我都会义无反顾，迎难而上；曾子的勇气，叫道义之勇，他要坚决捍卫自己心中坚守的善恶标准。

这三人的勇气，都有特色，都源自他们自身的认知。

其实，我们每个人对于勇气的理解也是不同的。有人崇尚自我，他就更喜欢北宫黝的勇气；有人家国情怀，他就认可孟施舍的勇气；还有的人有着强烈的道德感和规则感，他就欣赏曾子的勇气。

就像有句话说的：一千个观众，就有一千个哈姆雷特。

芸芸众生的心中，都有属于自己的勇气。这也是为什么王阳明说，人人心中自有一个圣贤在，这个圣贤就是我们的心。

遵循本心，坚守本心，每个人都能活出自己的勇敢。

我善养吾浩然之气：
做好每件小事，活出自己的道义

曰："敢问夫子之不动心，与告子之不动心，可得闻与？"

"告子曰：'不得于言，勿求于心。不得于心，勿求于气。'不得于心，勿求于气，可。不得于言，勿求于心，不可。夫志，气之帅也；气，体之充也。夫志，至焉；气，次焉。故曰：'持其志，无暴其气。'"

"既曰'志，至焉；气，次焉'，又曰'持其志，无暴其气'者，何也？"

曰："志壹则动气，气壹则动志也。今夫蹶①者趋者，是气也，而反动其心。"

"敢问夫子恶（wū）乎长？"

曰："我知言，我善养吾浩然之气。"

"敢问何谓浩然之气？"

曰："难言也。其为气也，至大至刚，以直养而无害，则塞于天地之间。其为气也，配义与道；无是，馁也。是集义所生者，非义袭而取之也。行有不慊（qiàn）②于心，则馁矣。我故曰告子未尝知义，以其外之也。必有事焉而勿正，心勿忘，勿助长也。无若宋人然。宋人有闵其苗之不长而揠之者，芒芒然归，谓其人曰：'今日病矣，予助苗长矣。'其子趋而往视之，苗则槁矣。天下之不助苗长者寡矣。以为无益而舍之者，不耘苗者也。助之长者，揠苗者也，非徒无益，而又害之。"

注释　① 蹶：跌倒。
　　　② 慊：东汉赵岐注：快也。

如果我们也希望成为圣人一般优秀的人，第一件要做的事情就是向内追求，凡事从自己身上找原因，先做好自己再说。

就像古人说的那样：欲人勿恶，必先自美。想让他人不讨厌你，你得先当个值得别人喜欢的人吧？说具体点，无外乎人品端正，做事靠谱。

能做到这两点，距离圣人还有多远呢？

不论别人如何评判我们，我们都要明白一件事，我们对自己的定位，是决定外界一切声音的源头。

公孙丑跟孟子交流时，就讨论过告子的这句话。公孙丑问孟子说："敢问夫子之不动心，与告子之不动心，可得闻与？"老师您所说的不动心，与告子所说的不动心，有什么区别呢？

孟子回答："告子曰：'不得于言，勿求于心。不得于心，勿求于气。'不得于心，勿求于气，可。不得于言，勿求于心，不可。"这段话中，孟子引用了告子的观点。告子说，如果你自己都说不清楚某件事，那就不要对这件事继续瞎琢磨了，别再心心念念地想它了。如果你的心力不足，心中没有志向，就别给自己使劲打气了，你躺平算了。

孟子只同意告子说的部分内容，那就是你不想干某事，就别给自己瞎打气了，因为你心中没有目标，也没有意志力，打气也徒劳。但是孟子不同意告子说的凡是语言讲不清楚、不能理解的东西，就不要再费心去思考。这在孟子看来是不对的。

告子作为道家人物，他追求的是"枯木槁灰"这样的生活状态，有点躺平的意味，当外界环境已然如此，那就不要去打扰它，也不用非得改变它，不如坦然接受它，跟它和平相处，不用劳心费力去努力，也不要拼命给自己打气。

这就是告子的"不动心"。

孟子却认为："夫志，气之帅也；气，体之充也。夫志，至焉；气，次焉。故曰：'持其志，无暴其气。'"人的心志是意气的领导。如果没有意气，没有干劲，身体就没法充满力量。人先有远大的志向，才会有干劲，才会采取行动。所以做事前，要先激活内心的志向，找到理想，而不是先鼓足干劲。因为没有志向的干劲，就像开车挂空挡，油门轰轰响，车子却跑不动。你总想着干点大事，给国家和社会做出贡献，但没有具体方向和细节，这种状态就是"无其志而暴其气"。

公孙丑听完有点不解，他问孟子："既曰'志，至焉；气，次焉'，又曰'持其志，无暴其气'者，何也？"老师您前面说一个人志向到位后，干劲就有了，人也会意气风发。怎么您又说不要让这个意气过激，这是为什么？这个度怎么把握？

孟子回答说："志壹则动气，气壹则动志也。今夫蹶者趋者，是气也，而反动其心。"心志专一就能调动意气，反之，意气专一也能触动心志。一个人跑着跑着摔倒了，是爬起来继续跑，还是不跑了，都是被自己的意气所左右，意气会改变他的心志。

公孙丑又问孟子："敢问夫子恶乎长？"那老师您的长处是什么？您说告子的不动心有点问题，那您的不动心跟他比起来好在哪儿呢？

孟子自信地回答说："我知言，我善养吾浩然之气。"孟子说他能够分辨别人所说的话，他善于养气，让自己每天都充满浩然之气。

公孙丑立刻问："敢问何谓浩然之气？"什么叫浩然之气呢？

孟子说："难言也。其为气也，至大至刚，以直养而无害，则塞于天地之间。其为气也，配义与道；无是，馁也。是集义所生者，非义袭而取之也。"

这个浩然之气从语言上不好定义，但可以把它理解为一种强大的力量和气场，需要我们用正直来培养它、呵护它，让浩然之气充斥在天地之间。作为一股气，它要配合道义，如果没有道义，这股气就会馁，然后散掉了。浩然之气是正义汇聚而产生的，也就是说，人要多做符合道义的事，做得多了，就养出了一身正气。偶尔一次作秀，目的不单纯，是养不出浩然正气的。

好比你做慈善事业，要坚持做，而不是为了某些目的，临时做一件好事，然后大肆宣扬，唯恐别人不知道，这种行为就是伪道义，就是孟子说的"义袭而取之"。

孟子还说："行有不慊于心，则馁矣。我故曰告子未尝知义，以其外之也。必有事焉而勿正，心勿忘，勿助长也。无若宋人然。宋人有闵其苗之不长而揠之者，芒芒然归，谓其人曰：'今日病矣，予助苗长矣。'其子趋而往视之，苗则槁矣。天下之不助苗长者寡矣。以为无益而舍之者，不耘苗者也。助之长者，揠苗者也，非徒无益，而又害之。"

孟子这段话很精彩，我们仔细解读一下。"不慊于心"的意思是让内心不安。如果你的所作所为让你内心不安，你就容易气馁，浩然之气就会消散。所以，孟子说告子是不懂"义"的，他把"义"看作身外之物，是外界赋予的东西，跟自身无关。其实"义"是心内固有的。日常生活中的每件事情，都能修炼我们内在的"义"，我们无须逢人就展示它，也不必每件事都提醒自己这是修炼，这就是"勿正"。

这个度怎么把握呢？就是顺其自然，你只要心里想着它就行了，不要用外力去助它成长。不要学那个宋国人，担心禾苗长不快就把禾苗拔高，忙活一天累坏了，回家跟家人说他拔苗助长了。结果他儿子跑去田里一看，禾苗都枯死了。这就是我们熟知的成语"揠苗助长"的来历。

孟子感慨这天下不揠苗助长的人很少。我们现代人常用揠苗助长形容对子女的教育，但孟子表达的不是这个意思，他关心的是人的内心有没有揠苗助长的想法，比如刻意给自己立人设、贴标签，做点好事就显摆，唯恐别人不知道自己做了好事，每天都在计算今天能积累多少功德，这就是内心里滋生的揠苗助长的念头。

孟子认为，如果我们不重视养浩然之气，觉得这东西没啥用处，就跟农民不种地、不除草一样，是个懒汉。反之，如果我们认为养浩然之气很重要，于是每天坐在那儿运气，煞有介事，刻意为之，这跟揠苗助长的宋人没啥区别，不但没有好处，还会带来损害。

孟子说的"勿相忘，勿助长"，特别值得我们好好揣摩。这里头包含了一种深意：人要能分辨对错，坏事坚决不做，好事不刻意去做。我们都希望自己做个好人，但前提是我们要知道好人的定义是什么。否则，就会打着善的旗号，做着恶的事情，伤人伤己。

孟子更希望世人不要存一个做好人的念头，当心中起了这个念头的时候，当你觉得自己在做好事的时候，可能已经错了。

看过一则禅宗公案，说一个人在山上学佛，学成后准备下山，跟师父告别，他说："师父，我现在下山去了，您有什么要嘱咐我的吗？"师父说："莫为善。"他听完很蒙，就问师父："咱们学佛这么长时间，您不让我为善，难道让我为恶吗？"师父说："善且不为，何况为恶。"意思就是好事你都不做，你还能做恶事吗？

可见，真正的大善，是心中不存善恶之别，不做刻意之善，而是在日常生活中做好每件小事，活出自己的道义，养出自己的正气。

不仁不义不为之：
古之贤者，必先养心

"何谓知言？"

曰："诐（bì）辞知其所蔽，淫辞知其所陷，邪辞知其所离，遁辞知其所穷。生于其心，害于其政；发于其政，害于其事。圣人复起，必从吾言矣。"

"宰我、子贡善为说辞，冉牛、闵子、颜渊善言德行[①]。孔子兼之，曰：'我于辞命，则不能也。'然则夫子既圣矣乎？"

曰："恶（wū）！是何言也！昔者子贡问于孔子，曰：'夫子圣矣乎？'孔子曰：'圣则吾不能，我学不厌而教不倦也。'子贡曰：'学不厌，智也；教不倦，仁也。仁且智，夫子既圣矣！'夫圣，孔子不居，是何言也？"

"昔者窃闻之：子夏、子游、子张，皆有圣人之一体；冉牛、闵子、颜渊，则具体而微。敢问所安？"

曰："姑舍是。"

曰："伯夷[②]、伊尹[③]何如？"

曰:"不同道。非其君不事,非其民不使;治则进,乱则退,伯夷也。何事非君,何使非民;治亦进,乱亦进,伊尹也。可以仕则仕,可以止则止,可以久则久,可以速则速,孔子也。皆古圣人也。吾未能有行焉,乃所愿,则学孔子也。"

"伯夷、伊尹于孔子,若是班乎?"

曰:"否。自有生民以来,未有孔子也。"

曰:"然则有同与?"

曰:"有。得百里之地而君之,皆能以朝诸侯,有天下。行一不义、杀一不辜而得天下,皆不为也。是则同。"

曰:"敢问其所以异?"

曰:"宰我、子贡、有若,智足以知圣人;污,不至阿其所好。宰我曰:'以予观于夫子,贤于尧、舜远矣。'子贡曰:'见其礼而知其政,闻其乐而知其德,由百世之后,等百世之王,莫之能违也。自生民以来,未有夫子也。'有若曰:'岂惟民哉!麒麟之于走兽,凤凰之于飞鸟,泰山之于丘垤(dié),河海之于行潦(lào),类也。圣人之于民,亦类也。出于其类,拔乎其萃,自生民以来,未有盛于孔子也。'"

注释
① 《论语·先进篇》:"德行:颜渊,闵子骞,冉伯牛,仲弓。言语:宰我,子贡。政事:冉有,季路。文学:子游,子夏。"
② 伯夷与其弟叔齐,为孤竹君之子,互相让位而逃离本国,后来劝阻周武王不要以暴易暴,未果,逃入首阳山饿死。
③ 伊尹,商汤宰相,汤死后,辅佐商王太甲,太甲纵欲无度,被伊尹放逐,三年后,太甲悔过,被伊尹迎回。

常言道:祸从口出。

很多人明明做着帮人的事,却总是毁在一张嘴上。因此,及时纠正表达方式是很有必要的。

那么,从哪里开始呢?

让我们跟着孟子一起来学习如何分辨一个人的言语。

公孙丑问孟子"何谓知言？"什么是知言呢？您说您懂得分辨别人的言语，这又怎么说呢？

孟子说："诐辞知其所蔽，淫辞知其所陷，邪辞知其所离，遁辞知其所穷。"孟子说，我知言主要体现在这四个方面：其一为诐辞，有人话说得特别偏颇，喜欢发表一些偏激的观点，这是诐辞。一个人偏颇一定是因为遮蔽，他有些地方没看到，或者有些地方看到了假装没看到，他就容易发表一些偏激的言论。从诐辞我就能够知道他遮蔽的地方。其二为淫辞，这里的淫辞不是淫秽的话，淫指过度，就是一个人说话夸张，内容有点泛滥。关于这种情况，我知道他执着的地方在哪儿。其三是邪辞，这人发表的是邪僻之词、奇谈怪论。"知其所离"，我知道他的价值观的偏差在哪儿，他哪个出发点错了。其四为遁辞，闪烁其词，遮遮掩掩，什么事都说不清楚，好像藏着掖着一样。"知其所穷"就是知道他理屈的地方在哪儿。这就是孟子所说的知言。

"生于其心，害于其政；发于其政，害于其事。圣人复起，必从吾言矣。""生于其心"，一个人说的话是从哪儿来的呢？从他的心中来，也就是言由心生。"害于其政"，也就是言论会影响他执政，如果他的执政出了错，就会"害于其事"，就会在事上出问题，最后倒霉的肯定还是老百姓。

所以从言语开始，就要注意分辨，注意纠正，因为它是由心生出的。"圣人复起，必从吾言矣"，就算现在出现一个圣人，他也一定会按照我说的来治理国家。

孟子吹牛可能吹得有点大了，他很自信地说："圣人复起，必从吾言。"他觉得自己能知言，把公孙丑说兴奋了。公孙丑说："宰我、子贡善为说辞，冉牛、闵子、颜渊善言德行。孔子兼之，曰：

'我于辞命，则不能也。'然则夫子既圣矣乎？"你看宰我和子贡，这两个人善于讲话；冉牛、闵子骞、颜渊，这三个人讲究德行。这两类人侧重的方向不一样。"善为说辞"者宜从政，"善言德行"者宜从事教育。孔子既能从政，也能从事教育，但他却自谦地说，我这个人不太会说话。那照您这样说的话，您就是当代的圣人，已经超凡入圣了。

孟子一听这个，也觉得自己说得有点过了。曰："恶！是何言也！昔者子贡问于孔子，曰：'夫子圣矣乎？'孔子曰：'圣则吾不能，我学不厌而教不倦也。'子贡曰：'学不厌，智也；教不倦，仁也。仁且智，夫子既圣矣！'夫圣，孔子不居，是何言也？"

孟子说"恶"，这个"恶"是一个感叹词，意思是"哎"。"是何言也"，你怎么能这样说话呢？

原来子贡曾经问过孔子，说您算是一个圣人吗？我们在《论语》中讲过，孔子不承认自己是个圣人，孔子说我这个人的优点是学而不厌、诲人不倦。

子贡替夫子总结了，他认为学而不厌是聪明，聪明就是好学，有智慧。诲人不倦就是仁，为社会做贡献。既然你能够把仁和智结合在一起，那就已经是圣人了。

尽管子贡认为孔子是圣人，但是孔子从来不以圣人自居。所以孟子又对公孙丑说了一句："是何言也！"你怎么能这样说呢？你非得逼着我承认自己是圣人，这让人多不好意思。

"昔者窃闻之：子夏、子游、子张，皆有圣人之一体；冉牛、闵子、颜渊，则具体而微。敢问所安？"

公孙丑还是有点学问的。他曾经听别人说过，子夏、子游、子张这几个人都有圣人的一面。冉牛、闵子、颜渊这三个人呢？他们不是只有一面，他们是具体而微，是小一号的孔子，各方面都跟孔子很像，但都没有孔子厉害。

"敢问所安？"我想问问您跟孔子之间是一个什么样的关系，您到底是得了圣人之一体呢，还是具体而微？或者您跟孔子差不多？孟子遇到这么一个学生也够烦的，他非得给自己的老师找一个定位。

"曰：姑舍是。"这句非常有趣，孟子在顾左右而言他。孟子说，这事就算了吧，别说了，咱把这个问题先放放。

公孙丑只好换个话题。公孙丑问："伯夷、伊尹何如？"他说伯夷和伊尹这两个人，您觉得怎么样。伯夷是孤竹君之子。周王朝统一天下后，伯夷、叔齐不食周粟，饿死在首阳山中。伊尹是商汤的宰相。公孙丑问伯夷、伊尹这两个人如何，孟子说："不同道。"这两个人不一样。

"非其君不事，非其民不使；治则进，乱则退，伯夷也。"伯夷这个人，如果这个国君不是他喜欢的类型，他就不侍奉；不是他喜欢的老百姓，他也不合作。如果这个国家治理得很好，他就来干活，因为他愿意跟好人待在一起。国家如果乱了，他就离开这个混乱的世界。

这是孔子所说的"狷者"。孔子说，他很难见到一个行中庸之道的人，但是狂狷之士还是有的。"狂者进取，狷者有所不为"，伯夷就是狷者，他有所不为，不愿意同流合污。

"何事非君，何使非民；治亦进，乱亦进，伊尹也。"至于伊尹，什么人他都能侍奉，什么样的老百姓他都能使唤，无论是乱世还是清明之世他都进取，都能和别人一块儿工作。

"可以仕则仕，可以止则止，可以久则久，可以速则速，孔子也。"伊尹属于狂士，狂者进取。狂士觉得任何事我都能搞得定，任何环境我都能参与。孔子跟他们不一样，孔子是可以做事我就做，不行我就停。可以做我就在你这里待的时间长一点；不行我就早点离开。

这就是孔子,他介于狂者和狷者之间,能够掌握中庸之道。

"皆古圣人也。吾未能有行焉,乃所愿,则学孔子也。"这三个人都是古之贤人,孟子说自己还做不到,跟他们比还有一定的差距。但是,如果你问我想学谁的话,我想学孔子。就像孔子说"吾从周",他愿意学周朝的礼仪。

"伯夷、伊尹于孔子,若是班乎?"公孙丑问,伯夷、伊尹和孔子是同一个级别的圣人吗?孟子说:"自有生民以来,未有孔子也。"自从有了人类以来,没有像孔子这样的圣贤之人。

曰:"然则有同与?"公孙丑接着问,他们之间共通的地方是什么呢?

"有。得百里之地而君之,皆能以朝诸侯,有天下。"孟子说,这三个人还是有共通之处的。这三个人的底线是一样的。如果有一百里地,让他们来当君王,他们都能够让诸侯来朝拜,建立一个像商汤、周文王、周武王这样的世界。

"行一不义、杀一不辜而得天下,皆不为也。"为了得到天下去做不义的事,去杀无辜的人,这三个人都不会干,这是他们的道德底线。伯夷、伊尹和孔子作为古之贤者,既有共同的能力底线,也有共同的道德底线,底线是相同的。

曰:"敢问其所以异?"公孙丑问,那我想问问他们的差别到底在哪儿呢?既然他们都这么厉害,都像您说的这么圣贤,那他们的差别在哪儿呢?

"宰我、子贡、有若,智足以知圣人",孟子认为这三个人是有智慧的人,都对圣人有所了解,就算是"汙",就算是拍自己老师的马屁,也不至于阿谀奉承、夸大其词。

宰我说过什么呢?宰我说:"以予观于夫子,贤于尧、舜远矣。"让我来看,夫子比尧、舜好太多了。子贡的原话是:"见其礼而知其政，闻其乐而知其德，由百世之后，等百世之王，莫之能违也。自生民以来，未有夫子也。"子贡说，我见夫子的礼义，我就知道他的行政；听到他的音乐，我就知道他的德行。即使在百世之后来评价这百世中的君王，也没人能违反孔子所说的话。

有若则说："岂惟民哉！麒麟之于走兽，凤凰之于飞鸟，泰山之于丘垤，河海之于行潦，类也。"有若接过子贡的话，他说岂止人类有这样的不同，孔子和其他人比起来，就好像兽中之麒麟、鸟中之凤凰，也如泰山之于丘垤（小土丘），河海之于行潦（小水池、小水洼）。这些都是差不多的比方。孔子和普通人比起来，就有这么大的差距。

"圣人之于民，亦类也。出于其类，拔乎其萃，自生民以来，未有盛于孔子也。"这就是成语"出类拔萃"的出处。

古人说"天不生仲尼，万古如长夜"。孟子完全同意宰我、子贡和有若对于孔子的评价，他也认为孔子是一个跟其他人完全不同的人，所以他是一个圣人，而孟子不承认自己是圣人。

公孙丑和孟子的这三段话，连在一起，谈到了什么叫作知言、什么叫作养气、什么叫作不动心。这些对话启发后来的宋明理学家——从陆象山再传到王阳明——构建了心学。

我讲过一本书叫《王阳明哲学》。书中引用了不少孟子的话，很多来自这篇。我们要事事修炼，叫"必有事焉"；但又不要助长自己的干劲，叫"无暴其气"。不要让做事的干劲超过了心志，我们应该用心志来带动干劲，而不是用干劲来影响心志。这是很难把握的度。

孔子说的"虽千万人，吾往矣"，如果没有孟子引用，很有可能湮灭在历史长河当中。孔子总是非常温和，"望之俨然，即之也温"。如果错读了孔子，大家就会变得平庸。

"子罕言性与天道",孔子很少明讲内心的修炼,但一个人如果不讲究内心的修炼,不去养浩然之气,不去找那种由内而外的力量,怎么可能做出有大丈夫气概的事情来?有了孟子的阐释,我们才有可能由内而外地找到一股浩然正气。

以德服人：
在其位，尽其本分

孟子曰："以力假仁者霸，霸必有大国。以德行仁者王，王不待大，汤以七十里，文王以百里。以力服人者，非心服也，力不赡①也。以德服人者，中心悦而诚服也，如七十子②之服孔子也。《诗》云：'自西自东，自南自北，无思③不服。'此之谓也。"

注释
① 赡：东汉赵岐注：足也。
②《史记·孔子世家》说："孔子以诗书礼乐教，弟子盖三千焉，身通六艺者七十有二人。""七十子"为取整数。
③ 思：助词，无意义，如《诗经·国风·周南·关雎》中的"求之不得，寤寐思服"。

孟子曰："仁则荣，不仁则辱。今恶（wù）辱而居不仁，是犹恶湿而居下也。如恶之，莫如贵德而尊士，贤者在位，能者在职。国家闲暇，及是时明其政刑①，虽大国必畏之矣。《诗》云：'迨天之未阴雨，彻彼桑土（dù），绸缪牖户②。今此下民，或敢侮予？'孔子曰：

'为此诗者，其知道乎！能治其国家，谁敢侮之！'今国家闲暇，及是时般（pán）乐怠敖③，是自求祸也。祸福无不自己求之者。《诗》云：'永言配命，自求多福。'太甲曰：'天作孽，犹可违。自作孽，不可活。'④此之谓也。"

注释
① 刑：《尔雅释诂》，刑，常也，法也。
② 彻彼桑土，绸缪牖户：西汉扬雄《方言》，"东齐谓根为杜"，桑土，桑根。绸缪，缠结。
③ 般乐怠敖：般，东汉郑玄注：乐也。般乐为同义复音词。敖同遨，《说文解字》：出游也。遨游也是同义复音词。
④《尚书·太甲》中的原文为"自作孽，不可逭（huàn）"。逭，逃避。这句为伊尹将改过之后的商王太甲迎回后，太甲向伊尹忏悔的话。

孟子曰："尊贤使能，俊杰在位，则天下之士皆悦而愿立于其朝矣。市，廛（chán）而不征，法而不廛①，则天下之商皆悦而愿藏于其市矣。关，讥而不征②，则天下之旅皆悦而愿出于其路矣。耕者助而不税，则天下之农皆悦而愿耕于其野矣。廛，无夫、里之布③，则天下之民皆悦而愿为之氓（méng）④矣。信能行此五者，则邻国之民仰之若父母矣。率其子弟，攻其父母，自生民以来未有能济者也。如此，则无敌于天下。无敌于天下者，天吏也。然而不王者，未之有也。"

注释
① 东汉郑众认为，廛是市场中没有门面、堆放货物的地方。
②《礼记·王制》中有"关执禁以讥"。讥，呵察也。
③ 这里的廛指民居。布，钱。夫布，《周礼·地官·闾师》："凡无职者出夫布"，即不出劳役就出钱。里布，《周礼·地官·载师》："凡宅不毛者有里布"，就是说有宅地不种桑麻，或建造亭台楼榭，或抛荒土地，就征收里布。在战国时，里布作为土地税已经变成所有民众都需缴纳的常赋了。在提供劳役的情况下，民众还要缴纳夫布，困苦之极。
④ 氓：归往之民。

所有的君王都想扩张版图，统一天下，但究竟阻碍在什么地方呢？孟子其实一直在讲的都是大智慧，是王天下的底层逻辑——施行仁政者得天下。

孟子曰："以力假仁者霸，霸必有大国。以德行仁者王，王不待大。"孟子说，假借着仁的名义去推行霸道的人，必须有一个大国做支撑。就是说他必须靠自己的实力，假借着仁义的名义称霸天下。而如果这个人是用德行推行仁政，也就是行王道，那么他不需要一个大国，他只要方圆百里，甚至方圆七十里，就能把这个事做成。

"汤以七十里，文王以百里"，商汤就是靠七十里，周文王就是靠百里发迹。"以力服人者，非心服也，力不赡也。"什么叫以力服人？我们都会很直接地认为"以力服人"的"服"是一个使动词，用力量来使别人屈服。但是我见过一个观点，觉得很有道理，它说"以力服人者"的"服"不是一个使动词，它就是佩服的意思。"非心服也"，你因为别人有力量而佩服他，但是你的心并不服，只是你的力量不够，你如果力量够，你就造反了。

"以德服人者，中心悦而诚服也"，如果你是因为对方的道德而服从他，那么你是心甘情愿地服从他，这就产生了成语"心悦诚服"。

《诗》云："自西自东，自南自北，无思不服，此之谓也。"从东到西，从南到北，没有什么不服的，大家都服了。这是《诗经》里的话。我是因为你的德行才跟随你，而不是因为你的力量。所以孟子觉得这个事不难，不需要有千里之地，只需要方百里、方七十里就够了。

孟子曰："仁则荣，不仁则辱。今恶辱而居不仁，是犹恶湿而居下也。"孟子善于类比，他认为有一个前提相信大家都能接受，就是一个人如果心中有仁义的话，他是光荣的。一个人如果行不仁之事，做了很多亏心事，他内心是耻辱的。孟子认为这个前提不需要讨论。

既然没有人喜欢被人侮辱，但是有些人偏偏又喜欢做那些糟糕的事，这就不能理解了。孟子的类比来了，这就好像你特别讨厌潮湿阴暗，但你却非要住在河沟里，住在低洼的地方。

"如恶之，莫如贵德而尊士。"如果你真的不喜欢被侮辱，那你最好的做法是让有德行的人变得更加尊贵，也就是尊重有知识有文化的人。

"贤者在位，能者在职"，让贤能的人都有工作，让他们当政。然后"国家闲暇，及是时明其政刑"，有空闲的时候，完善法治政令建设。"虽大国必畏之矣"，就算邻居是一个像齐国、楚国这样的大国，它也一定会畏惧，因为知道你在做对的事。

《诗》云："迨天之未阴雨，彻彼桑土，绸缪牖户。今此下民，或敢侮予？"像《诗经》上说的，天还没有下雨的时候，我们得赶紧去剥桑树的皮，用桑树皮把自己的窗户、门缠起来，让门窗不要透水。这样谁还敢欺负我？这就是"未雨绸缪"这个成语的出处。

孔子曰："为此诗者，其知道乎！"孔子说，写这首诗的人已经明白了道。为什么？"能治其国家，谁敢侮之！"一个人不要整天担心别人会来侵犯你、欺负你，把自己的事干好是最重要的。哪怕是像滕、邹这样的小国，只要你把自己的国家治理好，谁敢慢待你呢？

"今国家闲暇，及是时般乐怠敖，是自求祸也"，现在这些国家的老百姓一旦闲下来，农闲时节没事干，都跑去玩乐了。当国家有点空闲，又没有战争，又不在农时，也没有大工程要做的时候，你们不赶紧去明其政刑，不未雨绸缪，整天就知道玩，歌舞升平，这是你自己在招祸。这就应了中国一句古话，叫"祸福无门，惟人自召"。

《诗》云："永言配命，自求多福。""自求多福"这个词出处在这里。"永言配命"就是永远都要符合天命。一个人做事要符合天道，自求多福，这样的话才能招来福，而不是招来祸。

《太甲》曰："天作孽，犹可违。自作孽，不可活。"

《太甲》是《尚书》里的一段，我们现在经常讲"自作孽，不可活"，也是从这来的。地震了，你说不定能逃脱，但一个人如果做了很多坏事，累积在一起，是逃不掉的。

这一段话，我们应该用批判性思维来思考一下。孟子的出发点当然是没错的，他希望我们每一个人都能管好自己。"仁则荣，不仁则辱"，如果你不希望被侮辱的话，最好多行仁义事。但是到今天，社会上却形成了一种奇怪的现象，就是诋毁受害者。一个人在一个案件中受了伤害，比如说被性骚扰了、遇到了骗子等等，有人就会发出一种言论，说苍蝇不叮无缝的蛋，受害者肯定也有不对的地方。

为什么一个人在倒霉以后，很多围观者喜欢去挑剔受伤害的人呢？心理学家研究发现，这来自我们心中的认知失调。我们看到一个人受到伤害，就会害怕有朝一日同样的事发生在自己身上。你接受不了这一点，为了安慰自己，你就会说受害者肯定也有问题。

作为一个旁观者这样想，你的心里会舒服一点。你会觉得我只要不犯那样的错，就不会遇到同样的事。它能够缓解旁观者的认知失调，但是会产生对受害者不公的言论。

如果我们认可孟子这段话，把它当作真理，用"祸福无门，惟人自召"去评价他人，我们的社会就会失去应有的宽容，失去应有的对弱者的同情。所以这一点需要提醒大家，对于孟子的话，要多从积极的角度去理解，不要走极端，不要把它变成我们不同情受害者的一个理由。

对于统治者而言，要管好国家，最重要的是从尊贤用能开始。

孟子曰:"尊贤使能,俊杰在位,则天下之士皆悦而愿立于其朝矣。"

何为尊贤使能?贤和能不一样,贤代表思想,能代表做事。尊贤就如同国君对待孟子那样,孟子不能帮你做事,也不愿意给你干活,但你要尊重他,因为他提供的是思想。齐景公对待晏婴,就是给他一个官职,让他干活,这个叫"使能"。所谓"俊杰在位",就是让这些能干的人都各安其位。孟子说,如果一个国君能够尊贤使能,让这些贤能之士都各安其位,那么天下的士人(读书人)都会高兴,都希望到这样的朝堂之上当官。

"市,廛而不征,法而不廛,则天下之商皆悦而愿藏于其市矣。"廛是公共仓库,市场上有这样的仓库,不征税,你可以把你卖不掉的货放在仓库里。古时候的商品没有保质期,又没有冰箱、空调什么的,卖不掉可能就坏了。所以政府依法收购,遇到积压的货物,给你点钱,政府就收了,这样的话商人们都高兴,愿意来这里的市场做生意。

"关,讥而不征,则天下之旅皆悦而愿出于其路矣。"政府设置关卡,只是为了稽查,而不是为了征税,出门的人就高兴,愿意在这个国家行走和贩运物资。

"耕者助而不税,则天下之农皆悦而愿耕于其野矣。"我们说过井田制,中间一份是公田,周围几块是私田。农民把私田种完以后,还要去种公田,这个叫作助。种了公田,就不用再交税了,这样农民就愿意在这个国家的田地里劳作。

"廛,无夫、里之布,则天下之民皆悦而愿为之氓矣。"古代有两种税,一种叫夫布,一种叫里布,布就是钱币。夫布是什么呢?相当于人头税。古时候,如果要你去修路,你说我去不了,怎么办?拿钱顶替,拿钱顶替你的劳役,这叫夫布。里布呢?你们家有很多地,按理说你应该种田给国家交税，但你说我不愿意种田，我就喜欢在这块地上盖一个小亭子。那行，交里布，也就是地产税。但是到了战国时期，已经发展为无论你去不去劳动，无论你的地有没有种田，夫布、里布都得交，税变得很重。所以孟子说要是老百姓不用交夫布和里布，"则天下之民皆悦而愿为之氓矣"。老百姓都高兴，愿意到这个国家来生活。"氓"，就是流民，古代的百姓都是种地的，成为流民，也就是流离失所，是因为他们没有土地可种，或者土地根本种不出粮食来。遇到了灾荒，你这里种地不征税，流民就都愿意来你这里找活路。

"信能行此五者，则邻国之民仰之若父母矣。"我相信，如果能把这五件事做好，那么邻国的老百姓看待你们，就像看待父母一样。"率其子弟，攻其父母，自生民以来未有能济者也。"如果邻国人民视你们如父母，让他们带着子弟来打自己的父母，自有人类以来，还没有成功过的，这是最起码的道理，"如此则无敌于天下"。

孟子可能在跟他的学生或者跟某一个君王讨论怎么才能够做到无敌于天下，他说无敌于天下的办法就是把前面五件事做好。"无敌于天下者，天吏也"，如果你能无敌于天下，那你就是老天爷任命的官吏，这叫天吏。"然而不王者，未之有也"，如果老天爷安排你做天吏，你还不能够王天下，这是没有的事。

孟子认为，无敌于天下的办法就一条，管好自己的内政，让大家愿意来当官，愿意来做生意，愿意走你的路，愿意来种你的地，愿意迁徙到你这里来。

这一节实际上主要说了两件事，一是以德服人，二是管理好内政，就可以无敌于天下。

道理没错，但落到实践中，我们还要具体情况具体分析。有时候，不是说你单方面地爱好和平，就能免于祸患，别人就不会来打你。如果在我们做好自己的本分、管好自己的情况下，仍然有人来侵犯我们，我们就需要有力量去保护自己，所以加强一个国家的国防力量非常重要。

对内，管理好内政，以德服人；对外，加强国防，防患于未然。两手抓，两手都要硬。

人皆有不忍人之心：
不断放大内心的善良，那是很了不得的事

　　孟子曰："人皆有不忍人之心。先王有不忍人之心，斯有不忍人之政矣。以不忍人之心，行不忍人之政，治天下可运之掌上。所以谓'人皆有不忍人之心'者，今人乍见孺子将入于井，皆有怵惕恻隐①之心，非所以内交于孺子之父母也，非所以要（yāo）誉于乡党朋友也，非恶（wù）其声而然也。由是观之，无恻隐之心，非人也；无羞恶之心，非人也；无辞让之心，非人也；无是非之心，非人也。恻隐之心，仁之端②也；羞恶之心，义之端也；辞让之心，礼之端也；是非之心，智之端也。人之有是四端也，犹其有四体也。有是四端而自谓不能者，自贼者也。谓其君不能者，贼其君者也。凡有四端于我者，知皆扩而充之矣，若火之始然，泉之始达。苟能充之，足以保四海；苟不充之，不足以事父母。"

注释
① 怵，《说文解字》：恐也。惕，东汉郑玄：惧也。恻，《说文解字》：痛也。隐，东汉赵岐：痛也。
② 端：本作耑。《说文解字》："耑，物初生之题也。上象生形，下象其根也。"

每个人心中都有向善的一面。这是孟子反复强调的。

仁者爱人，可能有些人觉得这并不容易做到，但其实，我们每个人都有成为仁者的潜质。因为，恻隐之心，人皆有之。

所谓恻隐之心，即一颗怜悯之心，这是爱人的开始。正是因为有爱，你才会心生怜悯。

孟子曰："人皆有不忍人之心。先王有不忍人之心，斯有不忍人之政矣。以不忍人之心，行不忍人之政，治天下可运之掌上。"这一段是孟子性善论最重要的篇章。孟子说"人皆有不忍人之心"，什么叫不忍人之心呢？就是见不得别人受苦的心，看到别人受苦就觉得受不了。

好的政策怎么来的？为什么我们的政策不是为了杀掉所有的人，而是让大家一起好好地生活？因为有不忍人之心。你只需要把不忍人之心扩充一点点，把你爱这头牛的想法扩展到爱一个人，把爱一个人的想法扩展到爱一个国家，那么你所制定的政策就是好政策，这时候治国理政就易如反掌了。

人皆有不忍人之心，这是孟子谈话的前提。为了论证这个前提，他先拿一个大家的感受来论证。他说，当看到一个小孩爬到井边的时候，几乎所有人都会惊叫"啊！小心"，赶紧过去抱住他，这就是怵惕恻隐之心。

这不是因为他是某个领导的孩子，你希望跟他爸爸交朋友。你根本想不了这么多，你立刻就会去帮助他。也不是为了让周围的老百姓称赞你，更不是因为你讨厌孩子掉进井里后的哭叫，是因为正常人都有恻隐之心、羞恶之心。

王阳明在《传习录》里曾经给这句话做过注释，特别有意思。有学生就问王阳明，如果每个人都有羞恶之心的话，那为什么有人做贼呢？王阳明说，你当着一个贼的面骂他是贼试试看。你当面骂他是贼，他会跟你拼命。为什么？因为他心中知道，贼不是一个好的称谓。这说明他心中有良知，是有羞恶之心的，只不过他狠下了一条心，忍心去做贼。

孟子从幼儿入井这个例子切入，然后一下子跳到一个宏大的论点，他说："恻隐之心，仁之端也；羞恶之心，义之端也；辞让之心，礼之端也；是非之心，智之端也。"

他认为恻隐之心就是仁的发端，因为仁者爱人，你担心别人，对别人有不忍人之心，这就有了仁的发端。羞恶之心是义的发端，你怕丢脸，做事就要合宜。辞让之心是礼的发端，你能把自己的饭让给弟弟吃，就能够在社会上遵从礼数。是非之心是智的发端，意思是你能明辨是非。

"人之有是四端也，犹其有四体也。"人有这四个发端，就好像有四肢一样。"有是四端而自谓不能者，自贼者也。"如果你这四端都有了，而你还说自己做不到，那么你是在害自己。贼的意思是戕害，你自己限制了自己，自己伤害了自己。

同理，如果一个人说国君做不到，就是戕害自己的君主。

"凡有四端于我者，知皆扩而充之矣。"一个人只需要这四端俱足，把这四端扩大、充实，"若火之始然，泉之始达"，就好像火刚刚被点着，泉水刚刚从地底涌出来一样。你有这股充沛于天地之间的浩然正气，整个天下你都能够保护得了，但是如果你的这个气没法扩而充之，那么你连奉养父母都做不好。

现在电视上最流行的一类节目，就是父母兄弟之间吵架。吵什么呢？家有一套房子，兄弟姐妹开始吵，连老爸老妈都拉出来一块吵，这叫作"不足以事父母"。一个人的仁义礼智，都没有从四端扩充到四体，连自己的父母都保护不了，还怎么保四海？

反过来说，一个人的韧性有多大，一个人的潜力有多强，一个人最后能够做多大的事，往往不可思议。因为如果你真的能把这四端发扬光大，完全可以成为一个伟人，影响整个世界。

这些话是性善论的基础。从孺子入井这件事我们就能看出，人在不经意间往往容易暴露本心，你本来是有恻隐之心、羞恶之心、是非之心、辞让之心的。这四个东西都有，你的四端就已经存在了，进而才能够谈人性本善。

那人性本善为什么对孟子这么重要呢？因为如果没有人性本善，就没有推行仁政的前提。如果人性都是恶的，所有人都是坏人，你一个人想做好人，很快就被坏人吃掉了，你肯定不可能用仁政来拯救天下人。但是如果你知道人心当中有四端，自己国家的人有，别的国家的人也一样有，因为没有四端的人，在孟子看来"非人也"，不是人。这有点循环论证，孟子的论证方法是不可证伪的。后来我看梁漱溟先生解释孟子的性善，他说孟子说的性善并不是本性善恶，而是有一个倾向，就是人性当中有向善的倾向。

想想看，如果每个人都不断放大向善的部分，那是了不得的。不管别人怎么样，我们自己努力地做至大至刚、有追求、将四端扩而充之的人，这个世界一定会变得更美好。

善与人同：
做人，要多学习别人的长处

  孟子曰："矢人岂不仁于函人哉？矢人唯恐不伤人，函人唯恐伤人。巫、匠亦然。故术不可不慎也。孔子曰：'里仁为美。择不处仁，焉得智？'夫仁，天之尊爵也，人之安宅也。莫之御而不仁，是不智也。不仁不智，无礼无义，人役也。人役而耻为役，由弓人而耻为弓，矢人而耻为矢也。如耻之，莫如为仁。仁者如射，射者正己而后发，发而不中，不怨胜己者，反求诸己而已矣。"

  孟子曰："子路，人告之以有过，则喜。禹闻善言，则拜。大舜有大焉，善与人同，舍己从人，乐取于人以为善；自耕稼、陶、渔，以至为帝，无非取于人者。取诸人以为善，是与人为善者也，故君子莫大乎与人为善。"

  生活中，我们经常有这样的疑问，为什么别人小肚鸡肠，而我就要宽宏大量？为什么别人做事就可以偷懒，而我就要兢兢业业？很多人选择做好人以后，老觉得自己吃亏。

这两篇短文里，孟子告诉我们一个答案。

孟子曰："矢人岂不仁于函人哉？矢人唯恐不伤人，函人唯恐伤人。巫、匠亦然，故术不可不慎也。"

矢人就是做箭的人，函人就是做铠甲的人，巫是指医生，匠是指做棺材的人。孟子说，做箭的人难道比做铠甲的人坏吗？做箭的人唯恐箭射出去不伤人，做铠甲的人则整天害怕别人受伤。医生和做棺材的人也是这样，医生盼望人能活得长一点，而做棺材的人希望人死得快。

接下来，孟子引用《论语》里的话。孔子曰："里仁为美。择不处仁，焉得智？"孔子说，如果你不选择跟那些能让你变得更好的人在一起，你就是不明智的。

而孟子对仁的定位是"夫仁，天之尊爵也，人之安宅也。莫之御而不仁，是不智也"。孟子认为，最好的住处是让自己的内心安住在仁爱当中，只要心中有仁爱，即便你是个普通人，老天也会给你一个尊爵，这个尊爵本身的荣耀，要比那些帝王的名号重要得多。但假如没有人阻挡你，你自己选择做一个没有仁爱的人，那就是不明智的表现。

结合上一段，孟子的意思是，无论是做箭还是做铠甲的人、当医生还是做棺材的人，这些人本来都差不多，但因为选择了不同的职业，人也就变得不一样了。只有选择让自己成为内心有仁爱的人，才是明智的行为。

接下来孟子又说："不仁不智，无礼无义，人役也。人役而耻为役，由弓人而耻为弓，矢人而耻为矢也。"如果一个人不仁不智、不讲礼又不讲义，就是天生的奴隶。一个人不希望成为奴隶，但他却选择被外在的条件约束，放弃仁义礼智，就好像你明明在做弓箭，还觉得做弓箭很丢脸；你明明在做箭头，又觉得做箭头很羞耻。

简单来说，孟子认为，一个人明明已经选择成为什么样的人，却做了相反的举动,很可笑。这就像我们开篇说的那个问题,很多人选择做好人却觉得吃亏,内心不舒服。

有一本书叫《我们内心的冲突》,书中说,很多人每天生活在大量的冲突中。比如,我们都希望对孩子好,但表现出来的行为却是责骂孩子;我们都渴望得到爱,但是我们却天天跟爱人吵架。

孟子的意思就是,我们不要做一个内心冲突、自相矛盾、自己束缚自己的人。那怎么解决这种内心的冲突呢?

"如耻之,莫如为仁。仁者如射,射者正己而后发,发而不中,不怨胜己者,反求诸己而已矣。"孟子说,如果你真的以此为耻的话,那你不如好好地行仁义,去做一些好事。这里有一个成语"仁者如射",是说射箭的时候一定要先把自己的心态摆正,把气息调匀,动作都做对了,然后撒手,才能射中。如果没有射中,你不会埋怨那些射中的人,而是在自己身上找原因,这就是行仁义。

孟子又列举了几个贤人的例子。孟子曰:"子路,人告之以有过,则喜。禹闻善言,则拜。大舜有大焉,善与人同,舍己从人,乐取于人以为善;自耕稼、陶、渔,以至为帝,无非取于人者。取诸人以为善,是与人为善者也,故君子莫大乎与人为善。"

别人告诉子路有过错,子路就发自内心地高兴。禹听到别人说了有见地的话,就向别人鞠躬,也就是感谢别人。而舜就厉害了,他能做到"善与人同"。

舜这个人一开始种地,后来又去做陶器,还做过渔夫,最后才做到了帝王,这一路上无非就是向别人不断学习,不断改善自己的心性。作为一个君子,最大的成就,就是与人为善。

"善与人同"这里有两种解释:一种是说舜有好的想法、好的事情,可以跟别人分享;一种是说舜善于和别人达成一致,把大家团结起来。

我的理解是：舜自己有优点，愿意别人同自己一样；别人有长处，他也会向别人学习，这叫"善与人同"。

总之，舜出身卑微，但在一生当中不断学别人好的地方来改变自己，最终成为帝王。

我们可以看到，孟子是鼓励人向善的、充满仁爱的。

按照孟子的观点，一个人选择什么样的工作，选择跟哪些人待在一起，是非常重要的一件事。如果你选择了一个糟糕的工作，每天怨天尤人，长期做下去慢慢就会影响到你的心性。而如果一个人在选择工作的时候，能够做到内心有仁爱，懂得去关心他人，体会他人的感受，希望为社会多做贡献，从而不断地调整自己，让自己变得更好，做事的状态也会变得不一样。

这和我们今天总说的那句"但行好事，莫问前程"有些许相似。

孟子告诉我们，人生来都差不多，你要内心有仁爱，多学习别人的长处，让自己变得更好。

其实选择成为什么样的人，向好还是向恶，是你自己的选择。你既然选择了从善，就做出相应的举动，好好地行仁义，去做一些好事，不要有内在冲突。你也别想着结局怎样，只管不断地做好事，积德行善，其余都交给上天吧。

隘与不恭，君子不由也：
过于坚守自己的个性并不是一件好事

孟子曰："伯夷，非其君不事，非其友不友，不立于恶人之朝，不与恶人言。立于恶人之朝，与恶人言，如以朝衣朝冠坐于涂炭。推恶（wù）恶之心，思与乡人立，其冠不正，望望然①去之，若将浼（měi）②焉。是故诸侯虽有善其辞命而至者，不受也。不受也者，是亦不屑就已。柳下惠③，不羞污君，不卑小官，进不隐贤，必以其道，遗佚而不怨，厄穷而不悯④，故曰：'尔为尔，我为我。虽袒裼裸裎⑤于我侧，尔焉能浼我哉！'故由由然⑥与之偕而不自失焉，援而止之而止。援而止之而止者，是亦不屑去已。"

孟子曰："伯夷隘，柳下惠不恭。隘与不恭，君子不由也。"

注释
① 望望然：怨恨的样子。望，怨恨、责怪。《国语·越语下》：又使之望而不得食，乃可以致天地之殛。
② 浼：《说文解字》：汙也，汙即污。本义是停积不流的水，引申为脏、不洁净。
③ 柳下惠：姓展名获，字禽，春秋时鲁国大夫，封邑在柳下，死后谥惠。

④ 悯：《四书集注》：忧也。
⑤ 袒裼裸裎：袒裼，二字意思相同，为同义复音词，即肉袒，肉外现而无衣。裸裎，也是同义复音词，朱熹《四书集注》：裸裎，露身也。
⑥ 由由然：高兴的样子。

我们常说"性格决定命运"。意思是说，人与人性格不同，而性格往往会影响为人处世的方式方法，进而影响一生的命运走向。

在这个篇章里，孟子用伯夷和柳下惠两个人做对比，和学生探讨了性格和个性的问题，相信对于我们今天如何做人做事有很大启发。

孟子先向我们描述了伯夷为人处世的特点。

孟子曰："伯夷，非其君不事，非其友不友，不立于恶人之朝，不与恶人言。立于恶人之朝，与恶人言，如以朝衣朝冠坐于涂炭。推恶恶之心，思与乡人立，其冠不正，望望然去之，若将浼焉。"伯夷的个性特点是，不是他喜欢的君主，他不侍奉；他看不上的人，不与之交往。如果朝廷上的坏人很多，他就不跟坏人一块儿当官；看到坏人，他不跟他们说话。因为他觉得和坏人一起当官、和坏人说话，就好像是穿着朝衣朝冠在泥土炭灰当中坐着，感到恶心。

孟子最后用一句话总结伯夷，"是故诸侯虽有善其辞命而至者，不受也。不受也者，是亦不屑就已。"

孟子觉得伯夷这个性格，就算诸侯好言好语派人来请他，他也不去，因为他不屑去当那个官。

总结一下，伯夷这种人，不屑与坏人为伍，有道德洁癖，自命清高。显然，孟子是不赞成这种人的。

那柳下惠是什么样呢？

孟子是这样描述他的："柳下惠，不羞污君，不卑小官，进不隐贤，必以其道，遗佚而不怨，厄穷而不悯，故曰：'尔为尔，我为我。虽袒裼裸裎于我侧，尔焉能浼我哉！'故由由然与之偕而不自失焉。

说柳下惠这个人，他跟一个糟糕的君王在一块儿，不觉得羞耻；你给他一个特别低的官职，他也好好干。君王提拔他，让他做各种各样的事，他从来不会隐藏自己的能力，他定会遵守心中的道德律令，以他的原则来做事。别人不用他了，把他辞掉了，他也不抱怨。遇到穷困和糟糕的处境，他也不会发愁。

"浼我"，是让我变得污秽的意思；"由由然"，是高兴的样子。柳下惠经常说的一句话就是，你是你，我是我，就算你袒胸露乳、一丝不挂地在我旁边，你也不能够让我变脏。他不会迷失自己。

人们常说柳下惠坐怀不乱，就是一个女人坐在他腿上，他都不动心，这是柳下惠的境界。

《论语》中提到，柳下惠三次被罢免，各国诸侯都争着以高官厚禄礼聘他，但都被他拒绝了，他觉得在哪儿做官都一样，所以不走。

总之，不管外界怎样，不管和什么人相处，柳下惠都能不受影响，他会把自己守护得很好，不会受到周围环境的污染。你让他做什么都行，什么样的境遇他都能接受。

用我们今天的话来说就是伯夷这种人比较多事儿，而柳下惠这种人特别随和。

孟子不赞成伯夷这种人，那他又是如何看待柳下惠的呢？孟子说他"援而止之而止。援而止之而止者，是亦不屑去已"。

孟子觉得柳下惠这种人，别人要挽留他，让他别走，那他就不走了，他是不屑于离开罢了。

最后，孟子给这两个人评价的是："伯夷隘，柳下惠不恭。隘与不恭，君子不由也。"

孟子认为，伯夷做人做事过于狭隘，而柳下惠玩世不恭，这两种人都不是君子该有的样子。

在孟子看来，伯夷做人做事过于狭隘、小气，如果大家都那样，就没法交往，也没法做事了。而柳下惠能够跟形形色色的人在一起，虽然看起来好相处，但显得随便、不严肃。

总之，一个是过于坚持原则，另一个是太随便。但两人有一个共通点就是他们只遵照自己的个性行事，并且很极端。

显然，孟子对这两种人都是不赞同的。那孟子推崇的是谁？是孔子。孟子在《公孙丑上》中对古代四位大圣贤进行过境界比较，得出的结论是孔子第一，伊尹第二，柳下惠第三，伯夷居末。

孟子认为君子应该学孔子"质胜文则野，文胜质则史。文质彬彬，然后君子"，就是一个人把质朴和文采两方面结合得很好，才称得上君子。

我推测一下，孟子的意思是，如果一个人能够把伯夷和柳下惠的个性做一个中和，既不那么傲慢，也不那么玩世不恭，别那么狭隘，也别那么随便，就好了。

就像孔子一生该做官就做官，该退隐就退隐，不争不抢，随天时合地利，这就是君子的表现。

其实，儒家思想是要改变别人，想通过教化、通过礼乐、通过跟他们讲四端，让人变得越来越好。既不断地提升自己，也想办法教化他人，如此持之以恒，就能够最终达到大同社会。

所以孟子才用伯夷和柳下惠这两个个性极端的人作为反面教材来告诉大家，做人还是要中庸一点好。

但我还想表明自己不同的观点，其实放到主张个性和差异化的今天，像伯夷和柳下惠这种能够勇敢做自己、不违背自己意愿做事的人，或许才是备受推崇的。

比如看现在的流行节目，你会发现，很多人都在标新立异，给自己立一个人设。人设越简单、越有个性，越容易传播。并且个性有点瑕疵可能会更好，因为越有瑕疵，越容易被人记住，也越容易被人效仿。

　　但在孟子看来，过于坚守自己的个性并不是一件好事。孟子也不是真的要批评伯夷和柳下惠本人，而是告诫后人，不要模仿他们。

　　以我之见，时代不一样，价值观不一样，我们能够从孟子的话里获得一点做人做事的感悟就好。

公孙丑

下

天时不如地利，地利不如人和：
我们掌控不了外界，只能掌控自己

孟子曰："天时不如地利，地利不如人和。三里之城，七里之郭，环而攻之而不胜。夫环而攻之，必有得天时者矣；然而不胜者，是天时不如地利也。城非不高也，池非不深也，兵革非不坚利也，米粟非不多也，委而去之，是地利不如人和也。故曰：域民不以封疆之界，固国不以山谿之险，威天下不以兵革之利。得道者多助，失道者寡助。寡助之至，亲戚畔（pàn）之；多助之至，天下顺之。以天下之所顺攻亲戚之所畔，故君子有不战，战必胜矣。"

我们知道孟子一向是不主张战争的，他告诉君王，你不要总想着通过打仗扩张土地、征服百姓而坐稳王位，而是应该想着如何施行仁政，让老百姓愿意跟着你，这样即便你只有很少的土地和资源，也能称王。

然而在本篇中，孟子却从军事角度讨论了天时、地利、人和的关系，在我看来，孟子是在强调虽然我们不主动攻打别人，但最起码也要守好自己的土地。

本篇也出现了两个特别有名的句子，一个是"天时不如地利，地利不如人和"，一个是"得道者多助，失道者寡助"。

我们就来看看孟子所说的"人和"和"得道者"具体是什么，以及对于我们现代人的生活有哪些借鉴意义。

孟子说，一座内城只有三里见方、外城有七里见方的小城，你把它围起来了，依然没法攻克它，可能有很多原因。如果你能把这座城包围起来，说明天时抓得不错，也就是你的机遇赶得不错。而你却攻不进去，是因为人家把城墙修得很高、护城河挖得很深，这叫"天时不如地利"。而如果你的城墙修得很高，护城河挖得很深，装备也很好，城里甚至还有很多粮食，结果还没跟对方开战，士兵就全跑了，这是"地利不如人和"。

孟子所说的"天时""地利""人和"指的是什么呢？

我的理解是，"天时"就是所处的时机、所处的时代背景。天时是最难以把握的东西，它的不确定性很大。"地利"是指把城墙筑高，找高的位置扎寨，选择有水源的地方待着，等等。在这方面我们可以在一定程度上加以掌控和利用。"人和"就是团队的状态怎么样，大家是不是团结一致，孟子认为这个很重要。

接下来孟子又说，要让人民安居，不能单靠划定的边界；要巩固国防，不能只凭地理位置；要震慑天下，不能靠刀枪比别人强。

在战国时期，大家拼的就是国家大、人口多，孟子认为不能靠边界、不能靠武力，那应该靠什么呢？

接下来就是非常有名的那句"得道者多助，失道者寡助。寡助之至，亲戚畔之；多助之至，天下顺之"。

孟子说，能否获得大家的支持，要看是否合乎道。我理解，这个道是指使命、愿景、价值观。也就是说，能否获得百姓的支持，在于你是不是跟百姓的价值观一致。一个人寡助到极点，根本没有人帮他，就连亲戚都背叛他。

回顾历史，几乎每个王朝的灭亡，都是"祸起萧墙"，都是自己家里先打翻天了，家人闹掰了。这就是"寡助之至，亲戚畔之"。

淮海战役结束后，陈毅说："淮海战役的胜利是人民群众用小车推出来的。"每个老百姓都和军队一条心，愿意帮助解放军打仗，最终取得胜利，这就是"多助之至，天下顺之"。

孟子的意思是，你想让国家大、人口多，就要管住自己的士兵，真正为老百姓思考、服务，否则就成为孤家寡人了。

我想到李自成起义，起义军在打到北京之前，一路上所向披靡，因为起义军对老百姓好，老百姓跟他一条心，常常主动给他打开城门。可是，起义军进了北京后，有一些士兵开始对百姓胡来，甚至连李自成的话都不听，这个队伍就失去了人心，一下子受到了来自各方的压力。

这再次印证了孟子说的"得道者多助，失道者寡助"的观点。

最后孟子说道："以天下之所顺攻亲戚之所畔，故君子有不战，战必胜矣。"意思是，能施行仁政的君主不战则已，战就一定会胜利。

总之，孟子的意思是你要做到人和，大家才会帮助你守护好国土。

我思考的问题是人和到底来自哪儿？怎样才能做到人和？

我认为，一是来自理想中的社会。孟子描绘的理想社会是"五十者可以衣帛矣，七十者可以食肉矣"，也就是让五十岁以上的人有好衣服穿，七十岁以上的人有肉吃。二是有可行的战略，通过井田制，通过教化，通过仁政让老百姓臣服。三是军队要有优秀的战术，有严明的纪律，对老百姓秋毫无犯，保护好老百姓。

能做到这几点，基本就做到人和了，大家都愿意归顺你，一代明君也就诞生了。

如果放到今天的生活场景里，其实我们做任何事都关乎"天时""地利""人和"这几个要素。

比如，对于企业管理来说，导致一个企业衰败的根本原因往往不是来自外部的竞争，而是来自内部的矛盾和冲突。"人和"就是要建立和谐的人际关系、上下级关系，大家都愿意跟着公司成长，为公司做贡献。

再比如，我们每个人做事情，外面的局势、别人的情况我们无法掌控，我们唯一能掌握的就是做好充足准备，把自己的能力发挥出来，也就是所谓的"人和"。

我们掌控不了外界，只能掌控自己，这是孟子这段话对于我们做事的宝贵启示。

用师者王：
任人唯贤，企业才能越做越强

孟子将朝王。王使人来曰："寡人如①就见者也，有寒疾，不可以风。朝（cháo）②，将视朝，不识可使寡人得见乎？"

对曰："不幸而有疾，不能造朝。"

明日，出吊于东郭氏。公孙丑曰："昔者辞以病，今日吊，或者不可乎？"

曰："昔者疾，今日愈，如之何不吊？"

王使人问疾，医来，孟仲子对曰："昔者有王命，有采薪之忧③，不能造朝。今病小愈，趋造于朝，我不识能至否乎？"

使数人要（yāo）于路，曰："请必无归而造于朝！"

不得已而之景丑氏④宿焉。

景子曰："内则父子，外则君臣，人之大伦也。父子主恩，君臣主敬。丑见王之敬子也，未见所以敬王也。"

曰："恶！是何言也！齐人无以仁义与王言者，岂以仁义为不美也？其心曰'是何足与言仁义也'云尔，则不敬莫大乎是。我非尧、舜之道不敢以陈于王前，故齐人莫如我敬王也。"

景子曰："否，非此之谓也。《礼》曰：'父召，无诺。''君命召，不俟驾。'固将朝也，闻王命而遂不果，宜与夫礼若不相似然。"

曰："岂谓是与？曾子曰：'晋、楚之富，不可及也。彼以其富，我以吾仁；彼以其爵，我以吾义。吾何慊（qiàn）⑤乎哉？'夫岂不义而曾子言之？是或一道也。天下有达尊三：爵一，齿一，德一。朝廷莫如爵，乡党莫如齿，辅世长（zhǎng）民莫如德。恶得有其一以慢其二哉？故将大有为之君，必有所不召之臣；欲有谋焉，则就之。其尊德乐道，不如是不足与有为也。故汤之于伊尹，学焉而后臣之，故不劳而王。桓公之于管仲，学焉而后臣之，故不劳而霸。今天下地丑德齐，莫能相尚，无他，好臣其所教，而不好臣其所受教。汤之于伊尹，桓公之于管仲，则不敢召。管仲且犹不可召，而况不为管仲者乎？"

注释
① 如：助动词；宜：当。
② 朝，将视朝：东汉赵岐："倘可来朝，欲力疾临视朝，因得见孟子也。"朱熹将朝读为朝暮之朝，也通。
③ 采薪之忧：采薪、负薪皆为樵夫之工作，为庶人所为。士人而言采薪，是谦称"不能工作"之意。《礼记·曲礼下》："君使士射，不能，则辞以疾；言曰：'某有负薪之忧。'"
④ 景丑氏：其人不可考，《汉书·艺文志》有《景子》三篇，列入儒家，疑为其所著。
⑤ 慊：东汉赵岐注，"少"，此处为使动用法，"以为少"。

中国古代最讲究三纲五常，其中第一句就是"君为臣纲"。

作为臣子，一定要敬重君王，唯君王马首是瞻。这个伦常关系流传数千年，深深影响了很多人。今天我们要讲的是《孟子》中的"孟子将朝王"这一段，我们看看孟子是如何演绎"君为臣纲"的。这段内容相当有趣，让我们领略到孟子的另一面。

孟子到了齐国以后要去见齐宣王，正准备出门的时候，齐王派的人刚好来了，来者对孟子说，齐王本来是要见孟子的，但齐王今天感染风寒，不能吹风受凉。如果孟子来拜见的话，齐王就勉强带病上朝，所以来者询问孟子，今天去不去拜见齐王？

孟子一听这话对来者说："不巧得很，今天我也生病了，不能去了。"

按常理，生病了就在家休养吧，结果孟子第二天就跑到东郭氏家参加葬礼去了。他的学生公孙丑说："昨天你说生病，回绝了齐王，今天你就出门参加葬礼，这不太好吧。"孟子理直气壮地回答说："我昨天病了，今天好了，干吗不能参加葬礼呢？"

这边的齐王也不是好糊弄的，听人汇报说孟子生病了，他就干脆派个医生来给孟子看病。孟子的另一个弟子孟仲子得知后，对来访者说："昨天齐王要见孟子，但孟子身体不适，不能上朝拜见。今天病好了一点，孟子已经出发上朝去了，不知道是不是已经到达了。"

孟仲子明显在撒谎，孟子去吊唁了，压根儿没有去见齐王，但孟仲子不想得罪齐王，所以替老师扯个谎，找个理由遮掩一下。然后孟仲子赶紧找了好几个人去路上拦截孟子，让孟子千万别回家了，赶紧上朝去，齐王那边等着呢。

可是孟子很有主见，他才不去见齐王呢，干脆跑到朋友景丑氏的家里住了一夜，就是不去上朝。

他的朋友景丑氏是一个懂道理的人。他说："内则父子，外则君臣，人之大伦也。"他劝孟子："咱们儒家在家最重要的关系是父子关系，在朝最重要的关系是君臣关系，这是人之大伦。君臣关系，恭敬为主。"

孟子不为所动，景子继续说："丑见王之敬子也，未见所以敬王也。"景子说他作为一个旁观者说句公道话，他觉得齐宣王对孟子真不错，可孟子你竟然欺君，不尊敬咱们的王。

孟子叹了口气说："恶！是何言也！"这里的"恶"不是讨厌的意思，而是类似"哎"这样的叹词。

哎，你这说的什么话呢？"齐人无以仁义与王言者，岂以仁义为不美也？其心曰'是何足与言仁义也'云尔，则不敬莫大乎是。我非尧、舜之道不敢以陈于王前，故齐人莫如我敬王也。"

孟子说，齐国人没有人跟君王谈仁义，难道是他们觉得仁义不是一个好东西吗？但他们的心中想的是怎么能够跟君王谈仁义这样高尚的事呢？什么叫对君王不敬？不跟王谈仁义，觉得君王根本不配谈仁义，这才叫作不敬。孟子说他每次拜见君王，只要不是尧、舜之道，他都不敢说，所以整个齐国，没有人像他这么尊敬齐王的。

景子一听，总觉得有点不对劲，就说："否，非此之谓也。《礼》曰：'父召，无诺。''君命召，不俟驾。'固将朝也，闻王命而遂不果，宜与夫礼若不相似然。"

孟子你说得不对呀，这事不是你这么说的。你父亲跟你说话，你答应时，不能说"诺"，你只能说"唯"，"唯命是从"的"唯"。君王宣召，臣子不等车子驾好就要动身。孟子你本来准备去朝见，听了君王的召令却不去了，这恐怕于礼不合吧？孟子你是孔子的继承人，整天给大家讲礼，结果真正的礼义，你自己却不遵从，你这算咋回事呢？

大家听到这里，是不是跟景子有一样的疑惑？孟子你怎么能这样做呢？

孟子的解释是这样的："咱这是一回事吗？曾子说过，晋、楚这样的大国很富裕，他没法跟人家比。人家有钱有爵位，但曾子有仁有义，曾子比他们少在哪儿呢？你不能说曾子的话不义，这里面可能有另外一番道理。"

具体什么道理呢，且听孟子继续分析。

孟子说："天下普遍看重的东西有三样，一个是官位，一个是年龄，一个是德行。在朝廷里，没有比爵位更尊贵的。在乡里，年长者为尊。辅助君主、管理百姓，没有比德行更重要的。怎么能有了其中一种而轻视另两种呢？"就算你有爵位，你年龄大，你也不能怠慢有道德的人；或者你凭借自己有道德，仗着地位高就怠慢长者，这些都不对。所以，贤明有为的君王，一定有不召之臣。什么叫不召之臣，就是他不能对这个人呼来喝去，召之即来，挥之即去。如果有事要跟对方商量，君王也应该亲自登门拜访。如果一个人尊德乐道的水平达不到一定程度，这个人没法成为一个有为之君。

从这里我们不难看出孟子的独特之处，他骨子里是讲究相互尊重的，颇有知识分子的傲骨和清高。他不认为君王就一定要高高在上，对臣子呼来喝去，君臣理应相互尊重。

孟子最后总结说："所以商汤王先跟着伊尹学习，然后再任用他当臣子，轻轻松松就统一了天下；桓公对于管仲，也是先向管仲学习，而后才让管仲当宰相，所以他也不费力气就称霸诸侯。现在天下这些大的诸侯国，国土相当，德行相似，谁也超不过谁，彼此牵制，原因就在于，君主喜欢任用听他们使唤的人，而不喜欢任用教导他们的人。汤王对于伊尹，桓公对于管仲，都是不敢随意召见的。管仲尚且不能随意召见，何况不愿做管仲的人呢？"

孟子这番话很有深意，他想表达的含义是，君王别总任用那些顺从听话的人，想要强于其他国家，就得任人唯贤，而不是谁听话就用谁。孟子看不上管仲，所以他不愿意成为管仲这样的人。管仲尚且不能随叫随到，他孟子就更不能了。

可见，孟子跟那些唯唯诺诺、俯首称臣的人不一样，在他心中，他是要成为帝王之师的人，他希望齐宣王真的能够礼贤下士，到他的馆舍向他请教。

他的做法也引发了我们的思考。对当今的企业领导者来说，是任用比自己更强的人还是更弱的人？还是唯命是从的人？

优秀的管理者都懂，只有任人唯贤，企业才能越做越强。若是为了维持自己高高在上的虚荣，担心强者动摇自己的地位，迟早会葬送企业的前途。

做人也如此。三人行必有我师焉，主动向优秀的人学习，见贤思齐，未来可期。

君子货取：
当受则受，当辞则辞

陈臻问曰："前日于齐，王馈兼金一百而不受；于宋，馈七十镒^①而受；于薛^②，馈五十镒而受。前日之不受是，则今日之受非也；今日之受是，则前日之不受非也。夫子必居一于此矣。"

孟子曰："皆是也。当在宋也，予将有远行。行者必以赆（jìn），辞曰'馈赆^③'，予何为不受？当在薛也，予有戒心。辞曰：'闻戒，故为兵馈之。'予何为不受？若于齐，则未有处也。无处而馈之，是货^④之也。焉有君子而可以货取乎？"

注释　① 镒：二十两为一镒，古代所谓的"金"并非黄金，而是铜。兼金指上等的金，价格比平常的金多一倍。
② 薛：春秋时，薛国已亡于齐，此时为齐靖郭君田婴的封地。
③ 赆：东汉赵岐："送行者，馈赠之礼也。"
④ 货：动词，贿赂之意。

孟子之平陆，谓其大夫曰："子之持戟之士，一日而三失伍，则去之否乎？"

曰："不待三。"

"然则子之失伍也亦多矣，凶年饥岁，子之民老羸转于沟壑，壮者散而之四方者几千人矣。"

曰："此非距心之所得为也。"

曰："今有受人之牛羊而为之牧之者，则必为之求牧与刍矣。求牧与刍而不得，则反诸其人乎？抑亦立而视其死与？"

曰："此则距心之罪也。"

他日，见于王，曰："王之为都者，臣知五人焉。知其罪者，惟孔距心。"为王诵之。

王曰："此则寡人之罪也。"

生活中，大家喜欢跟这种人交往吗？他们逻辑清晰，是非分明，对就是对，错就是错，刚正不阿，你跟他们打交道，立场要十分明确，不能摇摆不定，左右飘忽。

本篇就有这么一个人，他叫陈臻，是孟子的学生。有一天，陈臻问孟子："在齐国时，齐王给了老师您两千两（一百镒）的品质很好的金，您都不要，到了宋国，宋王才给了您七十镒金，您就收了。等到了薛城，城主靖郭君田婴送了您五十镒金，您也要了。如果说您在齐国不要钱是对的，那么您后来收了宋王和薛城城主的钱，您就做得不对了。反正不管怎么说，老师您肯定有一件事做错了，您对此怎么解释？"

陈臻的问题很尖锐，一副理直气壮的样子，逼孟子认错。其实，他的问题恰好体现了他的头脑简单、认知单一。

现实中很多事情是复杂的、多维度的，不能简单地用对错来判断。就像孟子在不同的国家，面对君王的赏赐，收或不收，没有标准答案。收有收的理由，推辞也有推辞的缘故，孟子只是因地制宜，做了最符合当下需求的选择。

所以，孟子是这么回答陈臻的："我收钱和不收钱都没错，为什么呢？因为我在宋国时要出远门，根据古礼，我是宋国的客人，客人辞行，主人理应送一些盘缠，作为旅途开支，我怎么能不接受呢？当我在薛城时，我听说路上有危险，需要戒备。薛君就送我一点钱，可以拿来雇人保护我，我干吗要拒绝呢？至于在齐国，我没有任何理由收钱。齐王没有理由，却要送给我钱物，这等于用钱来收买我。哪有君子被钱收买的呢？"

这个回答非常精彩，体现了孟子理解问题的高度。

当我们在同一个事件的理解上出现了逻辑矛盾，这时就不能再简单地认为它非黑即白了，事情也许还有第三种可能。我们需要提升格局和看待问题的高度，当认知水平上升到更高的维度，我们就会发现矛盾被解决了。

就像陈臻完全不能理解孟子一会儿收钱、一会儿不收钱的做法，他觉得要么都收下，要么都不收，要一视同仁。

这样的思维方式未免太简单了。

陈臻只看到了钱，他不理解金钱背后的含义，但孟子理解。孟子不缺钱，周游列国时，他收获了不菲的财富。孟子看待事情，就会跳出金钱之外，看透问题本质。

他明白"无处而馈之，是货之也"，一个人没来由地突然给你一笔钱，背后肯定有问题，所以"焉有君子而可以货取乎"，君子不要被人收买。

生活当中，我们也会遇到非黑即白的问题：对孩子到底是严格管教还是宽松教育？放养还是圈养？认可放养的，对孩子完全放纵，啥都不管。推崇圈养的，对孩子实行高压政策，搞得亲子关系破裂，孩子都不愿意跟父母待在一起。

这都太极端了，不会有好结果。

跳出这两种方案，找到第三种方式，用爱来教育孩子才是最合适的。放养做到有底线、有规矩，对孩子严管要做到宽容和尊重，才能让孩子健康成长。

为什么陈臻不理解孟子的"当受则受，当辞则辞"，就是因为陈臻的认知水平还不够高，还需要不断学习、不断领悟。

孟子去了平陆这个地方，平陆在齐国的边境（今山东汶上县）。孟子对那里的长官孔距心说："如果你的卫士一天三次擅离职守，你会开除他吗？"

孔距心说："不必等三次，第一次我就把他开除了。"

然后孟子说："那么你失职的地方也挺多的。你的子民在荒年饥岁时，老弱者饿死在沟壑中，年轻力壮的就四处逃荒，平陆不大却有几千人或死或逃。"

孔距心说："这个问题不是我能够解决的。我的权力有限，能做到的事也有限，我没办法。"

孟子说："假如有人要给别的人放牧，那么他必定要为牛羊寻找牧场和草料。如果他找不到草地，也找不到干草，那他应该把牛羊还给人家，告诉人家他做不了，而不是啥也不做，眼睁睁看着牛羊饿死。"

这番话掷地有声，让孔距心沉默了好半天，随后才说："我有罪，我确实没干好。"

改天，孟子见到了齐宣王，他说："王之为都者，臣知五人焉"。"为都者"，就是在大城市做长官的人。孟子说他认识五个长官，意识到自己有罪过的、能反思的，只有孔距心一人。

"为王诵之"意思是把这段故事讲给齐宣王听。

听完孟子的话，王曰："此则寡人之罪也。"齐王也被孟子的话触动了，他反思自己，认为下属做不好，是因为他这个领导没做好。

孟子想表达的观点是，无论是官员还是国君，都要有责任心，不要对百姓的生死不负责任、无动于衷。勤政爱民，是上至帝王、下至地方长官都应自觉履行的基本德行。

孟子批评孔距心的不作为，其实也是批评齐宣王的放任和失察。

这段故事放到现代，对我们的启发就是，要厘清委托代理关系，学会授权，分配责任，上下级都要尽到自己的本分。

孔距心就像现代企业的职业经理人，这类人经常碰到的困境就是上级给的资源有限，他们只能做这么多事，没办法大展拳脚。同时他们也会想，你给我多少钱，我就帮你做多少事，你放权给我，就不要过问太多细节。

这其实是病态的管理方式。合适的方式应该是上级放权，下级尽责；上级监管，下级汇报。

下级有问题要及时汇报给上级，超过自己权责范围的事情，要主动请求上级给予更多支持和帮助。上级也要实施监管，对下级的管理了如指掌，发现问题要及时修正。

在这个过程中，双方都要掌握好尺度，各自扮演好自己的角色，上下同心，这样才有可能完成企业的发展目标。

无官守无言责：
身心自在，进退自如

孟子谓蚳蛙（chí wā）曰："子之辞灵丘而请士师，似也，为其可以言也。今既数月矣，未可以言与？"

蚳蛙谏于王而不用，致为臣①而去。

齐人曰："所以为蚳蛙则善矣，所以自为，则吾不知也。"

公都子以告。

曰："吾闻之也：有官守者，不得其职则去。有言责者，不得其言则去。我无官守，我无言责也，则吾进退岂不绰绰然②有余裕哉？"

注释　① 致为臣：辞官。致，归还；为臣，担任官职。"致仕"一词应该就是从这里来的。
　　　② 绰绰然：宽裕的样子。

孟子为卿于齐，出吊于滕。王使盖大夫王驩为辅行。王驩朝暮见，反齐、滕之路，未尝与之言行事也。

公孙丑曰："齐卿之位，不为小矣。齐、滕之路，不为近矣。反之而未尝与言行事，何也？"

曰："夫既或治之，予何言哉？"

生而为人，着实辛苦，总有迫不得已的苦衷，总有求而不得的愿望。即便是大圣贤孟子，也无法事事如愿，他依然有自己的苦闷和失意。但孟子的厉害之处就在于境界，面对人生不如意之事，他总能保持洒脱，进退自如。

他跟弟子聊天时提到一个人，名字叫蚳蛙，是一个齐国的大夫。孟子对蚳蛙说："你辞掉灵丘大夫这样重要的职位，来请求担任司法官，这么做是对的。为什么呢？因为做司法官可以向齐宣王进言，你有机会直接跟齐宣王说话。现在你在这个职位上已经干了几个月了，你还没给大王进言吗？"

蚳蛙如何回答的我们不得而知，但实际情况是"蚳蛙谏于王而不用，致为臣而去"。蚳蛙向齐宣王进谏了，但齐宣王没有采纳，他就辞职了，离开朝堂了。

然后齐国的舆论就开始讨论了，大家都觉得孟子跟蚳蛙提的建议是对的，但他孟子本人呢，他跟齐宣王进言了多少次，齐宣王采纳了多少，咱就不知道了。

这段民间的流言，是孟子的弟子公都子转达给孟子的，孟子听完回答说："我听说过一种说法，一个有官职的人无法行使自己的职权了，就得辞职；一个言官，说话大王不听，也该辞职了。我本人没有官职，也不是言官，我有啥好顾虑的，我想说就说，不想说就不说，我进退自如，自由自在。"

提到言官，这里多聊两句。在北宋时期，言官是特别厉害的。比如包拯、欧阳修、范仲淹，都当过言官。做言官是很多人梦寐以求的事，言官的责任就是批评皇帝、批评后宫、批评臣子。

宋仁宗有一次说，包拯的唾沫都喷到他脸上了，他实在受不了。包拯为了跟皇帝说清楚一个道理，拉着皇帝的袖子不撒手，不停地说。

言官尽力谏言后，如果君主听不进去，他就会走人，不再多说了。

孟子想表达的就是他是一个没有实权和官职的人，他没有谏言的责任，他是在陪君主聊天，给君主做老师，跟体制内的官员相比，他是自由的。

为什么孟子可以这样，而普通官僚比如孔距心、蚳蛙这样的人，想跟齐王聊天甚至教育齐王就很难做到？因为孟子的层次更高，用我们现代人的角度来看，孟子玩的是无限游戏，而蚳蛙他们玩的是有限游戏。

我曾经讲过一本书叫《有限与无限的游戏》，书里有一个重要观点，即有限游戏的参与者需要资格，他们要么有官守，要么有言责，否则，他们是没有资格加入游戏的。

蚳蛙一开始有资格谏言，后来他辞官了，就失去了这个资格。

孟子跟他不一样，孟子玩的是无限游戏，他不需要资格就能参与游戏。

孟子就是一个无限游戏的高手，所以他心态很好，无官守，无言责，进退自如。如果有可能，人这辈子一定要努力选择无限游戏，而不是有限游戏。

我们再接着往下看。"孟子为卿于齐，出吊于滕。王使盖大夫王驩为辅行。王驩朝暮见，反齐、滕之路，未尝与之言行事也。"

这段话说，孟子在齐国当了卿。卿的地位要高于大夫，是级别很高的官职，但可能没有实权，就是一个名誉。孟子去滕国参加葬礼。滕文公去世了，滕文公跟孟子学习过，算是老相识了，所以齐王派孟子为代表去吊唁。

其实按照当时的规矩，滕国不是一个大国，齐国一般不会派卿一级的使者去吊唁。但滕文公有贤名，齐国就把礼数拔高了，再加上孟子跟他是老朋友，就派孟子去吊唁。

同时，齐王还派了一个大夫叫王骥，跟着孟子一起，一个是主祭，一个是副祭。王骥跟孟子每天都能见面，两人从齐国到滕国，往返路上一直同行。按理说，这么多的相处时间，两人完全可以多聊聊工作上的事情，比如吊唁的具体安排等。但孟子跟王骥每次见面，啥也不说，王骥不问，他也不主动开口。

所以公孙丑对此非常疑惑，他问孟子："齐卿之位，不为小矣；齐、滕之路，不为近矣。反之而未尝与言行事，何也？"老师您当了这么大的官，跟王骥一起去滕国，路途漫长，怎么一路上都不跟他聊点工作上的事情呢？就算工作没有什么好聊的，您也可以跟对方聊点其他的事情，反正您很博学，随便分享一点想法也是不错的。

孟子回答说："夫即或治之，予何言哉？"王骥肯定心里有数，他知道该怎么做，我有什么好说的呢？

这里孟子想表达的意思是，他已经被架空了，他干什么都无所谓，王骥早就从齐王那里得到了指示，有了明确的安排，他眼里没有孟子，孟子说再多也没用。

有人解释这句"行不言之教"，意思是孟子不跟你说话，也是在教育你。这个解释也挺有趣。我们脑海里不由地浮现出孟子那副超然世外的姿态，别人愿意请教他，他就好好教；别人不愿意请教，他就啥也不说。反正他是不会好为人师、送上门去指导别人的。

当然，孟子这话里话外多少有点失望之情。孟子志向远大，当然希望别人多请教他，他好把肚子里的学识分享出来，传递给更多人。遗憾的是，王骥并没有把孟子当回事，也没有打算跟孟子多请教，那孟子干脆落个清净，让王骥自己安排吧。

孟子觉得，该教的人教，不该教的人不用教。时机不成熟，送上门的生意，不见得是个好买卖。孟子跟齐宣王交往了一段时间，他对齐宣王身边的人还是有所了解的。像王驩、蚳蛙这样的人，已经算是不错了，他们愿意努力做事，做不到索性就走了，还是有几分潇洒的。

就像孟子，他教齐王做事，齐王愿意学就学，愿意采纳就采纳，孟子并不强求结果。他只会跟随本心做事，想说就说，不想说就闭嘴。对方有诚意，有态度，愿意虚心聆听，孟子就会倾囊相授。反之，孟子不会勉强对方听自己的建议，他会洒脱地离开，重新开启人生的下一段旅程，邂逅其他有缘人。

这就是做人的最高境界，在纷繁复杂的世事中，不强求，不攀缘，身心自在，进退自如，这样的人生，何等自由，何等畅快！

尽于人心：
做事的标准是让自己心安

孟子自齐葬于鲁，反于齐，止于嬴。充虞请曰："前日不知虞之不肖，使虞敦匠，事严①，虞不敢请。今愿窃有请也：木若以美然。"

曰："古者棺椁无度。中古棺七寸，椁称之，自天子达于庶人，非直为观美也，然后尽于人心。不得，不可以为悦；无财，不可以为悦。得之为有财，古之人皆用之，吾何为独不然？且比（bì）化者②，无使土亲肤，于人心独无恔（xiào）③乎？吾闻之也：君子不以天下俭其亲。"

注释　① 严：清焦循《孟子正义》：严为急，急者，谓不暇也。
　　　② 比化者：比通庇，覆盖的意思。化者，死者。东汉高诱注，化，死也。
　　　③ 恔：愉快。

当代人有很多痛苦，其中有很多人会为了面子或者别人的看法而做出违背自己真实意愿的事，然后又陷入自责、后悔、遗憾等情绪。

有个词语很好地说明了这种状态，叫作"精神内耗"，就是因为做了某件事或者没做某件事而让自己陷入痛苦的精神状态。

比如原本你想给父母换个大点的房子，来报答父母的养育之恩，朋友却说其实父母根本不需要那么大的房子，你因此陷入自我怀疑。又或者你不愿意和父母住在一起，而是选择每月给父母生活费，有人说你不孝顺，你可能也会不知所措。

孟子告诉我们，别人的话不是决定你做不做某件事的标准，做事最重要的标准是让自己心安。

本篇，孟子通过安葬母亲的事告诉我们这个道理。

孟子在齐国当了卿以后，就把母亲接到齐国。后来母亲去世了，孟子要回到鲁国安葬母亲。事后他在返回齐国的路上，在嬴这个地方住下了。

充虞请曰："前日不知虞之不肖，使虞敦匠，事严，虞不敢请。今愿窃有请也：木若以美然。"充虞是孟子的一个弟子，充虞问孟子，之前承蒙您不弃，让我去监督木匠的活（就是负责给孟母造棺材）。当时时间很紧迫，所以我不敢来问。今天有时间了，我私下里问问您给您母亲做的那口棺材，是不是规格有点高了。

充虞是一个很谨慎的人，他对于孟子给母亲做棺材太过奢华的事有疑问，但他觉得当着那么多人的面问不太好，再加上葬礼的时间很紧迫，也就没提。等到葬礼结束在回来的路上，他悄悄地跟孟子讲出心中的疑虑。

孟子是如何回答充虞的呢？曰："古者棺椁无度。中古棺七寸，椁称之，自天子达于庶人，非直为观美也，然后尽于人心。"孟子说，上古的时候，也就是尧、舜、禹三代以前，棺椁是没有尺度标准的。到了中古时期，棺差不多要七寸厚，椁与它相配就可以了。从天子到老百姓，棺椁尺寸都一样。这个东西不是为了好看，而是为了让我们心安，也就是能够让我们做晚辈的尽一份孝心。

孟子的意思是，别人都这么做，我也这么做，应该没问题。

孟子接着说，如果受到制度或环境的限制，你做不到，作为孝子，你不会高兴。如果你没有足够多的钱财去做这么厚的棺材，你内心也不会高兴。而如果一个人不受外界限制，有足够多的钱财来做这样的棺材，古人都会这么做，我为什么就不行呢？

孟子是在告诉充虞，外界允许我，并且我有能力给母亲做厚的棺材，我当然可以这么做。

孟子继续说，棺材是用来庇护死者的，不让死者身上沾上泥土。如此，我们这些活着的人内心难道不能够感到一点点欣慰吗？

孟子的结论是："我不能因为天下人的议论，就对我的母亲薄葬。"也就是说，孟子想要给母亲厚葬是为了表达自己的孝心，给自己一点心理安慰，而不会为了不让别人说闲话，就薄葬母亲，这样会让自己内心不安。

很多人爱面子，想要博得一个好名声，不愿意被别人说闲话，而孟子不会为了让天下人说他好话，就让母亲躺在一口薄薄的棺材里。在孟子看来，君子做事应该让自己心安，而不是为了名声好坏。

其实，儒家的很多规定和做法也都是让自己心安。比如有人问孔子为什么父母去世要为他们守孝三年，孔子回答说："汝心安乎？"意思是你要是心安的话，你就不用守孝三年，心不安，你就守三年。

后来孔子解释成"子生三年，然后免于父母之怀"。就是父母去世，我们守孝三年的原因，是你小时候三岁以前都是靠父母抱着的，所以我们守孝三年。这个和孟子说的"尽于人心"是一个道理，就是为了尽孝心，为了让自己心安。

这些礼数背后都有它的道理，所以孟子说厚葬母亲的事根本不是奢华与简朴的问题，而是能否让你心安。能让你心安，那你就应该去做。

现实生活里，我们尽心尽力做事，未必会得到他人认可。我们用自己的原则待人，依然会有人看不惯。每个人的生活准则不一样，很多事情也没有绝对的标准，都是见仁见智、因人而异。

所以，做事不要为了面子，也不要在意别人怎么说，而是应该追求心安。能让你心安的事情，去做就对了。回到开篇提到的精神内耗问题，当我们因为做某件事迟疑时，不妨想想孟子"尽于人心"的道理，或许就知道如何做了。

何为劝之哉：

懂得倾听别人说话的真实意图很重要

沈同以其私问曰："燕可伐与？"

孟子曰："可。子哙（kuài）不得与人燕，子之不得受燕于子哙。有仕①于此，而子悦之，不告于王而私与之吾子之禄爵，夫士也，亦无王命而私受之于子，则可乎？何以异于是？"

齐人伐燕。或问曰："劝齐伐燕，有诸？"

曰："未也。沈同问：'燕可伐与？'吾应之曰：'可。'彼然而伐之也。彼如曰：'孰可以伐之？'则将应之曰：'为天吏，则可以伐之。'今有杀人者，或问之曰：'人可杀与？'则将应之曰：'可。'彼如曰：'孰可以杀之？'则将应之曰：'为士师，则可以杀之。'今以燕伐燕，何为劝之哉？"

注释 | ① 仕，仕与士在先秦文献中常通用。

生活里，我们非常反感说话总是说一半留一半的行为，总觉得对方不够真诚和坦率。可事实上，任何一场沟通交流都是双方的事情，一个人喜欢说一半留一半，很可能是因为另一个人不会提问或者倾听。

孟子在回答别人的问题时，也把话说一半留一半，结果，别人听了他的半句话，还酿成了惨剧。

孟子也通过这个故事告诉我们，懂得倾听别人说话的真实意图很重要。

沈同是齐国的大臣，他私下里问孟子可以讨伐燕国吗？

当时燕王要实行君主禅让，把王位禅让给相国子之，要把自家的天下白白让给外人。此举立刻引起了宗室的不满，太子姬平更是坚决反对，和子之兵戎相见，结果引发内乱。

沈同就来问孟子是否可以讨伐燕国。

孟子说燕国可以讨伐，并给出了他的理由。他说，燕国国君子哙无权把一个国家随便给别人，相国子之也不能随便从别人手上把燕国接下来。打个比方，有一个人，你特别喜欢他，你根本没有向齐王汇报，就把你的爵位给了这个人，而这个人也没有得到正式任命就随便从你这儿接了印，这样能行吗？燕王把王位禅让给相国子之跟这有什么差别呢？

孟子打了个比方，告诉沈同，燕王把国君这么重要的职位当成私有财产，想给谁就给谁，这事做得不对，燕国可以被讨伐。

结果我们知道，齐国趁着燕国大乱，发兵侵略，仅用50天就灭了燕国。但齐国讨伐燕国的结果却很糟糕，齐国对燕国人不好，还把燕国的文物往齐国搬，导致燕国人造反，最后齐国还丢了很多城池。

齐国听了孟子的建议讨伐燕国却没有得到好结果，于是有人跑来质问孟子："是您劝齐国讨伐燕国的吧，有这回事吗？"意思是你说可以讨伐燕国，齐国照你说的去做了，结果却很惨，我得找你讨个说法。

我们看孟子是如何回应的。

孟子说，没有，我没劝齐国讨伐燕国。沈同问我燕国可以讨伐吗？我说可以。于是他们听完我的话，就去讨伐燕国了。假如沈同没那么着急，他再问一句谁能讨伐燕国呢？我就会告诉他，只有替天行道的军队才能讨伐别人。今天就算这儿有一个杀人犯，有人问我这个人可以杀掉吗，那我当然会说可以，但假如这个人问谁能杀掉这个杀人犯，那我会说得请司法机构出面，才能够杀掉他。

孟子又说，你们讨伐燕国的这些人，跟燕国的当政者水平差不多，这事儿是我劝的吗？孟子的意思是，我的确说了可以讨伐燕国，但我没说让齐国去讨伐，更没说让你们用破坏燕国的方式去讨伐。

面对质问，孟子说的这番话把自己的责任推得干干净净。孟子的话自然有道理，却也让人哭笑不得。他只是没把话说全而已，导致对方误解。两千年后的我们只能揣测，孟子当时应该是支持齐国讨伐燕国的，那为什么孟子没有把后半句话说出来呢？

我的理解有三点：一是孟子告诉沈同可以讨伐燕国，意思是先讨伐了再说吧，关键是看你讨伐之后怎么做，你要能把王道扩大，施行仁政，那么讨伐燕国这件事就是对的，因为结局是有向好的可能的，所以孟子告诉沈同可以讨伐燕国。只是没想到齐国对燕国人不好，导致燕国人开始造反，酿成惨剧。二是孟子觉得说了后半句也没用，因为他看到齐国已经厉兵秣马，准备好打仗了，所以就只说了前半句。三是孟子只说半句有不愿意承担责任之嫌。从逻辑上讲孟子这样说的确没错，但从道义上讲，我觉得孟子有点对不起齐宣王。齐宣王请孟子来，好吃好喝地供着，把他当老师，跟他商量事，孟子却明知道他犯错又不说，确实有不愿承担责任之嫌。但孟子认为这不是他的责任，他认为你应该再问清楚点。

我觉得，从道义上讲，你既然告诉对方能征讨，也要告诉对方怎么征讨才能有好结果。

当然，如果与人交流时，我们遇到喜欢说一半留一半的人，我们也可以通过追问的方式，直到把自己真正想要的内容问出来为止。

比如，你问单位同事，公积金可以提取吗？如果对方只回应你"可以提取"，而你还想知道具体应该怎么提取，那你可以接着询问对方："什么情况可以提取？去哪儿提取？需要带哪些证明吗？"

但其实站在回答者的角度我们也可以理解，他们之所以说一半留一半，只是不想给自己找太多麻烦。

这也给我们一个提醒，站在说者的角度，说半句话不失为一个好的规避责任的沟通方法；但站在听者的角度，别人给出的意见或者回应，我们也要斟酌着听和做。因为话说一半的人可能有他的意图，我们要善于聆听和揣测，最后到底怎么做，还是要自己做决定。

过则改之：
在不确定性中把事做成

　　燕人畔（pàn）。王曰："吾甚惭于孟子。"

　　陈贾（gǔ）曰："王无患焉。王自以为与周公孰仁且智？"

　　王曰："恶！是何言也！"

　　曰："周公使管叔监殷，管叔以殷畔。知而使之，是不仁也；不知而使之，是不智也。仁、智，周公未之尽也，而况于王乎？贾请见而解之。"

　　见孟子，问曰："周公何人也？"

　　曰："古圣人也。"

　　曰："使管叔监殷，管叔以殷畔也。有诸？"

　　曰："然。"

　　曰："周公知其将畔而使之与？"

　　曰："不知也。"

　　"然则圣人且有过与？"

　　曰："周公，弟也；管叔，兄也。周公之过，不亦宜乎！且古之君子，过则改之；今之君子，过则顺之。古之君子，其过也如日月之食，民皆见之；及其更也，民皆仰之。今之君子，岂徒顺之？又从为之辞。"

我们今天说的"键盘侠"是指那些在网上总说别人坏话的人，他们既不是当事人，也什么都没做，只会动动嘴去评判别人，我们都很讨厌这种人。

孟子那个时代虽然没有网络，但也不乏这样的人，我们看看孟子对待"键盘侠"是什么态度。

齐国占领燕国后，燕国人反叛。齐宣王就对周围的人讲，我不好意思见孟子，因为齐宣王没有听从孟子对燕国人施行仁政的建议，导致燕国大乱。

陈贾是齐宣王身边的一个小人，他来安慰齐宣王了。陈贾对齐宣王说，您不用担心，您觉得您和周公比起来，谁更仁义，谁更聪明呢？

齐宣王说，你这说的什么话，谁敢跟周公比？意思是，我跟周公没法比。可见，齐宣王的自尊水平是很低的。他一天到晚做自我批评，但从来不去改变。像齐宣王这样低自尊的人，容易没有自己的主见和想法，更容易被小人牵着鼻子走。

陈贾又接着对齐宣王说，周公让哥哥管叔去做殷国的监督，结果管叔却带领殷人叛乱。如果周公知道他的哥哥会叛乱，还派他去，那就是故意使坏，就是不仁；如果他不知道哥哥会叛乱而让他去，就是不智。仁和智，连周公都没有完全做到，齐宣王您都说了自己不如周公，那您做不到不是很正常吗？我去见孟子，跟他说说这件事。

为什么说陈贾是小人呢？一个忠臣知道齐宣王做错事了，可能会指出问题，避免以后再犯，但陈贾反而劝齐宣王不要自责，替他开脱。

陈贾一见到孟子就问，周公是什么样的人。孟子很淡定地说，周公是古代的圣人。陈贾就把周公让哥哥管叔去做殷国的监督，结果管叔却带领殷人叛乱的事说了一遍，问孟子有这回事吗？

孟子说，有。陈贾又问，周公知道哥哥管叔要反叛才派他去的吗？孟子说，不知道。

其实陈贾是在给孟子挖坑，打算让孟子承认周公不仁不智，这样就能替齐宣王的错误行为开脱了。

他进一步追问："然则圣人且有过与？"就连圣人也有犯错的时候吗？

孟子怎么回应的呢？孟子说，周公是弟弟，管叔是哥哥。弟弟派自己的哥哥去做这样的事，这没有什么问题。意思是，弟弟没有监督和教育哥哥的职责。而且周公犯了这样的错，立刻就改了。孟子说，古代的君子犯了错立刻就改，可现在居于高位的人，有了过错却将错就错。

"古之君子，其过也如日月之食，民皆见之；及其更也，民皆仰之。今之君子，岂徒顺之？又从为之辞。"

所以古代的君子犯了错，只要一改正，就像日食、月食，大家都能看得到。一旦改好了，老百姓更加尊敬他、仰望他。今天像齐宣王这样的统治者，又何止是将错就错呢？还有你这样的人，为他强词夺理地辩解。

孟子是将古人和今人做错事之后的态度和做法进行对比，讽刺齐宣王和陈贾，知错不改，还嘴硬狡辩。

在孟子看来，齐宣王错了，大胆地承认错误就好了。其实，一个人管理公司、治理国家，犯错是再正常不过的事。我们今天常说的一句话叫"多做多错，少做少错，不做不错"。不犯错的国君，说明他什么事都没做，反而不是好事。既然做错了，只要勇于承认，吸取教训，下次改正就好了。但是像陈贾这样的小人，拿周公出来跟齐宣王比，告诉齐宣王连周公都有犯错的时候，所以你犯错很正常，这才是把齐宣王给害了。孟子特别讨厌陈贾这种为上司辩解的小人。

陈贾这种人有他的一套逻辑，就是你要么不仁，要么不智，总有一个地方做得不对，我总可以抨击你。这就是小人常用的手法，所有事情都可以套用。

比如，两个人吵架，一个人说，你知不知道这件事对我不好？你说知道，那你就是坏；你说不知道，那你就是傻。如果你知道错还做了，那你就是故意的；如果你不知道会错，那你就是笨。总之他一定要想尽办法，找到你的缺点和错误。

我从孟子和陈贾的对话中可以得出三个结论：

其一，孟子非常讨厌陈贾这种不做事的小人。这种人不做事，却总是在事情结束之后，用上帝视角来看做事的人有没有过错。陈贾就像是今天的键盘侠，他们不做事，却永远用一套非常完美的逻辑表明做事的人要么坏，要么蠢。一个不做事的人，想要挑做事的人的毛病，百分之百可以找到，孟子是很痛恨这种人的。在日常生活里，我们也要远离这种人。

其二，孟子觉得陈贾的逻辑只对了一半，人皆有过没错，关键是面对过错的态度和做法。回避错误是不对的，应该正视自己的错误，并且加以改正。我觉得应该学习颜回"不迁怒，不贰过"的态度，通过复盘、反思，总结错误，不重犯错误，这才是重点。

其三，孟子并未彻底否定做错事的周公和齐宣王，周公和齐宣王就像是今天的管理者，他们面临不确定性，因为不确定，所以只能做了才知道结果。我觉得，齐王伐燕、周公让管叔监殷这两件事情中都有着大量的不确定性，他们不知道能否做好，却做好了失败的准备，愿意努力尝试、承担责任，历史正是被这些做事的人、勇敢尝试的人推动的。

我们要多给这些做事的人一些宽容，因为大家都会犯错，关键在于如何吸取教训，如何改正，这才是孟子真正想表达的。

有人乎缪公之侧：
职场上学会沟通是一件很重要的事

孟子致为臣而归。王就见孟子，曰："前日愿见而不可得，得待同朝，甚喜。今又弃寡人而归，不识可以继此而得见乎？"

对曰："不敢请耳，固所愿也。"

他日，王谓时子曰："我欲中国①而授孟子室，养弟子以万钟②，使诸大夫国人皆有所矜式③，子盍④为我言之？"

时子因陈子而以告孟子。陈子以时子之言告孟子。

孟子曰："然。夫时子恶（wū）知其不可也？如使予欲富，辞十万而受万，是为欲富乎？季孙曰：'异哉！子叔疑！使己为政，不用，则亦已矣，又使其子弟为卿。人亦孰不欲富贵？而独于富贵之中，有私龙（lǒng）断⑤焉。'古之为市也，以其所有，易其所无者，有司者治之耳。有贱丈夫焉，必求龙断而登之，以左右望而罔市利⑥。人皆以为贱，故从而征之。征商自此贱丈夫始矣。"

注释
① 中国：国都中间，即临淄城。
② 万钟：一钟为六石四斗，一万钟约为一年的俸禄。古今计量单位不同，古代一石约为今天的 0.1937 石，万钟约为 160 万斤。

③ 秩式：敬重和取法，犹示范。
④ 盍：何不。
⑤ 龙断：龙通垄，龙断即垄断。冈垄之断而高者，代指网罗市利。
⑥ 左右望而罔市利：站在市场高处，能看到各处的供需，以便囤积居奇。

孟子去齐，宿于昼①。有欲为王留行者，坐②而言。不应，隐几③而卧。

客不悦，曰："弟子齐（zhāi）宿④而后敢言，夫子卧而不听，请勿复敢见矣。"

曰："坐。我明语子。昔者鲁缪公⑤无人乎子思之侧，则不能安子思。泄柳、申详⑥，无人乎缪公之侧，则不能安其身。子为长者虑，而不及子思。子绝长者乎？长者绝子乎？"

注释
① 昼：古地名，在临淄西南，孟子返邹必经之地。
② 坐：东汉赵岐注：危坐。两膝着地，臀部坐在脚踝上，表示恭敬。后文中，孟子喊"坐"，是安坐，就是舒服地坐着。
③ 隐几：隐，依靠；几，矮桌。
④ 齐宿：齐同斋；斋宿，先一天斋戒，指古人在祭祀前沐浴更衣。
⑤ 鲁缪公：缪通穆。
⑥ 子思（孔伋）是孔子之孙，泄柳又名子柳，申详为子张之子，皆为鲁国贤人。

无论在职场上还是生活中，我们都要与人沟通。而很多人碍于面子或者关系程度，未必会说出自己内心的真实想法，这可能会无形中给人与人相处或者做事增加障碍。本篇，孟子告诉我们，职场上懂得沟通是一件很重要的事，并且教给我们一个很好的沟通方法。

孟子辞职，要离开齐国。齐宣王到孟子家去看他，说"您来之前，我特别想见您，您来了以后，我们同朝做事，特别高兴。今天您抛弃了我，回家去了，不知道以后还有没有机会再见到您。"

孟子回答说："我也很想跟您见面，但我不能随便提这样的要求。"

两个人的对话挺客气，有点像今天公司里有人辞职了，领导和下属之间的客套寒暄。但孟子真的想和齐宣王见面吗？看看下文就知道了。

他日，齐宣王对大夫时子说，我在咱们的国都给孟子一幢房子，让他办学，一年给他一百六十万斤粮食，让诸位大夫和百姓都有一个学习的榜样，你能不能帮我去说说看呢？

齐宣王的意思是，孟子不想在齐国当官，我可以办个孟子大学，以此留下孟子。但齐宣王见孟子时只顾寒暄，没有说出真正想说的话，最后还是托人帮自己传话。

时子并没有直接找孟子，而是又托了陈子，也就是孟子的学生陈臻。于是，陈臻就跑来跟孟子说了。

孟子曰："然。夫时子恶知其不可也？如使予欲富，辞十万而受万，是为欲富乎？"

孟子说，我知道了，但时子怎么知道这事做不得呢？

时子并没有说过这事做不成，那孟子为什么这么说呢？

我个人猜测，孟子觉得如果时子认为这事能做，他就会自己来跟孟子好好讨论这件事。时子明显觉得孟子去意已决，这事肯定做不成，所以才不愿意自己来说，而是让孟子的学生陈臻传话，所以孟子感觉到，时子其实并不看好这件事。

孟子接着说，我如果真的在乎钱，我辞掉了十万钟粟的俸禄，去接纳一万钟粟的事，这种事我能干吗？十万钟粟应该是孟子在齐国多年以来所受的俸禄的总和。显然，孟子辞官离开齐国，也不接受齐宣王的办学邀请，并不是为了钱。

接下来，孟子又引用一个叫季孙的人说的一大段话。"季孙曰：'异哉！子叔疑！使己为政，不用，则亦已矣，又使其子弟为卿。人亦孰不欲富贵？而独于富贵之中，有私龙断焉。'"这位季孙曾经说过：子叔疑这个人真奇怪，他自己做官，别人不用他，他又让自己的儿子、弟弟出来当官。"垄"就是拱起来的山梁，"垄断"这个词的出处就在这里。季孙说，人人都想赚钱，都想过上好日子，可他既想要富贵又想垄断市场。

孟子又进一步说："古之为市也，以其所有，易其所无者，有司者治之耳。有贱丈夫焉，必求龙断而登之，以左右望而罔市利。"古代为什么会自然形成集市？集市的目的是"以其所有，易其所无"，然后由市场管理部门来负责维持市场秩序。就是我善于做鞋子，我拿我做的鞋子去换粮食；我善于做篱笆，我用我做的篱笆去换鞋子。每个人都这么做，就能维持集市的正常状态。可有一个卑鄙的人，在集市上跑到高处，哪边有什么信息他都知道，想把所有的好处都占了。

在孟子看来，赚钱要适可而止，不能为了获取暴利去垄断市场，把所有的钱都装进自己的腰包。孟子对这样的人持什么态度呢？"人皆以为贱，故从而征之。征商自此贱丈夫始矣。"

这个"征之"，有征讨他、骂他的意思，也有抽税的意思。大家都认为这个人很贱，大家都骂他，或者向他收税。对应的"征商"我觉得也可以有两个理解：一个理解是，大家不喜欢商人，口诛笔伐他们。另一个理解是，向商人征税，就是从这个贱人开始的。

孟子觉得子叔疑和垄断市场的人一样可恶。两种人都是垄断，本质上没有区别。

我的理解是，孟子说这话的真正目的是想表达，齐宣王如果把我留在临淄城中，就是想垄断我的学术，那和子叔疑以及垄断市场的人没什么区别。

孟子也不想被垄断。齐宣王是真想把孟子留在齐国，但孟子只是客套，他已下决心离开齐国。

孟子到齐国为官根本不是为了找一份工作，也不是为了赚钱，他是为了能推行王政、仁政，他希望能找到那个真正施行王政的君主。他本来以为齐宣王可能是那样的君主，但后来证明齐宣王不是，所以他要走。

到这里，孟子终于和学生陈臻说出了自己离开齐国的真实原因。设想一下，陈臻一定会把孟子的真实想法告诉时子，时子自然会告诉齐宣王，齐宣王就知道孟子的真实意思了。但这事还没结束，齐宣王又派人当说客，想留住孟子。

"孟子去齐，宿于昼。有欲为王留行者，坐而言。不应，隐几而卧。客不悦，曰：'弟子齐宿而后敢言，夫子卧而不听，请勿复敢见矣。'"孟子离开齐国，刚刚出临淄城，就在昼这个地方住下来了。这时有一个人想帮齐宣王留住孟子。他来到孟子住的旅馆，正襟危坐，可孟子却不说话，还靠在一张矮桌上，显得不太恭敬。这个说客不高兴了，他对孟子说，我来见您之前，斋戒了一晚上，才敢来跟您说话，我是很认真的，夫子您竟然躺在这儿假装睡觉不听我说话，以后我不敢再见您了。

在我看来，孟子是有点不尊重他人。孟子是如何回答的呢？

孟子说："坐。我明语子。昔者鲁缪公无人乎子思之侧，则不能安子思。泄柳、申详，无人乎缪公之侧，则不能安其身。子为长者虑，而不及子思。子绝长者乎？长者绝子乎？"孟子让那个人安坐，也就是把腿稍微分开一点，坐在地上，这样可以舒服点。

孟子接着说，我跟你把话说明了，如果鲁缪公没有安排人服侍子思，没有人做鲁缪公和子思之间沟通的桥梁，就不可能让子思安心做鲁缪公的顾问。像泄柳和申详这样的人，他们虽然也很不错，如果没有人帮他们在鲁缪公面前沟通、说话，他们也没法在朝廷上安身立命。你说你是在为我考虑，希望我留在齐国，结果我连子思这个待遇都得不到，这是你对我不礼貌，还是我对你不礼貌呢？

在孟子看来，子思是孔子的孙子，又是曾子的学生，名气很大，可以周游列国。鲁缪公为了留住他，在他身边安排了很多人照顾子思，并在中间传话，子思才愿意跟鲁缪公合作。而泄柳和申详虽然比不上子思的名气，但也有人帮他们在鲁缪公面前沟通、说话，这样他们就能在朝廷上安身立命。现在，我不跟你说话，你觉得我怠慢你了，但是你想把我留下来，却根本没有考虑到我的需求。

孟子认为自己应该得到子思的待遇，让齐宣王在自己身边安排人专门负责传递信息，这样他才能够像子思一样好好地待在齐国。可见，孟子不愿意在齐国待下去最本质的原因是他觉得待遇不够，不是钱上的待遇不够，而是受尊重的程度不够。

齐宣王先后派了两个人和孟子沟通，终于明白了孟子离开齐国的真正原因，也让我们看到学会沟通的重要性。

虽然齐宣王没能留住孟子，但他派人找孟子沟通，知道了孟子的真实意图，这是值得我们学习的。

这件事挺有意思，有点像今天我们和领导沟通。你可能听领导说了一番话，但不太能理解领导的意图，然后你会问问自己的同事，或者再托资深的老员工侧面了解一下领导的意思，这样你就能很好地去执行，不至于会错意、做错事。

同样，作为底层员工，我们可能不太被公司高层注意，如果有部门领导或者其他同事帮你，由他们在公司高层面前提到你，就会增加你的曝光度，让领导认识你。

我讲过一本书叫《权力：为什么只为某些人所拥有》，是斯坦福大学几个人力资源专家写的。书中说，并不是只要把活干好就一定能够获得权力。权力有它的运作机制，你一定要想办法让你的领导知道你在做些什么，而且你也得想尽办法知道领导此刻想要完成的事是什么。

这不是厚黑学,而是一个组织能够高效地朝着同一个方向前进的必备要素。所以大家在公司里工作,一定要"有人乎缪公之侧",这是孟子对齐宣王的诉求,也是我们能够做到的有效沟通的方法。

君子不怨天，不尤人：
不因他人言论，轻易放弃梦想

孟子去齐。尹士语人曰："不识王之不可以为汤、武，则是不明也；识其不可，然且至，则是干（gān）泽①也。千里而见王，不遇故去，三宿而后出昼，是何濡滞②也？士则兹不悦③。"

高子以告。

曰："夫尹士恶知予哉？千里而见王，是予所欲也。不遇故去，岂予所欲哉？予不得已也。予三宿而出昼，于予心犹以为速，王庶几④改之。王如改诸，则必反予。夫出昼而王不予追也，予然后浩然⑤有归志。予虽然，岂舍王哉？王由足用⑥为善。王如用予，则岂徒齐民安，天下之民举安。王庶几改之，予日望之。予岂若是小丈夫然哉？谏于其君而不受，则怒，悻悻（kēng）然⑦见（xiàn）于其面。去则穷日之力而后宿哉？"

尹士闻之，曰："士诚小人也。"

注释 | ① 干泽：东汉赵岐：干，求也；泽，禄也。所以"干饭"的"干"，应该读gān。
② 濡滞：拖泥带水，现代口语，"面"。

③ 兹不悦：倒装，即不悦兹，对此不满。
④ 庶几：副词，表希望。
⑤ 浩然：朱熹：如水流之不止。
⑥ 由足用：由同犹；足用，足以。
⑦ 悻悻然：为气量狭小之貌。《论语》有"硁硁然小人哉"。悻通硁。

孟子去齐，充虞路问曰："夫子若有不豫色然。前日虞闻诸夫子曰：'君子不怨天，不尤人①。'"

曰："彼一时，此一时也②。五百年必有王者兴，其间必有名（míng）世③者。由周而来，七百有余岁矣。以其数，则过矣；以其时考之，则可矣。夫天未欲平治天下也，如欲平治天下，当今之世，舍我其谁也？吾何为不豫哉？"

注释
① 君子不怨天，不尤人：见于《论语》，为孔子自述。
② 彼一时，是教学时要告诉学生基本的道理；此一时，是考虑天下百姓的福祉。
③ 名世：名通命，名世者，即命世者，王佐之才。《三国志·魏书·武帝纪》载，曹操没发达前，东汉太尉桥玄对他说："天下将乱，非命世之才不能济也。"

孟子去齐，居休①。公孙丑问曰："仕而不受禄，古之道乎？"

曰："非也。于崇，吾得见王。退而有去志，不欲变，故不受也。继而有师命②，不可以请。久于齐，非我志也。"

注释
① 休：地名，今滕州北十五里，距孟子家约百里。
② 师命：师旅之命，即战争。

每个人都有梦想，在追求梦想的过程中，我们会遇到很多挑战和困难，其中有一项就是身边人的不理解和质疑。有的人因此中途放弃，有的人则默默坚持到底。

孟子的梦想是说服一些国家的王，让他们施行仁政，解除国家的危机。孟子的梦想也曾遭到质疑，那么孟子是怎么做的呢？这一节我们可以看到孟子面对质疑的做法。

孟子去齐国劝齐宣王推行仁政，但是齐宣王根本听不进去，所以孟子准备离开齐国。

孟子离开齐国，有一个齐国人叫尹士，他就对别人说："不识王之不可以为汤、武，则是不明也；识其不可，然且至，则是干泽也。"键盘侠的逻辑又出现了。尹士说，孟子如果不知道咱们的齐宣王根本不是汤、武之材，那是他糊涂，白花这么大力气辅佐齐宣王。如果孟子知道齐宣王就不是这块料，还要来，那他来我们这儿就是为了挣钱。

"千里而见王，不遇故去，三宿而后出昼，是何濡滞也？士则兹不悦。"跑了这么远的路，过来见了咱们的王，发现不受尊重，立刻就走了。走了又在昼这个地方待了三个晚上，为什么要这样拖拖拉拉呢？我就不喜欢这样。

孟子的弟子高子把尹士的话告诉了孟子，孟子说："夫尹士恶知予哉？"那尹士哪能理解我呢？

然后他对高子解释了自己为什么要走，他说："千里而见王，是予所欲也。不遇故去，岂予所欲哉？予不得已也。"跑那么远来见齐宣王，是我自愿来的，我之前都没有见过他，我凭什么能判断这个人是不是汤、武之材，这不是可笑吗？来了之后齐宣王不愿意听从我说的仁政，这难道是我希望看到的吗？我是不得已才走的。

接着孟子又解释了自己为什么在边境滞留了三天才走，他说，我在昼这个地方待了三个晚上才离开齐国，以我的内心来讲，我觉得还是走得太快了点。我还抱着一种幻想，万一齐宣王改变态度了呢？如果他改变态度，就一定会来召我返回。

孟子确实恋恋不舍，但是让他不舍的不是官位富贵，而是实现梦想的可能，万一齐宣王改变主意呢？所以我要多待几天。

孟子在昼待了三天，齐宣王没有来追他，所以他就毅然离开了。

即使这样，他也没有放弃梦想，没有放弃齐宣王，他说："予虽然，岂舍王哉！"即便这样，我难道就要舍弃齐宣王吗？

孟子用的是反问，意思是即便是这样，他也不会舍弃齐宣王。他说，齐宣王仍然足以推行仁政，如果他能够幡然醒悟，真心采纳我的建议，不光齐国的百姓得享太平，天下的百姓都将得享太平。孟子从来没有放弃自己的梦想，他每天都在盼望，齐宣王说不定哪天就突然改了。

孟子在最后还反问高子，他说："予岂若是小丈夫然哉？谏于其君而不受，则怒，悻悻然见于其面，去则穷日之力而后宿哉？"难道我非要像那些小肚鸡肠的人一样，向齐宣王进谏，他不接受，我就生闷气，失望不满全写在脸上，一旦离开，就跑得筋疲力尽才肯歇脚吗？

范增离开霸王项羽时就是这样，跟项羽说的话，项羽都不信，他就走了，就算之前那么好的感情，也一走不回头，后来背疮发作而死。你想他气到什么程度！

孟子把自己的名誉置之度外，他说像尹士这种说风凉话的人，我没法儿跟他们一个一个地打交道，他们说我好不好不重要，最重要的是安天下，齐宣王有机会安天下，所以我不会轻易放弃这个机会。我不是负气而走，我是希望我的走能够警醒他。他要施行仁政，派人来接我，我还是会回去的。

有人把孟子说的这些话转达给了尹士，尹士听完之后说："我尹士真是个小人哪！"

当然，他对孟子的评价是否改变，孟子并不在乎，他离开昼之后继续往回走，在路上，他的弟子充虞问他：老师怎么看起来有点不高兴呢？以前您跟我们说过君子要不抱怨天，不责怪人。

孟子回答他说："彼一时，此一时也。五百年必有王者兴，其间必有名世者。"以前是以前，现在是现在，时代演进是有时间节点的，每五百年必会出现像尧、舜、禹、汤那样的圣君，其间还会有能够改变历史潮流的大臣出现。

孟子为什么坚信马上会有圣君出现呢？因为从周公算起，到现在都七百多年了，按照这个算法应该有一位圣君出现了。以今天群雄争霸的状况来看，也该出现圣君了。

孟子其实并没有不高兴，他只是惆怅自己的抱负无法施展。他认为除非上苍还没想让天下太平，否则，当今这个时代，除了他还有谁能担当得起这个重任呢？

舍我其谁？孟子哪来那么大的自信呢？因为他以天下为己任，已经做好了辅佐圣君的一切准备，只等一位圣君出现。上一个同样自信的人是孔子，《论语》中他多次说，那些人想要害我，他们不可能得逞，因为我是带有天命的人。

像孔子、孟子这样的人，他们都是把安天下作为自己的使命，用尽毕生精力去寻求安天下的方法。如果你能一生只做一件事，相信你也会把这件事做到极致，也会拥有和他们一样的自信。

孟子离开齐国来到休地，这个地方距离孟子的家乡只有一百里，距离齐国已经很远了。在这里，孟子的弟子公孙丑问他："仕而不受禄，古之道乎？"您在齐国做事，但是不接受他的俸禄，这是自古以来就有的道理吗？

孟子回答说："并不是这样的，我在崇见到了齐王，回去就有离开的想法了，所以不接受俸禄。后来，齐国起了战事，这时候离开有点不仗义，但是长久滞留在齐国，并不是我的本意。"

公孙丑不明白的是什么呢？他觉得，你在齐国待了这么长时间，又不领工资，图啥呢？孟子向他解释说，其实我在崇这个地方跟齐宣王见完面以后，就已经决定不留在那儿了。

崇地是个转折点，孟子认为齐宣王不可能改正，那时候就打算走了。但是因为爆发了战争，所以拖延到了今天，这不是钱的问题。弟子们经常考虑收入，但孟子考虑的是理想。

孟子的理想从来没有变过，不管别人说什么、别人怎么议论他，他都不放在心上。他深知，理想的追求从来都不会一帆风顺，但正是那些阻挠和困难，更加坚定了他前进的步伐。无论他人如何质疑嘲讽，孟子从未动摇过自己的理想信念。这种对理想信念的执着，正是我们应该向孟子学习的。

滕文公

上

圣人必可学而至：
别人能做到的，你也一样可以做到

　　滕文公为世子，将之楚，过宋①而见孟子。孟子道性善，言必称尧、舜。

　　世子自楚反，复见孟子。孟子曰："世子疑吾言乎？夫道一而已矣。成覸（jiàn）②谓齐景公曰：'彼丈夫也，我丈夫也，吾何畏彼哉？'颜渊曰：'舜何？人也。予何？人也。有为者亦若是。'公明仪曰：'文王我师也，周公岂欺我哉？'今滕，绝长补短将五十里也，犹可以为善国。《书》曰：'若药不瞑眩，厥疾不瘳（chōu）。'"

注释　① 当时宋国已将都城从商丘迁往彭城（徐州），彭城是从滕国去楚国的必经之路。
　　　② 成覸：齐国勇士，事迹见《淮南子》《战国策》《汉书》，他口中的"彼"是指角力的对手。

　　我经常能听到有人抱怨说："你有天分，你条件好，所以你能成功，我就不行了，我跟你比不了啊！"

其实并不是他们做不到，而是他们不愿意去做，缺乏做的勇气。

著名心理学家阿德勒曾经说过：任何人都可以做到任何事。孟子也说过类似的话，孟子和滕文公的这段对话，就是关于这个话题的。

在滕文公还是储君的时候，有次要去楚国，路过宋国的时候，他去拜见了孟子。孟子当时跟他讲了人性本善的思想，张口闭口都是尧、舜的交流方式，滕文公觉得很难理解。

滕文公有一点值得我们学习，就是没理解的时候他也没有轻易否定，更没有直接放弃，而是在返程的时候又去拜见孟子，想弄清楚。

孟子问："世子疑吾言乎？"意思就是你是不是对我所讲的东西有所怀疑呢？为什么孟子会这样问？因为滕文公去了楚国，见到了一个行霸道的国家是什么状态。那时各国都在追求富国强兵，想靠实力说话，滕文公作为滕国的太子，也想让自己的国家强大，所以孟子问了这个问题。

孟子说："夫道一而已矣。"天下的道啊，其实就是一件事。接下来孟子举了两个例子，来说明这个道理。

第一个是齐国的勇士成覸。成覸要跟人决斗，齐景公很担心，就问他你行不行呀？成覸回答齐景公说："彼丈夫也，我丈夫也，吾何畏彼哉？"意思就是：他是一个人，我也是一个人，有什么好怕的！

这是勇士的说法，孟子想通过这个例子告诉滕文公，要有做的勇气。

第二个例子是颜渊说的话。颜渊是孔子的弟子，是学习圣贤的楷模，他一直以舜为榜样，他说："舜何？人也。予何？人也。有为者亦若是。"意思就是舜是一个人，我也是一个人，有能力、有作为的人都可以像舜一样。颜渊认为，既然自己和舜都是一样的人，舜能做到的事情，他也可以做到。

这是圣贤的例子，孟子想通过这个例子告诉滕文公，要善于立志，用圣人的标准来要求自己。

人人皆可以成为尧舜，人人也都可以成为圣贤，只要你有成功的志向，有敢于行动的勇气，别人可以做到的，你通过努力一样可以做到，不要妄自菲薄，而是要自立自强！

孟子继续鼓励滕文公，说："今滕，绝长补短将五十里也。"滕太小了，而且地盘又不规整，你把滕国取长补短地拼一拼，差不多只有方圆五十里。"犹可以为善国"，方圆五十里大的一个国家，也可以治理成一个很好的国家。

孟子为什么要给滕文公讲这个呢？

他是在给滕文公打气，你看跟别人决斗的成䀒，为什么那么有勇气？颜渊为什么有那么大的志向？他们坚信的就是别人也是人，我也是人，他们能做得到，我也一定能做得到。

鼓励完滕文公后，孟子说："《书》曰：'若药不瞑眩，厥疾不瘳。'"《尚书》说，如果药物不能使人头昏眼花，那么这个病是治不好的。攻城略地从表面上看是没有问题的，但是要想为善国、行仁政，让你的滕国逐渐变成一个了不起的国家，一定要用猛药。

孟子之所以跟滕文公讲这些，是希望滕文公知道"彼何人哉，我何人哉"，别人能够做到的事情，你也可以做到。

这让我想到了心学大家王阳明见娄谅的场景。

王阳明在见到娄谅之前，一直没有什么志向，学了很多东西但中途都放弃了，直到十八岁的时候，在江西遇到大儒娄谅。娄谅的一句话，改变了王阳明的命运，并让他受益终生，这句话就是"圣人必可学而至"。

你也是一个人，孔子也是一个人，孟子也是一个人，圣人跟你一样都是人，那么他们所具备的能力，你通过学习也一样可以做到。

从这之后，王阳明才立志超凡入圣，最终取得的成果不输孔、孟。

虽然有些人确实是有天分的，在某些方面比别人更轻松一些，但是如果你认为只有有天分的人才能成功，那么你可能这辈子都成功不了。

爱迪生曾经说过：成功靠的是 1% 的天赋和 99% 的汗水。即使你天赋异禀，不努力也是徒劳；即使你天赋平平，但是只要足够努力，也可以离成功更近一些。

成功的人是人，我们也是人，那些成功的人在成功之前，也和我们一样普通。而他们之所以成功了，是因为他们敢于去做、愿意去做，且相信自己通过努力可以做到。

既然如此，他们能做到的，我们为什么不能做到呢？

有些人总是妄自菲薄，认为自己天生就不是干某件事的料，结果随随便便就选择了放弃。其实只要敢于尝试，愿意努力，就会像孟子说的那样，别人能做到的事情，你同样能做到。

草尚之风必偃：
想要别人做什么，自己要先做好表率

滕定公薨。世子谓然友①曰："昔者孟子尝与我言于宋，于心终不忘。今也不幸至于大故②，吾欲使子问于孟子，然后行事。"

然友之邹问于孟子。

孟子曰："不亦善乎！亲丧（sāng）固所自尽也。曾子曰：'生，事之以礼；死，葬之以礼，祭之以礼，可谓孝矣。'诸侯之礼，吾未之学也，虽然，吾尝闻之矣。三年之丧，齐（zī）疏之服，飦（zhān）粥之食③，自天子达于庶人，三代共之。"

然友反命，定为三年之丧。父兄百官皆不欲，曰："吾宗国鲁先君莫之行，吾先君亦莫之行也，至于子之身而反之，不可。且《志》曰：'丧祭从先祖。'曰：'吾有所受之也④。'"

谓然友曰："吾他日未尝学问，好驰马试剑。今也父兄百官不我足也，恐其⑤不能尽于大事，子为我问孟子。"

滕文公上

然友复之邹问孟子。

孟子曰:"然。不可以他求者也。孔子曰:'君薨,听于冢宰。歠(chuò)粥,面深墨⑥,即位而哭,百官有司莫敢不哀,先之也。'上有好者,下必有甚焉者矣。'君子之德,风也;小人之德,草也。草尚之风,必偃。'是在世子。"

然友反命。

世子曰:"然,是诚在我。"

五月居庐⑦,未有命戒。百官族人可,谓曰知(zhì)。及至葬,四方来观之,颜色之戚,哭泣之哀,吊者大悦。

注释
① 然友:东汉赵岐注:太子的师傅。
② 大故:东汉赵岐注:谓大丧也。按今天的话说,重大事故。国家有了重大自然灾害,古人也用大故来指代。
③ 三年之丧,齐疏之服,飦粥之食:按儒家说法,上古行三年之丧,子对父母,臣对君,都要守孝三年。齐疏之服,指丧服。齐同缉,缝衣边;疏,粗的意思。穿缝了衣边的粗布衣裳。更重的丧服是斩衰(cuī),粗布衣服不缝边。飦粥之食:飦同馆,稠(粥),"厚曰馆,稀曰粥"。
④ 吾有所受之也:按赵岐注,意思是有所继承、不能擅自更改。
⑤ 其:一说是世子自指,一说是指父兄百官,都通。
⑥ 歠粥,面深墨:歠,《说文解字》,饮也。深墨,赵岐注:深,甚也;墨,黑也。
⑦ 五月居庐:庐又称"凶庐",是服丧期间所居的简陋丧宅。古代诸侯去世,要筹划五月才可安葬,计各同盟国可以派人前来观礼。在安葬之前,孝子须住在凶庐。

很多管理者抱怨下属不好管,其实真正的原因可能是自己没有做到位。作为上位者,是下面的人效仿的榜样,如果上位者品德高尚并且做得很好,下面的人自然也不会太差,反之,上位者如果行为不端,下面的人自然也会效仿。

滕文公的父亲滕定公去世后,他说的话大臣都不听,于是他请教孟子应该如何做，孟子就此事给了他一些建议，核心就是想要下面的人怎么做，上位者要先做好榜样。

滕定公去世后，滕文公对他的老师然友说："昔者孟子尝与我言于宋，于心终不忘。"孟子之前和我在宋国聊过天，我一直没有忘记他，今天我们遇到这样大的事，我想请您去问问孟子我应该怎么处理，然后再做。

然友就到邹地去找孟子，孟子很高兴，他对滕文公能派人来请教他感到很欣慰。

孟子说："亲丧固所自尽也。"父母去世了，本来就应该尽自己的心，尽心是很重要的。"曾子曰：'生，事之以礼；死，葬之以礼，祭之以礼，可谓孝矣。'"这是《论语》中的一段话，意思是"父母健在的时候，以礼去侍奉他们；他们去世后，以礼去安葬他们，之后再以礼去祭祀他们，这就是尽到孝心了"。

"诸侯之礼，吾未之学也，虽然，吾尝闻之矣。"孟子接着说，我是一个平民，没有学过诸侯丧葬之礼，但是我曾听说过。"三年之丧，齐疏之服，飦粥之食，自天子达于庶人，三代共之。"从天子到老百姓，都实行三年的丧礼，穿粗布缝边的孝服，吃稀粥，夏、商、周三代都是这样。然友回国后将孟子的话传达给滕文公，滕文公便决定行三年的丧礼。

然而滕文公的决定执行得并不顺利，因为百官都不愿意，他们说："吾宗国鲁先君莫之行，吾先君亦莫之行也，至于子之身而反之，不可。且《志》曰：'丧祭从先祖。'曰：'吾有所受之也。'"我们的宗主国鲁国都没有这样做过，我国的历代君王也没有这样做过，到你这儿却不按他们的做法办，这是不行的。而且《志》上说，丧礼祭礼一律依照祖宗成法。这样我们就可以说，这是我们继承下来的，是有法可依的。

滕文公便对然友说："吾他日未尝学问，好驰马试剑。今也父兄百官不我足也，恐其不能尽于大事，子为我问孟子。"我过去不曾好好研究学问，只喜欢跑马弄剑。现在百官对我不满意，我觉得丧事恐怕办不好，麻烦你再帮我去问问孟子。"

然友又到邹地去问孟子了。孟子说："然。不可以他求者也。"他们说得对，这个事你不能求别人，这是你自己的事。"孔子曰：'君薨，听于冢宰。歠粥，面深墨，即位而哭，百官有司莫敢不哀，先之也。'"孔子说，君主去世，太子要把朝政交给宰相处理，自己每天只能喝粥，面色要悲伤。一到灵前就哭泣，大小官吏没有人敢不悲哀，这是因为太子做好了表率。

"上有好者，下必有甚焉者矣。"你倡导什么，底下的人一定会努力地朝这个方向做得更多。"君子之德，风也；小人之德，草也。草尚之风，必偃。"这是孔子的名言，君子的德行像风一样，小人的德行像草一样，草是跟着风运动的。

孟子最后总结说："是在世子。"这事完全就在于世子本人，别人说多了也没用。然友回来把孟子的话告诉给了滕文公。

滕文公说："然，是诚在我。"对，这件事真的取决于我。于是滕文公"五月居庐，未有命戒"。他在临时搭建的简陋屋子里住了五个月，不曾颁布过任何命令和禁令。

"百官族人可，谓曰知。"百官族人都对他的行为表示赞赏，认为他很知礼。"及至葬，四方来观之，颜色之戚，哭泣之哀，吊者大悦。"等到葬礼这一天，四面八方的人都来观礼，世子悲戚的表情、哀痛的哭泣，使来吊丧的人都很满意。

孟子并不是让滕文公在丧礼上表演，而是告诉他只要自己用心去做，别人一定会看到并认可的。

国君的行为影响着大臣和百姓的行为，只要国君的德行够端正，他的行为就像风一样，会无声无息地刮到全国的每一个角落，感染和影响着他的子民。在这样的情境下，国君不需要下达任何命令，人们也会纷纷效仿。

这样的道理同样适用于企业管理和家庭育儿方面。"其身正，不令而行"，上位者只要管理好自己的行为，做好榜样，下面的人自然会潜移默化地受到影响。

民事不可缓：
仁君理应把百姓摆在第一位

滕文公问为国。

孟子曰："民事不可缓也。《诗》云：'昼尔于茅，宵尔索绹；亟其乘屋，其始播百谷。'① 民之为道也，有恒产者有恒心，无恒产者无恒心。苟无恒心，放辟（bì）邪侈，无不为已。及陷乎罪，然后从而刑之，是罔民也。焉有仁人在位罔民而可为也？是故贤君必恭俭礼下，取于民有制。阳虎②曰：'为富不仁矣，为仁不富矣。'

"夏后氏五十而贡，殷人七十而助，周人百亩而彻③，其实皆什一也。彻者，彻也；助者，藉也④。龙子曰：'治地莫善于助，莫不善于贡。'贡者，挍（jiào）数岁之中以为常⑤。乐岁，粒米狼戾⑥，多取之而不为虐，则寡取之；凶年，粪其田而不足，则必取盈焉。为民父母，使民盻盻（xì xì）然⑦，将终岁勤动，不得以养其父母，又称贷而益之。使老稚转乎沟壑，恶在其为民父母也？'夫世禄，滕固行之矣。《诗》云：'雨（yù）我公田，遂及我私。'惟助为有公田。由此观之，虽周亦助也。

"设为庠序学校以教之。庠者,养也;校者,教也;序者,射也⑧。夏曰校,殷曰序,周曰庠,学则三代共之,皆所以明人伦也。人伦明于上,小民亲于下。有王者起,必来取法,是为王者师也。《诗》云:'周虽旧邦,其命惟新。'文王之谓也。子力行之,亦以新子之国!"

注释

① 这句话出自《诗经·国风·豳风·七月》。于:往,去。茅:用作动词,割取茅草。索绹:绞合绳索。乘屋:修盖房屋。亟:急。
② 阳虎:又作阳货,春秋末鲁国大夫季氏的家臣。
③ 五十而贡:据赵岐注,指民耕种土地五十亩,将其中五亩的收成作为赋税上交。贡是夏代的税法。七十而助:指民耕种土地七十亩,其中七亩为公田,其收成作为赋税上交。助是商代的税法。百亩而彻:指民耕种土地百亩,抽取其中十亩的收成作为赋税上交。彻是周代的税法。
④ 彻者,彻也:前一个"彻"是指彻法,后一个"彻"是抽取的意思,是说抽取一定土地的收成作为赋税。助者,藉也:助是一种劳役税,是借助民力来耕种公田。藉同借。
⑤ 挍数岁之中以为常:贡法是比较若干年的收成,取平均数作为常数。挍同校,比较。
⑥ 粒米狼戾:谓散乱堆积。《尚书》,"蒸民乃粒",粒,谷食。狼戾,赵岐注:犹狼藉也。
⑦ 盻盻然:赵岐注:勤劳辛苦貌。一说,恨视貌,就是眼睛睁不开的样子。
⑧ 庠者,养也;校者,教也;序者,射也:庠、序、校,为地方学校的名称。射与绎,古字通,《尔雅》,绎,陈也。射也,陈列而宣示之。

使毕战问井地①。

孟子曰:"子之君将行仁政,选择而使子,子必勉之!夫仁政,必自经界始。经界不正,井地不钧,谷禄不平②,是故暴君污吏必慢其经界。经界既正,分田制禄可坐而定也。

"夫滕壤地褊小,将为君子焉,将为野人③焉。无君子,莫治野人;无野人,莫养君子。请野九一而助,国中什一使自赋。卿以下必有圭田④,圭田五十亩,余夫⑤二十五亩。死徙无出乡,乡田同井,出入相友,守望相助,疾病相扶持,则百姓亲睦。方里而井,井九百亩,其中为公田。八家皆私百亩，同养公田。公事毕，然后敢治私事，所以别野人也。此其大略也，若夫润泽之，则在君与子矣。"

注释
① 井地：即井田。
② 经界：土地、疆域的分界，赵岐注：经亦界也。经界为同义复合词，一说划分疆界。钧同均，古字通用。谷禄，同义复合词，古人以谷为俸禄，谷也有禄意。
③ 野人：与住在城里的国人相对，春秋及之前，指不享有政治权利、不用服兵役的农民。此处与君子相对，泛指劳力者，即从事生产、耕作的人。
④ 圭田：据赵岐注，指从卿以下到士所受的土地，一般为五十亩，供祭祀之用。圭为洁，洁白。表示士因洁白操守而受此田。
⑤ 余夫：据赵岐注，指一家之中，除一位成年劳动力外，其余老少尚可以从事劳动的人。他们也可以享有一定的土地，一般为二十五亩。

随着我们对《孟子》的深入解读，我们越来越了解孟子是一个什么样的人。作为中国古代最伟大的思想家之一，孟子思想影响了千百年来的中国文化和哲学。在孟子的著作中，有很多思想精华，其中最具孟子特色的就是仁政。他尤其主张民贵君轻，认为百姓的重要性高于一切，提倡统治者要施行仁政，所以只要有君王跟孟子探讨治国之事，孟子都会把自己的这个理念传达给君王。

滕文公向孟子请教如何治国，孟子说，治理国家要把百姓放在心上，对老百姓的事不能怠慢。孟子还引用《诗经》中的描述给滕文公解释。《诗经》中说，百姓白天要割茅草，晚上要搓草绳，还要抽时间修屋顶，然后按照节气播种五谷。百姓过日子很重要的一点就是顺应天时，播种耕耘。

我们观察百姓的生活，会发现一个规律，那些有固定产业的人，都有自己的原则，他们更能坚持打理自己的事务。而那些没有固定营生的人，就很随意，没什么原则，做事也不长久。这种没有原则的人，容易违法乱纪，胡作非为。等他们犯了罪，国家就处罚他们，这种做法等于陷害。为什么这么说呢？孟子的解释是，一国之君没有教化好自己的百姓，没有给他们提供足够的生活资料，从而导致百姓无所事事，不能自力更生，沦落成罪人。这就是孟子口中的"罔民也"，意思就是陷害百姓。

仁德之君怎能陷害百姓呢？孟子建议说，身为贤君，要多走访基层，去看看人民的生活。同时，身为君主要敬业节俭、礼遇臣下，征税要节制。阳虎曾说过，一个人要想有钱，就不要当好人；要当好人，就别指望发大财。

阳虎是谁呢？他是《论语》中的反派，是季孙氏的家宰，后来背叛了季孙氏。他人品不好，但他说的这句话还有几分道理，所以孟子就拿来用了。

"夏后氏五十而贡，殷人七十而助，周人百亩而彻，其实皆什一也。彻者，彻也；助者，藉也。"这句话里有三个关键字，分别是"贡、助、彻"，它们分别代表了三种不同的税法。夏朝时人均分到五十亩地，实行的是贡法。贡法就是大家上供，交税。商朝时人均七十亩地，用的是助法。助法是不用交税，但需要为公田出力，帮忙种公田，然后公田里的粮食上交。周朝时人均一百亩地，用的是彻法，就是抽取部分收入的意思。这三种税法，大概都是抽十分之一的税。

龙子是一位贤人，他说："治理土地这件事最好的是助法，最差的是贡法。"贡法是综合若干年的收成得一个平均数，然后按照这个固定的数收税。当年成好的时候，遍地都是谷米，这时即使多征收一点，对百姓而言也不算暴虐，但仍按平均数收税，其实是收少了。碰到灾年，收成很差，地里的秸秆连肥田都不够，此时如果仍按过去的平均数来收税，那肯定收多了。

可见龙子确实睿智，他提出的征税构想，已经有了现代人采用的累进税制的思想。

孟子接着对滕文公说，作为百姓父母的君主，让百姓一年到头辛苦劳作，结果连自己的父母都养不活，还要借高利贷来交税，最终逼得老弱年幼者只能到山沟中等死，这怎么能算是为民父母呢？《诗经》上说百姓都有发心，希望下雨先下到公田，再下到私田，以公田为主，再兼顾私田。因为只有实行助法才会有公田，这样看来，在周朝也是实行助法征税的。

孟子能时刻把百姓放在心中，还劝谏执政者施行仁政，确实了不起。

不仅如此，孟子还鼓励办学，他的想法是设立庠、序、学、校这四种办学机构来教育百姓。"庠"是教养的意思，"序"是教射箭，"学"是学习，"校"是教导。夏代叫校，商代叫序，周代叫庠；"学"这个名称三代都这么叫。学习的目的都是为了让人明白是非伦理。如果上位者都明白了伦常，老百姓自然也会一团和气、亲密无间。

只要你能够做得好，有王者起来的时候，就会来滕国向你学习了。《诗经》说岐周虽是古国，国运却焕然一新。这是赞美文王的诗。滕国努力施行仁政，也能让国家气象一新。

其实孟子并不认为滕文公能称王天下，他认为滕文公可以成为治政模板。孟子的理想是成为君王的导师，他帮忙把滕国治理好了，肯定有其他王者来效法，这就等于做了君王的老师。

毕战是滕文公的大臣，滕文公让他去向孟子请教井田制到底是怎么回事。

孟子回答说，如果要实行仁政，首先得把土地的界限划清楚。如果土地的经界划分不清，井地就会不均衡，分配就不合理，田租与收入就会不公平。

那谁喜欢把经界搞混呢？暴君污吏喜欢，因为这样他们可以乱中取利，中饱私囊。只要把经界划分清楚，百姓土地的分配，官吏俸禄的厘定，都可以毫不费力地定下来。

孟子的这个想法是对的。想要改变一个以农业为基础的国家，土地改革是非常重要的。咱们近代革命也是以土地改革作为抓手的。

孟子说，滕国虽然国土面积小，但也有贵族和农民的区分。没有贵族，便没人治理农民；没有农民，也没人养活贵族。我的建议是，农民如果耕种九块田，其中一块就作为公田来助公。贵族要用十分抽一的贡法来自行交税。公卿和士大夫这些人都给他们分配圭田，每家五十亩；如家里有未成年的，每人再给二十五亩。

老百姓眷恋乡土，无论是埋葬或搬家，他们都不想离开故土。共同耕种井田的各家百姓，平日里一起进出，互相友爱，互相帮助，谁家有人罹患疾病，邻居就来帮忙照顾。如此一来，百姓便能和睦相处。

每一里见方划为一个井田，每一井田九百亩，当中一百亩是公田，其他八家都各有私田百亩。这八家共同耕种公田，先把公田料理完毕，再忙私田的农活，这就有别于那些只顾私田、缺乏教化的人。

这些都是孟子的大致想法，具体如何完善细节，那就在于滕国国君和毕战本人了。

用现代观点来看，孟子的想法很赞，他主张仁政治国，把百姓始终放在首位。

他的井田想法，前景美好，但他忽略了人性中的自私因子，多数人会优先考虑自己的利益，再考虑集体和他人的利益。不过，当利益冲突逐渐尖锐，矛盾白热化时，人们自然就会思考解决办法，比如，设定规章制度，明确边界，以求解决矛盾，从而保障双方的利益，形成新的平衡。

百工各有所劳：
任何系统的正常运转，都离不开有效合理的分工

　　有为神农之言者许行①，自楚之滕，踵门②而告文公曰："远方之人闻君行仁政，愿受一廛③而为氓。"文公与之处。其徒数十人，皆衣褐、捆屦（jù）④、织席以为食。

　　陈良之徒陈相与其弟辛，负耒耜（lěi sì）⑤而自宋之滕，曰："闻君行圣人之政，是亦圣人也，愿为圣人氓。"

　　陈相见许行而大悦，尽弃其学而学焉。

　　陈相见孟子，道许行之言曰："滕君则诚贤君也，虽然，未闻道也。贤者与民并耕而食，饔飧（yōng sūn）⑥而治。今也滕有仓廪府库，则是厉⑦民而以自养也，恶（wū）得贤？"

　　孟子曰："许子必种粟而后食乎？"

　　曰："然。"

　　"许子必织布而后衣（yì）乎？"

　　曰："否。许子衣褐。"

　　"许子冠乎？"

曰："冠。"

曰："奚冠？"

曰："冠素。"

曰："自织之与？"

曰："否。以粟易之。"

曰："许子奚为不自织？"

曰："害于耕。"

曰："许子以釜甑（zèng）爨（cuàn）⑧，以铁耕乎？"

曰："然。"

"自为之与？"

曰："否。以粟易之。"

"以粟易械器者，不为厉陶冶；陶冶亦以其械器易粟者，岂为厉农夫哉？且许子何不为陶冶，舍皆取诸其宫中⑨而用之？何为纷纷然与百工交易？何许子之不惮烦？"

曰："百工之事固不可耕且为也。"

"然则治天下独可耕且为与？有大人之事，有小人之事。且一人之身，而百工之所为备，如必自为而后用之，是率天下而路⑩也。故曰：或劳心，或劳力，劳心者治人，劳力者治于人；治于人者食（sì）人，治人者食（sì）于人，天下之通义也。"

注释
① 有为神农之言者许行：神农与伏羲、燧人合称"三皇"，相传他制造农具，教导人民种田。战国时，诸子百家学说多托古圣贤之名，"农家"就假托为"神农之言"。许行：战国时农学派的代表人物，可能是楚人。
② 踵门：上门。踵，至，到。
③ 廛：住房。
④ 屦：草鞋。
⑤ 耒耜：古代一种像犁的农具，木柄叫耒，犁头叫耜。
⑥ 饔飧：早饭叫"饔"，晚饭叫"飧"，这里用作动词，指做饭。
⑦ 厉：害。
⑧ 釜甑爨：甑，做饭用的一种陶器。爨，烧火做饭。

滕文公上

⑨ 舍皆取诸其宫中：舍，何物也，后代作奢（shā），缓读为"什么"，现代口语为"啥"。宫中：家中，古代住宅不分贵贱都可以叫"宫"，秦汉以后才专指帝王居所。
⑩ 率天下而路：率领天下的人疲于奔命。路用作动词，指奔走于道路。

这世上的任何一种系统，小到家庭，中至职场，大到社会、国家，但凡少了合理化分工，出乱子是迟早的事。

孟子和农家的这次交锋，就从讲社会分工开始。

这还得从许行说起。许行是何许人也？他是神农氏的追随者。这一派人称农家，而农家的代表人物就是许行。许行从楚国到了滕国，他登门来跟滕文公说什么呢？他说："远方之人闻君行仁政，愿受一廛而为氓。"看来滕文公确实受孟子的影响很大，他行仁政的名声都已经传到楚国去了。许行说，我们远方之人听说您这儿行仁政，您给我随便分一间住房，让我住在这儿，我许行愿意成为您的子民。

滕文公就给了许行一处住所。他带来的弟子有数十人，这些人全部穿着褐衣，也就是粗麻布做的衣服，脚上绑着草鞋，自己织席子，跟人交换，在农业之外从事手工业，来换取一些粮食。

陈良之徒陈相与其弟陈辛，他们背着耒耜，也就是耕田的农具，从宋国来到了滕国。陈良又是谁呢？陈良是楚国的名儒，陈相是陈良的弟子。陈相与陈辛对滕文公说道："闻君行圣人之政，是亦圣人也，愿为圣人氓。"我们听说您这儿行圣人之政，那您就是圣人，我们愿意做您的老百姓。

陈相本来是儒家子弟，一见到许行，马上被唤起了桃花源般的想象，就放弃了自己所学的儒家那套东西，立刻跟许行学起来了。

陈相还跑去说服孟子，他对孟子说："滕君则诚贤君也，虽然，未闻道也。贤者与民并耕而食，饔飧而治。"许行评价滕文公是一个好的国君，但可惜他现在还没有闻道。为什么这么说呢？真正闻道的贤君，都跟老百姓一起耕地、一起吃饭。

陈相说，这个滕文公虽然看起来不错，但是他有仓廪府库，有私产，这就意味着他损害了百姓，要不然他哪来那么多钱。陈相认为一个人只要钱多，那肯定是干坏事的，这种人不能算是贤君。

许行和陈相认为滕文公有点贤君的样子，但是和上古的贤君没法比。他们所理解的上古贤君是尧、舜、禹那样的，与老百姓一起耕地、一起吃饭，还得自己动手做饭。但那是原始社会，原始社会的时候，大家没有那么多富余的物资。

孟子就问陈相，许行他一定是自己种粟才吃吗，陈相说是的。

他一定自己织布然后才能穿衣吗？不，他不织布，他穿的是粗麻布做的衣服。

他戴帽子吗？陈相回答说，许行戴帽子。孟子问得很细，他戴的什么帽子呢？陈相说"冠素"。素就是白绸，他戴的是白绸做的帽子。

孟子这时候抓住了要点。他问："自织之与？"是他自己织的吗？陈相说，不是，许行是拿他种的粮食换的。孟子追问，那他为什么不自己织帽子戴呢？回答是"害于耕"。害是妨碍，如果他再去动手织帽子的话，他就没时间耕地了。

孟子接着问，他做饭用锅吗？他耕地用铁吗？陈相说，当然了。孟子又问："自为之与？"是他自己打造的铁锅吗？陈相说，没有，都是拿粮食换的。

孟子说："以粟易械器者，不为厉陶冶。"拿粮食换耕田的工具、器械，难道不是损害瓦匠和铁匠的利益吗？"陶冶"，陶是瓦匠，冶是铁匠。"陶冶亦以其械器易粟者，岂为厉农夫哉？"瓦匠、铁匠用他们的产品来换吃的东西，难道不是损害农夫的利益吗？

"且许子何不为陶冶，舍皆取诸其宫中而用之？"这个舍就是我们今天的"啥""什么"这两个词的源头。许子为什么不自己去做瓦匠、铁匠这样的事，所有家用的东西都自己来造呢？许行不是特别能干吗，他应该什么都自己干，他为什么拿自己种的粮食——地去换帽子、换盆、换锅、换耕田用的工具呢？许子难道不怕麻烦吗？

陈相被逼到墙角了，他说，这事不能一边耕田一边做。耕田很忙，怎么有时间去做呢？这时孟子亮出了真章，他说："然则治天下独可耕且为与？"治理天下这样的事，就可以一边种地一边干了？做个陶器你都觉得费劲，治理天下这样的事，反倒可以一边耕田一边干？

孟子进一步阐释："有大人之事，有小人之事。"有大官做的事，有百姓做的事。满足你一个人的身体所用的，比如穿戴、吃喝、走路、驾车等都需要大家帮忙，要有社会分工。你不让大家参与社会分工，什么事都需要自己去做，那会让天下的人都疲于奔命。

"故曰：或劳心，或劳力，劳心者治人，劳力者治于人。"有人动脑子，劳心；有人出力气，劳力。动脑子的人管理别人，干活的人被别人管理，被别人管理的人要负责养活其他人，管理别人的人被别人养活，这就是社会分工。这是天下共通的法则。

孟子给农家信徒上了一课，讲的是社会分工。实际上，像农家的许行的做法，很明显是反社会的，朝着原始社会的方向走，他希望回到最简单的生活状态，每个人耕着有限的田，尽量减少交易，自给自足。这样肯定不会带来社会的发展。今天我们的社会发展到什么程度了？一个人今天买了一辆车，很难说这辆车是中国造的、日本造的，还是美国造的。70%的国际贸易都是零部件贸易。虽然这辆车是在中国组装起来的，但是零部件大多是从世界各地运过来的，它算是哪个国家造的？负责最后封装的那个人，并不是这个产品的唯一生产者。无论是之前的拿破仑战争，还是一战、二战、冷战，到今天，每一次大的变动都会推动全球化向前迈进。

孟子的观点代表着一个正确的发展方向，就是社会得有分工，人得尊重知识，人得尊重管理，得知道管理是一项工作。管理不是不工作，不是在消耗民脂民膏，它是为社会创造秩序。没有秩序，种了田也没用，因为一旦社会陷入混乱，满大街都是抢劫的人，你种的粮食能不能保住都是个问题，甚至连你的人身安全都没法得到保障。我们是社会的一分子，当大环境动荡不安时，我们是没办法独善其身的。所以，维持一个社会的秩序是非常重要的一件事。

为天下得人难：
管理最难的，是寻找合适的人才

"当尧之时，天下犹未平，洪水横流，汜滥于天下①，草木畅茂，禽兽繁殖，五谷不登，禽兽偪（bī）人②，兽蹄鸟迹之道交于中国。尧独忧之，举舜而敷治③焉。舜使益掌火，益烈山泽而焚之，禽兽逃匿。禹疏九河，瀹（yuè）济、漯（tà）④而注诸海；决汝、汉，排淮、泗而注之江，然后中国可得而食也。当是时也，禹八年于外，三过其门而不入，虽欲耕，得乎？

"后稷教民稼穑，树艺五谷⑤，五谷熟而民人育。人之有道也，饱食、暖衣、逸居而无教，则近于禽兽。圣人有（yòu）忧之，使契（xiè）为司徒，教以人伦，父子有亲，君臣有义，夫妇有别，长幼有序，朋友有信。放勋⑥曰：'劳（lào）之来（lài）之⑦，匡之直之，辅之翼之，使自得之，又从而振德之。'圣人之忧民如此，而暇耕乎？

尧以不得舜为己忧，舜以不得禹、皋陶（gāo yáo）为己忧。夫以百亩之不易⑧为己忧者，农夫也。分人以财谓之惠，教人以善谓之忠，为天下得人者谓之仁。是故以天下与人易，为天下得人难。孔子曰：'大哉尧之为君！惟天为大，惟尧则之。荡荡乎民无能名焉！君哉舜也！巍巍乎有天下而不与（yù）⑨焉！'尧、舜之治天下，岂无所用其心哉？亦不用于耕耳。"

注释
① 汎：同泛。
② 偪：逼字的异体字，同逼。
③ 敷治：遍也。
④ 瀹济、漯：瀹，疏导。济、漯，济水、漯水，古漯水在山东，今已湮灭。
⑤ 树艺五谷：树艺，种植，栽培。五谷，稻（水稻）、黍（黄米）、稷（小米）、麦（小麦）、菽（豆类）。
⑥ 放勋：尧的称号。
⑦ 劳之来之：劳，慰劳。来通"徕"，劝勉。另东汉郑玄注：劳、来皆谓勤也。
⑧ 易：治也。
⑨ 不与：不私有。杨伯峻说："与即参与之与，这里含有私有、享受的意思。"

想要成为一个合格的管理者并不是一件容易的事情。居高位，也意味着要承担起更大的责任，处理更复杂的事务。而最难的，其实是搜罗合适的人才。

孟子进一步解释，为什么不能一边种地一边管理天下。

尧的那个时代，天下还不太平，没有形成今天这样适合人类居住的环境，洪水横流，泛滥于天下。中原大地上到处都是兽蹄鸟迹，人类生存受到威胁。"尧独忧之，举舜而敷治焉"，尧很忧心这件事，于是从人群中找到了舜，让舜治理。

"舜使益掌火"，益就是伯益，他让伯益掌管火。"益烈山泽而焚之"，伯益就把大山上的草木都点着了。不是鸟兽多吗，烧！伯益也不管碳排放，全烧了。烧完以后禽兽逃匿，给人留出了一大片可以生活的地方。

这部分内容让我想起之前讲过的一本书《人类简史》。书中说，当智人学会了用火以后，全世界的动物都倒霉了，尤其是那些大型动物，大多很快就灭绝了。孟子是一个相当有常识的人。他正在给农家上人类简史这一课，讲人是怎么一步一步走到现在的：首先得学会用火，然后要学会治水。

禹先疏通了九条河流，然后把济水和漯水引到海里去，并沟通了汝水和汉水，为淮水和泗水泄洪，把水引到长江里去。把水治理好了，中原先民才能好好种地，才有饭吃。

"当是时也，禹八年于外，三过其门而不入，虽欲耕，得乎？"禹那个时候在工地上一干就是八年，每天走在水利工程的第一线，三过家门而不入，他要想耕地，可以吗？许行还总指责滕文公不耕地，让禹耕地试试看，根本就没时间。

"后稷教民稼穑，树艺五谷。"后稷教大家怎么种庄稼，种植五谷杂粮。然后老百姓终于吃饱肚子了。但如果老百姓吃得饱、穿得暖，生活安逸，却唯独没有教养，这时候，人跟禽兽有什么区别呢？

圣人这时候又担忧了，于是"使契为司徒"。契也是上古的贤人，舜让契做司徒，教大家学些人伦规范：人要爱护环境，要跟动物和谐相处，把它们驯化了，养起来，这不挺好的吗？父母死了要埋葬，要婚丧嫁娶，一夫一妻，等等，很多规则就逐渐地被制定出来。

接下来，"父子有亲，君臣有义，夫妇有别，长幼有序，朋友有信"，这就是中国古代社会最重要的五种关系——父子、君臣、夫妇、长幼、朋友，这些秩序那时逐渐都出现了。

然后尧说："劳之来之，匡之直之，辅之翼之，使自得之，又从而振德之。""劳之"是慰劳老百姓，"来之"是催促他们。尧作为这一切的发端和指挥者，既要慰劳他们，又要催促他们，又要匡正他们，期勉他们要有正直的心；还要辅导他们、协助他们，使他们最终能自己管好自己，自觉遵从礼数；如果遇到了问题，尧还要加以赈济，施以恩惠。真不容易。

"圣人之忧民如此，而暇耕乎？"孟子在一大段气壮山河的人类简史讲完之后，就问陈相："圣人为老百姓想着这么多事，他怎么有时间去耕地呢？"换句话说，耕地重要，还是想这些问题重要呢？难道你分不清轻重吗？

"尧以不得舜为己忧，舜以不得禹、皋陶为己忧。"尧所担忧的是什么？尧担忧的是找不到舜这样的能人，舜担忧的是找不到禹和皋陶这样的能人。我们今天创业最重要的一件事是什么？所有的创业者都会有这样的感受：找人最重要。你能不能够找到人才？如果找不到，你能不能够培养人才？找人和培养人是同一件事，就是把你的人才库建立起来。这是一个管理者最应该去担心的事。

"夫以百亩之不易为己忧者，农夫也。""易"是治理的意思。为没有治理好一百亩土地而担忧的人，是农夫。古时候的土地都有富余，一个人可以分一百亩。"分人以财谓之惠，教人以善谓之忠，为天下得人者谓之仁。"把财分给别人，叫施行恩惠。教别人学好，这个称为忠。尧发现了舜，舜发现了禹，这个是为天下得人，这才是真正的仁道。

"是故以天下与人易，为天下得人难。"把天下让给别人很容易；创业到最后剩点钱，全部捐了，也不是特别难的一件事；而你能不能找到一个人让事业发扬光大，造福更多的人，这才是一件难事。

孔子曰："大哉尧之为君！惟天为大，惟尧则之。"这是《论语》里的话。孔子感叹，说尧真是了不起，只有尧能够效法上天。他宏大浩荡的气魄，没法用语言形容。

"君哉舜也！巍巍乎有天下而不与焉！"《论语》中有一句话——"使乎！使乎！"说这人就是做大使的料。所以"君哉"是说舜这个人是做国君的料。舜的境界高，有天下而不私自享有。"不与"就是没有把天下当作私有财产。"尧、舜之治天下，岂无所用其心哉？亦不用于耕耳。"尧、舜治天下，难道不操心吗？他们并没有耕地，但他们不值得我们敬仰吗？

从这一部分可以看出，孟子对陈相的话很生气。

孟子由浅入深，由尧、舜治理天下切入，逐步剖析回答了陈相的问题：为什么不能一边管理天下一边种地——那些做得好的君主，忧心的都是国之大事，很多都是攸关百姓生死存亡的最为紧迫的大事，光是处理百姓的问题都来不及，哪有时间去种地，这个道理很明显。

整个社会要想合理运转，就必须各有分工，有人干具体事，就一定要有人做管理。位置不同，角色不同，分工不同，所承担的责任就不同，那么视角和关注的重点自然也是不同的。

对统治者来说，找到人才解决老百姓的问题才是第一位的。这是由他们所处的位置决定的。统治者身居高位，对百姓和国家负有首要责任，他们考虑的是整个国家社会的运转和发展问题，忧虑的是如何解决好百姓最紧迫的民生问题——经济、文化、教育、医疗，等等。

统治者也是人，没有三头六臂，他们的精力也是有限的，只能把精力和时间放在这些大事上。

物之不齐，不可同贾：
尊重价值，是管理好市场的第一步

"吾闻用夏变夷①者，未闻变于夷者也。陈良，楚产也，悦周公、仲尼之道，北学于中国。北方之学者，未能或之先也。彼所谓豪杰之士也。子之兄弟事之数十年，师死而遂倍②之。昔者孔子没，三年之外，门人治任③将归，入揖于子贡，相向而哭，皆失声，然后归。子贡反，筑室于场，独居三年，然后归。他日，子夏、子张、子游以有若似圣人，欲以所事孔子事之，强（qiǎng）曾子。曾子曰：'不可。江汉以濯之，秋阳以暴（pù）之，皜皜（hào hào）乎不可尚已④。'今也南蛮鴂（jué）舌⑤之人，非先王之道，子倍子之师而学之，亦异于曾子矣。吾闻出于幽谷迁于乔木者，未闻下乔木而入于幽谷者。《鲁颂》曰：'戎狄是膺，荆舒是惩。'⑥周公方且膺之，子是之学⑦，亦为不善变矣。

"从许子之道，则市贾（jià）⑧不贰，国中无伪，虽使五尺之童适市，莫之或欺。布帛长短同，则贾相若；麻缕丝絮轻重同，则贾相若；五谷多寡同，则贾相若；屦（jù）大小同，则贾相若。"

曰:"夫物之不齐,物之情也;或相倍蓰(xǐ)⑨,或相什百,或相千万。子比(bì)而同之,是乱天下也。巨屦小屦同贾,人岂为之哉?从许子之道,相率而为伪者也,恶能治国家?"

注释
① 用夏变夷:用中原华夏民族的先进文化去改变周边民族的落后文化。
② 倍:同背,背叛。
③ 治任:准备行李。治,整治。任,担子,行李。
④ 江汉以濯之,秋阳以暴之,皓皓乎不可尚已:濯,洗涤。秋阳,周历七八月,相当于夏历五六月,故秋阳实际相当于今天的夏阳。暴同曝,晒。皓皓:同皓皓,光明洁白的样子。
⑤ 鴃舌:比喻语言难懂。鴃,伯劳鸟,喜弄舌啼聒。
⑥ 引自《诗经·鲁颂·閟宫》。戎狄是膺:即膺戎狄。"是"无实意,起宾语前置的作用。膺:打击。荆舒是惩,即惩荆舒。楚国本名为荆,舒是楚国邻近的小国。
⑦ 是之学,即"学是"。之,助词,用在宾语和动词之间,起着把宾语前置的作用。是:这些,这个。
⑧ 市贾:市场价格。贾通价。
⑨ 倍蓰:一倍、五倍。蓰,五倍。后文的什、百、千、万都是指倍数。

让我们想象一下,如果现在市场上的物品无论品相如何,都同价销售,消费者是否会乐见其成?市场会不会陷入混乱?消费者的利益是否能得到保障?

关于这些问题,孟子是如何看待的呢?让我们继续听一听孟子怎么说。

孟子进一步批评陈相。他说:"吾闻用夏变夷者,未闻变于夷者也。"先进的文明会改造落后的文明,我没有听说过落后文明改造先进文明的。华夏之邦有一套自己的文化,我们应该去改变落后地区的原始文化,而没有听说过我们要被他们所改造。

"陈良,楚产也,悦周公、仲尼之道,北学于中国。"你的师父陈良是楚国人,因为喜欢周公和仲尼之道,所以才到中原来学习。"北方之学者，未能或之先也。"连北方的很多学者，都未必能超过他。"彼所谓豪杰之士也。子之兄弟事之数十年，师死而遂倍之。"你师父是个豪杰之士，你们兄弟跟随他数十年，现在他一去世，你们就立刻背叛了他。

"昔者孔子没，三年之外，门人治任将归，入揖于子贡，相向而哭，皆失声，然后归。"孔子去世的时候，他的学生都守孝三年，三年后才收拾行李回家。大家离开前，都去和子贡告别，痛哭一场。

"子贡反，筑室于场，独居三年，然后归。"子贡三年守孝还不够，回去在坟场里修了一个小房子，又独居了三年。子贡可是有事业的人，他是儒商的鼻祖，他把事业完全放在一边，为孔子守孝六年，六年后他才走的。

"他日，子夏、子张、子游以有若似圣人，欲以所事孔子事之，强曾子。"孔子的弟子们曾经试过把有若当孔子来对待，因为有若长得很像孔子，以此来减少内心的思念之痛。后来大家又想把曾子也拉进来，强迫曾子这么做。曾子拒绝了，为什么呢？他说："江汉以濯之，秋阳以暴之，皓皓乎不可尚已。"孔子的学问之浩大，就像江汉的河水洗涤过，然后又经烈日的暴晒检验过，高尚洁白到无以复加，没人能比得上。

"今也南蛮鴃舌之人，非先王之道，子倍子之师而学之，亦异于曾子矣。"你陈相今天却跟着许行这样的南蛮鴃舌之人学习。许行可能普通话说得不好，中原人贬之为鸟语，所以叫"鴃舌"。鴃是伯劳鸟，是说许行的话听不太懂。他讲的也不是先王之道，你背叛了你的老师而向他学习，这与曾子可是太不同了。

"吾闻出于幽谷迁于乔木者，未闻下乔木而入于幽谷者。"俗话说"良禽择木而栖"，你想想看，你从幽谷中飞到高大的乔木之上，算是上了一个台阶，但是你为什么要从乔木之上又飞回到幽谷中去呢？

《诗经》中的《鲁颂》曾经说过:"戎狄是膺,荆舒是惩。"戎狄就是北方的少数民族。荆就是楚国,舒是楚国旁边的一个小国。对少数民族和荒芜之地,我们应该让他们顺服。

"周公方且膺之,子是之学。"周公那时候都是要让他们顺服,用中原文化改变他们的文化,而你今天竟然向他们学习,说明你陈相不懂得变革之道。变革应该朝着好的方向去变,你怎么往回走,开历史的倒车呢?这是孟子对陈相最不满意的地方。就是陈相很糊涂,不知道什么是先进,什么是落后。

我要是这个陈相的话,可能马上就说"相小人哉",直接认错就完了,结果陈相竟然还跟孟子辩论。陈相说:"从许子之道,则市贾不贰,国中无伪,虽使五尺之童适市,莫之或欺。"如果咱们都听从许子的道理,那么就没有人出二价。所有的东西到了市场上,是多少钱就是多少钱,没有一个人作假。就连小孩去市场上买东西,也没有人骗他。"布帛长短同,则贾相若",绸子、棉布这些东西,不用管它什么材质,只要长短一样,价格就一样。"麻缕丝絮轻重同,则贾相若",麻缕、丝絮这样的东西,只要重量一样,价格也就一样。"五谷多寡同,则贾相若",大麦、小麦、高粱、谷子,只要数量一样,价格就一样。"屦大小同,则贾相若",鞋子只要尺码一样,价格就一样。咱们都轻省了,不用讨价还价,不用担心被人骗,一切都变得简单。

哪有这么傻的人呢?孟子说:"夫物之不齐,物之情也。"东西跟东西不一样,这是事物本来的样子。好苹果和坏苹果差别有多大,桃和李子差别有多大,好的坏的、产地不同、是不是有机食品,差别都很大,怎么能认为是类似的东西就同一个价格呢?陈相的话太气人了。

"或相倍蓰,或相什伯,或相千万。"这个"倍"是一倍,"蓰"是五倍,"什"是十倍,"伯"是百倍,"千万"是千倍万倍。孟子说,同样一个东西差距能有多大,有差一倍的,有差五倍的,有差十倍百倍的，有差千倍万倍的。

"子比而同之，是乱天下也。"你非得让它们变得一样，这才叫扰乱天下。"巨屦小屦同贾，人岂为之哉？"大鞋小鞋都一个价格，谁还做大鞋？

"从许子之道，相率而为伪者也，恶能治国家？"如果你用许子之道，那大家都会争相去做劣质产品，哪还能治理好国家呢？全乱套了。

愿意听从农家思想的人，既是理想主义者，也是不愿意动脑子、不愿意接受复杂社会、不愿意接受社会进步的人。他们觉得东西变多了是麻烦，大家干脆就穿一样的鞋子，穿一样的衣服，不要给我们什么高级产品，我们不需要。

但如果这样，社会发展就会停滞。人类社会之所以能不断地发展，就在于我们能不断地创造出大量的需求，并且允许创新的人获利，这才推动了人类社会的持续进步，否则我们根本不可能养活地球上的七十亿人口。

孟子的观点是先进的。如果读了索维尔的《经济学的思维方式》，就知道要尊重市场，尊重老百姓的选择，尊重创新者的努力。如果都按照这个许行的做法来，我们今天恐怕连吃的东西都没有了。

孟子和农家的一次交锋，让我们知道孟子是一个懂得经济常识的人。

事实上，咱们越是想要维护市场秩序，就越要懂得尊重价值，尊重商品的价值，尊重每个人创造的价值。

无差别对待甚难：
亲疏远近之分，乃人之常情

墨者夷之因徐辟（bì）①而求见孟子。孟子曰："吾固愿见，今吾尚病，病愈，我且往见，夷子不来！"

他日又求见孟子。孟子曰："吾今则可以见矣。不直②则道不见，我且直之。吾闻夷子墨者，墨之治丧也以薄为其道也。夷子思以易天下，岂以为非是而不贵也？然而夷子葬其亲厚，则是以所贱事亲也。"

徐子以告夷子。

夷子曰："儒者之道，古之人'若保赤子'③，此言何谓也？之④则以为爱无差等，施由亲始。"

徐子以告孟子。

孟子曰："夫夷子信以为人之亲其兄之子为若亲其邻之赤子乎？彼有取尔也。赤子匍匐将入井，非赤子之罪也。且天之生物也，使之一本，而夷子二本故也。盖上世尝有不葬其亲者，其亲死，则举而委之于壑。他日过之，狐狸食之，蝇蚋（ruì）姑嘬（chuài）之⑤。其颡（sǎng）有泚（cǐ），睨（nì）而不视⑥。夫泚也，非为人泚，中心达于面目。盖归反虆梩（léi sì）⑦而掩之。掩之诚是也，则孝子仁人之掩其亲，亦必有道矣。"

徐子以告夷子。夷子怃然为间⑧曰："命之⑨矣！"

注释
① 墨者：指墨翟的门徒。墨家主张"兼爱""尚贤""尚同"等，提倡"节用""节葬"，反对"厚葬"。夷之：人名，姓夷名之。徐辟：孟子弟子。
② 直：指说话直率。
③ 若保赤子：语见《尚书·康诰》："若保赤子，惟民其康乂。"赤子：婴儿，因身体发红，故称赤子。《大学》亦引此语，作"如保赤子"，此为儒家对待百姓的基本立场。
④ 之：夷之自称。
⑤ 蝇蚋姑嘬之：蚋：蚊类害虫。姑嘬：用嘴吸吮。姑通盬（gǔ），吸饮。
⑥ 其颡有泚，睨而不视：颡，额头。泚，冒汗。睨，斜视。
⑦ 虆梩：虆，藤制的筐。梩，古同耜，古代锹、臿一类的农具。
⑧ 为间：有间，一会儿。为通有。
⑨ 命之：命，教导；之，夷之自称。

人的感情是复杂的，对待不同的人，我们往往没办法一碗水端平，总会有所偏倚。但人有亲疏远近之分，乃人之常情，不是吗？

孟子就深谙其中的道理。

"墨者夷之因徐辟而求见孟子。"刚送走了农家的人，墨家的人又来了。墨家那个时候势力很大，因为天下读书人不归于杨朱便归于墨翟。墨子所倡导的最重要的一点就是兼爱。夷之是一个著名的墨者，他请孟子的弟子徐辟递话，想求见孟子。

"孟子曰：'吾固愿见，今吾尚病，病愈，我且往见，夷子不来！'"孟子婉拒了。孟子说我想见你，但是我今天病了，等我病好了我去看你，夷子你不用来。

改天夷之又托徐辟传话，想找孟子聊聊。"孟子曰：'吾今则可以见矣，不直，则道不见，我且直之。'"我今天可以见他，但是我必须有话直说，否则道理讲不明白。

"吾闻夷子墨者，墨之治丧也以薄为其道也。"我听说夷子是墨家的门徒，墨家认为，埋葬一个死去的人应该越简单越好，不要耗费大量的财力。墨子攻击儒家非常重要的一点就是儒家浪费财力厚葬，举办复杂的丧葬仪式，用很厚的棺木，等等。墨子认为这些都是浪费。

"夷子思以易天下，岂以为非是而不贵也？"夷子想用墨子的这个想法来改变天下，那墨家应该是认为如果不这样做的话，就不够尊重死者吧。既然墨家倡导薄葬，那么如果不薄葬的话，对于墨家的先人来说，就是不够尊重他们。

"然而夷子藏其亲厚，则是以所贱事亲也。"夷子埋葬父母的时候，我听说是厚葬的。他这样做就是以他所瞧不上的东西、以他觉得糟糕的东西，来侍奉他的父母。

孟子指出了夷子的虚伪。他说的和做的是两回事。他倡导全天下的人都去薄葬，结果他自己对父母却是厚葬。徐辟于是把这些话告诉了夷子。

"夷子曰：'儒者之道，古之人"若保赤子"，此言何谓也？"夷子说，你们儒家说，对待天下的老百姓，就像对待婴儿一样。这话是什么意思呢？"之则以为爱无差等，施由亲始。"我认为爱这个东西没有差别，要兼爱。我是从我的父母开始施行。

徐辟传话回来以后，孟子说："夫夷子信以为人之亲其兄之子为若亲其邻之赤子乎？"这个夷子，他真的认为一个人喜欢自己的侄子和喜欢邻居家的孩子是一样的吗？"彼有取尔也"，其中肯定是有区别的。

"赤子匍匐将入井，非赤子之罪也。"任何一个人看到婴儿往井边爬，都会扑过去把孩子抱住，这是人之常情。大家为什么想去救他呢？因为"非赤子之罪也"。小孩子并没犯什么错，他只是不知道，大家当然愿意去救他。但这并不代表我们认为所有的孩子都是一样的。你对自己的孩子，对自己的侄子，对邻居家的孩子，对不认识的孩子，你的感情是不一样的。

"且天之生物也，使之一本"，老天造的所有的东西，只会有一个来源。什么叫一本？你不可能有两对父母，这就是一本。"而夷子二本故也"，夷子今天说，他对所有人都一样，那就是说每个人都有两个不同的来源，有两对父母，因为他可以同等对待所有人。

孟子说，举个例子来说吧，古人都不安葬自己的父母，那时候大家没有这个讲究，没有丧葬礼仪，老人一死就丢到山沟里。改天那个丢弃父母尸体的人从那个山沟里过，看到很多苍蝇蚊虫在吮吸尸体，狐狸在旁边吃肉，他从旁边经过，自然知道那是他父母的尸首，他目睹这一场景，脑门上一定会冒汗。

"睨而不视"，睨是斜视。不敢看，但是又想看，这种状态就是斜眼看、不敢正视。"夫泚也，非为人泚"，不是说周围有人看他，他才冒汗，没人看他他也会冒汗。"中心达于面目"，他心中不安、难受，才会反映到脸上来。"盖归反蘽梩而掩之"，他赶紧回去把锄头、土筐拿来，将自己的父母掩埋起来，因为不忍心让狐狸和蝇蚋吃自己的父母。

"掩之诚是也，则孝子仁人之掩其亲，亦必有道矣。"他把自己的父母掩埋起来是对的。孝子仁人，要安葬父母，一定有其道理，这个道理就在于，你看到父母的尸首和看到别人的尸首，心头的情感是完全不一样的。

徐辟又将这些话告诉了夷子，"夷子怃然为间"。怃然就是茫然、怅惘、陷入深思的样子；"为间"意思是过了一会儿。夷子深思了半天，曰："命之矣"。"之"是指自己，命是教导。他说，孟子这是在教导我呀。很明显夷之是被孟子说服了。

我们讲过一本书《王阳明哲学》。书中说，王阳明认为的儒家和佛家之间有一个本质的区别，叫作薄厚不同。《乡土中国》一书中，也有一个非常重要的名词叫"差序格局"，就是说中国人的人际关系，是像涟漪一样荡出去的。

什么意思呢？就是说，人际关系是由一个个圈层组成的，离你最近的是家里的核心成员，再往外看，是姑表亲、姨表亲，然后再往外是远房亲戚、邻居、同事，一直荡到不认识的人。这么一个过程中，一定要有亲疏差别。如果没有薄厚，就没有秩序，也就没有父父子子、君君臣臣这些东西，就没法定规矩，社会就没有法制，进而导致没法管理。

所以，如果我们按照墨子的理论来管理国家，社会秩序就很难维持，国家难以正常运转。

孟子举这个例子的关键，不在于葬，而在于我们是否承认人有私心。墨子不承认人有私心，如果有私心，就要去压制，去改变。但是孟子认为必须承认人有私心，承认人有差别。因循着人性，才能够制定合理的政策。

毕竟，人有亲疏远近之分，这是人之常情。

滕文公 下

枉寻而直尺不可为：
为利而失去底线，不可取

陈代曰："不见诸侯，宜若小然；今一见之，大则以王（wàng），小则以霸。且《志》曰：'枉尺而直寻。'①宜若可为也。"

孟子曰："昔齐景公田，招虞人以旌②，不至，将杀之。志士不忘在沟壑，勇士不忘丧其元③。孔子奚取焉？取非其招不往也，如不待其招而往，何哉？且夫枉尺而直寻者以利言也。如以利，则枉寻直尺而利，亦可为与？昔者赵简子使王良与嬖（bì）奚乘④，终日而不获一禽。嬖奚反命⑤曰：'天下之贱工也。'或以告王良。良曰：'请复之⑥。'强（qiǎng）⑦而后可，一朝而获十禽。嬖奚反命曰：'天下之良工也。'简子曰：'我使掌与女乘⑧。'谓王良。良不可，曰：'吾为之范我驰驱⑨，终日不获一；为之诡遇⑩，一朝而获十。《诗》云："不失其驰，舍矢如破。"我不贯与小人乘，请辞。'御者且羞与射者比⑪；比而得禽兽，虽若丘陵，弗为也。如枉道而从彼，何也？且子过矣！枉己者，未有能直人者也。"

注释
① 枉尺而直寻：枉，屈。直，伸。寻，八尺为一寻。意思是"能屈能伸"。
② 古代召唤有一定的规矩：以"旌"召唤大夫，以"弓"召唤士，以"皮冠"召唤虞人（守苑囿的小官）。所以这个虞人对齐景公的召唤不予理睬。
③ 元：脑袋。
④ 赵简子：晋国正卿赵鞅。嬖奚：一个名叫奚的受宠的小臣。嬖是宠信之人，加于其名前。王良：春秋末年著名驾车手。
⑥ 复：重复。
⑦ 强：勉强。
⑧ 掌：掌管，负责。与：替。女同汝。
⑨ 此句意为，我按规矩为他驾车。范我驰驱：使我的驱驰规范。范：在这里作动词，使……规范。《春秋穀梁传》：驾驭田猎的车，扬尘不能出于轨道之外，马蹄应该发足相应，快慢合拍。
⑩ 诡遇：不依法驾驭。东汉赵岐注：横而射之。
⑪ 比：合，合作。文中意为妥协，在今天，一个人不合作，也有不妥协的意思。

有时候，在处理一些复杂问题时，或许我们会选择妥协，但若是为利而一再失去底线，那便不是君子所为了。

在前面的讨论中我们不难发现，孟子在很多事情上都愿意留有余地，但涉及原则性问题，他的立场非常坚定。

"陈代曰：不见诸侯，宜若小然；今一见之，大则以王，小则以霸。"

陈代是孟子的学生，他觉得孟子整天待在家里，不愿意出门主动拜访诸侯，很令人费解。他对孟子说，不愿意去见诸侯，似乎有点拘泥小节了。你今天只要见着这些诸侯，大则以王——如果效果好，咱们就教他王道；小则以霸——如果这个人格局不大，咱们就教他如何称霸。

"且《志》曰：枉尺而直寻，宜若可为也。""枉"就是弯曲的意思。陈代继续说，我们看似退步了，委屈了自己，往回缩了一尺，但实际上我们却前进了八尺，这叫以退为进。陈代问，这个看起来似乎可行吧？他这是想给孟子支着儿。

孟子曰："昔齐景公田，招虞人以旌。""田"是打猎的意思。虞人指看管猎场的小官。这是说齐景公用旌旗去召唤小官员，但是旌旗是用来召唤大夫的。要知道，召唤不同的人，所用的旗帜是有规定的。齐景公可能是为了炫耀，或者为了省事，没有按照礼法，就随便用旌旗来召唤虞人。但出乎他意料的是，虞人竟然没理他。召唤虞人应该用皮冠，所以虞人不来。齐景公说，我叫你，你竟然不来，那就杀了你。

"志士不忘在沟壑，勇士不忘丧其元。"一个有志之士不怕被砍头后丢在山沟里边，一个有勇气的人不怕掉脑袋。这是孔子说的话。

"孔子奚取焉？"孟子说，孔子为什么要表扬这样的人呢？"取非其招不往也，如不待其招而往，何哉？"孔子夸奖这个虞人，原因就在于：假如君王没有使用合乎规制的召唤方法，他就不过去。再进一步说，假如连叫都没有叫你，你就主动送上门去，那这又算什么呢？

"且夫枉尺而直寻者以利言也。"这句是孟子这一段话的核心。你陈代今天跟我讲以退为进，说的是获利的事。"如以利，则枉寻直尺而利，亦可为与？"谈到利益，别说退一尺进八尺，就算是退八尺进一尺，你都会去做。

今天有很多人是枉寻而直尺的，比如说，我经常见很多朋友生活得很苦，每天晚上在酒桌上陪人喝酒，喝得肝都要坏掉了。我说，你这样不要命了吗？他说没办法，要挣钱。看什么东西都只从利益的角度来计算的人，经常做枉寻而直尺的事。

"昔者赵简子使王良与嬖奚乘，终日而不获一禽。"赵简子是晋国的一个当权的上卿，它让王良为他宠爱的下属奚驾车，打了一天猎也没有射到一只鸟。

奚回来禀告赵简子说,"天下之贱工也",这个人驾车技术太差了。就有人把奚的话跟王良说了。"良曰,请复之。"复就是我想再来一次,王良说,你再给我个机会。

"强而后可",奚勉强说那行吧,就再来一次吧。"一朝而获十禽",王良驾车跑了一天,奚射下来十只鸟。"嬖奚反命曰:天下之良工也。"他对赵简子说,这个人是普天之下驾车驾得最好的人。

"简子曰:我使掌与女乘。"赵简子就对奚讲,那我让他以后专门为你驾车。于是赵简子对王良说了这件事,但王良坚决不同意。

"曰:吾为之范我驰驱,终日不获一。"范我驰驱,是使驰驱规范的意思。我用规范的方法给他驾了一天的车,他连一只鸟都没有射到。"为之诡遇,一朝而获十。"诡遇就是不规范。用了各种抄近道的方法,尽量配合他,让他射得准,一个上午他就射下来十只鸟。

为什么会有诡遇这种事呢?根据古代的礼法,驾车打猎的时候,车轮是不能出轨的,要沿着直道一直走。站在车上射箭的人能力必须非常强,才能在直行的车中射中任一方向的鸟。但如果驾车的人不守规矩,左扭右摆,尽量把最好的方向留给领导,那么领导就很有可能射中更多的鸟。

《诗》云:"不失其驰,舍矢如破。"《诗经》上也记载过驾车射箭这样的事。不失其驰就是不违规驾车。舍矢如破是说射箭一出手就中,代表射箭的最高水平。

"我不贯与小人乘,请辞。"王良说,我没法给小人驾车,我不干了。

"御者且羞与射者比。""比"是妥协的意思,一个驾车的人都不愿意向射箭的人妥协。"比而得禽兽,虽若丘陵,弗为也。"如果我向他妥协,得到的猎物能堆成一座小山,那我也不做。"如枉道而从彼,何也？"如果我放弃我驾车的道，一味地奉迎你的属下，那又算怎么回事呢？

"且子过矣！"你知道你的错误是什么了吗？孟子问陈代。"枉己者，未有能直人者也。"一个人让自己弯曲，不走正道，他怎么能够让别人走正道呢？

陈代的意思是说，咱们需要的不是原则，而是结果，只要效果好，手段不重要。但是孟子说，结果不重要，重要的是做人的原则。

这让我想起了我讲过的一本书《你要如何衡量你的人生》。哈佛大学的教授克里斯坦森得了癌症，临终前写了这本书。他对学生们说，如果你要衡量自己的一生是成功还是失败，有一条非常重要的原则，就是违法乱纪的事情一件都不要做。

我们可以看到，这段陈代和孟子之间的对话，也显示出了学生和老师之间不同的人生境界。

在陈代看来，只要可以达到好的效果，什么手段都行，但孟子认为，为利而妥协，是万万不可取的。

大丈夫者：
有所为，有所不为

景春曰："公孙衍、张仪岂不诚大丈夫哉？一怒而诸侯惧，安居而天下熄。"

孟子曰："是焉得为大丈夫乎？子未学礼乎？丈夫之冠也，父命之。女子之嫁也，母命之，往送之门，戒之曰：'往之女（rǔ）家，必敬必戒，无违夫子！'以顺为正者，妾妇之道也。居天下之广居，立天下之正位，行天下之大道。得志与民由之，不得志独行其道。富贵不能淫，贫贱不能移，威武不能屈。此之谓大丈夫。"

常言道：大丈夫顶天立地。那么，什么样的人才称得上顶天立地呢？对于这个问题，孟子给出了非常具体的回答。

"景春曰：公孙衍、张仪岂不诚大丈夫哉？一怒而诸侯惧，安居而天下熄。"景春是一个纵横家，在孟子那个时候，最受欢迎的是纵横家。纵横家就是苏秦、张仪这样的人，一会儿让秦国联合楚国，消灭其他的国家，一会儿让其他的国家联合起来对抗强秦。他们没有什么立场，哪条路能走通，哪条路能够让他们富贵，他们就走哪条路。

景春很羡慕这些成功的纵横家，就对孟子说，你整天教人学仁义，其实没什么意思。什么样的人比较酷呢？公孙衍、张仪这样成功的纵横家，这些人才是大丈夫。这些人一生气，连诸侯都害怕。他们如果不出门，老老实实在家里待着，天下的战火都会熄灭。你说这种人算不算是在纵横四海？

孟子曰："是焉得为大丈夫乎？"就好像现在有人过来对你说，你看这几个人多厉害，上了财富排行榜。但孟子说，这就算是大丈夫了吗？你难道没有学过礼吗？从小到大没有人教过你礼吗？

"丈夫之冠也，父命之。"一个男孩子长到二十岁的时候要行冠礼，因为他长大成人了，这时候父亲会对他教诲一番。"女子之嫁也，母命之。"一个女孩子要出嫁了，出门之前母亲也会对她进行教诲："往之女家，必敬必戒，无违夫子！"你现在去你夫君家，要谨慎恭敬，不要违背你丈夫的意思。"以顺为正者，妾妇之道也。"能让自己合乎丈夫的心意，跟丈夫和睦相处，这是做妻子的本分。

孟子说，一个君子要"居天下之广居，立天下之正位，行天下之大道"。广居是宽广的住所，这里不是指大房子，而是代表仁。仁是一个人安身立命的地方。正位就是站在正确的位置上，立场要对，代表礼。行天下之大道，这个是行义，符合义的路才是天下大道。所以，广居、正位和大道代表的是仁、礼、义。

"得志与民由之，不得志独行其道。"如果君子得志，他的理念能够得到推广，就跟老百姓一起努力前进。如果没人听你的，那么你就去做自己的事。

最后这句话最有名："富贵不能淫，贫贱不能移，威武不能屈，此之谓大丈夫。"一个人为什么会偏离天下之正道和人生之广居？原因很简单，要么有人用富贵来诱惑你，要么贫贱把你逼得无路可走，或者刀剑架在你脖子上。真正的大丈夫顶天立地：物质诱惑不了我；身居陋巷，一箪食、一瓢饮也能够淡定从容；就算是杀头，也能谈笑自若。

孟子讲的这个大丈夫的境界，比纵横家景春讲的，不知道高到哪儿去了。

景春的价值观不对。就好像很多人在网上到处说他们在传播知识。传播什么知识呢？如何一夜暴富，如何才能一天增加十万粉丝。他们用焦虑的情绪去不断撩动所有人，说什么不要被这个短视频的时代甩在后边，什么时代抛弃你，连个招呼都不打。他们这么说只是为了自己获利。

价值观重要吗？对于传道者或者传播者来说，当然重要。因为如果你自己是弯的，又怎么能教导别人正直呢？

现在有些人特别急于求成，想赚快钱，只要能迅速挣钱，完全没有底线。这样做虽然能满足一时的欲望，但因果相连，你亏的每一点良心，都在暗中标好了价格。

在这里，不知道大家是否注意到了一个细节。"母命之"的内容我们看到了，但"父命之"的内容孟子没说。有学者就去查了，父命的内容一般是"弃尔幼志，顺尔成德"。你今天成人了，把你小时候的那些习惯慢慢地改一改，现在需要遵循一个成年人的规范。

孟子故意不说，是行不言之教，让景春自己回家琢磨，你爸爸在你二十岁的时候告诫过你什么。

说来说去，孟子其实只强调一个点：大丈夫，有所为，有所不为。

仕由其道：

凭本事赚钱才是君子所为

周霄问曰："古之君子仕乎？"①

孟子曰："仕。《传》曰：'孔子三月无君，则皇皇如也；出疆必载质②。'公明仪曰：'古之人三月无君则吊。'"

"三月无君则吊，不以急乎？"

曰："士之失位也，犹诸侯之失国家也。《礼》曰：'诸侯耕助③以供粢盛（zī chéng）④，夫人蚕缫（sāo）⑤以为衣服。牺牲⑥不成，粢盛不絜，衣服不备，不敢以祭。惟士无田，则亦不祭。'牲杀、器皿、衣服不备，不敢以祭，则不敢以宴，亦不足吊乎？"

"出疆必载质，何也？"

曰："士之仕也，犹农夫之耕也，农夫岂为出疆舍其耒耜哉？"

曰："晋国亦仕国也，未尝闻仕如此其急。仕如此其急也，君子之难仕，何也？"

曰："丈夫生而愿为之有室，女子生而愿为之有家，父母之心人皆有之。不待父母之命、媒妁之言⑦，钻穴隙相窥，逾墙相从，则父母国人皆贱之。古之人未尝不欲仕也，又恶不由其道。不由其道而往者，与⁸钻穴隙之类也。"

注释｜① 周霄是魏国人，魏国由三家分晋而来，获得了其精华部分，所以他和梁惠王一样也自称是晋国人。
② 皇皇：彷徨不安貌。皇通惶。质通贽，初次见面之礼，一般士人用雉。
③ 诸侯耕助：助为借，诸侯于每年孟春举行亲耕仪式，而真正耕田仍须假借人民之力，称为籍田。他们种植供祭祀用的谷物，并以之劝农。
④ 粢盛：指盛在祭器内供祭祀的谷物。谷物称粢，盛在祭器内的谷物称粢盛。
⑤ 缫：把蚕茧浸在热水里抽丝。
⑥ 牺牲：祭祀时用的牲畜，一般为纯色。
⑦ 媒妁之言：媒为谋，谋合二姓；妁为酌，斟酌二姓。
⑧ 与：为。或说语助词，无实际意义。

彭更问曰："后车数十乘，从者数百人，以传（zhuàn）①食于诸侯，不以泰②乎？"

孟子曰："非其道，则一箪食不可受于人；如其道，则舜受尧之天下不以为泰。子以为泰乎？"

曰："否。士无事而食，不可也。"

曰："子不通功易事③，以羡④补不足，则农有余粟，女有余布；子如通之，则梓匠轮舆⑤皆得食于子。于此有人焉，入则孝，出则悌，守先王之道，以待⑥后之学者，而不得食（sì）于子。子何尊梓匠轮舆而轻为仁义者哉？"

曰："梓匠轮舆，其志将以求食也；君子之为道也，其志⑦亦将以求食与？"

曰："子何以其志为哉？其有功于子，可食而食之矣。且子食志乎？食功乎？"

曰："食志。"

曰："有人于此，毁瓦画墁⑧，其志将以求食也，则子食之乎？"

曰："否。"

曰："然则子非食志也，食功也。"

注释
① 传食：辗转受人供养。
② 泰：同太。
③ 通功易事：交流成果，交换物资。
④ 羡：余，多余。
⑤ 梓匠轮舆：梓人、匠人、轮人、舆人。前二者为木工，后二者为车工。舆，车厢。
⑥ 待：同持，扶持。
⑦ 志：动机、志向。
⑧ 墁：墙壁上的涂饰。

我们知道，孟子带着弟子周游列国，游说诸侯，这就是他的工作。孟子的待遇也很好，能过上小康生活，这源于孟子有着自己对于工作和赚钱的原则。

本篇中，孟子和两位弟子进行了两场辩论，深刻阐述了他对于工作和赚钱的态度。

先是他和弟子周霄的辩论。既然是辩论，就有一定技巧。周霄的技巧就是一步步把孟子引入自己的"圈套"，让孟子亲口承认君子应该主动出来做官。

周霄问曰："古之君子仕乎？"古代的君子都出来当官吗？

孟子曰："仕。《传》曰：'孔子三月无君，则皇皇如也；出疆必载质。'公明仪曰：'古之人三月无君则吊。'"孟子回答说，古代的君子是要当官的。根据记载，孔子如果三个月没有找到当官的工作，就有点紧张了。他只要离开鲁国，车上一定要带些见面礼。为什么带见面礼呢？因为到了别的国家，孔子需要跟人家打交道，需要礼尚往来。公明仪是古之贤人，他曾说，古时候的人如果三个月无事可干，朋友们就要上门探访了，问问他有什么需要帮助的。

孟子的回答正是周霄想要的，周霄接着挖了一个更深的坑。曰："三月无君则吊，不以急乎？"三个月没工作就要去探访他，这是不是有点太着急了？

接下来，孟子用一大段话回答周霄，为什么三个月没有工作就应该着急了。

曰："士之失位也，犹诸侯之失国家也。《礼》曰：'诸侯耕助以供粢盛，夫人蚕缫以为衣服。牺牲不成，粢盛不絜，衣服不备，不敢以祭。惟士无田，则亦不祭。'牲杀、器皿、衣服不备，不敢以祭，则不敢以宴，亦不足吊乎？"孟子说，一个士没有工作可干，就像一个诸侯没有国家可以管理一样。《礼记》中说，诸侯亲自耕田种出来的粮食要用来做祭祀的谷物，诸侯的夫人要养蚕、缫丝做衣服，诸侯祭祀的时候穿的衣服就是由夫人亲自养蚕缫丝做成的。

"牺牲不成"的"成"是"完美"的意思。祭祀的动物不完美，供奉的谷物不干净，衣服没有准备好，就不敢举行祭祀。如果一个士人没有田地的俸禄，丢失工作三个月，最大的问题是没有能力举行祭祀了。这样的情况难道还不够惨吗？还不需要去安慰他一下吗？

孟子的意思是，一个人如果三个月没有工作，连祭祀的能力都没有了，这算是挺惨的了，所以应该着急了。

周霄心中暗喜，再将一军，便胜利在握了。曰："出疆必载质，何也？"周霄接着问，这倒也能理解，但是为什么出门就非得要带上礼物呢？

曰："士之仕也，犹农夫之耕也，农夫岂为出疆舍其耒耜哉？"孟子说，一个士要当官，就好像农夫要种地一样天经地义。一个农夫要离开他的国家，难道不带着他种田用的耙子和锄头吗？孟子的意思是，你为了找工作带上礼物就和农夫种田要带上工具一样，这是职业需要。

说到这里，周霄觉得可以给予孟子"致命一击"了。曰："晋国亦仕国也，未尝闻仕如此其急。仕如此其急也，君子之难仕，何也？"这个晋国就是周霄的老家魏国。周霄说，我们晋国也是一个有很多官职虚位以待的国家，从来没有听说过找工作这么困难。既然您说三月没有职位就急成这样，那么您今天也不轻易出去做官，这是为什么呢？

周霄的最终目的终于暴露。但孟子没有进入周霄的语言圈套，他用一大段话回答了周霄，也阐明了他对于做官的态度。

孟子说："丈夫生而愿为之有室，女子生而愿为之有家。父母之心人皆有之。不待父母之命、媒妁之言，钻穴隙相窥，逾墙相从，则父母国人皆贱之。古之人未尝不欲仕也，又恶不由其道。不由其道而往者，与钻穴隙之类也。"父母生下一个男孩，就会希望他将来有一个妻子；父母生下一个女孩，就会希望她将来有一个夫家。父母肯定都知道，自己的孩子将来都是要娶要嫁的。可是不等到父母之命、媒妁之言，就着急从墙上抠个洞，看要嫁或要娶的人什么样，然后半夜翻墙过去，父母和周围的人都会觉得这个人下贱。

孟子打了一个比方，意思是如果你让我今天不按常理来做官，那跟没有父母之命、媒妁之言就和别人私会没什么区别，是不应该的，是"不由其道而往者"。

孟子强调的是什么呢？叫作"事由其道"，即作为君子肯定应该出去工作，但也要有节操和章法。如果没有一个契机，国君不愿意主动请他做事的话，他不可能放下身段觍着脸去找人家。他会按照古代的规范，把该做的事情做了，然后等待国君来找自己。

其实，孟子是在谴责靠游说君王起家的那些黑心的纵横术士。孟子强调任何事情都有它的道理，不能扭曲自己的人格，不能靠不正当手段去捞官。想做官，想实现自己的政治抱负和理想，都要用正当的手段。

放到今天我们也能理解，练好自己的本事，通过正当手段赚钱才是长久之计。

以上是周霄和孟子关于工作的讨论，虽然周霄想把孟子引入自己设计的语言圈套，但孟子并没有中计，并且阐明了自己对于做官的态度。

接下来是彭更和孟子关于赚钱的辩论。

我们说孟子是知识付费的鼻祖，他带着弟子给各国国君讲道理，各国国君款待他，这在彭更看来不太好，就和老师来了一场辩论。

彭更问："后车数十乘，从者数百人，以传食于诸侯，不以泰乎？"彭更问孟子，咱们每次出门，有几十辆车跟在后边，您的学生同行的有数百人。走到哪儿诸侯都给咱们送钱。"泰"就是"太"的意思。作为一个读书人，整天挣这么多钱，带这么多人到处吃喝，是不是太过分了？彭更觉得孟子作为一位学者，不应该赚那么多钱。

孟子怎么回答的呢？孟子曰："非其道，则一箪食不可受于人；如其道，则舜受尧之天下不以为泰，子以为泰乎？"

孟子说，如果不合乎道的话，哪怕只给我一小盒米饭，我都不要。如果合乎道的话，舜从尧那儿得到了整个天下都谈不上过分，你真的觉得我们过分吗？孟子的意思是，我做的事情是合乎道的，我给别人讲道理，别人给我钱，也是应该的。

但彭更不这么认为，曰："否。士无事而食，不可也。"彭更继续说，也不过分，但咱们作为士又没干活，而你却拿人家这么多东西，我觉得这事不应该。

我们发现彭更的逻辑是混乱的，他说不过分，后面又说赚诸侯钱这事不行。我们能理解，彭更就是觉得孟子赚诸侯钱这事不太好。

孟子又接着解释。曰："子不通功易事，以羡补不足，则农有余粟，女有余布；子如通之，则梓匠轮舆皆得食于子。于此有人焉，入则孝，出则悌，守先王之道，以待后之学者，而不得食于子。子何尊梓匠轮舆而轻为仁义者哉？"通功易事就是交流成果、交换物资。我会修车，你会种地，你拿粮食换我修车的服务，这就叫通功易事。"羡"是有余的东西。

孟子说，如果你有多余的东西不和别人交换，那么农夫手里的粮食消化不了，女人家里全是布，却没饭吃。梓是木工，匠也是木工，轮是专门做车轮子的人，舆是专门做车厢的人。如果你愿意交换，这些工匠都会因为你愿意交换物资而能找到饭吃。

假设现在有一个人，他在家孝顺，出门尊敬师长，还能遵守先王之道，他在等待好学的后生出现，在你这儿竟然没饭吃，你为什么觉得那些工匠可以挣到钱养活自己，而那些传播仁义的人却不可以呢？

孟子的意思是，你觉得那些工匠付出体力劳动养活自己没问题，而我教别人知识和道理，我就不配赚钱养活自己吗？

樊登读书（现改名帆书）也是卖知识这种无形的东西给大家，就会有很多人站出来说：你们凭什么挣那么多钱？说这些话的人应该也是彭更这样的心理，觉得知识不配赚钱。

彭更接着狡辩，曰："梓匠轮舆，其志将以求食也；君子之为道也，其志亦将以求食与？"人家那些木工的志向就是拿工作换口饭吃，但你学的是仁、义、礼、智，难道也是为了混口饭吃吗？

用今天的话说，彭更上升到道德评判的高度了，开始道德绑架孟子了。意思是你满嘴仁义，怎么能去赚别人的钱呢？

看孟子怎么回应。曰："子何以其志为哉？其有功于子，可食而食之矣。且子食志乎？食功乎？"孟子说，你怎么谈到志向了呢？如果一个人做的事对你有帮助，你愿意给他钱，给他粮食，你就给。你平常给人付钱，是根据他的志向给钱呢？还是根据他做的贡献给钱呢？

孟子的意思是，你为什么要计较一个人赚钱的出发点呢？社会是靠交换来运转的。你跟别人交换的时候,是交换一个人的出发点呢,还是交换他所做的事?

放到今天,我们不难理解,我们肯定是根据一个人为我们做的事而付费。

可彭更嘴特别犟,他说"食志"。彭更说,我就是看出发点。彭更的意思是,人家那些工匠就是想挣钱,我就根据出发点给他们钱,这没问题。而你是跟我讲道德的,你就不能从我这儿挣钱。

孟子又拿例子来反驳彭更。曰:"有人于此,毁瓦画墁,其志将以求食也,则子食之乎?""画墁"就是涂鸦。孟子说,今天有个人在这儿把你房子上的瓦片都给破坏了,还把墙涂得乱七八糟,他的目的也是赚钱。你会给他钱吗?

曰:"否。"彭更说,不给。

曰:"然则子非食志也,食功也。"孟子说,那这么看来,你不是因为出发点而给人钱的,你是根据效果付费的。

在孟子看来,读书人或许并不是为了吃饭才出去传播知识和道理的,但他们的确给别人带去了价值和帮助,别人付给他们相应的报酬是理所应当的。但彭更把这事搞复杂了,他觉得除了功效,还要考察一个人的出发点。今天看来,彭更的想法是没道理的。

孟子花这么大力气跟彭更做这番辩论,和今天互联网上的一些争论很像。很多人说,传播知识还要收钱有点难以理解。但我的看法是,读书人传播知识和劳动者从事体力劳动,两者形式不同,但都是给别人提供服务,靠本事赚钱,理应得到酬劳。

总之,孟子告诉我们,即使是知识分子,也要吃饭,也得赚钱。我们可以凭本事赚钱,但不能走歪门邪道,这才是君子所为。

举首而望之：
理想和现实总有差距

万章问曰："宋，小国也。今将行王政，齐楚恶而伐之，则如之何？"

孟子曰："汤居亳①，与葛为邻，葛伯放而不祀。汤使人问之曰：'何为不祀？'曰：'无以供牺牲也。'汤使遗（wèi）之牛羊。葛伯食之，又不以祀。汤又使人问之曰：'何为不祀？'曰：'无以供粢盛也。'汤使亳众往为之耕，老弱馈食。葛伯率其民，要（yāo）②其有酒食黍稻者夺之，不授者杀之。有童子以黍肉饷③，杀而夺之。《书》曰'葛伯仇饷'，④此之谓也。为其杀是童子而征之，四海之内皆曰：'非富天下也，为匹夫匹妇复仇也。'汤始征，自葛载⑤，十一征而无敌于天下。东面而征，西夷怨；南面而征，北狄怨，曰：'奚为后我？'民之望之，若大旱之望雨也。归市者弗止，芸者不变，诛其君，吊其民，如时雨降，民大悦。《书》曰：'徯我后，后来其无罚！''有攸不惟臣⑥，东征，绥厥士女，匪厥玄黄，绍我周王见休，惟臣附于大邑周。'其君子实玄黄于匪以迎其君子，其小人箪食壶浆以迎其小人。救民于水火之中，取其残⑦而已矣。《泰誓》曰：'我武惟扬，侵于之疆⑧，则取于残，杀伐用张，于汤有光。'不行王政云尔，苟行王政，四海之内皆举首而望之，欲以为君，齐楚虽大，何畏焉？"

注释
① 亳：古邑名，在今河南商丘境内。
② 要：拦截。
③ 此处饷为动词，指馈食于人。
④ 此处饷为名词，指馈食之人。
⑤ 载：开始。
⑥ 有攸：攸国。有：词头。用法如有夏、有殷。惟：为。
⑦ 残：残贼，指暴君。
⑧ 于：陈梦家认为通邘，古国名。

　　孟子晚年经常同弟子谈论经书，并喜欢借用古书中的例子表明自己的观点，这一篇即是孟子和弟子万章探讨关于治国的问题，孟子同样引用了古书中的例子，阐明了自己施行仁政的理想。

　　万章问曰："宋，小国也，今将行王政，齐楚恶而伐之，则如之何？"万章问孟子，宋国是一个小国，想施行仁政，但是齐楚两个大国要讨伐宋国，该怎么办？

　　其实滕文公曾经请教过孟子类似的问题，孟子给出的答案是让他不要管外界，而是要强大自己，而强大自己的根本就是要施行仁政。

　　滕文公也确实做到了仁政，可结果是，滕国还是被宋国吞并了。听起来有点讽刺，然后宋国又同样面临被崇尚武力的齐、楚两国征讨的问题，这就是万章来请教孟子的背景。

　　面对万章的提问，孟子是怎么回答的呢？孟子先引用了古书里的两个例子。

　　第一个就是商汤攻打葛伯的故事。

孟子曰："汤居亳，与葛为邻，葛伯放而不祀。汤使人问之曰：'何为不祀？'曰：'无以供牺牲也。'汤使遗之牛羊。葛伯食之，又不以祀。汤又使人问之曰：'何为不祀？'曰：'无以供粢盛也。'汤使亳众往为之耕，老弱馈食。"商汤所在的那个地方叫亳，商汤与葛伯为邻，葛伯为人放纵，从不祭祀。汤派人去问他"为什么不祭祀"，葛伯说"我们穷，没有祭祀用的牛羊"。汤派人把牛羊给他送去。葛伯把汤送来的牛羊都吃了，还是不祭祀。汤又派人去问："牛羊送给你了，怎么还不祭祀呢？"葛伯说"我们没有粮食"。汤让自己的民众去帮葛伯种田，老人和孩子就负责给这些种地的人送饭。

我曾读过《人类简史》这本书，书里写道，原始人之所以能够团结在一起，最重要的原因就是他们有共同的信仰，也就是愿意祭祀同一个神。

由此看来，商汤为了让葛伯能够祭祀，一次次给他送东西，极尽所能地帮助他，也就是在表明自己想和他友好相处，但葛伯并不领情。

最后商汤都让自己的老百姓去帮葛伯种地了，葛伯又是怎么回应的呢？

"葛伯率其民，要其有酒食黍稻者夺之，不授者杀之。有童子以黍肉饷，杀而夺之。《书》曰'葛伯仇饷'，此之谓也。""要"就是拦截的意思。葛伯派人在半路上拦截这些送饭的老人和孩子，还把他们带来的饭菜都抢走，谁不给，就杀掉谁。有一个小孩子去给他的父母送饭和肉，结果被葛伯的人杀了，还把饭和肉夺走了。所以《尚书》上说葛伯这个人憎恨给田间地头送饭的人，就是从这来的。

汤一次次地向葛伯示好，但最终葛伯反过来残害他的百姓。咱们常说把好人逼急了，最终不会有好结果。最后汤怎么做的呢？

"为其杀是童子而征之，四海之内皆曰：'非富天下也，为匹夫匹妇复仇也。'"最后，商汤觉得不能忍了，就去征讨葛伯，四海之内的人都评价说："汤这么做不是为了贪图天下的富贵，而是为那些手无寸铁的老百姓报仇。"也就是说商汤打仗不是为了自己，而是为了那些受苦受难的老百姓，想让他们脱离苦海。

接下来一段经常被孟子用来说服国君施行仁政。

"汤始征，自葛载，十一征而无敌于天下。东面而征，西夷怨；南面而征，北狄怨，曰：'奚为后我？'民之望之，若大旱之望雨也。归市者弗止，芸者不变，诛其君，吊其民，如时雨降，民大悦。《书》曰：'徯我后，后来其无罚！'"

"载"是开始的意思，汤第一次出征，就是从讨伐葛伯开始的。打了十一次战争，从来没有输过。你看看人家商汤当年怎么做的，往东边打，西边的人抱怨，往南边打，北边的人抱怨。他们抱怨什么呢？为什么不先打我们？老百姓对于商汤的期盼，像大旱时人们渴望下雨一样。商汤打仗时做生意的人照常做生意，不受影响；耕地的人在田里耕地，不用害怕。商汤打到哪里，就把哪里的君主杀掉，慰问那里的老百姓。他来了，就好像下了一场及时雨一样，老百姓都高兴。没有受到征讨的地方的老百姓则说，等到我的君主来了，我们就不再受折磨了。

也就是说，受暴君折磨的老百姓都希望施行仁政的商汤去攻打他们，好让他们脱离苦海。

接下来，孟子又给万章举了第二个例子，是《尚书》中记载的周武王讨伐攸国的故事。

"'有攸不惟臣，东征，绥厥士女，匪厥玄黄，绍我周王见休，惟臣附于大邑周。'其君子实玄黄于匪以迎其君子，其小人箪食壶浆以迎其小人。救民于水火之中，取其残而已矣。""绥"是安抚，"匪"是竹器，"玄黄"就是黄色和黑色相间的丝绸。《尚书》中又说，攸国也是一个不愿意臣服的小国，周武王讨伐攸国，安抚当地的百姓，当地百姓用竹器装满了黄色和黑色相间的丝绸。意思是百姓都希望见到周武王，他们愿意臣服于大周王朝，希望侍奉周王而受他恩泽。这样打仗不是为了私利，而是救民于水火之中，是为了取代那些残暴的国君。

"《泰誓》曰：'我武惟扬，侵于之疆，则取于残，杀伐用张，于汤有光。'"《尚书·泰誓》里说：我的威武要发扬，攻到了邘国的疆土上，除掉了凶残的暴君。正义因此得到伸张，就是比起商汤来也更加辉煌。这是《尚书·泰誓》对周武王征讨攸国的赞美诗。

在孟子看来，攸国和葛伯很像，都不施行仁政，最后周武王也和商汤一样去征讨对方，对方的百姓也非常欢迎。

最后孟子说道："不行王政云尔，苟行王政，四海之内皆举首而望之，欲以为君，齐楚虽大，何畏焉？"宋国不施行王政也就罢了，只要施行王政，四海之内一定会抬头仰望宋国，像盼望着天上降下及时雨一样，想要宋国国君来管理他们的国家。齐、楚虽然很强大，但有什么可怕的呢？

孟子举这两个例子是想告诉万章，宋国即便夹在齐、楚两个崇尚武力的大国之间，只要施行仁政，百姓还是愿意跟着宋国而不是跟着齐、楚，宋国没必要害怕。

孟子再一次强调了"仁者无敌"的道理，其核心就是"得民心者得天下"，像齐国和楚国那样的国家，它们的实力无论多么强大，也强大不过民心。

但我觉得我们要辩证地看待孟子的观点。

孟子特别相信古书里的案例，但其实《尚书》上的各种记载都是胜利者创作的，一定是经过美化的东西，未必是事情的原貌和全貌，但孟子认为那就是真相。我们想象一下，即便你施行仁政，一旦打起仗来，老百姓还是要躲起来，也肯定会有伤亡。

从历史事实来看，枪杆子还是很重要的，所谓"弱国无外交"。但是孟子的理想就是能有这么一个国家，英明的君主施行王政，打别人的时候不用费劲，因为当地的老百姓已经做内应了，直接打开城门放你进去，把那个残暴的君主换掉，战争就结束了，所以他也一再把自己施行仁政的主张告诉各位国君。但理想和现实总有差距，施行仁政的滕国最终还是被宋国吞并了，就是一个强有力的事实。

代入现实生活中，对于某一领域的权威，我们会带着固有印象，觉得对方说什么都是正确的、有道理的。可是一旦到了实施阶段，专家的建议可能未必有效或者未必适用于你。

比如有养生专家说跑步有利于身体健康，但对一些体弱的人来说这种运动太消耗能量，身体承受不了，那不妨换成瑜伽、八段锦等可以接受的方式。而且即便都选择跑步效果也会因人而异。

所以，无论是谁的观点或者意见，我们都要学会辩证地对待，结合实际情况去考虑，不能盲目地全盘接受。

谁与为善：
永远不要低估环境对一个人的影响

孟子谓戴不胜曰："子欲子之王之善与？我明告子。有楚大夫于此，欲其子之齐语也，则使齐人傅（fù）诸①，使楚人傅诸？"

曰："使齐人傅之。"

曰："一齐人傅之，众楚人咻（xiū）②之，虽日挞③而求其齐也，不可得矣；引而置之庄岳④之间数年，虽日挞而求其楚，亦不可得矣。子谓薛居州善士也，使之居于王所。在于王所者，长幼卑尊皆薛居州也，王谁与为不善？在王所者，长幼卑尊皆非薛居州也，王谁与为善？一薛居州，独⑤如宋王何？"

注释
① 傅：辅佐、教导。诸：之。
② 咻：喧嚷、扰乱。
③ 挞：鞭打。
④ 庄：街名。岳：里名。庄、岳都在齐都城临淄城内（见顾炎武《日知录》）。这里代指齐都中的闹市区。
⑤ "独"犹"将"，将要的意思，也有人说是单独的意思。

我们都听说过孟母三迁的故事。在孟子幼时，为了让孟子好好读书，孟母搬了三次家。

从坟墓旁搬到市场附近，孟母发现孟子先是在坟墓旁玩耍，后来跟着商人学习做买卖，就是不好好读书。直到孟母把家搬到书院旁边，孟子才开始模仿儒生好好读书，人也变得彬彬有礼。由于在好的环境下受到好的影响，孟子开始注重学习，发奋读书，最后成为一个大学问家。

这告诉我们，环境会影响一个人的成长，而孟子也是这个道理的受益者。在本篇，孟子把这个道理告诉了他的学生戴不胜，便有了两人的对话。

戴不胜是宋国的一个大夫。当时，年幼的宋康王刚刚登基，我们推测戴不胜很有可能是摄政大臣，他向孟子询问如何让年幼的宋康王成为一个好的君王，孟子给出了他的回答。

孟子谓戴不胜曰："子欲子之王之善与？我明告子。有楚大夫于此，欲其子之齐语也，则使齐人傅诸，使楚人傅诸？"孟子对戴不胜说，你希望年幼的宋王走上善道吗？假定有一个楚国的大夫在这儿，他希望他的孩子学说齐国话，那么他会请一个齐国人来教他，还是请一个楚国人来教他？

曰："使齐人傅之。"戴不胜说，那当然要请齐国人教了。这个很好理解，齐国人教齐国话肯定更专业，但孟子的用意并不在此。

曰："一齐人傅之，众楚人咻之，虽日挞而求其齐也，不可得矣；引而置之庄岳之间数年，虽日挞而求其楚，亦不可得矣。"孟子接着说，一个齐国人做老师，周围一群楚国人在干扰，就算你天天拿着鞭子打，让他说齐国话，他都做不到。如果你把这个楚国大夫的小孩送到齐国临淄城生活几年，就算你天天拿鞭子抽他，让他说楚国话他也说不了。

孟子的意思是，学习语言环境很重要，否则事倍功半。

在今天看来也很好理解，如今，很多小孩子学习英语，你会发现，在国内即便他天天背单词，花很多时间学习，可能还是学不好。而把小孩子送到国外去，可能只用一年半载，他就会说得特别好。这就是环境的力量。

孟子是想拿学语言的事情做类比，告诉戴不胜环境对一个人的影响有多大。接下来，孟子又回到正题。

"子谓薛居州善士也，使之居于王所。在于王所者，长幼卑尊，皆薛居州也，王谁与为不善？在王所者，长幼卑尊皆非薛居州也，王谁与为善？一薛居州，独如宋王何？"薛居州是宋国的另外一个大夫，我们推测是戴不胜为宋康王选的老师。

孟子接着和戴不胜说，你告诉我薛居州是个好人，你让他住在宫中，跟宋康王在一起。如果宫里的人都跟薛居州一样是好人，那么宋康王怎么可能学不好呢？如果在宋康王身边的人，除了薛居州以外都很坏，那么宋康王又跟谁学善呢？只有一个薛居州，他能对宋康王起多大作用呢？

在孟子看来，如果宋康王周边的人都和薛居州一样是好人，那宋康王成为好人很容易。但如果宋康王周围只有一个好人，其余都是糟糕的人，那宋康王想学好很难。因为一个薛居州改变不了宋康王的成长环境，戴不胜要解决的是宋康王成长环境的问题。

放到今天，很多家长对孩子的教育充满焦虑，不知道该给孩子请一个什么样的老师，或者给孩子找一个什么样的班级，才能让孩子好好学习、健康成长。

在孟子看来，这些办法都不解决根本问题。因为老师、同学对孩子的影响都有限，对孩子影响最大的是他周围的整体环境。换句话说，孩子的爸爸、妈妈、爷爷、奶奶等这些最亲近的人，才是对他影响最大的人。

因为孩子学东西不是一蹴而就的，也不是只要给他灌输，他就能跟着学的。环境的影响、长期的浸润才能真正改变孩子。

比如你会发现，家长脾气火爆，孩子性格通常也很泼辣；家长知书达理，孩子通常也很有礼貌。家长愿意读书学习，孩子放学回到家也会默默看书；如果家长在家总是拿起手机刷视频，那孩子也不太可能专注看书。

所以我经常劝家长，教育孩子最重要的一件事是改变自己。

全家都愿意读书学习，孩子才会跟着一起默默学习，不用刻意去教育。同样，想让孩子承认自己的错误和不足，好好改进，那做家长的首先要懂得反思自己的问题并主动改正。你能温和地和孩子说话，孩子才能模仿你，进而好好地和你沟通。

总之，作为家长，想让孩子变好，首先要让自己变得更好。你想和孩子之间的关系变好，你要先让家庭氛围变得更好。

学习是贯穿每个人一生的课题，教育也是一个漫长的过程。但是很多家长总想走捷径，走捷径的结局就像戴不胜请来一个薛居州一样，以为一个人就能把宋康王教育好，但孟子告诉他，一个人是没有用的。

我们也说"近朱者赤，近墨者黑"，作为家长，你用什么样的态度对待孩子，你用什么样的方式解决问题，你给孩子营造一个什么样的成长环境，才是孩子学习的最重要来源，这是孟子和戴不胜这段对话在教育孩子方面给我的启示。

由是观之，则君子之所养可知已矣：
一个人为人处世的态度，反映了他的人格

公孙丑问曰："不见诸侯何义？"

孟子曰："古者不为臣不见。段干木逾垣而辟（bì）之，泄柳闭门而不内（nà），是皆已甚。迫，斯可以见矣。阳货欲见孔子①而恶无礼，大夫有赐于士，不得受于其家，则往拜其门。阳货瞰孔子之亡也②，而馈孔子蒸豚；孔子亦瞰其亡也，而往拜之。当是时，阳货先，岂得不见？曾子曰：'胁肩谄笑，病于夏畦（qí）③。'子路曰：'未同而言，观其色赧赧（nǎn nǎn）然④，非由之所知也。'由是观之，则君子之所养可知已矣。"

注释　① 阳货欲见孔子：事见《论语·阳货》。见：这里是使动用法，意为阳货想让孔子来拜见他。
② 瞰：窥视。亡：外出，出门。
③ 畦：本指田畦，五十亩为畦。这里用作动词，指在田地里劳动。
④ 赧赧然：因羞愧而脸红。

我们常说，一个人为人处世的态度，反映了他的人格。

我很认同这个观点。比如，同样面对找工作，有人喜欢主动出击，也有人喜欢等待机会上门。据我观察，除了懒惰因素，那些自视清高的人往往在机遇面前不懂得主动出击，这是由一个人的人格决定的。

之前我们也讲过，孟子不主动出去做官，而是要等到诸侯来找他，因为他觉得虽然需要工作，但也要有章法。这次公孙丑又来问孟子为何不主动和诸侯打交道，孟子从人的性格角度回答了他。

公孙丑问曰："不见诸侯何义？""义"是道理的意思。公孙丑问孟子，老师您总是不主动结交诸侯，是什么道理呢？

孟子曰："古者不为臣不见。段干木逾垣而辟之，泄柳闭门而不内，是皆已甚。迫，斯可以见矣。"孟子说，古代那些高洁之士如果不是人家的臣子，是不会与君主见面的。魏文侯上门求见段干木，段干木竟然翻墙跑掉了。鲁国国君鲁缪公来找泄柳，泄柳关上门不让国君进来。孟子说，像段干木和泄柳这样的高洁之士也有点过分了。如果是不得已必须见，也是可以见的。

孟子的意思是，你不愿意主动结交权贵，这个可以理解，但权贵来找你，你却不见，这就有点过分了。如果不得不见，还是应该见一下的。

接下来，孟子又举了孔子和阳货的例子表明他不主动结交诸侯的原因。

"阳货欲见孔子而恶无礼，大夫有赐于士，不得受于其家，则往拜其门。阳货瞰孔子之亡也，而馈孔子蒸豚。孔子亦瞰其亡也，而往拜之。"阳货是季孙氏的家宰，势力很大，当时他已经取代了季孙氏的权力，正准备反叛，所以到处招揽人才。

阳货想要去见孔子，但又担心没面子，就想了一个办法。古代有一个礼法，如果一个大夫给士送了一样东西，如果这个士不在家，士需要登门去向大夫表示感谢。阳货派人盯着，故意等孔子不在家的时候去找他。他还蒸了一只乳猪给孔子送去，这在当时是很大的一份礼。孔子怎么做的呢？孔子也派人打听，等阳货不在家的时候过去还礼。

这个画面挺有意思，孔子不愿意跟阳货打交道，因为阳货是乱臣贼子，但又必须上门给人家还礼，所以来个"以其人之道还治其人之身"，挑阳货不在家的时候去拜访。

"当是时，阳货先，岂得不见？曾子曰：'胁肩谄笑，病于夏畦。'子路曰：'未同而言，观其色赧赧然，非由之所知也。'"对于这件事，曾子和子路分别发表了自己的观点。

曾子觉得，如果阳货先去拜访孔子，孔子怎么可能不见？"胁肩"就是耸着肩，"谄笑"就是讨好地笑。曾子说，如果让我一天到晚这么胁肩谄笑，比我夏天在农田里边干活还要累。谄媚逢迎的事曾子是不愿意做的，所以他选择了教书。

子路怎么说的呢？"未同而言"就是没什么话说，但还非得说话，和我们今天说的"尬聊"是一个意思。"赧赧然"，就是脸色羞惭的样子，是很别扭的社交状态。子路说，没什么话说，但还非得说话，脸色羞惭，感觉不舒服，这样的事我是做不到的。

孟子借由曾子和子路的话来表明自己的观点。

接下来是孟子的总结："由是观之，则君子之所养可知已矣。"孟子认为，通过这件事，一个君子的修养如何就一目了然了。也就是通过一个人面对权贵的态度，我们就能够看出他的修养如何了。孔子、曾子、子路面对权贵都选择不见，他们有着知识分子的清高，不愿意同权贵同流合污。

孟子这么回答公孙丑，意思是，我不见诸侯，不是排斥诸侯，人总是要干点事的，但是我不需要把自己变得那么卑微。孟子同样也有知识分子的清高。

对于找工作和待人，孟子有他的人格和操守。在我看来，孟子推崇人格独立，表现在与诸侯的交往上，决不谄媚，这也是对自己的尊重。

依我看，在这个经济高度发达、个体崛起的时代，赚钱的方式有很多种，知识分子的清高和坚守要辩证地去看。

一方面，一个人不能过于强调内心的清高而完全被动等待，那样只能让别人抢占先机，还是要主动出击才能争取到更多机会。另一方面，面对诱惑，要坚持自己的原则，做到尊重自我，有所取舍，不能过于谄媚，这点也很重要。

总之，就是学会辩证地看待自己的人格，不能完全被自己的人格牵着鼻子走，要懂得扬长避短。

如知其非义，斯速已矣：
并不是所有事都能循序渐进，有些改变刻不容缓

戴盈之曰："什一，去关市之征，今兹①未能。请轻之，以待来年，然后已，何如？"

孟子曰："今有人日攘②其邻之鸡者，或告之曰：'是非君子之道。'曰：'请损之，月攘一鸡，以待来年，然后已。'如知其非义，斯速已矣，何待来年？"

注释
① 兹：东汉高诱注：兹，年。
② 攘：抢夺、侵犯、窃取。

有这样一个观点：改变，要一步步慢慢来，不能一蹴而就。

一步达到目标固然好，但寻找一个中间状态作为过渡或许是我们大多数人更能接受的方式。

比如，一个人想要变瘦，可能先给自己制定一个月度目标，然后再达成年度目标；一个企业要实施某项管理制度，考虑到人的惰性，

可能会先制定一个试用办法，然后再正式实施。

可孟子告诉我们，不是所有的改变都可以一步步推进，都能寻找一个中间状态作为过渡，有的改变刻不容缓，必须马上完成。

本篇，孟子继续和宋国的大夫戴盈之讨论宋国建设的问题。

戴盈之曰："什一，去关市之征，今兹未能。请轻之，以待来年，然后已，何如？""什一"，就是什一税，是说收百分之十的税，当时很多诸侯都收百分之二十的税，孟子建议宋国收十分之一的税就够了。

戴盈之问孟子："把市场上的税收降到十分之一，我们宋国可以做，但是现在还做不到。想着先少降一点，今年先收百分之十五，明年再完全实行，你看怎么样？"

戴盈之之所以问孟子施行税收的事，是因为孟子建议宋国施行王政，鼓励百姓做生意，而政府只需做好管理工作，维持好市场秩序就好，不要老想着从百姓身上赚钱，这样才能减轻百姓负担。

可戴盈之提出了一个折中方案，即先收百分之十五的税，等到明年再降至百分之十。

一般来说，一个国家的税收改革一步一步来，也是合情合理的，但孟子并不认同，他还是坚持自己的观点，并且举了一个例子，反驳了戴盈之。

孟子曰："今有人日攘其邻之鸡者，或告之曰：'是非君了之道。'曰：'请损之，月攘一鸡，以待来年，然后已。'如知其非义，斯速已矣，何待来年？"孟子说，现在有一个人，每天都从隔壁偷一只鸡，然后有人对他说，你不应该偷别人东西，这不是君子的做法。偷鸡人说，行，那我少偷一点，我先一个月偷一只鸡，等我明年生活条件好一点，我就不偷了。你知道这事不对，就应该马上停掉，难道还要等来年才不再偷吗？

孟子用偷鸡做了一个类比，意思是偷鸡不能暂缓，那执行减税政策也不能打折扣。

在我看来，戴盈之和孟子两个人的观点和做法都能理解，戴盈之和孟子看问题的角度不一样，想法自然不一样，这也是"义"和"利"的问题。

戴盈之站在"利"的角度，认为利很重要。的确，国家如果没有税收，就不能正常运转了。戴盈之认为税收是个度的问题，所以在"好"和"更好"之间，戴盈之选择了先变"好"，再变"更好"。

但在孟子看来，这是"义"的问题，也就是对和错的问题，错就是错，应该立刻回头。

其实，站在客观角度去看，国家一旦运转起来，需要有预算，如果突然间大量减少，国家可能一下子没法正常运转了，所以戴盈之循序渐进的做法是可以理解的。但我们也能理解孟子的观点，战国时期人人行霸道，孟子推行仁政的主张就更为迫切，本质是告诉宋国官员实行仁政已经刻不容缓，应该立刻改过自新。

在现实生活中，孟子的"有错就改"观念还是非常有道理的。

我曾讲过一本书叫《这本书能让你戒烟》，作者就说，戒烟绝对不是一个循序渐进的过程，你千万别说我以前一天抽三包，现在一天抽一包，然后我再一天抽半包，最后不抽了。这不可能，因为你抽着抽着就可能又回到每天抽三包的状态。

戒烟最有效的方法就是立刻不抽。但前提是你发自内心地相信抽烟的坏处，这样即便你看到别人抽烟，你也不会眼馋而难受，而是会同情对方，这样你立刻就能把烟戒掉。很多读者按照这个方法去做，也确实把烟戒掉了。

总之，并不是所有的事情都能循序渐进，有些事情的改变，就是要一刀两断才有效。

夫子好辩：
为正义，该发声时要发声

公都子曰："外人皆称夫子好辩，敢问何也？"

孟子曰："予岂好辩哉？予不得已也。天下之生久矣，一治一乱。当尧之时，水逆行，氾（fàn）①滥于中国，蛇龙居之，民无所定。下者为巢，上者为营窟②。《书》曰③：'洚（jiàng）水④警余'。洚水者，洪水也。使禹治之，禹掘地而注之海，驱蛇龙而放之菹（jù）⑤，水由地中行，江、淮、河、汉是也。险阻既远，鸟兽之害人者消，然后人得平土而居之。

"尧、舜既没，圣人之道衰，暴君代作⑥，坏宫室以为污池⑦，民无所安息；弃田以为园囿，使民不得衣食。邪说暴行又作，园囿、污池、沛泽多而禽兽至。及纣之身，天下又大乱。周公相武王诛纣、伐奄（yān）⑧，三年讨其君，驱飞廉于海隅而戮之，灭国者五十，驱虎、豹、犀、象而远之，天下大悦。《书》曰：'丕显哉，文王谟！丕承哉，武王烈！佑启我后人，咸以正无缺。'

"世衰道微，邪说暴行有⑨作，臣弑其君者有之，子弑其父者有之。

孔子惧，作《春秋》。《春秋》，天子之事也。是故孔子曰：'知我者其惟《春秋》乎！罪我者其惟《春秋》乎！'"

注释
① 氾：同泛。
② 营窟：掘地或垒土而成的住所（见《说文解字》）。一说是相连的洞穴（清焦循）。
③ 《书》曰：引文不见于今本《尚书》，当为《尚书》逸篇（东汉赵岐）。
④ 洚水：洪水，大水泛滥。
⑤ 菹：水草丛生的沼泽。
⑥ 代作：更替而作，不断出现。
⑦ 污池：深池。污，水深的意思。
⑧ 诛纣、伐奄：周公伐奄，因三监之乱而起，是周成王时事，非武王时事。奄：古国名，原附属商，其地在今山东曲阜附近。
⑨ 有，通又。

"圣王不作，诸侯放恣，处（chǔ）士①横议，杨朱、墨翟②之言盈天下。天下之言不归杨则归墨。杨氏为我，是无君也；墨氏兼爱，是无父也。无父无君是禽兽也。公明仪曰：'庖有肥肉，厩有肥马，民有饥色，野有饿莩，此率兽而食人也。'杨墨之道不息，孔子之道不著，是邪说诬民，充塞③仁义也。仁义充塞则率兽食人，人将相食。吾为此惧，闲④先圣之道，距杨墨，放⑤淫辞，邪说者不得作。作于其心，害于其事；作于其事，害于其政。圣人复起，不易吾言矣。

"昔者禹抑洪水而天下平，周公兼⑥夷狄、驱猛兽而百姓宁，孔子成《春秋》而乱臣贼子惧。《诗》云：'戎狄是膺⑦，荆舒是惩，则莫我敢承⑧。'无父无君，是周公所膺也。我亦欲正人心，息邪说，距诐（bì）行⑨，放淫辞，以承三圣者。岂好辩哉？予不得已也。能言距杨墨者，圣人之徒也。"

注释
① 处士：居家而隐居不仕的人。
② 杨朱：战国早期道家人物，魏国人，又称杨子、阳子或阳生。他主张"为我""全性葆真"，不拔一毛以利天下。墨翟：墨家创始人，鲁国人，一说宋人，生活在孟子之前，提倡"兼爱""非攻""尚同""节葬"，主张"天志""明鬼"。

③ 充塞：堵塞。
④ 闲：捍卫、保卫。
⑤ 放：驱逐、排斥。
⑥ 兼：兼并。
⑦ 膺：打击。
⑧ 承：抵御。
⑨ 距诐行：反对偏颇的行为。诐：偏颇，邪僻。

春秋战国时期，是一个百家争鸣的时代，诸子之间经常唇枪舌剑，展开辩论。辩论是一件很有趣的事情，大家各自发表观点，陈述理由，来证明自己的观点是对的，就像老话常说的理越辩越明。辩论不仅是语言的交锋，更是思想的碰撞。论辩论，孟子就是个中高手。

这天，弟子公都子就问孟子："外人皆称夫子好辩，敢问何也？"外人都说老师您脾气大，喜欢跟人争辩，为什么您这么爱跟别人理论呢？

孟子曰："予岂好辩哉？予不得已也。天下之生久矣，一治一乱。当尧之时，水逆行，氾滥于中国，蛇龙居之，民无所定。下者为巢，上者为营窟。《书》曰：'洚水警余'。洚水者，洪水也。使禹治之，禹掘地而注之海，驱蛇龙而放之菹，水由地中行，江、淮、河、汉是也。险阻既远，鸟兽之害人者消，然后人得平土而居之。"

这段回复比较长，可见孟子对这个问题的态度还是很严肃的。

孟子说："哪是我爱跟人争辩吵架，我也是不得已。这天下有人类的时间已经很长了，人民有时候赶上好日子，有时候又遭受厄运，太平和坎坷交替发生。在尧的时代，人民生活在中原地带，洪水突然泛滥，到处都是蟒蛇、鳄鱼这类大型动物，老百姓没有地方居住，住在低洼地带的人，就得在树上搭个窝，住在高地的人，就得挖个窑洞做个窟。《尚书》里说老天降下大水是为了警示人们。这大水就是洪水，大禹就来治理洪水。他把河床挖深，把洪水疏导到大海里。他把蛟龙这类猛兽都驱赶到沼泽里。水在河床里流淌，不在地面上泛滥。江、淮、河、汉都是这样。洪水消散，猛兽也远离人群，百姓终于可以安稳地生活了。"

孟子接着说："尧、舜既没，圣人之道衰，暴君代作，坏宫室以为污池，民无所安息；弃田以为园囿，使民不得衣食。邪说暴行又作，园囿、污池、沛泽多而禽兽至。及纣之身，天下又大乱。"

尧舜时代结束后，圣人之道开始衰退，一代又一代的暴君不断地出现。有些暴君为了自己的享乐，把百姓的房屋推倒，挖出小湖，使得百姓无处安居。国君还把那些耕地变成园林、变成他们打猎的地方，百姓没地方种植五谷。那些荒谬的言论、残暴的行为又重新出现，供暴君们享乐的湿地、园囿逐渐变多以后，猛禽狠兽又回来了。到了商纣王时期，天下大乱，于是有了武王伐纣。

"周公相武王诛纣、伐奄。三年讨其君，驱飞廉于海隅而戮之，灭国者五十，驱虎、豹、犀、象而远之，天下大悦。"孟子说，周公帮着武王诛纣，又辅佐周成王。纣王有个宠臣叫飞廉，他逃跑了，周公一直追他到海边，然后杀掉了他。周公为了平定天下，灭掉了五十个由暴君统治的国家，还把虎、豹、犀、象这样的动物都赶走，全天下人都很开心。

《书》曰：'丕显哉，文王谟！丕承哉，武王烈！佑启我后人，咸以正无缺。'"丕显是大显光彩的意思，《尚书》里说武王这个人有谋略，善于继承文王的功业。文王和武王的功业启迪了后人，我们都因此保持了正直的品性。

"世衰道微，邪说暴行有作，臣弑其君者有之，子弑其父者有之。"孟子所处的时期，世道又衰微了，出现了很多暴行，臣子造反杀君王，儿子忤逆杀父亲，这样的事在当时屡见不鲜。

"孔子惧，作《春秋》。《春秋》，天子之事也。是故孔子曰：'知我者其惟《春秋》乎！罪我者其惟《春秋》乎！'"孔子看到这种状况，非常担心、恐惧。他就编写《春秋》这本历史书，记载他对历史人物的评价。《春秋》记载的都是天子的事。孔子感慨地说，人们了解我，只有通过《春秋》，怪罪我也只有通过《春秋》。

为什么孔子作《春秋》这件事很重要？因为乱臣贼子惧怕《春秋》。孔子在书中"一字之褒，荣于华衮；一字之贬，严于斧钺"。《春秋》只要有一个字赞扬人，被赞扬之人就好比穿上了国君赏赐的华贵服饰一样光荣；只要有一个字是批评人，被批评者就像用斧钺砍他的脑袋一样痛苦。一旦把评价写进书中就没法改，无论这个人后世有多少代子孙，都改不了。

"圣王不作，诸侯放恣，处士横议，杨朱、墨翟之言盈天下。天下之言不归杨则归墨。"孟子讲完了孔子的困境以后，又想到自己当下的境况：圣王迟迟不出现，诸侯肆意妄为，那些待在家里没有官位的士人就乱发议论。其中有个叫墨翟的人，他走的是公益路线，另一个叫杨朱的，他走的是经济路线，这两人的极端言论充斥全社会，导致年轻人不是在学杨朱，就是在学墨翟。

孟子骂道："杨氏为我，是无君也；墨氏兼爱，是无父也。无父无君是禽兽也。"杨朱认为人应该只考虑自己，不用考虑其他人。他没有奉献精神，这种人怎能做人臣？而墨翟呢，他主张对谁都一样，没有远近亲疏之分，难道对待自己的父亲跟对待他人的父亲也是一样的吗？这肯定不行。所以孟子说这两个人没有君臣和父子概念，简直就是禽兽。

孟子的这个观点是合情合理的，不管哪个社会，人际关系都像涟漪一样，有远有近，有亲有疏，该尊重的要尊重，该亲近的要亲近，这是礼。如果没有这个差序，我们没法跟人打交道，没法做事。

公明仪曰："庖有肥肉，厩有肥马，民有饥色，野有饿莩，此率兽而食人也。"公明仪说，厨房里有肥肉，马厩里有肥马，但老百姓却饿得面黄肌瘦，路边随处可见饿死的尸首，这就等于国君领着那些畜生在吃人。

"杨墨之道不息，孔子之道不著，是邪说诬民，充塞仁义也。仁义充塞则率兽食人，人将相食。"杨朱和墨翟这两套言论，的确能哗众取宠，让很多人追随。极端思想不消除，孔子的中庸之道得不到发扬和彰显，这就等于用邪说来欺骗老百姓，阻塞仁义的施行。仁义这条路被堵住了的话，谁也不讲仁义，会出现人吃人的状况。

"吾为此惧。闲先圣之道，距杨墨，放淫辞，邪说者不得作。作于其心，害于其事；作于其事，害于其政。圣人复起，不易吾言矣。"这段话表达了孟子的担心，他担心杨朱、墨翟的邪说到处泛滥，他要来捍卫先圣之道，批驳杨朱、墨翟的观点，排斥那些荒诞的说法，让淫辞邪说不能兴风作浪。

为什么孟子要反对邪说呢？因为邪说一旦兴起，就会改变人们的想法，想法又会影响行为，影响人们做事的方法，也会损害国家的行政，最后，整个国家的政治思想都会受到影响。

所以孟子对此深恶痛绝，他坚定地捍卫自己的观点。在他看来，就算周公和孔子复活了，也不会改变他的想法，而且这两位圣贤也一定会同意他的观点。

"昔者禹抑洪水而天下平，周公兼夷狄、驱猛兽而百姓宁，孔子成《春秋》而乱臣贼子惧。《诗》云：'戎狄是膺，荆舒是惩，则莫我敢承。'无父无君，是周公所膺也。我亦欲正人心，息邪说，距诐行，放淫辞，以承三圣者。岂好辩哉？予不得已也。能言距杨墨者，圣人之徒也。"

孟子这段话中，说到了三件事，分别是大禹治水让天下太平；周公兼并了夷狄，驱逐了猛兽，让百姓得到了和平；孔子作了《春秋》，反对率兽食人的政治，让乱臣贼子惧怕。这三件事的意义是层层递进。而后孟子引用《诗经》里说的，收服那些蛮族，再惩罚像荆舒这样不听话的国家，就没有人敢抵御王道了。周公要打击的对象就是那些无父无君之人。

孟子今天要做的事，就是正人心，息邪说，距诐行，放淫辞，继承大禹、周公和孔子这三位圣贤的优良传统。难道这就成了孟子喜欢跟别人争辩吗？历史的潮流把孟子推到了风口浪尖上，孟子必须承担起责任，他没办法，这是他必须做的。

孟子自己也说，他可谓"圣人之徒"，只有圣人之徒才能抵御杨、墨的极端言论。孟子很了不起，他作为中国古代儒家传承的代表人物，敢于直言，坚持信念，心怀伟大的抱负，哪怕面临巨大的挑战，他仍然坚持仁义的理念，并为之摇旗呐喊。

我们常说"沉默是金"，但有时候沉默也是纵容和懦弱的象征。尤其在孟子生活的时代，诸子百家，各个流派都有自己的观点，都希望用自己的观点去影响他人。如果这些观点是不对的，是有歧义的，我们也要不闻不问、听之任之吗？孟子用他的行动告诉我们，为了理想和信念，为了正义和百姓，该发声时就发声，该争辩时就争辩吧。

仲子恶能廉：
苦难，从来不值得被歌颂

匡章①曰："陈仲子②岂不诚廉士哉？居於（wū）陵③，三日不食，耳无闻，目无见也。井上有李，螬（cáo）④食实者过半矣，匍匐往，将食之；三咽，然后耳有闻，目有见。"

孟子曰："于齐国之士，吾必以仲子为巨擘（bò）⑤焉。虽然，仲子恶（wū）能廉？充⑥仲子之操，则蚓而后可者也。夫蚓，上食槁壤，下饮黄泉。仲子所居之室，伯夷之所筑与，抑亦盗跖⑦之所筑与？所食之粟，伯夷之所树与，抑亦盗跖之所树与？是未可知也。"

曰："是何伤哉？彼身织屦（jù），妻辟（bì lú）⑧，以易之也。"

曰："仲子，齐之世家也。兄戴，盖（gě）⑨禄万钟，以兄之禄为不义之禄而不食也，以兄之室为不义之室而不居也，辟兄离母，处于於陵。他日归，则有馈其兄生鹅者，己频（cù）⑩曰：'恶用是鶂鶂者为哉？'他日，其母杀是鹅也，与之食之。其兄自外至，曰：'是鶂鶂之肉也。'出而哇之。以母则不食，以妻则食之；以兄之室则弗居，以於陵则居之。是尚为能充其类也乎？若仲子者，蚓而后充其操者也。"

注释　① 匡章：齐国名将。曾在齐威王、宣王时为官。
② 陈仲子：齐国人，世称陈仲、田仲，又称於陵子仲，以"廉"名于世。
③ 於陵：齐国地名，在今山东。
④ 螬：即蛴螬，俗称"地蚕""大蚕"，是金龟子的幼虫。
⑤ 巨擘：大拇指，比喻杰出的人物。
⑥ 充：扩充，推广。
⑦ 盗跖：春秋时有名的大盗，柳下惠的兄弟。这里以盗跖代表恶人。
⑧ 辟：绩麻和练麻，谓治麻之事。
⑨ 盖：齐国地名，是陈仲子哥哥陈戴的食邑。
⑩ 频：亦作颦蹙，皱眉。：鹅鸣声。

过去我们总听到一个观点，要感谢苦难。因为苦难能磨砺人的心志，让人更强大。我们也常用"吃得苦中苦，方为人上人"去安慰并鼓励那些饱受苦难的人。

作家余华曾说过：永远不要相信苦难是值得的，苦难就是苦难，它不会带来成功，也不值得追求，磨炼意志是因为苦难无法避免！

如果时光倒流，我们追溯到孟子生活的时代，询问孟子这个问题，你猜孟子会怎么回答？我想，下面要讲的这段匡章和孟子的对话，或许能给我们一些启发。

齐国的名将匡章有一天跟孟子讨论，匡章曰："陈仲子岂不诚廉士哉？居於陵，三日不食，耳无闻，目无见也。井上有李，螬食实者过半矣，匍匐往，将食之；三咽，然后耳有闻，目有见。"他说齐国有一个廉士叫陈仲子。他很廉洁，廉洁到什么程度呢？他住在於陵这个地方，属于偏远的山区。他三天没饭吃，饿到耳朵听不见了，眼睛也看不见了，营养极其匮乏。

在一口水井边上有颗李子，这颗李子已经被虫子吃掉了一大半，陈仲子爬到井边，拿起这颗李子吃了三口，吃完耳朵就能听见，眼睛也能看见了。

匡章讲完，孟子就说："于齐国之士，吾必以仲子为巨擘焉。"今天我们要说一个人是行业巨擘，就意味着这人非常厉害。孟子说，历数齐国名人，说到陈仲子，他确实会竖起大拇指为他点赞，此人确实厉害。

紧跟着，孟子话锋一转，说道："虽然，仲子恶能廉？"但是呢，陈仲子这种品质不能够叫作廉洁，孟子解释说："充仲子之操，则蚓而后可者也。夫蚓，上食槁壤，下饮黄泉。仲子所居之室，伯夷之所筑与，抑亦盗跖之所筑与？"

孟子说，假如我们扩大陈仲子的操守，做一个推演，恐怕世上只有蚯蚓能做得比陈仲子更好了。因为蚯蚓饿了就吃土，渴了就喝泥水。那陈仲子住的地方，难道是圣人伯夷造的吗？说不定是盗跖这样的坏人建造的呢？

盗跖是谁呢？他是柳下惠的弟弟。柳下惠是古代贤人，大家都听过柳下惠坐怀不乱的故事，而他的弟弟盗跖却是大名鼎鼎的强盗。

"所食之粟，伯夷之所树与，抑亦盗跖之所树与？是未可知也。"这一段孟子继续用反问的口气来讽刺陈仲子。他说，陈仲子所吃的谷米，难道也是圣人伯夷种的？万一也是坏人盗跖种的，又该怎么办？

所以，沿着陈仲子的方式去探索什么叫作廉洁，是很荒谬的，得出的结论就是人都得像蚯蚓那样活着，才算得上廉洁。

孟子这样类比，其实就是在批评匡章的观点。

匡章不服气地说："是何伤哉？彼身织屦，妻辟，以易之也。"这有什么关系呢？你管陈仲子的房子是谁盖的，他自己织草鞋，妻子亲自织布做衣服，反正陈仲子是靠自己的劳动自给自足。

孟子回答说："仲子，齐之世家也。兄戴，盖禄万钟，以兄之禄为不义之禄而不食也，以兄之室为不义之室而不居也，辟兄离母，处于於陵。他日归，则有馈其兄生鹅者，己频曰，'恶用是鶂鶂者为哉？'

他日，其母杀是鹅也，与之食之。其兄自外至，曰：'是之肉也。'出而哇之。"

孟子对陈仲子还是很了解的，他说，陈仲子家是齐国的世家。他有个哥哥叫陈戴，封在盖地，每年有一百六十万斤粮食的收入。陈仲子认为哥哥赚的是不义之财，所以他不吃哥哥家的粮食，他认为哥哥的房子也来路不正，他也不住。所以，他离开了哥哥和母亲，跑到山沟里生活。有一天他回家探望母亲，看到家里有人送给他哥哥的几只鹅，陈仲子皱起眉头，厌恶地说，要这个咯咯叫的东西干吗？有什么用？

几天后，仲子的母亲把鹅杀了，烧熟了端给陈仲子吃。哥哥回来看见后就打趣陈仲子说，你说咯咯叫的东西不好，你吃的肉就是它们的肉。陈仲子听完立刻跑出门，把鹅肉全吐了。

孟子是这么总结陈仲子的："以母则不食，以妻则食之；以兄之室则弗居，以於陵则居之，是尚为能充其类也乎？若仲子者，蚓而后充其操者也。"陈仲子这人是很奇怪的，他母亲给他做的食物他不吃，他妻子辛苦劳作换来的食物，他就愿意吃。他哥哥家的房子他不住，非要跑到荒郊野外住。我们应该号召大家向谁学习呢？

匡章认为，人们应该向陈仲子学习，孟子则认为陈仲子是一个过于矫情的人，这类人的德行没法推广。在孟子看来，陈仲子的很多行为就是作秀，在他廉洁的生活背后，有很多刻意的行为，他甚至还故意制造一些无缘无故的苦难，然后自己去苦修。

按照陈仲子的逻辑，我们就会陷入死循环。

《史记·伯夷列传》里说，武王平定殷商之乱后，天下归周，伯夷和叔齐认为武王伐纣是犯上作乱，于是他们不吃周朝的粟米，自己跑到首阳山里挖野菜充饥，结果被人发现了，别人告诉他们，这山里的野菜也属于周朝，你们怎么就吃了呢？两人一听，干脆绝食，野菜也不吃了，最终活活饿死在首阳山。

如果一个人非得如此矫情地去坚守自己的一些想法，证明自己与众不同，证明自己能把苦吃到非人的程度，不愿意遵从社会习俗，顺应时代潮流，这就太过了，物极必反。

孔子讲的"过犹不及"，就是这个道理。如果廉洁得过分了，恐怕只有蚯蚓才能做到。蚯蚓可以吃土，但是人类不行。

所以，孟子不认为陈仲子是一个值得学习的对象，陈仲子的行为是反常的，不具备向普罗大众推广学习的价值。

再回到开头我们提到的问题，苦难需要被推崇吗？需要被感激吗？

答案是否定的。苦难本身没有任何意义，它就是折磨和痛苦。如果人们能够选择，没有人愿意经历苦难，我们都向往美好幸福的生活，能不经受苦难便获得幸福，何乐而不为呢？

孟子否认陈仲子的苦修和廉洁，带给我们的启发就是，凡事都要适度，适可而止，否则就会物极必反。

我们要学会透过现象看本质，在很多情况下，苦难往往被人炫耀成一种资本，就像陈仲子，吃了很多没有意义的苦，然后标榜自己廉洁，博取大众的敬仰和尊重。殊不知，苦难只是人生旅途中的插曲，它不值得歌颂，我们完全没有必要吹捧苦难的价值。

对待苦难正确的做法是：正视苦难，理解苦难，走出苦难，享受美好。

离娄

上

公输子之巧：
没有规矩，不成方圆

孟子曰："离娄①之明，公输子②之巧，不以规矩，不能成方员③；师旷④之聪，不以六律，不能正五音⑤；尧、舜之道，不以仁政，不能平治天下。今有仁心仁闻（wèn）而民不被其泽，不可法于后世者，不行先王之道也。故曰：徒善不足以为政，徒法不能以自行。《诗》云：'不愆（qiān）不忘，率由旧章⑥。'遵先王之法而过者，未之有也。圣人既竭目力焉，继之以规矩准绳，以为方员平直，不可胜（shēng）用也；既竭耳力焉，继之以六律，正五音，不可胜用也；既竭心思焉，继之以不忍人之政，而仁覆天下矣。故曰，为高必因丘陵，为下必因川泽。为政不因先王之道，可谓智乎？是以惟仁者宜在高位。不仁而在高位，是播其恶于众也。上无道揆（kuí）⑦也，下无法守也，朝（cháo）不信道，工不信度，君子犯义，小人犯刑，国之所存者幸也。故曰，城郭不完，兵甲不多，非国之灾也；田野不辟，货财不聚，非国之害也。上无礼，下无学，贼民兴，丧无日矣。《诗》云：'天之方蹶（guì）⑧，无然泄泄（yì yì）。'泄泄犹沓沓⑨也。事君无义，进退无礼,言则非先王之道者,犹沓沓也。故曰,责难于君谓之恭,陈善闭邪谓之敬,吾君不能谓之贼。

注释
① 离娄:一名离朱,相传为黄帝时人,目力极强,能于百步之外望见秋毫之末。
② 公输子:即公输班(或作公输般、公输盘),春秋末年鲁国人,故又称鲁班,是古代著名的建筑工匠。
③ 方员:员同圆。
④ 师旷:春秋时晋平公的乐师,为当时著名的音乐家。
⑤ 六律:相传黄帝时,伶伦截竹管所定,分阴阳各六,为两组,统称十二律。阳律为:黄钟、太簇、姑洗(xiǎn)、蕤(ruí)宾、夷则、无射(yì);阴律为:大吕、夹钟、中吕、林钟、南吕、应钟。五音:中国古代音乐所定的五个音阶:宫、商、角、徵、羽,相当于简谱中的1、2、3、5、6。
⑥ 不愆不忘,率由旧章:愆,过失。率,全部,都。由,遵从。
⑦ 揆:度,衡量,准则,法度。
⑧ 蹶:动乱。
⑨ 泄泄:亦作呭呭、詍詍,多嘴多言。沓沓:话多。沓,多,重复。按文义,这里同时有拖延懈怠的意思。

小时候调皮捣蛋,总被父母管教,最常听到这句:"没有规矩,不成方圆。"父母会告诉我们,哪些事不可以做,哪些事要按照规矩办。长大后才知道这句话的出处是《孟子·离娄上》,也就是我们今天要解读的篇章。

开篇孟子说道:"离娄之明,公输子之巧,不以规矩,不能成方员;师旷之聪,不以六律,不能正五音;尧、舜之道,不以仁政,不能平治天下。"即使我们有离娄那样好的视力,有鲁班那样精湛的技艺,如果没有圆规和曲尺,我们也画不好方形与圆形。

师旷是与孔子同时代的音乐家,他的听力非凡,但如果没有六律,他也不能校正宫、商、角、徵、羽这五音。尧、舜都是好帝王,但他们要是不施行仁政，也治理不好天下。

所以仁政、规矩、六律，这些都是我们作为标准的东西。

"今有仁心仁闻而民不被其泽，不可法于后世者，不行先王之道也。"今天有些诸侯，虽然心地仁慈，声名远播，但是老百姓却感受不到他们的恩惠，他们所做的事也不能让后世效法。原因是什么呢？因为他们徒有其表，并没有好好地遵从先王的规矩。

"故曰：徒善不足以为政，徒法不能以自行。"光有一颗善心，是不足以治国理政的；光有好办法，但不能落地执行，也是做不成事的。

在今天的管理学中，这些理念依然很重要。有的管理者喜欢营造氛围，认为把团队的教化做好就没问题了，这就是"徒善"。出发点是好的，但没有管理流程和制度，是做不成事的。反之，我们也不要高估制度体系的作用，没有好的发心，事情也做不好。

总而言之，善念和规则要合起来。思想工作要做，流程管理也要跟上，二者缺一不可。

"《诗》云：'不愆不忘，率由旧章。'"《诗经》里说，如果想让后人不出偏差，也不遗忘，那靠什么呢？靠的是遵从先王的制度，这叫率由旧章。"遵先王之法而过者，未之有也"，遵从先王的法度还会犯大错的人，从来没有过。

"圣人既竭目力焉，继之以规矩准绳，以为方员平直，不可胜用也。"孟子举例说，圣人们穷尽目力，又用到了各种各样的规矩和准绳，帮我们做出了方、圆、平、直这些规范。有了这些标准为基础，设计一件东西，就可以变化无穷。

"既竭耳力焉，继之以六律，正五音，不可胜用也。"作曲这件事，圣人的耳力也比咱们好，又有六律为依据，校正五音后，就能运用各种音阶，自由作曲了。

"既竭心思焉，继之以不忍人之政，而仁覆天下矣。"圣人已经耗尽了心力，思考了很多问题，又施行了仁政，让百姓免于受苦，这种仁德能广传天下，让大家都受惠。

"故曰，为高必因丘陵，为下必因川泽。"所以，想盖高楼，最好的方法是盖在丘陵之上。凿深，最好选择河谷地带。这样顺势而为，会减少很多不必要的劳动。

"为政不因先王之道，可谓智乎？"先王替我们做了这么好的示范，我们跟着有样学样就好，干吗要抛弃掉？这算是聪明人吗？

"是以惟仁者宜在高位。不仁而在高位，是播其恶于众也。"孟子认为，人只有具备仁心，才能处于高位。如果是一个不仁之人待在高位，大众都会学他作恶，天下就会大乱。

"上无道揆也，下无法守也，朝不信道，工不信度，君子犯义，小人犯刑，国之所存者幸也。"如果上位者没有道德规范，不用道德标准来衡量一件事，下面的人也没有法度可以遵守，整个社会就变成：朝堂上的王公大臣不遵守道德，老百姓不遵守法度，大家都没有规矩，想怎么做就怎么做。君子不在乎道德，小人也不在乎刑罚，这样的国家要是还能幸存，那简直就是奇迹，纯粹是运气了。

"故曰，城郭不完，兵甲不多，非国之灾也；田野不辟，货财不聚，非国之害也。上无礼，下无学，贼民兴，丧无日矣。"所以，城池不坚固，兵甲不够多，这不是国家的灾祸；荒地没人打理，经济不富裕，这也不是国家的灾难。孟子担心的是居上的人没有礼、义，在下的人也不接受教育，老百姓违法乱纪，到处作恶，这个国家很快就要完蛋了。

"《诗》云：'天之方蹶，无然泄泄。'"这是《诗经》里的话，意思是说，上天正要颠覆一些王朝，你们就不要多嘴了。多嘴就是沓沓的意思。"事君无义，进退无礼，言则非先王之道者，犹沓沓也。"大臣们不是靠义来辅佐君王，他们进退都不讲礼义，开口便诋毁先王之道，这就是聒噪。

"故曰，责难于君谓之恭，陈善闭邪谓之敬，吾君不能谓之贼。"所以说，用高标准要求君主就叫恭；宣讲善政、抵制邪恶就叫敬；认为自己的君主做不到就叫贼。

对此我联想到今天的企业，有些下属对上级溜须拍马，阿谀奉承，而某些上级领导也乐在其中。这是病态的。想让公司发展得更好，应该对领导者提出更高的要求，这才叫作"恭"。

把事实对领导敞开，让领导知道难点在哪儿，需要怎么做才能解决问题。跟领导谈话，要讲善言，要让领导从善，而不是蛊惑领导贪图享乐，用歪门邪道哄领导开心，不务正业。

总之，孟子认为规矩很重要，后人理应继承发扬先王之道。有规矩可以采用，有经验可以传承，我们就能省很大的力气，更容易做正确的事。

国有国法，家有家规；没有规矩，难成方圆。遵守规矩，顺应礼义，我们的生活才会井然有序，越来越好。

法尧舜：
道一以贯之，做到仁义足矣

孟子曰："规矩，方员之至也；圣人，人伦之至也。欲为君，尽君道；欲为臣，尽臣道。二者皆法尧、舜而已矣。不以舜之所以事尧事君，不敬其君者也；不以尧之所以治民治民，贼其民者也。孔子曰：'道二，仁与不仁而已矣。'暴[1]其民甚，则身弑国亡；不甚，则身危国削，名之曰'幽'、'厉'[2]，虽孝子慈孙，百世不能改也。《诗》云：'殷鉴不远，在夏后之世。'此之谓也。"

注释　① 暴：欺凌，凌辱。
　　　② 周朝末期，先有厉王，其孙为幽王。根据谥法，"厉"是杀戮无辜；"幽"是壅遏不通、动祭乱常（见《逸周书·谥法解》）

孟子曰："三代之得天下也以仁，其失天下也以不仁。国之所以废兴存亡者亦然。天子不仁，不保四海；诸侯不仁，不保社稷[1]；卿大夫不仁，不保宗庙；士庶人不仁，不保四体。今恶（wù）死亡而乐不仁，是犹恶醉而强酒。"

注释　① 社稷："社"是土神，"稷"是谷神。古代诸侯的国都，皆立社稷之神，因此社稷为国家之称。大夫的采邑称为"家"，可立祖庙，是为宗庙。

曾经有部港剧叫《仁者无敌》，播出后火爆一时。随着时间的推移，如今我早已记不清剧情了，但"仁者无敌"这四个字却刻在脑海里。说起这个词的来历，还得追溯到《孟子》，其中，孟子对梁惠王说："仁者无敌，王请勿疑。"

这话的字面意思不难懂，说的是仁德之人，没有对手，君主只要施行仁政，就会天下无敌，君王对此无须质疑。孟子如此说，足见他对仁政仁德的高度认可。这一节内容中，孟子就从历代贤君的仁德之行入手，告诉我们一个真理：天下大道，唯有仁德。做人的规矩就是有仁德。

为什么会这样呢？孟子在这一节里会告诉我们为什么得到容易，守住却很难。

孟子说："规矩，方员之至也；圣人，人伦之至也。"方圆就是最好的规矩；而圣人则是人伦的最高标准，而圣人里面把人伦做到极致的非尧、舜莫属。

"欲为君，尽君道；欲为臣，尽臣道。二者皆法尧、舜而已矣。"做君王的，要尽力做到最好；做臣子的，也一样要做到最好。不管是为君还是做臣，只要能效仿尧、舜二人，就一定能做好。"不以舜之所以事尧事君，不敬其君者也；不以尧之所以治民治民，贼其民者也。"作为臣子，如果你不按舜当年侍奉尧的方式侍奉你的君主，就是对君主的大不敬；作为君王，如果你不按照尧治民的方法来管理你的百姓，你就是在残害你的子民。

为什么一定要按照尧、舜的方法来管理百姓呢？因为尧、舜是圣明君主的楷模，他们把仁爱做到了极致。

孔子说过："道二，仁与不仁而已矣。"天下之道就是两条路，要么仁义，要么不仁，不存在半仁不仁。既然尧、舜是仁君的楷模，那作为君主，自然要像尧、舜那样管理自己的百姓，否则就是不仁。

我曾讲过一本很有意思的书叫《有限与无限的游戏》。书中说，世界上只有两种游戏，一种是有限游戏，一种是无限游戏，没有中间状态，我们最好选择玩无限游戏，而这个世界上有且只有一种无限游戏。

对君王而言，治国这件事，施行仁政就是无限游戏，如果君王能够一直以仁治国，那么国家就能长治久安；反之，不仁就是有限游戏，不仁会削弱国家实力，直至灭亡。

"暴其民甚，则身弑国亡；不甚，则身危国削。"这话的意思是说，如果君主对老百姓过分残暴，那么他会被别人杀掉，国家会灭亡。即使做得不那么过分，人身安全也会受到威胁，国家也会被削弱。而这样的君王会被冠之以"幽""厉"之名，就像烽火戏诸侯的周幽王，他死后就被称为"幽"。幽的含义是壅阻不通，引申为脑子糊涂。还有死后被称为"厉"的周厉王，"厉"字是指杀戮无辜。周厉王不允许百姓讨论国政，否则就要杀头。百姓被逼无奈，哪怕是熟人相遇，也只敢交换眼神，不谈国事。

所以一旦给君王加上幽、厉这样的称号，即使他的后世有很多孝子贤孙，他在史书上的名字也不会改变，这样的名号会一直流传下去。

接着，孟子又通过夏、商、周的例子，进一步说明了仁和不仁得到的不同结果。

孟子说："三代之得天下也以仁，其失天下也以不仁。"夏、商、周三代都是靠仁政得到了天下，但是最后也都是因为不仁失去了天下，因为三代最后的君王夏桀、商纣王、周幽王都是昏君。"国之所以废兴存亡者亦然。"今天这些诸侯国的废兴存亡也是一样的道理，都是靠仁或者不仁来实现的。

"天子不仁，不保四海；诸侯不仁，不保社稷；卿大夫不仁，不保宗庙；士庶人不仁，不保四体。"上至天子，下至庶民，都离不开仁道。天子不以仁治天下，就会失去天下；诸侯不仁，就难以保住社稷江山；卿大夫不仁，就会宗庙不保，失去大好前程；士庶人不仁，可能会保不住自己的生命。

孟子将天子、诸侯、卿、大夫、士、庶人都点了一遍，就是要强调不管你是什么身份、什么地位，都需要怀仁心、行仁道，才能保住自己所拥有的，一旦不仁，你拥有的东西都会被削弱甚至失去。

虽然君王们都明白这个道理，但真正能做到的却没有多少。

"今恶死亡而乐不仁，是犹恶醉而强酒。"孟子这话说得太精彩了。今天我们问每个人，你怕死吗？几乎所有人都会说怕，都不想死，但他们仍然喜欢干坏事。这就好比一个人特别讨厌喝醉，却还是不加节制地喝酒。

类似现象在现实生活中其实非常普遍。许多人知道熬夜对身体不好，但每天晚上还是迟迟不肯入睡。许多人知道运动对身体好，但依旧懒得行动，即使行动了也坚持不住。

教育孩子也是一样，父母都希望孩子健康阳光，长大了有所成就。但在孩子成长的过程中，父母却疏于陪伴，不懂沟通，对孩子动辄打骂，一味要求孩子无条件顺从。这些都是父母对孩子不仁的做法，这样是教育不出优秀的孩子的。

很多人觉得自己挺努力的，为什么没有好结果？其实我们应该反思自己的出发点和做法。用孟子的理念来看，我们要反思自己的言行是否符合仁德的标准。对现代人而言，为人处世，只需遵循一个道理，那就是仁义。仁义能让我们得到想要的一切，不仁会让已有的一切都失去。如果你渴望健康的体魄，就对自己的身体仁义一点，规律作息，健康饮食，保持运动。如果你渴望事业发达，就对合作伙伴、公司员工仁义一点，诚信守诺，利益共享。如果渴望家庭和睦，就对家人仁义一点，互相尊重，相互扶持，不离不弃。所以你看，事情并不复杂，道一以贯之，做到仁义就足矣。

反求诸己：
遇到问题要学会从自身找原因

孟子曰："爱人不亲，反其仁；治人不治，反其智；礼人不答，反其敬。行有不得者皆反求诸己①，其身正而天下归之。《诗》云：'永言配命，自求多福。'"

孟子曰："人有恒言，皆曰：'天下国家。'天下之本在国，国之本在家，家之本在身。"

孟子曰："为政不难，不得罪于巨室②。巨室之所慕，一国慕之；一国之所慕，天下慕之，故沛然德教溢乎四海。"

注释 | ① 孟子对"反求诸己"有很多论述，如"祸福无不自己求之者""不怨胜己者，反求诸己而已矣""君子必自反也""反身而诚"等等。
② "巨室"是指一国有名望、有势力的世家大族，亦即贤明而有影响力的卿大夫之家。

很多人遇到问题，第一反应是抱怨他人和外界环境。好比公司不景气，老板就抱怨员工能力不行，员工则抱怨老板没有实力。这种把责任都推给他人和环境的做法，只会显得自己无能且懦弱。对这种现象，孟子说过一句话："爱人不亲，反其仁；治人不治，反其智；礼人不答，反其敬。行有不得者皆反求诸己。"

这个"反求诸己"可谓一语击中要害。事情没办好,我们要先从自身找原因,多做自我批评,而不是想着甩锅给他人。我们想跟别人交好,但别人对我们不亲近,我们需要"反其仁",意思就是自我反思,是不是我们不够仁德。管理别人,别人不服管,我们也要反思是不是自己管理水平不够。我们以礼待人,对方却爱答不理,我们也要反思是不是自己诚意不够、恭敬不够。

任何事情,只要没有达到预期效果,都应该反过来审视自己的行为,从自己身上找原因。

孔子曾经说过"吾道一以贯之",但是他没有解释其中的"一"到底是什么。曾子说"夫子之道,忠恕而已矣"。后来的很多学者,包括我自己也认为,孔子所说的这个"一",其实就是反求诸己。

刘备为什么能够三顾茅庐?这就是"礼人不答,反其敬"。前两次没有见到诸葛亮,刘备觉得是自己的诚意不够,第三次再来,来的时候诸葛亮在睡觉,他就站在门外等,最终他的诚意打动了诸葛亮,诸葛亮出山帮助他成就了一番大业。

如果我们做事进展不顺,结果不好,我们应该先从自身找原因。

现在很多人碰到问题,一律归罪于外界:要么是社会环境不好,要么是团队不行,要么是领导不行。就像崇祯皇帝一样,临死之前还说自己不是亡国之君,都是大臣害得他亡国了。殊不知,兵熊熊一个,将熊熊一窝。那些大臣可都是听他的指令办事的。

如果一个人不能做到反求诸己,就会觉得这个世界特别丑陋,做事特别无力,因为他会觉得周围全是坏人。但是如果你能反求诸己,就会"其身正而天下归之",你自己的行为端正了,天下自然就会归顺。

孟子说,这就像《诗经》中讲的"永言配命,自求多福"。"自求多福"这句话在今天好像已变得有点消极了，好像是在说大家各自逃难去吧。但自求多福的本义是，一个人努力地做好事，才能获得更多的福报。永言配命就是永远要配合天命，不要怨天怨地，这是自求多福的前提。

世上的事可以分为三种：自己的事，他人的事，老天爷的事。只要我们每个人都专注做好自己的事，其他两件事也会变得越来越好。

孟子就是想告诉我们，遇到什么困难，不要从别人身上找原因，有问题也是自己的问题，要去解决自己能够解决的问题。

治理国家也是一样，如果国家治理得不好，也要从自身去找原因。

孟子说："人有恒言，皆曰：'天下国家。'天下之本在国，国之本在家，家之本在身。"俗话都说天下国家，天下和国家还是有些区别的。周王朝时候实行分封制，天子不直接统治地方，而是通过诸侯来治理地方。因此天子治理天下的本在诸侯。如果诸侯跟天子不是一条心，天下是会动摇的。国之本在家，家就是卿大夫的宗族。国是由一个一个的宗族势力构成的，所以国之本在于这些卿大夫的支持。家之本在身，身就是一个一个的个体。

《大学》里讲"修身、齐家、治国、平天下"，和孟子说的是一样的道理。修行的方法就是先修身，修身之后才能齐家，齐家之后才能治国，治国之后才能平天下。这是一个儒家的系统。

所以说，不管是齐家、治国还是平天下，基础都是修身，做好自己该做的。把自己管理好才能齐家，把家管理好才能治国，把国管理好才能平天下。

孟子曰："为政不难，不得罪于巨室。巨室之所慕，一国慕之；一国之所慕，天下慕之，故沛然德教溢乎四海。"

管理国家其实不难，只要你不得罪那些卿大夫世家，这里的"得罪"和我们现在说的得罪意思是不一样的，这里的得罪就是获罪的意思，不做让那些卿大夫世家讨伐你的事情，实际上就是指国君要经常反求诸己，审视自己的行为，不给那些卿大夫讨伐的机会。

当君王的言行让卿大夫们仰慕时，就会成为风气，全国的百姓也都会仰慕；全国百姓仰慕的，全天下的人也都会仰慕，那么治理天下也就不是什么难事了。

这样就会"沛然德教溢乎四海"，关于德行的教育，就会浩浩荡荡地在四海之间充溢。这是孟子的一个理想。如果四海之内的人都受到了德行的教育，那么治理国家也就不难了。

不管是国君还是普通人，大家如果能把"行有不得，反求诸己"这八个字作为座右铭，遇到什么事你都能想得明白。

我讲过一本书，名叫《思辨与立场》，书中说，如果你在这个世界上还有烦恼的话，一定是因为你的思维方法错了。

我们改变不了别人，但我们可以选择改变自己。当我们改变自己的思想和行为时，周围的人也会受到潜移默化的影响，随之发生改变。反求诸己，多向内找原因，你会发现越努力越幸运。

仁不可为众也：
行仁政，是让天下人归附的唯一途径

孟子曰："天下有道，小德役大德，小贤役大贤；天下无道，小役大，弱役强。斯二者，天也。顺天者存，逆天者亡。齐景公曰：'既不能令，又不受命，是绝物①也。'涕出而女（nǜ）于吴②。今也小国师大国而耻受命焉，是犹弟子而耻受命于先师也。如耻之，莫若师文王。师文王，大国五年，小国七年，必为政于天下矣。《诗》云：'商之孙子，其丽不亿③。上帝既命，侯于周服④。侯服于周，天命靡常⑤。殷士肤敏，裸（guàn）将于京⑥。'孔子曰：'仁不可为众也。夫国君好仁，天下无敌。'今也欲无敌于天下而不以仁，是犹执热而不以濯⑦也。《诗》云：'谁能执热，逝不以濯？'"⑧

注释
① 物：事。
② 齐景公为了与吴王阖庐结盟，忍痛嫁出自己的女儿。据《说苑·权谋》，齐景公惧怕吴王阖庐伐齐，不得已把女儿嫁给阖庐。送别女儿时，哭着说："余死不汝见矣。"女：嫁女，此处为动词。
③ 其丽不亿：丽，数。亿，古代以十万为亿。
④ 侯于周服："侯服于周"的倒文。侯：乃，于是。服：臣服。

⑤ 靡：没有。
⑥ 肤敏：美丽而敏捷。肤：美。敏：疾速，此处意为聪敏。祼将："将祼"的倒文。将：助。祼：宗庙祭祀的一种仪式，把郁鬯（chàng）酒浇在地上以迎接鬼神。
⑦ 执热：手拿热物。濯：用冷水冲洗。
⑧ 语出自《诗经·大雅·桑柔》，周大夫芮良夫因谴责周厉王用小人、行暴政、招外侮、祸人民的罪行，陈述救国之道而作。逝：发语词。

"顺天者存，逆天者亡"这句古老而深刻的箴言，自古以来就被视为一种不变的真理。它传达了一个核心信息：顺应自然和道德规律的，往往能够生存并繁荣；而违背这些规律的，则往往会走向衰败和灭亡。

这一节，孟子以他独特的智慧和洞察力，对这个真理进行了深入阐述，将"好仁"的因与果掰开揉碎，为我们讲述天下之大道。

孟子说："天下有道，小德役大德，小贤役大贤；天下无道，小役大，弱役强。"

意思是，天下有道的时候，道德不高的人被道德高的人管理，贤能小的人被贤能大的人管理；天下无道的时候呢，贤字没了，德字也没了，变成了力量小的被力量大的管理，弱势的被强势的管理。

"斯二者，天也。"出现有道、无道这两种状况，都是天意。

"顺天者存，逆天者亡。"顺着天道生活，就能够存活下来，逆天而行必然灭亡。

这里孟子举了齐景公的例子，来说明天道不可逆。

"齐景公曰：'既不能令，又不受命，是绝物也。'涕出而女于吴。"齐景公本不愿意将女儿嫁到吴国，因为那时候吴国属于边远地区，但是齐景公又明白天道，他说："咱打不过吴国，又不愿意听吴国的，这样不就是自绝于天下吗？"所以他哭着把女儿嫁到吴国去了。

"今也小国师大国而耻受命焉，是犹弟子而耻受命于先师也。"

孟子说，今天这些小国以大国为师，却以听命于人为耻，这就好比学生以听命于老师为耻一样。

"如耻之，莫若师文王。"如果小国国君真的有这份羞耻心，不愿意听从大国的支使，最好效仿文王，文王所在的周当年也是小国。"师文王，大国五年，小国七年，必为政于天下矣。"效仿文王，大国只要五年，小国只要七年，就一定可以号令天下了。

接下来，孟子引用《诗经·大雅·文王》中的"商之孙子，其丽不亿。上帝既命，侯于周服。侯服于周，天命靡常。殷士肤敏，祼将于京"来进一步印证"天下无敌"与"国君好仁"的关系。

这段诗描写的是商朝灭亡以后的情景：殷商的子孙很多，但当周武王接受了天命，殷商的子孙就成了周的臣子，这就是天意无常。那些漂亮而聪明的殷商子孙，却在周朝的京城外边帮助周朝人行灌酒之礼。

孟子又引用孔子的"仁不可为众也。夫国君好仁，天下无敌"，从圣人的角度论证"天下无敌"与"国君好仁"之间的关系。孔子说，仁爱不是以人数来计算的，国君是不是好仁才是最重要的，如果好仁，就会天下无敌。

"今也欲无敌于天下而不以仁，是犹执热而不以濯也。"孟子说，我相信你们这些做王的，都希望自己能够无敌于天下，但是你们又不想学周文王，用仁的方法来实现，就像你用手拿了滚烫的东西却不赶紧把手放到冷水里冲洗一样。

这也是《诗经》里说的："谁能执热，逝不以濯？"谁能烫了手还不用冷水冲洗呢？

孟子说这话的意思就是形容这种行为是不可理喻的。

孟子认为，一个人要想号令天下，让天下人归附于他，唯一的办法就是推行仁政。孟子坚信这就是天道所在，是不可更改的法则。没有人可以违背天道，要么像齐景公一样含泪忍受屈辱，要么像周文王一样施行仁政，二选一，没有别的路可走。这是天道的选择，也是百姓的选择。只有理解了这一点，才能真正地掌握治理国家的智慧，实现国家的长治久安。

这个道理不仅适用于国家治理，也适用于个人，只有源自内心的真诚和善良，才能够赢得长久的尊重和声誉；而那些通过非仁手段取得的权力或者利益，会损害自己的声誉，最终自食恶果。

人必自侮，然后人侮之：
你对待自己的态度，决定了别人对你的言行

孟子曰："不仁者可与言哉？安其危而利其菑（zāi）①，乐其所以亡者。不仁而可与言，则何亡国败家之有？有孺子歌曰：'沧浪②之水清兮，可以濯我缨③；沧浪之水浊兮，可以濯我足。'孔子曰：'小子听之！清斯④濯缨，浊斯濯足矣，自取之也。'夫人必自侮，然后人侮之；家必自毁，而后人毁之；国必自伐，而后人伐之。《太甲》曰：'天作孽，犹可违；自作孽，不可活。'此之谓也。"

注释
① 菑：同灾。
② 沧浪：水色青碧。
③ 缨：系帽子的丝带。
④ 斯：则。

孟子曰："桀纣之失天下也，失其民也；失其民者，失其心也。得天下有道，得其民，斯得天下矣；得其民有道，得其心，斯得民矣；得其心有道，所欲与之聚之，所恶勿施，尔也。民之归仁也，犹水之就下、兽之走圹①也。故为渊驱鱼者，獭也；为丛驱爵（què）者，鹯（zhān）②也；为汤武驱民者，桀与纣也。今天下之君有好仁者，则诸侯皆为之驱矣。虽欲无王（wàng），不可得已。今之欲王者，犹七年之病求三年之艾③也。苟为不畜，终身不得。苟不志于仁，终身忧辱，以陷于死亡。《诗》云：'其何能淑，载胥及溺④。'此之谓也。"

注释
① 圹：同旷，旷野。
② 爵：同雀。鹯：鹞鹰一类的猛禽。
③ 艾：草药名，叶片晒干制成支绒，可用于灸疗。存放时间越久，疗效越好。
④ 其何能淑，载胥及溺。意思是：他们怎能做得好，只能互相拉下水。淑：好。载：句首语，助词，无义。胥：相互。溺：落水。

很多人遇到问题后，总是怨天尤人，很少从自己身上找原因。其实，大到国家的存亡、宗族的祸福，小到个人的安危，很多时候都是我们自己的原因造成的。

一个人最大的敌人永远都是自己，只有自己可以打败自己，为什么这样说呢？孟子在这一篇里面为我们揭晓了答案。

孟子说："不仁者可与言哉？安其危而利其菑，乐其所以亡者。"一个人如果不仁，你还会跟他商议事情吗？不仁的人，他们干着危险的事情，把带来灾祸的东西当利益，还以此为傲。比如，有的人靠行贿、受贿为生，总做一些见不得人的勾当，你劝他不要这么做，他还嘲笑你没这本事，这种人就叫作"安其危"。他们明明做着很危险的事，自己却不知道。欺负别人、坑蒙拐骗、烧杀抢掠这些都是断送前途甚至要命的事，他们不仅做了，还满心欢喜。

"不仁而可与言，则何亡国败家之有？"如果这些不仁的人还能够跟你好好地讨论问题，还能够理智地思考问题，就不会出现亡国败家这样的事了。

当年屈原听见渔夫唱了一段儿歌"沧浪之水清兮,可以濯我缨;沧浪之水浊兮,可以濯我足",便把它记录下来。意思是沧浪的水如果干净,我就用它来洗我的帽缨;如果这水浑浊了,没关系,我还可以在里面洗脚。

孔子听到有小孩唱这段儿歌,就对身边的弟子们说:"清斯濯缨,浊斯濯足矣,自取之也。"同样都是水,干净的就用来洗帽子,脏了就用来洗脚。人和水一样,如果你自己不尊重自己,把自己弄脏了,别人就会轻贱你。

所以孟子总结说:"夫人必自侮,然后人侮之",一个人一定是不尊重自己才使得他人来侮辱自己。"家必自毁,而后人毁之",一个家族一定是内部出现问题,才被外人攻破。"国必自伐,而后人伐之",一个国家做了很多糟糕的事,给了别国讨伐的理由,别人才来讨伐你。

孟子又引证《商书·太甲》中的话说:"天作孽,犹可违;自作孽,不可活。"如果遇到火山爆发、洪水泛滥、地震这些天灾,人还有可能逃避。如果是自己作恶,言行不端招来灾祸,那么谁也救不了你。

孟子想通过这句话来强调孔子说的"自取之也"。他希望那些不仁的君王能够意识到自己的问题,如果他们根本没察觉到自己的错误,甚至认为欺压百姓理所当然,孟子就觉得没有必要再与他们交谈了。

从这个角度看,孟子是十分讲究自我觉知的,他非常看重一个人对待自我的态度。即便是高高在上的君王,如果此人浑浑噩噩,不懂自我反思,孟子也不屑与他们为伍,更别提给他们答疑解惑了。

这让我想到一句话,"一束光会吸引一束光",自身优秀的人,才能吸引其他优秀的人。有时候,别急于融入那些优秀的圈子,先看看自己是否够格跟优秀的人同行。

"桀纣之失天下也,失其民也;失其民者,失其心也。"桀和纣分别是夏朝和商朝的末代帝王,他们之所以失了天下,是因为失去了百姓；而失去百姓的原因是他们失去了民心。

君王想要得到天下不是没有办法，只要得到老百姓的支持，就可以得到天下。

那怎么才能得到百姓的支持呢？孟子说"得其民也有道，得其心，斯得民矣"，想得到百姓的支持，就要得到民心，得到老百姓发自内心的拥戴。那么如何得民心呢？方法就是孟子说的"所欲与之聚之，所恶勿施，尔也"，百姓想要的东西你帮他们实现，百姓讨厌的东西不要强加给他们，如此而已。

比如，百姓想要和平，君王就不要总打仗；百姓想要富庶，君王就想办法让百姓赚到钱；百姓想要教育，君王就提供更多读书的机会，让广大群众有接受教育的机会。反过来，百姓不喜欢苛捐杂税、滥杀无辜，那君王就少征一点税，多施仁政。君王能做到这些事，百姓自然会拥戴他。

在孟子看来，得人心就是这么简单。得到了人心，就得到了百姓的支持；有了群众基础，一统天下也就不难了。

"民之归仁也，犹水之就下、兽之走圹也。"这是孟子常用的比喻，水会自动往低洼处流淌，这是水的本性。把野兽从牢笼中放了，它就会去旷野自寻生路，这是兽的本性。百姓追求安稳幸福的生活，渴望定居在安定的国家，追随贤明的君主，这是百姓的本性。

孟子接着又用鱼和鸟雀做比喻，来进一步说明百姓为什么会选择仁德的君王。"故为渊驱鱼者，獭也；为丛驱爵者，鹯也；为汤武驱民者，桀与纣也。"鱼之所以会钻到深处，是因为岸边有水獭在驱赶；鸟雀之所以要钻到树丛里，因为有鹯要追捕它们；为什么会有那么多的老百姓归附于商汤和周武王？没别的原因，就是桀和纣施行暴政，使得老百姓不得不迁移到商汤和周武王的地盘上。

"今天下之君有好仁者，则诸侯皆为之驱矣。"天下只要有君主真心推崇仁政，各地诸侯就会心甘情愿地为之驱使。这就是仁政和贤君自带的吸引力。

"今之欲王者，犹七年之病求三年之艾也。"今天我们听到的那些口头上想要王天下的人，都是些口头革命者。为什么呢？就好像他们得了七年的病，却只用三年的艾来治病。古时候人们用艾草治病，艾草储存的年头越长效果越好。古人认为要断老病根，需要用老艾，三年的艾药力不够。想要用三年之艾去灸好你长了七年的病，这是不可能的。

所以孟子觉得他们都不真诚。"苟为不畜，终身不得。"畜是积存的意思，孟子说，如果你不好好地从现在开始就努力积累，那么这辈子都实现不了理想。

"苟不志于仁，终身忧辱，以陷于死亡。"如果一个君王不像周文王、周武王、商汤这样，立志于行仁政的话，那么终身都会担惊受怕，害怕国家灭亡。

所以孔子讲仁者不忧。一个人如果有仁德，行好事，他就不必担心自己有无妄之灾。

孟子用了《诗经》里一句话总结说："其何能淑，载胥及溺。"如果让一个不仁不义的人来治国，那准没好事，百姓就会跟着倒霉。所以，百姓会主动远离这种不靠谱的君王，免得让自己陷入水深火热之中。

其实，不管是君王还是普通人，道理都是一样的。我们希望外界和他人如何回应我们，就要先摆正自己的态度，做好自己该做的事情。

我们对自己的态度决定了他人对我们的言行。君王也好，管理者也罢，只有怀仁德施仁行，才能笼络人心，被人拥戴。身为普通人，只有自尊自重自爱，他人才不敢亵渎怠慢你，才会尊重你。

记住那句话：世界是一面巨大的镜子，你看到的一切，都是你自身的投射。

自弃者，不可与有为也：
自暴自弃的人不值得交往

孟子曰："自暴者，不可与有言也；自弃者，不可与有为也。言非礼义，谓之自暴也；吾身不能居仁由义，谓之自弃也。仁，人之安宅也；义，人之正路也。旷安宅而弗居，舍正路而不由，哀哉！"

孟子曰："道在迩而求诸远，事在易而求诸难。人人亲其亲、长其长，而天下平。"

孟子曰："居下位而不获于上，民不可得而治也。获于上有道，不信于友，弗获于上矣；信于友有道，事亲弗悦，弗信于友矣；悦亲有道，反身不诚，不悦于亲矣；诚身有道，不明乎善，不诚其身矣。是故诚者，天之道也；思诚者，人之道也。至诚而不动者，未之有也；不诚，未有能动者也。"

近几年有个现象，有些年轻人特别丧，得过且过，还有人直接不工作，在家"啃老"。他们自称努力也看不到结果，不如摆烂，如同巨婴一样，依附着父母生活，放弃了自我拼搏和努力，他们管这叫躺平。殊不知，这压根儿不是躺平，而是自暴自弃。

孟子说过："自暴者，不可与有言也；自弃者，不可与有为也。"自己糟蹋自己的人，你不能和他讲道理；自己舍弃自己的人，你没法和他一起共事。

如何定义自暴自弃呢？孟子的回答是："言非礼义，谓之自暴也；吾身不能居仁由义，谓之自弃也。"一个人说话不合乎礼义，就是自暴。因为语言代表着一个人的思想，思想左右着一个人的行为，行为积累成为习惯，而习惯最终会决定一个人的命运。经常找借口，做不到居仁由义，不努力就认定自己不行的人，就是自弃。

孟子真的是爱之深、责之切，他对他人和学生的要求，就是不要放弃自己，自尊水平要足够高，不要一开始就对别人说圣人之道跟我无关，不要认为那是别人的事。

孟子接着说："仁，人之安宅也；义，人之正路也。旷安宅而弗居，舍正路而不由，哀哉！"仁，是人类最安全的住宅；义，是人类最正最宽的道路。现在的人却空放着安全的住宅不去住，舍弃宽敞的大道不去走，真是可悲啊！

孟子为什么说自暴自弃的人可悲呢？因为他们不上进，没有进取精神，放着好好的光明大道不走，放着安全的住宅不住，不是可悲是什么？

我们不仅要拒绝自暴自弃，还要远离那些自暴自弃的人。他们最常说的话就是：我没办法，只能这样；这事不怪我，这不是我的问题。其实圣人能做到的事，我们普通人也能做得到，就看你愿不愿意做。

如何拒绝自暴自弃呢？孟子说"道在迩而求诸远，事在易而求诸难。"道理其实离我们很近，没必要到很远的地方去寻求；事情本来很容易，不要把它想得太复杂。

比如你觉得让天下太平很难，其实只要做到"人人亲其亲、长其长"，就能实现"天下平"。每个人都和父母处好关系，尊重自己的长辈，天下就太平了。

孟子接着说："居下位而不获于上，民不可得而治也。"即便你处于高位，如果没有得到领导的大力支持，你也是管理不好下属的。

那怎样才能得到领导的支持呢，方法也很简单，就是"不信于友，弗获于上矣"。就是先得到朋友的信任，如果你连朋友的信任都得不到，怎么可能得到上级的信任呢？要得到朋友的信任，也是有方法的，"事亲弗悦，弗信于友矣"，孝顺父母让他们开心。如果你是不孝之人，你的朋友也不会信赖你、喜欢你。

孟子认为，如果一个人和父母的关系很糟糕，那他和其他人也很难相处得好。一个人只有处理好和家人的关系，才能处理好和朋友的关系。

如果你不知道如何和家人处好关系，也没关系，孟子继续教你，他说："悦亲有道，反身不诚，不悦于亲矣。"如果你想让父母开心，就要经常反省自己，看自己是否做得足够好；如果反省得不够诚恳，总是把问题归结到父母身上，还想着改变父母，那我们和父母的关系就不会变好。

很多人与父母发生矛盾，原因就是他们想改变父母，让父母成为自己期望的样子。可是父母年纪大了，多年的生活习惯已经定型，难以改变，强行让他们改变，只会惹他们不开心。我们能做的就是诚恳地反省自己，顺应父母的喜好，父母才会高兴。

"诚身有道，不明乎善，不诚其身矣。"要让自己真诚也是有方法的，那就是要分清是非。如果一个人分辨不清好坏对错，他就做不到真诚。"是故诚者，天之道也；思诚者，人之道也。"所以说，真诚是上天赋予人的本性；追求真诚，是做人的基本准则。"至诚而不动者，未之有也；不诚，未有能动者也。"从来没有一个人做到至诚还不让人感动的；同样，缺乏诚心的人是无法感动别人的。

我讲过两本日本人写的书——《匠人精神》和《扫除道》。

这两本书的核心主题就是一个"诚"字，你在这一件事上心诚，哪怕是打扫卫生这样的小事，真诚对待它，也能形成强大的影响力，让整个公司因此变得更好。

我们都希望为这个世界带来一些改变，正如乔布斯所说："人到社会上走一遭，就是希望这个世界能因为我的存在而发生一些改变。"这个改变应该是正向的、积极的。

《中庸》里有句话："诚则明矣，明则诚矣。"有了诚心，一个人做事才能做到极致，被人奉若神明。

所以孟子说，如果你居于下位，觉得工作很难做，领导不支持你，你不要自暴自弃，你要先反思自己：你获得朋友的信任了吗？你让父母高兴了吗？你反身以诚了吗？在你反省的过程当中，有没有想过什么是善、什么是恶？只要我们一层一层地剥开自己的内核，勇敢地自我盘问，坦诚面对自己，我们就会发现，一切问题的根源都在自己。

所以说，不诚无物，精诚所至，金石为开。真诚才是最好的"套路"。

伯夷辟纣：
管理的最高境界是收买人心

孟子曰："伯夷辟纣，居北海之滨①，闻文王作，兴②曰：'盍归乎来！吾闻西伯善养老者。'太公辟纣，居东海之滨③，闻文王作，兴曰：'盍归乎来！吾闻西伯善养老者。'二老者，天下之大老也，而归之，是天下之父归之也。天下之父归之，其子焉往？诸侯有行文王之政者，七年之内，必为政于天下矣。"

注释 ① 北海之滨：指今濒临渤海的河北昌黎一带。伯夷是孤竹国国君之子，父死，为了让位而逃走。孤竹国是冀东辽西地区出现的早期国家，与商关系密切。近年来，唐山市滦南县发现了有关孤竹国的重要物证。
② 兴：起身，起来。
③ 东海之滨：在今山东莒县东部一带。

孟子曰："求①也为季氏宰，无能改于其德，而赋粟倍他日。孔子曰：'求非我徒也，小子鸣鼓而攻之可也。'由此观之，君不行仁政而富之，皆弃于孔子者也，况于为之强战？争地以战，杀人盈野；争城以战，杀人盈城，此所谓率土地而食人肉②，罪不容于死。故善战者服上刑，连诸侯者次之，辟草莱、任土地者次之。③"

注释
① 求：指冉求（冉有），孔子弟子。
② 率土地而食人肉：孟子有"率兽食人"的说法，率为率领，一说驱赶。"率土地"应是比喻，好比率领土地吃人肉。反之，则是周太王说的，"不以养人者害人"。
③ 善战者：善于用兵的人，如孙膑、吴起等。连诸侯者：使诸侯连者，指宣传合纵连横的人，如苏秦、张仪等。辟草莱、任土地者：指变乱田制、提倡耕战的法家人物，如李悝、商鞅等；其虽非亲自为战，目的是为战争做准备，故罪过再次之。。

很多基层管理者经常抱怨，队伍太难带了，下属要么不服从管理，要么一言不合就离职，留下一堆烂摊子。这种现象确实存在，但不是所有问题都在下属身上。很多管理者没有意识到自己也犯了错误，他们简单地认为，管理要靠雷霆手段，以"力"服人，其实高段位的管理手段是收买人心，让下属心甘情愿跟着自己打拼。

孟子在这一篇里就讨论了这个问题。

孟子先讲了周文王的故事，他想用这个故事来告诉我们什么才是管理的最高境界。

孟子说："伯夷辟纣，居北海之滨，闻文王作，兴曰：'盍归乎来！吾闻西伯善养老者。'太公辟纣，居东海之滨，闻文王作，兴曰：'盍归乎来！吾闻西伯善养老者。'"伯夷为了躲避商纣王，住在了北海之滨（今天河北省的海边）。然后伯夷听说周文王在西岐开始兴盛起来了，便说："我为什么不到他那里去呢？听说他会把老人照顾得很好。"

除了伯夷，还有另一位跟他一样的人，也投奔周文王了，他就是"愿者上钩"的姜太公。姜太公为了躲避纣，住到了东海之滨，今天山东省的莒县,他听到周文王兴盛起来了,而且周文王还善待老人,他也投奔了文王。

"二老者,天下之大老也。""大佬"这个词在这时候就已经有了,意思是有声望的老者。伯夷和姜太公是全天下的大老,他们都愿意归附在周文王的旗下。"是天下之父归之也",这两位大老的归附代表天下人的父亲都想来归附于文王。

"天下之父归之,其子焉往?"天下人的父亲都来了,他们的儿子会去哪儿呢?那肯定是跟着父亲一起去。"诸侯有行文王之政者,七年之内必为政于天下矣。"孟子认为,只要一个诸侯愿意施行文王的政治,最多七年,全天下人都会归顺他。

孟子为什么这么笃定呢?原因在于名人的影响力和百姓的效仿力。诸侯能把太公和伯夷这样威望极高的人吸引过来,那么天下人就会跟风效仿名人的行为,也迁徙到行王道的诸侯那里,假以时日,这位诸侯就可以号令天下了。

如果一个国家能做到政治清明、经济富庶、社会文明、百姓教化,大家肯定都愿意定居在这个国家。

把这个道理放到企业管理中,逻辑也是一样的。如果管理者公正严明、尊重下属、团队成员和睦相处,下属自然愿意跟着这样的领导和团队。人心会自动追逐对自己有利的环境。

孟子早就说过"得人心者得天下",人心是无法靠武力手段得到的,要得到人心,就要施行仁政,让百姓的心自愿归属。

孟子接着又举了一些反面的例子,来进一步说明得人心的重要性。

他说:"求也为季氏宰,无能改于其德,而赋粟倍他日。孔子曰:'求非我徒也,小子鸣鼓而攻之可也。'"冉求是孔子的弟子,他做季康子的总管,不仅没有改变季康子的行为,反而把赋税增加了一倍。孔子很生气,说"这个人不再是我的学生,你们大张旗鼓地骂他都可以"。

孟子接着说:"由此观之,君不行仁政而富之,皆弃于孔子者也,况于为之强战?"从这件事我们可以看出,如果一个国君不施行仁政,那么去帮这个国君聚敛财富的人,都会被孔子唾弃,更何况那些为君主卖力作战的人。

冉求虽然帮助季康子增加赋税,但他没有杀人,然而到了战国时期很多人开始说服诸侯打仗,帮诸侯训练部队。孟子在这里说的其实就是这种人,比如商鞅。

商鞅变法是为了秦国富国强兵,然后统一六国,这就要用兵甲之力横行天下。于是孟子接着说:"争地以战,杀人盈野;争城以战,杀人盈城,此所谓率土地而食人肉,罪不容于死。"

这些人为了争夺土地而战,杀死的人尸横遍野;为了争夺城池而战,杀死的人堆满城池。这些人为了土地去杀人,就跟带领着土地去吃人一样,死刑都不足以赎他们的罪过。

孟子最后做了一个总结:"故善战者服上刑,连诸侯者次之,辟草莱、任土地者次之。"所以那些喜好战争的人,应该处以最重的刑罚;从事合纵连横、一天到晚搬弄是非、挑起战争的人,应该处次一等的刑罚;最后是那些为了增加赋税,迫使百姓开垦草莽以尽地力的人,应该受再次一等的刑罚。

孟子认为这三种人都是暴政的帮凶,理应受到惩罚,而像周文王那样施行仁政的人,值得鼓励。

因为这三种人的最终结果都是失去民心,削弱国家甚至灭国。他们或许能在短时间内得到他们想要的权力和财富,但他们的行为却会让百姓对他们失去信任,让国家陷入动荡和混乱。这样的国家,是不可能长久兴盛的。要想让国家长久兴盛,必须施行仁政,让百姓自愿归附。只有这样,才能真正地赢得民心,让国家稳定繁荣。

同样地，团队管理也是如此。有些管理者为了追求团队的效率和产出，制定了各种处罚规则。然而，他们忽视了人的尊严和价值，让团队成员在压力和恐惧中工作。这样的管理方式，可能在短期内有一定的效果，但难以持久。团队成员可能会因为恐惧而被迫服从管理，但他们的内心对此并不认同。这样的团队，终究是一盘散沙，缺乏真正的凝聚力和向心力。

高水平的管理者，早就摒弃了严苛粗暴的低级管理方式，他们尊重人性，善于利用褒奖制度，激发员工的积极性。他们也懂得体恤员工，善待员工，关心员工的职业发展和个人成长，让员工感到被重视、被需要，从而心甘情愿地为组织和团队打拼，做出贡献。

这种理念值得广大管理人员参考学习，付诸实践。

存乎人者，莫良于眸子：
一个人的内心藏在眼睛里

孟子曰："存^①乎人者，莫良于眸子。眸子不能掩其恶。胸中正，则眸子瞭焉；胸中不正，则眸子眊（mào）^②焉。听其言也，观其眸子，人焉廋（sōu）^③哉？"

注释
① 存：观察。
② 眊：眼睛昏花，看不清楚。
③ 廋：隐藏，藏匿。

孟子曰："恭者不侮人，俭者不夺人。侮夺人之君，惟恐不顺焉，恶得为恭俭？恭俭岂可以声音笑貌为哉？"

淳于髡（kūn）^①曰："男女授受不亲，礼与？"

孟子曰："礼也。"

曰："嫂溺，则援之以手乎？"

曰："嫂溺不援，是豺狼也。男女授受不亲，礼也；嫂溺，援之以手者，权②也。"

曰："今天下溺矣，夫子之不援，何也？"

曰："天下溺，援之以道③；嫂溺，援之以手，子欲手援天下乎？"

注释
① 淳于髡是齐国有名的辩士。曾于齐威王、齐宣王时游于齐国稷下，他"长不满七尺"，生性"滑稽多辩"。事迹见于《战国策·齐策》《史记·孟子荀卿列传》《史记·滑稽列传》等。
② 权：衡量事理，采取变通办法。
③ 道：指孟子所推崇的仁政。

我们都听过一句话：眼睛是心灵的窗户。透过一个人的眼睛，我们可以看出他是一个什么样的人。

孟子也深谙此道，他在这一篇内容分享了他的观人术。孟子说道："存乎人者，莫良于眸子。眸子不能掩其恶。胸中正，则眸子瞭焉；胸中不正，则眸子眊焉。听其言也，观其眸子，人焉廋哉？"

这段话的大意是，观察一个人的内心，只需要看他的眼睛就可以了，一个人的眼睛是没办法掩饰他的丑恶的。如果一个人内心光明正大，那么他的眼睛就是清澈明亮的；反之，如果一个人心术不正，心胸狭隘，他的眼睛必然是浑浊昏暗的。

所以，要观察一个人的心术，可以在他说话时观察他的眼睛，语言可以说谎，但眼睛不会。

我认识一位老警察，他曾经告诉我说，他看一个人，一眼扫过去就能看出这个人是好是坏。有些人有前科，犯过罪，碰到他的眼神，都不敢直视他。

当然了，这种事情并不绝对。我之前讲过一本书叫《陌生人效应》，书中说，不要过分地相信自己的感觉。有些人目光闪烁，很可能只是害羞，没见过世面，见到谁都紧张，不见得他就是坏人。

但是很多时候，我们还是可以相信直觉。直觉在心理学上叫域外信息。比如你见到一个人，说话做事什么都挺好，但你就是觉得这人不对劲，他靠近你你就不舒服，不愿意跟他待在一块儿，但是你又说不出原因来，这就叫域外信息。

人的身体获得的一些域外信息有时候可以帮助我们脱险，所以直觉有时候还是很重要的。孟子的方法也是有效的，毕竟眼睛很难伪装。

孟子接着进一步说明他看人的方法，他说："恭者不侮人，俭者不夺人。侮夺人之君，惟恐不顺焉，恶得为恭俭？恭俭岂可以声音笑貌为哉？"

他的意思是：一个谦恭的人不会做出侮辱别人的事情，即使对方不如他，他也会尊重对方；一个不贪婪的人也不会去夺取别人的东西。那些侮辱他人，掠夺别人东西的人，比如战国时期的齐人，他们占领燕国后，把人家宗庙里的东西往自己家搬。他们生怕别人不顺从自己，又怎么能做到恭敬节俭？恭敬节俭难道是靠甜言蜜语和笑容可掬装出来的吗？有的君王表面装得很恭俭，私下却暴虐奢靡，这种装出来的善迟早都会败露的。

看一个人是不是恭俭，要看两件事：一看他是否喜欢侮辱别人；二看他是否贪小便宜，侵占别人的东西。

接下来，孟子和他的弟子淳于髡又谈论了礼的问题。

淳于髡问孟子说："男女授受不亲，礼与？"男女之间不亲手交接东西，这是礼法吗？孟子回答说是礼法。淳于髡继续发问："嫂溺，则援之以手乎？"如果你的嫂子掉进河里了，你要不要伸手把她拉上来呢？孟子回答"嫂溺不援，是豺狼也"，嫂子掉河里快淹死了，你还不救人，这种人跟豺狼有什么区别？

孟子接着解释了为什么男女不可以直接肢体接触，但嫂子掉进河里了却可以伸手拉她上来。他说："男女授受不亲，礼也；嫂溺，援之以手者，权也。"男女之间不可以肢体接触，这是寻常礼法，但是嫂子掉进河里，伸手拉她上岸，这是权宜变通的做法。

法律当中有一个词叫紧急避险，就是遇到类似情况，你可以先把礼放到一边，救人要紧。礼法是死的，但人是活的，要懂得变通。

淳于髡听完，又提问了，他说："今天下溺矣，夫子之不援，何也？"现在全天下的人都跟你嫂子一样溺在水里，你为什么不去救援？淳于髡为什么要这么问呢？因为孟子不愿意见诸侯，不愿意当官，他只愿意和施行仁政的君王合作。

对于淳于髡提的刁钻问题，孟子反问道："天下溺，援之以道；嫂溺，援之以手。子欲手援天下乎？"嫂子掉进水里，用手就能把她拉上来，天下人都掉在水里面了，要用道来救他们，难道我只用一只手就能救出天下百姓吗？

在淳于髡看来，孟子没当官就是没做事，但孟子却不这么认为，他坚信自己不断行走在诸侯各国，其实就是在为拯救天下人而努力。他希望找到一个真正施行仁政的君王，然后辅佐他，让天下回归正道。在孟子看来，官并不是救世的唯一途径，只要心中有爱、有责任，就能够为天下百姓贡献自己的力量。

孟子和淳于髡的这段对话，教会我们一个道理：看待一个人不能只看表面现象，要透过现象洞察本质。一个人的行为，可能会受到外在因素的影响而有所伪装，但他的内心世界、他的信念和追求却是无法伪装的。

孟子虽然没有担任官职，但他的心志和行动却体现了他的博爱、他对天下百姓的责任心和使命感。这些内在的东西，远比表面的官职和权力更重要。

其身正，不令而行：
最好的教育是以身作则

　　公孙丑曰："君子之不教子，何也？"
　　孟子曰："势不行也。教者必以正，以正不行，继之以怒。继之以怒，则反夷①矣。'夫子教我以正，夫子未出于正也。'则是父子相夷也。父子相夷，则恶矣。古者易子而教之。父子之间不责善。责善则离，离则不祥莫大焉。"

注释 | ① 夷："夷"为伤。《易经》有"明夷卦"，描写光明受到伤害或压抑。

　　我们常常听到许多家长抱怨他们的孩子不听话，沉迷于手机和电视，而对阅读书籍毫无兴趣。然而，有趣的是，这些发出抱怨的父母自己往往也是手机不离手，一年中恐怕也看不了几本书。这不禁让我思考，父母的言行对孩子的影响究竟有多大。
　　孔子曾说，"其身正，不令而行；其身不正，虽令不从"，这句话深刻地揭示了身教的重要性。

在这一点上，孟子的理念和孔子不谋而合，这一节我们就来了解一下孟子的教育理念。

有一天，孟子的弟子公孙丑问他说："君子之不教子，何也？"从古到今，君子都不直接教育自己的孩子，他们都是把自己的孩子交给别人教，这是为什么？

孟子回答说："势不行也，教者必以正，以正不行，继之以怒。继之以怒，则反夷矣。'夫子教我以正，夫子未出于正也。'则是父子相夷也。父子相夷，则恶矣。"意思是因为情势行不通。教育一定要讲正理，孩子学得不好，你就会生气，一生气，就会对父子感情造成伤害。孩子会说："您用正理教我，但是您的行为却做不到。"这样父子之间就互相伤害了，这可不是什么好事。

为什么老师可以教学生？孟子接着给出了解释，他说："古者易子而教之，父子之间不责善。责善则离，离则不祥莫大焉。"古时候交换孩子教育，可以使父子之间不因为追求正理而互相责备，从而免于产生隔阂；父子之间产生隔阂是非常不祥的。

老师之所以能教好孩子，因为老师没有和学生生活在一起，老师把自己做得不好的地方都藏在自己家里了，他在学校里展示的都是好的形象，而父亲和孩子每天生活在一起，父亲那些好的和不好的言行，孩子都看在眼里，父亲的威望会受到影响，自然不利于父亲对孩子进行教育。

现在的家长，下班回家就躺在沙发上玩手机，然后对孩子发号施令，让孩子不要玩手机，这种做法一点说服力都没有。但是学校的老师却可以要求学生在校不玩手机，因为老师上课时是不带手机的，虽然老师课后也会使用手机，但那个时候学生不在现场，对学生没有影响。

孟子的意思，并不是说父母自己不要教育孩子，而是说大部分人教育不好。因为教好孩子的前提是父母自己先做好榜样，然后带着孩子一起学习，这样的教育才有成效。

如果你下班之后不看手机，而是阅读一本书，当你也要求孩子看书时，孩子会更容易理解和接受。

只要你的行为和要求孩子的行为是一致的，教育孩子就不会太累，孩子的内心也不会排斥，他愿意听从父母的要求，模仿父母的行为。

我曾讲过《人生只有一件事》这本书，作者金惟纯先生说，人生只有一件事，就是活好。别人都喜欢你，都愿意跟你在一起，希望成为你的样子，这叫活好了。别人不喜欢你，不愿意跟你在一起，也不希望成为你的样子，这叫没活好。

孩子愿意跟你在一起，说明他喜欢你，他愿意模仿你的行为，如此一来，你还会觉得教育孩子是一件难事吗？反之，如果孩子不愿意跟父母待在一起，父母的言行他们很反感，这种情况教育孩子又能有多少效果呢？

所以，我们常说，以身作则是最好的教育方式。你希望孩子成为什么样的人，你就先成为什么样的父母。

父母是孩子最好的榜样，与其要求孩子做你自己都做不到的事情，不如自己先以身作则，给孩子树立一个好的榜样，让孩子跟着你的脚步走，这样的教育会更轻松、更有效。

事亲，事之本也：
真正的孝顺，不只是物质的富足

（一）

孟子曰："事，孰为大？事亲为大。守，孰为大？守身为大。不失其身而能事其亲者，吾闻之矣；失其身而能事其亲者，吾未之闻也。孰不为事？事亲，事之本也；孰不为守？守身，守之本也。曾子养曾皙①，必有酒肉。将彻②，必请所与，问有余，必曰有。曾皙死，曾元养曾子，必有酒肉。将彻，不请所与，问有余，曰亡（wú）矣，将以复进也。此所谓养口体者也。若曾子，则可谓养志也。事亲若曾子者，可也。"

注释
① 曾皙：即曾点，与其子曾子（曾参）都是孔子的学生。有关曾皙的志向，可参考《论语》。曾元：曾参之子。
② 彻：撤除，撤去。

俗话说，百善孝为先。孝顺是中华民族的传统美德。对于孝顺，每个人都有自己的理解，有人认为孝顺就是给父母提供好的物质条件，比如给钱。有人则认为孝顺是对父母提供精神关怀，比如陪伴。这些都没错，都是孝顺的表现形式。

孟子对于孝顺也有自己的理解，这一节我们一起来看一下孟子眼里的孝顺是什么。

孟子说："事，孰为大？事亲为大。守，孰为大？守身为大。"侍奉谁最重要？侍奉你的双亲最重要。守护什么最重要？守护自己的良心最重要。

孟子接着解释了为什么这两件事很重要。他说："不失其身而能事其亲者，吾闻之矣；失其身而能事其亲者，吾未之闻也。"不失去自己的良心又能侍奉好父母的，我听说过；但是丢了良心还把双亲侍奉好的，我没有听说过。孟子这话的含义隐藏得比较深，他想表达的是人只有先守住自己的良心底线，才有可能做一个孝子；否则，连良心都没有了，父母的养育之恩早就忘得一干二净了，怎么还会孝顺父母呢？

孟子又说："孰不为事？事亲，事之本也。孰不为守？守身，守之本也。"哪个人不需要做事？但是做事的根本是侍奉好父母；哪个人没有守护的东西？但是守住自己的良心才是根本。

孟子举了曾子的例子，来进一步说明怎样才算真正把父母侍奉好了。他说："曾子养曾晳，必有酒肉。将彻，必请所与，问有余，必曰有。曾晳死，曾元养曾子，必有酒肉。将彻，不请所与，问有余，曰亡矣，将以复进也。此所谓养口体者也。"

曾子奉养他的父亲曾晳的时候，每顿饭都要有酒肉；撤席时一定会问剩下的分给谁；曾晳如果问还有没有剩的，曾子一定会说"还有"，怕万一父亲还想吃，就赶紧再端上来。后来曾晳死了，曾子的儿子曾元侍奉曾子，也是每顿饭都有酒有肉，但是撤席的时候就不问剩下的给谁了，曾子如果问还有没有剩余的，曾元就说没有了，然后他就把剩下的再准备下一顿继续给曾子吃。曾元的这种做法叫作口体之养，也就是只满足父母的口腹之欲，只是让他们吃饱穿暖而已。

"若曾子，则可谓养志也。"像曾子这样侍奉父母，叫作养心志，他尊重父母的心意和想法，是在认真侍奉。"事亲若曾子者，可也。"如果我们侍奉双亲，能做到曾子这样，就可以了。

很多人认为只要让父母吃饱穿暖，就是尽孝。他们忽略了父母的情感需求，跟父母不聊天，不交流，不知道父母内心想什么，对父母谈不上真正的尊重和理解。孔子在《论语》中明确指出："至于犬马，皆能有养。不敬，何以别乎？"孔子的意思是，如果孝顺父母只剩物质供养，这跟饲养动物有什么区别？只有尊重父母，理解父母的想法和感受，才是真正的孝顺。

当然，尊重父母并不是没有原则地对父母言听计从，而是时常聆听父母的想法，解决他们的困扰，用心陪伴，给父母提供稳定的情绪价值。父母的想法有些不见得正确，但不必跟父母纠结谁对谁错，也不必强行扭转他们的理念，试着慢慢引导父母，对结果顺其自然。

总之，真正的孝顺不仅仅是满足父母的基本生活需求，更重要的是尊重和理解他们。通过有效的沟通和理解，我们可以更好地满足父母的需求和期望，让他们感受到我们的关爱和尊重。这样的孝顺才是真正有意义的。

（二）

孟子曰："人①不足与适（zhé）②也，政不足间（jiàn）③也，惟大人④为能格君心之非。君仁，莫不仁；君义，莫不义；君正，莫不正。一正君而国定矣。"

注释
① 人：指国君所任用之人。据赵岐注，当时国君身边多为小人，对于他们不必过于苛责。
② 与：给予。适：繁体字作"適"，同谪，谴责，指责。
③ 间：非议。
④ 大人：孟子说过，"充实而有光辉之谓大"。

羊群觅食，有领头羊带队。大雁南飞，有领头雁导航。对团队而言，团队领导人就是团队的灵魂。有什么样的领导，就有什么样的团队。如果想要打造正直优秀的团队，领导者就要以身作则，为团队成员做出表率，引领整个团队朝着正确的方向前行。

孟子这段话的意思是说，那些在位的小人不值得我们去指责他们，他们的所作所为也不值得我们非议，只有大仁大德的人才能纠正君主思想上的错误。国君仁义，天下人就没有不仁义之人。国君正直，天下就人人正直。只有一国之君端正了，国家才会端正，才会安定。

孟子这个说法，体现了他看待问题的大格局。他站在一个很高的维度上，从全局看待问题。一个国家不好，奸臣当道，朝政腐败，与其去惩治奸佞小人，不如看看一国之君到底做了什么。中国有句老话说得很好，上梁不正下梁歪。国君自己存在问题，下面的臣子就会存在问题。所以，孟子十分重视国君的品行，他认为，只有格局更大、境界更高的"大人""圣人"才能纠正国君的错误思想和理念。

归根结底，不管是一个组织、一个公司，还是一个国家，它的内部氛围取决于领导人自身，最终的结果在"君"。

孟子认为自己就是这种"大人"，他不会事无巨细地跟君主讨论政策，也不会跟君主探讨如何用人，他就让君主自己做个明君，推行仁政。只要君主能做到这些，事情就自动跟着转变，问题也自动得到解决。

我讲过一本非常重要的书，叫作《解惑》。这本书对我的启发非常大。书中告诉我们，很多问题都是发散性的，我们不要被现象迷惑，疲于奔命地应对一个又一个相似的问题。要解决发散性问题，就要总结规律，把握本质，一针见血。

有些老师时常问我一些具体的问题，比如应该给孩子布置多少家庭作业？孩子玩手机到底该不该严格禁止？孩子犯错了，如何教育？这些问题都属于"人不足与适也，政不足间也"。如果我逐一回答，跟老师深入探讨，最后不见得能给出一个完美的解决方法，反而会跟老师产生争论。唯一的方法就是让老师不断提升自己的认知能力，找到更高效的教育方法，跳出问题之外，从孩子的内心和成长特点出发，一举破解这类问题。

一旦老师的境界提升了，孩子们也会跟着改变，这就是孟子说的"惟大人为能格君心之非""一正君而国定矣"。

（三）

> 孟子曰："有不虞之誉，有求全之毁。"
> 孟子曰："人之易其言也，无责耳矣。"

你在乎外界的声音和看法吗？心理学家研究发现，我们的行为会比我们认为的更容易受到外界的影响。也就是说，有时候我们自以为自己很坚定，内心强大，不受环境影响，有自己的主见和认知，实际上，我们并没有那么"坚不可摧"，我们的行为很容易被外界环境影响。

如果被外界影响了该怎么办？孟子说的这句话就可以让我们更好地应对。孟子曰："有不虞之誉，有求全之毁。"

"不虞之誉"说的是有些赞誉是你没有想到的，你可能根本就没往那方面想，但是别人给了你过分的夸奖。"有求全之毁"就是他们表扬了你之后，另外一拨人就说，你不够好，你还需要更好，这叫求全责备。说孔子是至圣先师，就是把他神话了。孔子难道没有缺点吗？但是恨孔子的人把他的缺点无限放大，说他给中华民族造成了危害，这叫"求全之毁"。

紧接着孟子说："人之易其言也，无责耳矣。"为什么人能够随便张口就评论别人？因为他不用为此负责。

今天的网络社会就是这样，很多人在网上肆意攻击他人，因为他们用的是虚拟的身份，别人很难追究他们的责任，他们也不用对自己说过的话负责。

无论一个人的地位如何、名气大小，都可能遇到这个问题。

那些围绕在你周围的声音，赞美或诋毁，往往并非表面那么简单。有时候，他人对你的夸奖可能并非真心实意，而只是出于礼貌或是某种利益考量。这种不虞之誉虽然听起来令人愉悦，但过分依赖却可能让你失去自我认知的准确性。同样，当你遭遇诋毁时，也不要轻易被愤怒冲昏头脑。很多时候，人们出于各种原因，包括误解、嫉妒或是单纯的恶意，可能会对你进行批评甚至诋毁。这种求全之毁虽然令人痛苦，但如果你能保持冷静，从中寻找有价值的反馈，或许能够发现自身存在的需要改进的地方。

面对这些纷繁复杂的声音，最好的应对方式便是保持内心的淡定。当你听到夸奖时，不妨谦虚一些，把它们当作前进的动力，而不是自满的来源。当你遭遇诋毁时，试着从中提取有价值的信息，用它们来完善自己，而不是让负面情绪占据你的心灵。这样，无论外界如何评价，你都能保持一颗平和的心，专注于自我提升，不断向前迈进。通过这样的方式，你不仅能够更好地应对生活中的挑战，还能在成长的过程中收获更多的智慧与勇气。

（四）

孟子曰："人之患在好为人师。"

你身边有这种人吗？听到别人说到一件事，立刻就开始指点江山，滔滔不绝。别人并未开口向他请教问题，他就忙不迭地充当老师，教别人做事。这就是典型的好为人师。这类人有时候很不受人欢迎，因为他们不一定提供了有价值的信息，也未必解决了别人的问题，他们只是单纯满足了自己的表现欲和倾诉欲。孟子就批判这种人说："人之患在好为人师。"

这句话的意思是，人最大的毛病就是喜欢做别人的老师。

孟子为什么这么说呢？他本人也是圣人之师，专教君王做事，他怎么会反对"为人师"呢？

其实孟子真实的意思是说，一个人不要总是站在老师的立场上，居高临下，指责别人的言行，这是一个大毛病。

好为人师的人，往往是在人前炫耀自己的优越感，在别人不需要帮助的时候，随意指点他人的行为，这么做既不礼貌，也不聪明。孔子说"古之学者为己，今之学者为人"，古代人学东西是为了自己，看到了一个道理，学到了一点知识，要用在自己身上，改变自己的修为。而现在的人学习是为了改变别人。假如一个人整天想教导别人、改变别人，导致的结果是什么呢？是固执己见！因为他向别人推荐的是自以为正确的道理，他希望别人接受自己的道理，所以他就会不断地捍卫它，因此变得越来越固执。

反过来，假如你是为自己学习，先改变自己，给别人做示范，让别人看到你的改变，别人就会主动找你请教，那时你就可以分享自己的心得和经验，这样双方皆大欢喜。

孟子这句话带给我们的启发就是：分享和乐于助人是好事，但要拿捏好分寸，管好自己的分享欲。人师不好当，不要随意指点他人，除非他人主动请教，而且你的能力和认知远在他人之上，你有足够的智慧能帮到他人。

适度闭嘴，也是做人的一种智慧。

（五）

乐正子①从于子敖②之齐。

乐正子见孟子。孟子曰："子亦来见我乎？"

曰："先生何为出此言也？"

曰："子来几日矣？"

曰："昔者。"

曰："昔者，则我出此言也，不亦宜乎？"

曰："舍馆未定。"

曰："子闻之也，舍馆定，然后求见长者乎？"

曰："克有罪。"

注释
① 乐正子：名克，孟子弟子，在鲁国做官。
② 子敖：即王子敖，也叫王驩，齐国权臣，和孟子一起吊滕文公时，担任副使，两人一路没有交谈。

孟子谓乐正子曰："子之从于子敖来，徒餔啜①也。我不意子学古之道而以餔啜也。"

注释 | ① 餔啜：吃喝。

经常看到网上有人问读书的意义是什么，读了那么多书，依然过不好这一生。读再多书，也改变不了苟且的生活。所以，读书到底为了什么？如果你也有类似的疑惑，不妨看看孟子和弟子乐正子的这番对话，相信能让你找到答案。

乐正子是鲁国人，是孟子的弟子，也是孔庙中唯一一个可以站在旁边陪祀孟子的人。有一次，他跟子敖来到了齐国，子敖是齐国的大臣王驩。王驩这个人在前面的文章中出现过。滕文公去世的时候，齐国曾经派孟子和王驩做正副使去吊唁滕文公。

当时，乐正子在鲁国见到了王驩，想跟王驩出来见见世面，于是就跟着他到了齐国。这时候孟子正在齐国，乐正子就去拜见自己的老师孟子。

孟子见到乐正子，酸酸地讲了一句话："子亦来见我乎？"你也会来见我吗？隐含意思是你现在官做大了，还记得自己的老师吗？

乐正子有点不解，说："先生何为出此言也？"老师怎么这么说话呢？

孟子说："子来几日矣？"你来到这里有几天了？

乐正子说："昔者。"前几天来的。

孟子说："昔者，则我出此言也，不亦宜乎？"你前几天就来了，我这么说话，难道不对吗？

乐正子说："舍馆未定。"因为这几天客舍还没有安排好。

孟子说："子闻之也，舍馆定，然后求见长者乎？"你听说过将客舍安排好了再去见长者的吗？

乐正子赶紧说："克有罪。"乐正子的名字叫克，他说，我错了。

接着，孟子对乐正子说："子之从于子敖来，徒餔啜也。我不意子学古之道而以铺啜也。"你跟着王子敖来，只是吃吃喝喝罢了。我没想到你学习古人的大道，只是为了混口饭吃。

孟子对自己的弟子很不满，他觉得乐正子这多么年的圣贤书白读了，没有成就一番伟大的事业，只用来跟人吃喝玩乐了。

这段对话中，其实就提到了读书的意义和目的。孟子反对他的弟子追随品行拙劣的人，孟子觉得这有辱圣贤之义。孟子希望自己的弟子可以跳出俗套，谋生的同时，还可以追求远大理想，成就不俗的事业。

这对现代人的启发也很大，孟子的观点让我们明白，谋生只是读书的最小作用，绝非读书的全部价值。

读书后谋求一份好工作，解决生存问题，这是没错的，也是很多人读书的目的，但我们不能局限于此，更不能为了一份工作，做出有违道义的事情。读书的意义，不是让我们短时间内发财致富，也不是让我们一步登天，成为人上人。读书让我们开阔视野，提升境界，摆脱蝇营狗苟，脱离低级趣味，在漫长的一生中，不断丰富自己的内心，更好地理解和认识这个世界，应对生活的挑战，活得更加通透自如。

（六）

孟子曰："不孝有三①，无后为大。舜不告而娶，为无后也。君子以为犹告也。"

注释 | ① 赵岐注："于礼有不孝者三事：谓阿意曲从，陷亲不义，一也；家贫亲老，不为禄仕，二也；不娶无子，绝先祖祀，三也。"

孟子曰："仁之实，事亲是也；义之实，从兄是也；智之实，知斯二者弗去是也；礼之实，节文①斯二者是也；乐（yuè）之实，乐

（lè）斯二者，乐（lè）则生矣，生则恶可已也，恶可已则不知足之蹈之手之舞之。"

注释 | ① 节：调节。文：纹饰。

孟子曰："天下大悦而将归己。视天下悦而归己犹草芥也，惟舜为然。不得乎亲，不可以为人；不顺乎亲，不可以为子。舜尽事亲之道而瞽瞍（gǔ sǒu）①底（zhì）豫②，瞽瞍底豫而天下化，瞽瞍底豫而天下之为父子者定，此之谓大孝。"

注释 | ① 舜的父亲瞽瞍，也称瞽叟。
② 底豫：得到快乐。底，致。豫，快乐。

小时候看电视，对一个情景记忆尤深：一位白发老人，对自己的儿子哭诉"不孝有三，无后为大"，逼迫儿子娶妻生子。当时年幼，不明白这话到底是什么意思。后来上学读书了，对这话的理解也只停留在"没有后代就是不孝"的层面。直到看到了《孟子》才知道这话的出处竟然在这里，而孟子想表达的意思，更为深刻。

孟子说："不孝有三，无后为大。"

对于这句话的解释有两种，一种解释是古代以三为多，就是不孝顺的事情很多，没有尽到后辈的职责是最严重的。

另一种解释是真的有三种，第一种是阿意曲从，陷亲不义。你的父母做了错事，你竟然附和他们，让事态变得更糟糕，让你们的父母成为不义之人。第二种是家贫亲老，不为禄仕。家里都穷得揭不开锅了，你还不出去工作，在家啃老。第三种是不娶无子，绝先祖祀。不结婚，不生孩子，自己的祖先没人祭祀，这种是最严重的。

两种解释都说得通，这里我们按第二种解释来理解。接着孟子举了舜的例子，他说："舜不告而娶，为无后也，君子以为犹告也。"舜没有禀告自己的父母就娶了妻子，为的就是留下后代。所以，君子认为他虽然没有禀告，但实际上和禀告了一样。

为什么告诉了反而怕没有后代呢？因为舜的父亲特别不靠谱，舜的父亲叫瞽叟，光听这名字，就知道他要么是眼睛看不见，要么是这个人能看见也跟看不见一样，心是盲的。瞽叟整天想着跟舜的弟弟和后妈一起把舜害死，所以舜不能说，说了这婚事可能就黄了。

接下来，孟子把主题升华了，他说："仁之实，事亲是也；义之实，从兄是也；智之实，知斯二者弗去是也；礼之实，节文斯二者是也；乐之实，乐斯二者，乐则生矣，生则恶可已也，恶可已则不知足之蹈之手之舞之。"

孟子用这段话给大家讲了仁、义、智、礼、乐这几件事的本质。仁的本质是侍奉父母；义的本质是顺从兄长，尊长爱幼；智的本质就是明白仁和义的道理并坚持下去；礼的本质是对仁和义进行调整和修饰，将这两者调整到更美好的状态；乐的本质就是以仁和义为乐，当你做到了仁和义，快乐自然就来了；快乐来了挡都挡不住，就会高兴得手舞足蹈起来。

在没有手机和娱乐项目的时代，一家人围坐一起，共享美食，谈笑风生，就是最大的快乐。

最后孟子又将话题转回到舜身上，他说："天下大悦而将归己，视天下悦而归己犹草芥也，惟舜为然。"天下人都十分高兴，要来归顺于你，而用一颗平常心来看待天下人归顺的，也只有舜了。

舜不看重天下人的归顺，他看重的是"不得乎亲，不可以为人；不顺乎亲，不可以为子。舜尽事亲之道而瞽瞍厎豫，瞽瞍厎豫而天下化，瞽瞍厎豫而天下之为父子者定，此之谓大孝"。

舜认为，不能得到父母的欢心，不可以做人；不能顺从父母的心愿，不可以做儿子。舜尽心竭力地侍奉父母，终于让瞽瞍高兴了；瞽瞍一高兴,天下的人都受到感化;瞽瞍一高兴,天下做父子的就有了榜样。这才是大孝。舜看重的是如何尽孝,而不是自己,他想要为天下人做好孝顺的榜样。

孝顺父母,是讲究智慧的。单纯的提供物质和金钱,是低级的孝顺,只能让父母吃饱穿暖还不够,还要关注父母的精神需求。所以,"不孝有三,无后为大"的正确解读应该是尊重父母的需求,在能力范围之内,满足父母的合理要求。只有把父母心心念念的事情解决了,父母才能安心。孝顺不仅仅是物质上的供养,更是心灵上的沟通与尊重。

当然,孝顺并不意味着对父母的一切行为都盲目顺从。当父母的做法出现错误时,舜并没有选择盲从,而是通过自己的努力去感化他们,引导他们走向正确的道路。这种既尊重父母又坚持原则的做法,才是真正意义上的孝顺。

在今天这个快节奏的社会中,我们或许更应该反思和学习舜的这种孝顺之道。孝顺父母,不仅仅是要满足他们的物质需求,更要关心他们的精神需求,尊重他们的想法和选择。

同时,当父母犯错时,我们也应该像舜一样,用智慧和爱心去引导他们,帮助他们走上正确的道路。这样,我们才能真正做到孝顺,为家庭和社会带来和谐与幸福。

樊登 著

《孟子》新解

·下卷·

中信出版集团 | 北京

离娄

下

君子平其政：
利他，是最高级的利己

孟子曰："舜生于诸冯，迁于负夏，卒于鸣条①，东夷之人也。文王生于岐周，卒于毕郢②，西夷之人也。地之相去也，千有（yòu）余里；世之相后也，千有（yòu）余岁。得志行乎中国，若合符节③，先圣后圣，其揆（kuí）④一也。"

注释

① 诸冯、负夏、鸣条：皆为古地名。诸冯：传说在今山东诸城市诸冯村，诸冯村有舜庙，从诸冯发掘出土过黑陶蛋壳杯、黑陶豆、盆形鼎、双耳杯、陶尊、黑陶高柄杯等典型的龙山文化器物。负夏又称负瑕、瑕丘，在今山东兖州市东北五里。鸣条：古地名，又名高侯原，在今山西省运城夏县之西。

② 岐周：岐山下周代的旧邑。地在今陕西岐山县境，因周建国于此，故称岐周。毕郢，在今陕西咸阳东部。

③ 符节：古代朝廷用作凭证的信物，用金、玉、竹、铜、木等制成，上刻文字，分为两半，使用时以两半相合为验。

④ 揆：道理，准则。

子产①听郑国之政,以其乘舆济人于溱、洧(zhēn wěi)②。孟子曰:"惠而不知为政。岁十一月,徒杠(gāng)③成;十二月,舆梁④成,民未病涉也。君子平其政,行辟(bì)人可也,焉得人人而济之?故为政者,每人而悦之,日亦不足矣。"

注释
① 子产:春秋时郑国贤相,姓公孙,名侨,字子产,为人仁厚,长于辞令,甚得孔子赞许。孔子评价子产:"有君子之道四焉:其行己也恭,其事上也敬,其养民也惠,其使民也义。"同时也有批评:"夫子产者,犹众人之母也,能食之,而不能教之","子产以所乘之车济冬涉,是爱而无教也"。
② 溱、洧:郑国的两条河流,在今河南省。
③ 徒杠:徒为行走,杠为独木之桥。
④ 舆梁:能通车马的大桥。舆为行车,梁为桥。

孟子告齐宣王曰:"君之视臣如手足,则臣视君如腹心;君之视臣如犬马,则臣视君如国人;君之视臣如土芥,则臣视君如寇雠(chóu)。"

王曰:"礼,为旧君有服,何如斯可为服矣?"

曰:"谏行言听,膏泽下于民;有故而去,则君使人导之出疆,又先于其所往;去三年不反,然后收其田里。此之谓三有礼焉。如此,则为之服矣。今也为臣。谏则不行,言则不听;膏泽不下于民;有故而去,则君搏执之,又极①之于其所往;去之日,遂收其田里。此之谓寇雠。寇雠,何服之有?"

注释
① 极:《说文解字》:穷,极也。极有穷、困的意思,文中使动用法。

有句话说得好,赠人玫瑰,手有余香。

做人要与人为善,常怀利他之心,看似是在付出,但最终这份善意,兜兜转转,总能回馈到自己身上。

今天我们要学习的《孟子·离娄下》,就体现了孟子的利他理念。

孟子曰："舜生于诸冯，迁于负夏，卒于鸣条，东夷之人也。"舜出生的地方叫诸冯，诸冯在今天山东诸城。负夏在今天山东的兖州。舜最后死在了鸣条，鸣条在山西安邑之西。舜是东夷人。

"文王生于岐周，卒于毕郢，西夷之人也。"周文王生在岐周，也就是今天的宝鸡岐山县，最后死在了毕郢，这个地方在咸阳东边。文王是西夷人。"地之相去也，千有余里；世之相后也，千有余岁。得志行乎中国，若合符节，先圣后圣，其揆一也。"舜和文王这两人，出生地相隔一千多里，两人所处的时代，也相差了一千多年。但他们都有过巅峰时刻，在中原地带产生了巨大的影响力。

孟子认为，他们的所作所为几乎一模一样，就像劈开的两截竹子，能完全合在一起。他们都倡导仁政礼义。无论时间先后，这两位圣人为人处世的道理和准则都是一样的。

纵观古今，那些流芳百世的圣贤哲人，他们的思想精华，很多地方都是暗合的，达到了高度统一。

这就是孟子总结历史后得到的核心观点。他跟梁惠王、齐宣王这些人反复强调仁政，是因为他明白，君王施行仁政，就能得到正向反馈，实现国富民强。

周文王在岐山脚下那么小的地方，依靠仁政，照样吸引了大批百姓前来投靠。

"子产听郑国之政，以其乘舆济人于溱、洧。"子产是郑国的政治家，孔子特别喜欢他，他在郑国执政时，用自己的专车帮助老百姓在溱、洧两条河之间渡河。子产一车一车地往河对岸送百姓，他确实是个好人，但孟子对他的评价是"惠而不知为政"，意思是他不知道如何为政。

为什么这么说呢？

孟子说："岁十一月，徒杠成；十二月，舆梁成，民未病涉也。

君子平其政，行辟人可也，焉得人人而济之？故为政者，每人而悦之，
日亦不足矣。"

执政者应该未雨绸缪，十一月就在河面上搭一座独木桥，方便行
人过河。等到了十二月，再把这桥拓宽，让车子也可以通行。有了这
座桥，老百姓就再也不必担心渡河这件事了，他们还要子产的车子干
吗呢？

孟子对子产的行为是持批评态度的，身为一国最高执政官，子产
没有大局观，也没有从长远角度考虑，解决问题流于表面，没有抓住
本质。他用车渡人的行为不仅低效，还颇有几分作秀的味道。

为政高手会从根本上解决问题，平时水位不涨，就要把桥建好，
等到水流湍急时，才不会惊慌失措。

这就是我常说的重要但不紧急的事情。把这类事情做好了，就会
减少重要又紧急的事情发生，做到有备无患，不慌不忙。

孟子主张仁政，他希望君王们都能抓住问题核心，从长远和本质
上解决问题。

孟子告齐宣王曰："君之视臣如手足，则臣视君如腹心；君之视
臣如犬马，则臣视君如国人；君之视臣如土芥，则臣视君如寇雠。"
孟子说，如果君王把臣子看成手足，那么臣子就会把君王当作腹心。
如果君王把臣子当成犬马，就是替他干活的，那么臣子也就把君王当
作普通人，没什么感情。如果君王把臣子看成一钱不值的小草，动辄
杀头，那么臣子就会把君王当成仇人。

然后齐宣王问："礼，为旧君有服，何如斯可为服矣？"齐宣王
说："根据礼法，一个人就算退休了，离开工作岗位了，他之前的旧
君如果身故了，他依然要穿孝服。怎么才能够让他们为我的去世穿孝
服呢？"

孟子说："谏行言听，膏泽下于民；有故而去，则君使人导之出

疆，又先于其所往；去三年不反，然后收其田里。此之谓三有礼焉。如此，则为之服矣。"孟子告诉齐宣王说，你想得到部下的爱戴，至少要做到三件事：第一要采纳谏言，要听得进臣子的建议，对百姓要有恩惠；第二，如果一个臣子因为家庭原因，要离开朝堂或是齐国，你要安排人员，引导他们离开，护送他们回到家乡；第三，假如这个臣子离开三年后一直没回来，你再把他的封地和房屋收归国有。这三件事就是"三有礼"。如果能做到，你的旧臣就会在你离世时哀悼你，为你穿丧服。

紧接着，孟子话锋一转："今也为臣，谏则不行，言则不听；膏泽不下于民；有故而去，则君搏执之，又极之于其所往；去之日，遂收其田里。此之谓寇雠。寇雠，何服之有？"现在很多君王，拒绝采纳臣子的谏言，不施行惠民政策，臣子因故离开，他们还要派人捉拿。回归故里的臣子，他们也不放过，想尽办法给人家制造麻烦，让他们陷入极端的困境。人家前脚刚走，后脚就把人家的房子收回去了。这样做就是把臣子逼成仇人。既然是仇敌，人家怎么会给君王穿孝服呢？

道理其实很简单，就是将欲取之，必先予之。一个人想得到好处和利益，一定要先付出善意和善行，利他就是利己。

拿君王来说，只要他心怀利民之念，将仁政付诸行动，让臣子和百姓都过得更好，对方就能回馈他更多。当臣子的会尽力辅助他，百姓也拥护推崇他。这对君王而言是最好的局面，他想要的一切，自然而然就得到了。

在企业管理中，只有那些真正对员工好的企业和老板，才能赢得员工的真心和忠诚，员工会加倍努力回报公司。公司也会因为员工的认真付出，高效运营，获得更大的利润。

孟子跟齐宣王所说的道理，就是现代人力资源管理中的重要概念：员工的利益和公司的利益是一体的。公司与员工在利益追求上是有共同目标的，员工是公司的核心资产，公司是员工发展的重要平台，二者就是利益共同体。公司利润的增长保证了员工收益的增加，而员工收益的增加又提高了员工的积极性和责任感，这就是良性循环，就是双赢。

所以，让我们把格局放大，常怀利他之心。利他，就是最高级的利己。

君仁莫不仁，君义莫不义：
做人懂大义，不非议

孟子曰："无罪而杀士，则大夫可以去；无罪而戮民，则士可以徙。"

孟子曰："君仁，莫不仁；君义，莫不义。"

孟子曰："非礼之礼①，非义之义，大人弗为。"

注释　① 非礼之礼：指虽具有礼的形式，却不符合礼的精神。非义之义也是这个意思。

孟子曰："中①也养不中，才也养不才，故人乐有贤父兄也。如中也弃不中，才也弃不才，则贤不肖之相去，其间不能以寸②。"

注释　① 中：适中。
② 不能以寸：即"不能以寸量"，省略了"量"字。

孟子曰："人有不为也，而后可以有为。"

离娄下

孟子曰："言人之不善，当如后患①何？"

孟子曰："仲尼不为已甚者。"

注释 | ①"后患"：在此是指被你谈论的人可能会挟怨报复。

大家可能都听过一句话，叫透过现象看本质。

有些现象表面上看挺正常，没有问题，但如果仔细琢磨，认真推敲，就能看到现象背后隐藏的真相和危机。

孟子经常跟各国君王打交道，他就很擅长通过这些人的言行，分析出其中暗藏的问题。

他说过一句话："无罪而杀士，则大夫可以去；无罪而戮民，则士可以徙。"在孟子看来，一个国家的士人如果无罪却被处决，这就说明君王已经极度危险了。此时，这国的大夫就应该果断离开残暴之君。如果一国的百姓无罪却被杀了，那么这个国家的士人就可以考虑离开这个国家了。

此话乍一听让人有点蒙，这些事件之间有什么关系吗？为什么孟子这么说呢？

孟子口中提及的民、士、大夫，是三个等级的群体，百姓是底层，士人的地位高于百姓，然后是级别再高一点的大夫，最后是君主。这些群体跟君王的远近关系是截然不同的，比如大夫这个群体，他们位高权重，能经常跟君王直接对话，但老百姓就没有这个机会了。当某些现象发生时，这几个群体的应对措施也不同。

无辜百姓被残害时，士人可以换个国家当差，因为这些滥杀无辜百姓的事，很可能并非君王的主意，而是大夫所为。

既然百姓可以无辜被杀，和百姓阶层最接近的士也就很危险了。因此，他们可以考虑离开这个国家。

孟子这个分析还是很有道理的，也可以说是他给为臣者的进退行藏提供了一个参考。

孟子还说了两句话，一是"君仁，莫不仁；君义，莫不义"，二是"非礼之礼，非义之义，大人弗为"。

前一句是说，一个国家的君主要是仁爱之人，他的臣民就没有人不仁爱；君主讲道义，天下就没有人不讲道义。因为君主有模范带头作用，上行下效。后一句是说，有些事看起来是合理的，但它本质上并不合理；有些事表面上看符合道义，其实不是。

比如，你帮朋友行贿解决了一个问题，表面上看你是为朋友两肋插刀，但是你做的这个事叫"非义之义"，本质上并不合乎义。孟子说的"大人"指那些品行好的人，那些真君子，他们是不会做这种事的。

作为士人和大夫，他们该何去何从，这要看他们周围的人是被怎么对待的。如果君王能重用正直之人，那么那些不那么正直的人就会有所收敛，这就是风气的力量。

孟子的这个观点，其实也适用于当今职场。领导每天跟员工讲价值观，未必有效，员工更多的是看领导的行为，看领导器重并提拔了什么样的人，你提拔谁，打击谁，将决定其他人的去留。

接下来，孟子说："中也养不中，才也养不才，故人乐有贤父兄也。如中也弃不中，才也弃不才，则贤不肖之相去，其间不能以寸。"这个"中"在这里指言行适中，"不中"就是言行有偏差，"养"是指影响、陶冶。一个言行适中的人来影响那个言行有偏差的人，一个有才干的人来影响和帮助那些才干不够高的人，所以我们会喜欢能干的亲戚、兄长、父亲。一个家族里边有贤人，就能带动其他人一起变好。假如这个贤人不去管别人，时间久了，这两种人之间的差距就会越来越大。

这段话中，孟子强调的是"影响力"，他希望君子和贤能之士能分享并且帮助那些不够贤能的人，这是一种美德。

中国古代没有今天这样普及的学校教育，父子、邻里、乡党之间的这种相互教育，也会产生一个民风淳朴的社会。一种生态化的社会结构会产生一种超稳定性。

孟子曰："人有不为也，而后可以有为。"一个人要知道哪些事是不可以做的，然后才能有所作为。具体哪些事情是不可以做的呢？我们可以从四个层面理解。

第一层，看似是机会，其实是陷阱的事情。比如突然降临的商机，没有成本就能成功的事业机会，这些可能都是等着你跳的大坑。

第二层，践踏原则和底线的事情。做人做事，要有底线，守法守德，不越雷池半步。

第三层，战略模糊、目标不专一的事情。查理·芒格说过一句话："你得列出几个你感兴趣的事，然后从中挑出一个你最感兴趣的，并尽量避开其他的事。"人做事要专注，我们的精力和能力都是有限的，不能东一榔头西一棒槌，什么都想做，结果就是什么也做不成。

第四层是让人即时满足的事情。不要因贪恋一时享乐而放弃长远目标和长期付出。耐住性子，静待花开。

孟子是如何看待在背后议论别人这件事的呢？孟子说："言人之不善，当如后患何？"整天在背后说别人坏话，会招致什么样的祸患呢？

我们都有过背后议论别人的时候，也都会被人在背后议论。这种现象很常见。但孟子是个正直的人，他跟各国君主交流时，从不藏着掖着，有意见当面提，有想法直接说，但他不喜欢背后说人坏话。所以他才提出，别老背后说他人坏话，小心给自己惹麻烦。

孟子说："仲尼不为已甚者。"孔子也不喜欢背后说人坏话。他不喜欢阳货，但阳货跟他说话时，他是会回应的，他并没有背后说阳货的坏话。

这部分内容告诉我们，做人要修行两点：一是懂大义，有底线，不做伪善的事情，也不做表面功夫；二是管好自己的嘴，不要在背后非议和诋毁他人，如果有意见，最好当面提。

能做好这两点实属不易，但值得努力。

言不必信，行不必果：
君子不世故，永葆赤子心

孟子曰："大人者，言不必信，行不必果，惟义①所在。"

孟子曰："大人者，不失其赤子之心者也。"

注释 | ① 此处"义"是"宜"的意思，根据实际情况做出正确的抉择。

在很多人看来，衡量一个人是否靠谱，就看他说话算不算话，答应的事情能不能做到。说白了就是要有诚信度和行动力。当一个人说到做到，做到的同时还能做好，我们就会判定他是一个靠谱的人，值得信赖。

这就是我们时常听到的"言必信，行必果"。

孟子原话说的是："大人者，言不必信，行不必果，惟义所在。"这话的意思是，一个真君子，说了不一定要做到，做了也不一定要有结果。关键在于他所做的决定是否合乎原则和道义，这才是最重要的。

孟子的智慧在于，他不单纯看待一个人的言行是否一致，他将一个人的目标、做事的结果以及出发点一并考虑在内，然后再决定要不要"言必信，行必果"。

在孟子看来，"言"是语言，也是发心，我们说出来的话，就是内在思想的体现，如果你说的东西不符合道义，不符合社会的主流价值观，那么这种话，也就说说而已，不必付诸行动了。

只有发心是好的，是道德的、正义的，这样说出来的话才值得兑现。

"行"是行动、行为，一件事要是不正义、不正当，或者是不符合实际情况，那么这种事是坚决不能做的。

比如说，公司在年初给员工定了一个目标，结果遇到了疫情，大家伙的目标无法实现。如果这时领导说言必信，行必果，凡是不达标的员工，公司就要开除他。请问，这样的做法合宜吗？

答案显然是不合宜的。因为目标没有实现是出现了不可抗力，而非员工懈怠，如果公司领导因此炒人，就属于不讲情理、不讲道义了。按照孟子的观点，不合道义之事，不必遵循"言必信，行必果"的原则。

所以孟子说，真正的君子，对待"言必信，行必果"原则要持灵活态度，随时调整目标和战略。如果之前定的目标和想法错了，那就要主动承认错误，重新设定目标，不要纠结能否兑现。

生活中很多人盲目笃信"言必信，行必果"，比如一时脑热，答应了朋友一件事，但是这件事远超自己的能力范围，根本做不到，而他宁可硬着头皮，再四处求人，也不敢坦诚面对朋友。他最好是如实道来，承认自己吹牛说大话了，给朋友真诚地道个歉，求得原谅。

《弹性》这本书中说过，一个人如果缺乏弹性思维，做什么事都会是刚性的，定了的事情就绝对不会变，他的人生就会过得非常艰难，跟他合作的人也会非常痛苦。

所以，当目标错误时，请不要顽固地认为说到做到是一种光荣，你需要做的是赶紧调整方向，改变思路。

有人会说，这算不算给不讲信用找借口？当然不是。

孟子说的"惟义所在"就是决定我们要不要"言必信，行必果"的关键。

我们做事合宜不合宜，是不是符合社会公认的价值观、公序良俗，是不是符合自己的能力和底线，我们自己很清楚。

所以，不要为了兑现一时兴起的承诺，去做那些不该做的事。即便你当时兑现了承诺，博得了他人对你的好评，但时间久了，你曾经做过的不义之事终究会大白于天下，此时，人们对你的评价将彻底改变，他们不会因为你守诺践诺就觉得你很靠谱，反而认为你不是正人君子，是非不分，从而疏远你。

所以，我们要认识到事物的复杂性。西方管理学大师詹姆斯·马奇曾经说过，企业家要学会"明智的愚蠢术"。什么叫明智的愚蠢术？就是行动不必以结果为导向，组织要在学习和探索之间寻求平衡。

一个公司的目标不是一成不变的，它会经过很多次调整，最后留下一个终极目标，坚定不移地实现它。

孟子最后又说了这句话："大人者，不失其赤子之心者也。"这句话跟开头那句话连在一起会更好理解，孟子说德行完备的人，是不失赤子之心的人，他们像孩子一样，永葆好奇心和纯真，同时，他们还具备是非之心、羞恶之心、辞让之心、恻隐之心。

当一个人心存赤子之心时，他就会对宇宙、苍生、哲学以及自己的人生充满好奇，就会更愿意探索自己和周遭的世界。

有人曾问爱因斯坦，他是如何发现那么多别人没关注到的东西的，爱因斯坦说："我其实就是把一个小孩子的好奇心保持到了五十多岁而已。"

达·芬奇直到晚年还在研究啄木鸟的舌头到底是什么形状的。

小时候，我们都曾仰望过星空，都想知道为什么星星会发光，星星是怎么运行的，它们之间有什么关系。长大后，我们都淡忘了这些问题，好奇心也消失了，放弃了对儿时梦想的探索。

人就是这样老去的，也是这样失去创造力和活力的。纵观那些有大成就的科学家，无一例外都有着孩童般的好奇心。好奇心带来探究和思索，探究和思索带来成果，推动了人类文明的进步。

也许，你我不会成为赫赫有名的大科学家，但保持一颗赤子之心，能让我们探索不停，认真思考人生的每个选择，找对方向，做该做的事，言必信，行必果，收获幸福的人生。

惟送死可以当大事：
珍惜时光，敬畏生命

孟子曰："养生者不足以当大事，惟送死可以当大事。"

什么是人生大事？对于今天的我们来说，升学、就业、结婚大概都算是人生大事，因为这些事在某种程度上决定了你未来的人生走向。

对于人生大事，孟子有不同的见解。

孟子曰："养生者不足以当大事，惟送死可以当大事。"

我们今天说的"养生"是指保养身体，这里的"养生"是指奉养自己的父母。孟子说，奉养自己的父母，这种事算不上是人生大事。什么才是人生大事呢？只有为父母送终、办好葬礼才是人生大事。

孟子认为，你每天跟父母待在一起，侍奉父母，这是常规行为。如果你把它当作一件大事来看待的话，那你的精神负担未免太重了。如果父母偶尔生病了，这个也只能属于中等之事，真正的大事是父母离开我们。

因为父母离开只有一次，之后你想侍奉父母也没有机会了，所以这才是真正的大事。

我觉得这和曾子所说的"慎终追远，民德归厚矣"的意思是一致的。所谓"慎终追远"，就是说我们要谨慎地对待父母的丧事，追念逝去的祖先；如果每个人都能够做到这些，民心就会归向淳朴。

孟子真正想强调的是，我们每个人都要认真看待死亡这件事。我们要想到父母是会离开我们的，我们自己也会离开这个世界。父母死亡对于子女来说是大事，死亡对于每个人来说都是大事。

试想，如果没有死亡，人生会怎样？我们不会害怕任何东西，也没有人愿意再做任何事，工作没有了意义，生活也会变得无聊。如果社会中的每个人都不担心死亡，觉得生死无所谓，随时随地可以不要命，那整个社会就会变得混乱无序。

只有当我们意识到自己距离死亡其实没那么远，死亡在那一端等着我们，有了时间限制，我们就会敬畏死亡，进而敬畏生命，珍惜时间，从而认真对待当下的生活，我们的人生才有意义。

所以，死亡是我们人生中非常重要的一个礼物。孔子讲过，"父母之年，不可不知也。一则以喜，一则以惧"，也是这个道理。这句话是说，父母年纪越来越大，你会有两种心情：一种是高兴，因为父母又高寿了，又多活了一年；一种是担心，害怕父母离我们而去。这种在喜悦和害怕之间不断徘徊的心情，让我们体会到人生的各种滋味。

我们也常说："父母在，人生尚有来处；父母去，人生只剩归途。"

听起来很伤感，父母死亡对于我们每个人来说，生命都缺失了一个重要组成部分；也正因为有死亡这件事，才让我们更加珍惜和父母在一起的时光，并且学会敬畏生命。这才是孟子借由"人生大事"真正要告诉我们的。

君子欲其自得之也：

真正的学习不在于别人教，而在于自己领悟

孟子曰："君子深造之①以道，欲其自得之也。自得之则居之安，居之安则资②之深，资之深则取之左右逢其原，故君子欲其自得之也。"

注释　① 造：达到。之：代词，指学业等达到的程度或境界。
　　　② 资：积蓄的意思。

孟子曰："博学而详说之，将以反说约①也。"

注释　①反说约：即反约。"说"字系由上句衍出。

生活中常有这样的场景，家长辅导孩子写作业，家长累得满头大汗，孩子却心不在焉。家长出钱给孩子补习功课，可孩子的成绩却不见明显提高。

总之，家长出钱出力，孩子放弃玩乐时间去学习，可就是收效甚微。

到底如何教孩子才能让孩子提高成绩？什么才是真正的学习呢？这篇里，孟子告诉我们他的答案。

孟子曰："君子深造之以道，欲其自得之也。自得之则居之安，居之安则资之深，资之深则取之左右逢其原，故君子欲其自得之也。"

"深造"这个词我们今天还在用，是指深入学习。孟子说，君子用正确的方法进行深入学习，最重要的是要自己领悟。你自己领悟，就能安稳地守住已经贯通的知识。这样你就会得到更深刻的启发，如果别人问你这类问题，你马上就能够向他解释，这叫作"左右逢其原"。

所以，在孟子看来，君子用正确的方法进行深入学习，最重要的是自己领悟，而不是靠别人教。只有你自己深刻领悟了，你才是真正掌握了。

我曾有个朋友和我说他想去读一个DBA（工商管理博士），他认为这些教学班教得全面系统。我告诉他不要相信任何系统，因为在我看来，如果一个系统真的有效，能够把你塑造成某一种人的话，那么一个班级出来的学生应该差不多。但实际上一个班出来的学生往往是天差地别，原因就在于每个人领悟的程度不一样。有人只跟着老师学习表面知识，有人能够深入理解，还有人能够做到知识间的融会贯通，这就是孟子所说的"君子深造之以道，欲其自得之也"。

再回到今天教育孩子的问题上，很多人认为学习最重要的是靠老师教，结果往往是老师在台上讲得很卖力，希望把尽可能多的知识灌输到孩子的脑袋里，可孩子考试成绩并不理想。

原因很简单，老师和家长根本没有想过让孩子自己领悟，也就是教育只停留在表面，没有深入。结果就是，孩子不能把知识融会贯通，更不能游刃有余地运用，也就没有达到学习的真正目的。

我曾讲过一本书叫《翻转式学习》，作者认为学习的主角、承担责任者应该是孩子，而不是老师，我很认同这个观点。

孟子也是这个意思，他主张人要自主学习，而非靠别人教。

所以，孩子要想提高成绩，老师教、家长教只是一方面，最重要的还是靠孩子自己吸收、掌握、领悟。简单地说，深造之、自得之、居之安、资之深、左右逢其原，这是学习进步的一个阶梯式路径，是要靠学习者自己去完成的，其他人都只能起到辅助作用。

接下来，孟子还是说学习的事。

孟子曰："博学而详说之，将以反说约也。"广泛学习，详细阐述，是为了达至简明扼要。也就是说一个人学习的最高境界，是至精至简。

科学哲学里有一个"奥卡姆剃刀原则"，是说一个真正美好的东西，到最后一定是简洁的。也就是说，当我们能够用更简单的方式解释事物时，就不要用复杂的理论。

比如爱因斯坦总结出来的质能转换公式 $E=mc^2$，就非常简洁，这么简洁的公式竟然破解了宇宙中一个复杂的秘密，这就是"将以反说约也"。

同样，你学习了极为庞杂的知识，最终你能够用最简单的话语解释出来，这就是孟子所说的"将以反说约也"。

那我们怎么才能做到"将以反说约也"呢？我理解还是要靠孟子说的"君子深造之以道，欲其自得之也"。你理解一个问题越深入、越透彻，你就越有可能用简洁的语言把知识内核提炼出来。

有一个词语叫作"啐啄同时"，就是小鸡快要孵化的时候，光靠小鸡自己的力量是出不来的，还得靠母鸡啄开。如果母鸡特别着急，啄开早了，小鸡就死了。只有做到"啐啄同时"，小鸡才能顺利破壳而出。

教和学也是这样一个道理。别人教得再好，自己没有领悟，也不可能取得进步。只有两者都具备时,才能达到学习的目的。

如果你学习了,也领悟了,还能用简洁的话语把知识总结出来,那你就是真正学明白了,这才是孟子这两句话告诉我们的关于学习的最高境界。

以善养人，然后能服天下：
自己善良还不够，要让别人成为善良之人

孟子曰："以善服人者，未有能服人者也；以善养人，然后能服天下。天下不心服而王者，未之有也。"

我们知道孟子认为人性本善，他也一直主张善良和仁德。本篇里，孟子又告诉我们他对于善良的另一层解读。

孟子曰："以善服人者，未有能服人者也；以善养人，然后能服天下。"什么叫"以善服人"呢？就是你希望用善良来让其他人跟你一样，孟子认为这是不可能的。因为孟子觉得"善"是人皆有之的自然状态，它并不是后天养成的。一个人只要保持天然的恻隐之心、羞恶之心、辞让之心、是非之心，就是善的。但是一个人自己能做到善，并不代表你能同化别人，让别人也善。

就像《白鹿原》里的鹿三，他是白家最好的长工，心地善良，却做不到同化别人，能同化别人的是族长白嘉轩。

孟子推崇的是"以善养人",就是教别人行善,把大家都变成善人,这里面有教化的意味。

孟子的意思是,一个社会的改变,没有教化是不行的。就像尧、舜、禹,他们不仅自己为善,还要改变别人,去惩罚那些不行善的人,让人们都向善,这就是"以善养人,然后能服天下"。

孟子最后说:"天下不心服而王者,未之有也。"

"王"是动词。孟子说,如果天下的人心中不服,而你却能够成就王道,这种事根本不可能存在。意思是,一个人善良不能成就王道,你得用善良教化别人,让别人也善良,才能成就王道。

我理解孟子说这话是在告诉那些想要用霸道征服天下的君王,你要行善,要用善教化百姓,才能征服百姓的心,百姓才愿意跟随你。

其实行霸道也可以让百姓跟随你,比如齐桓公、晋文公这样的人,他们凭借自己比别人强大的武力九合诸侯,天下的人也服从他们。但那不是心服,一旦有变动,比如你的实力开始下降,大家就要反抗了。

所以,孟子认为最重要的事,是让天下人心服。怎么做到心服呢?就是做到"以善养人"。

由此看来,孟子的理想绝对不是只顾自己好、自己做个好人,而是要帮助别人做好人,让别人也能行善,这才是行王政的先决条件。

心理学里有一个"南风法则",是说人际交往中,温和的沟通方式更能让人觉得心里舒适,冰冷的沟通方式反而会让人反感。

这与孟子"以善养人"的观点不谋而合。对于管理者而言,比起冰冷坚硬的霹雳手段,如果能够用善行感染他人、影响他人,随着时间的推移,更能在无形之中达到好的管理效果。

不祥之实，蔽贤者当之：
做一个内心坚定的人

孟子曰："言无实不祥，不祥之实，蔽贤者当之。"

当初鲁平公本来要见孟子，结果听宠臣臧仓说孟子不是一个懂礼义的人，因为他连自己母亲的葬礼都逾制了，鲁平公就决定不见孟子了。可孟子并没有记恨，而是以一种很坦然和豁达的态度面对，觉得那是天意，根本不在乎。

本篇孟子又告诉我们面对臧仓这种歪曲事实的人的另外一种态度，就是要有自信，相信损失的不是我们，而是他们。

孟子曰："言无实不祥，不祥之实，蔽贤者当之。""不祥之实"的"实"指的是后果。孟子说，凭空捏造说别人的坏话，这事不好，其后果与蔽塞贤人相当。

就像当初鲁平公要见孟子，如果鲁平公见着孟子了，听他亲口解释，那孟子可能就会在鲁国有所作为。可鲁平公听信小人的谗言，就错过了与孟子见面的机会，孟子也就没有在鲁国做官，这就是把贤者给遮蔽了。

如果孟子在鲁国做官，那最大的受益者其实应该是鲁国人，结果因为臧仓在背后捣乱，孟子最终没有在鲁国做事，那是鲁国的损失。

其实，面对流言蜚语，孟子承受的压力应该是很大的，但孟子内心无比坚定，他认为自己做的是为了天下的黎民苍生，所以如果有人在背后说他的坏话，那根本不是他的损失，损失的是别人。

现实生活里，一个人越有名气，承受的流言蜚语就越多。即便再优秀的人也会被别人说三道四，也会被别人诋毁，哪怕像袁隆平这样的人，也逃不过网络暴力。

所以孟子用一种态度回应这种人：我做得没错，我有足够的自信，你们在背后说我坏话，造成事情没有办成，那是你们的损失。

那些跟风说坏话的人或许根本不知道实情，只是听别人那么说，自己也就跟着说了。孟子告诉我们，面对这些人，要做一个内心坚定的人，不要因为别人的否定，就怀疑自己的价值。我觉得用这种态度面对网络暴力、面对恶意攻击非常好。

我们常说的"不要用别人的错误惩罚自己"也是这个意思。

比如，在人人都可以是自媒体的时代，你会发现无论你说什么，都一定会有人反驳你，如果你因此陷入抑郁，就让那些别有用心的人得逞了，不如选择坚定自己的做法，忽略他人的话语，这是一种快乐生活的态度，更是一种需要我们不断磨炼才能习得的能力。

声闻过情，君子耻之：
人要做有本之水，而不要做无本之雨

徐子①曰："仲尼亟（qì）②称于水，曰：'水哉，水哉！'何取于水也？"

孟子曰："原泉混混（gǔn gǔn）③，不舍昼夜，盈科④而后进，放乎四海。有本者如是，是之取尔。苟为无本，七八月之间雨集，沟浍（kuài）⑤皆盈，其涸也，可立而待也。故声闻（wèn）过情，君子耻之。"

注释　① 徐子：孟子弟子徐辟。
　　　② 亟：屡次。
　　　③ 混混：同滚滚。
　　　④ 科：坑。
　　　⑤ 浍：田间水道。

我发现一个挺有意思的现象，老子、孟子、孔子对"水"都情有独钟。

老子在《道德经》里说过"上善若水",是说具有完美道德的人,就像水的品性一样。孔子也曾夸赞过水,孟子的学生徐辟也来和孟子讨论水的话题。

徐辟曰:"仲尼亟称于水,曰:'水哉,水哉!'何取于水也?"徐辟问孟子,孔子屡次称赞水,他说,水呀,水呀,你真好啊!水有什么好的呢?

面对学生的提问,孟子讲了他对于"水"的理解。孟子曰:"原泉混混,不舍昼夜。盈科而后进,放乎四海。有本者如是,是之取尔。"

孟子说,水是从有源头的地方滚滚而来的,所以能日夜不停地流淌。当大水冲过来的时候,所有坑坑洼洼都被填平了,填满了所有坑坑洼洼以后,水继续往前走,流入大海。一个真正有本的人就是这个样子,孔子夸奖水指的就是这个。

孟子继续说道:"苟为无本,七八月之间雨集,沟浍皆盈,其涸也,可立而待也。故声闻过情,君子耻之。"如果水没有本,就像七八月间天上突然下了大雨,地上也会有积水,水沟也能被填满。但是雨一停,不出半天,水就消失了,水沟就干涸了。所以,一个人的名气如果超过了实际,君子就会觉得不合适。

孟子是用水来比喻做人。意思是,河水从早到晚一直这么奔流,能够把所有的小坑小洼都填满,是因为它有源头,有这个实力。否则就只能像七八月间的雨,虽然能留存一阵,但时间不长就会干涸。

同样,做人做事也得有实力、有真本事,事情才能做长久,否则就只能是昙花一现。

这让我想到当下流行的短视频、直播赚钱。看到有人一夜成名、一夜暴富,很多人都很着急,想要蹭一波红利,甚至花好多钱去学习怎么做短视频、怎么吸粉。然后拍了一些视频,一下子红起来,全网都在刷他。可是，因为没有真本事，随着更好、更有价值的视频和博主的出现，用不了多久大家就忘了他，这就像是"无本之水"。

我不否认方法论的东西，方法的确可以捕捉到大家的喜好，增加曝光度和粉丝量，但我觉得做直播或者短视频想要长久的前提一定是内容有价值、自己有真本事。

就像我每次直播的时候，有很多小伙伴对我说，樊老师你得跟大家互动，你得称呼人家"老铁"。他们告诉我别小看一个称呼，一个称呼就可以把对方催眠了，拉近彼此的距离，让他们打赏、买单就会很容易。

可我就是接受不了，所以我不会在直播间用称呼拉近和粉丝的距离，我也不追求一夜之间涨多少粉，我也不要打赏，我只是做一点自己力所能及的事，卖点好书就够了。

孟子告诉我们得做"有源之水"，我觉得就是要多读书、多做事，提高个人修养和认知水平，真正能给粉丝带去价值，他们喜欢听，自然会留下来。他们不喜欢，认为我讲的东西没有价值，我用再亲昵的称呼，他们也不会一直买单。

孔子也说过："君子务本，本立而道生。"意思是人只有坚持自己的本质、原则、信念，才能走出自己的人生道路，实现人生价值。坚守自己的信仰，这是根本，同时注重个人提升，提高自己的能力，就能实现成功。

所以，那些不讲究本的人，即便红了，也可能很快就过气了，因为没有让他长久立住的东西。而讲究本的人，一旦红了，就会红很久。人要做有本之水，而不要做无本之水，这是孟子告诉我们的做人做事的道理。在凡事都追求短平快的今天，我觉得这对每个人都很有意义。

由仁义行，非行仁义也：
不要强迫自己，而要出于本心去做事

孟子曰："人之所以异于禽兽者几希①，庶民去之，君子存之。舜明于庶物②，察于人伦，由仁义行，非行仁义也。"

注释 | ① 几希：很少，一点点。几，微。希，少。
② 庶物：众物，万物。

这些年很流行一句话——"遵从自己的本心做事"，在彰显个性、追求个人价值的今天很受年轻人的欢迎。

两千多年前的孟子也曾提出过类似的观点，但和我们今天说的意思不太一样，孟子更多的是从仁和善的角度引导我们遵从本心做事。

孟子曰："人之所以异于禽兽者几希，庶民去之，君子存之。"孟子说，人和动物的区别不太大，如果你不要善端，跟动物一样遵循弱肉强食、丛林法则，这也没问题。但哪怕你是一个耕田种地的普通老百姓，如果你保留了一点点善端，你就是君子。

所以，在孟子看来，庶民和君子的区别不在地位的高低，而是在德行的高下。

接下来，孟子又说了在自己心中最能被称为君子的人："舜明于庶物，察于人伦，由仁义行，非行仁义也。""察于人伦"是说舜能够明察做人的道理，由物及人，思考宇宙苍生的整体关系。孟子说，最典型的是舜这样的人，他知道事物背后的道理到底是什么。

舜对他的父亲瞽叟，对他的弟弟象，对尧，对尧的儿子丹朱，对自己两个妻子都特别好。舜为什么愿意这样做呢？孟子觉得是因为舜内心有仁义，他是从仁义出发，自然而然地在做这些事，而不是为了做好事而做好事。

我讲过《梁漱溟先生讲孔孟》这本书，梁漱溟先生在书里说道，孔子最大的特点就在于不使劲儿。

孔子做事不会花费力气与内心搏斗。比如，如果他不想做某件事，他不会逼着自己去做，他也不会为了达到某个目标而忍辱负重，孔子做事都是自然而然地，该做什么就做什么。我觉得这个和孟子所说的"由仁义行，非行仁义也"是一个道理。

什么叫作"行仁义"？我理解，凡事心中想着行仁义的，皆不是真正的仁义。比如，一个人说我要做点好事，要拯救自己的灵魂，然后把这些话写下来贴在墙上给大家看，这样的人行仁义是为了做给别人看，是为了让自己满足，孟子并不推崇这种行为。

不过，我觉得大家大可不必去批评这种"行仁义"的人，因为人的境界不同，有可能一个人从"行仁义"开始，慢慢地就变成孟子所说的"由仁义行"了，所以我们也应该给这种人更多的鼓励。

孟子说的两种状态给我们的启示是，以后大家做事之前，可以停下来问问自己，做一件事是出于本心，还是为了宣示自己是一个好人、做给别人看的。

如果是前者，那尽可以去做。但如果是后者，我们不妨停一停，先梳理一下自己的内心，不要有被强迫的感觉，因为强迫自己做好事，事情会变味。

比如，今天有很多人去做好事，去山区支教、做公益、捐款、免费治病救人等等，如果是发自内心想做，想去帮助别人，那尽可以去做，但如果是作秀，甚至是为了名和利，那结果可能会得不偿失。

总之，我觉得孟子真正想告诉我们的是，做好事要从本心出发，不要勉强自己，更不能怀有自私的目的，这样做事才是有意义的，才是好的。

立贤无方：
向古人古书学习，做称职的管理者

孟子曰："禹恶旨酒①而好善言。汤执中，立贤无方。文王视民如伤，望道而②未之见。武王不泄迩③，不忘远。周公思兼三王，以施四事，其有不合者，仰而思之，夜以继日，幸而得之，坐以待旦。"

注释
① 旨酒：美酒。旨：美味。
② 而：如，若。
③ 泄：狎，亲近。迩：近。

孟子曰："王者之迹熄而《诗》亡，《诗》亡然后《春秋》作。晋之《乘》、楚之《梼杌》(táo wù)、鲁之《春秋》，一也。其事则齐桓、晋文，其文则史。孔子曰：'其义则丘窃取之矣。'"

孟子曰："君子之泽①五世而斩②，小人之泽五世而斩。予未得为孔子徒也，予私淑③诸人也。"

注释　① 泽：影响。
　　　② 五世：一百五十年。世：三十年。父子相继是一世，师生相传也算一世。斩：断绝。孟子"受业子思之门人"，子思是孔子的孙子。所以从孔子到孟子，正好是五世。
　　　③ 私淑：未得到直接的传授而私自获得。淑借为"叔"，取。

孟子喜欢列举古代君王的例子来阐述自己施行仁政的理念，本篇，孟子又引用几个古代君王的例子告诉我们要向古人学习，做心怀天下的领导者。

孟子曰："禹恶旨酒而好善言。汤执中，立贤无方。文王视民如伤，望道而未之见。武王不泄迩，不忘远。"

这一段，孟子描述了自己的几个偶像。

第一个是禹。孟子说，禹不爱美酒，但是喜欢听合理的建议。意思是禹不喜欢奢华的生活，而喜欢美好的德行。孟子的观点是，作为君王，不应该过于追求物质生活的富裕，而应该把更多精力放在追逐崇高的品德上，这和孟子一贯主张的仁政和善意是一个意思。

第二个是汤。孟子说汤做事合乎中庸之道、不偏不倚。他提拔贤能的人，不依靠死板教条的规则，这是孟子所欣赏的品质。

我们现在选人用人时，经常有很多硬性条件，觉得这样做的好处是标准化和透明化，可坏处是容易僵化，进而造成劣币驱逐良币的现象。

比如今天在评选职称时，我们会要求论文的篇数、获奖的情况，还有考试的分数，即便这些都能满足，很可能选拔上来的人也并不真正具备相应的能力。所以，即便满足用人条件，可能选上来的人也未必能担当大任。而汤想提拔人时没有这些硬性条件，他的标准就是看这个人是否德才兼备、是否个贤能之人，这一点是孟子所推崇的。

蔡元培请钱穆到北大当教授的时候，钱穆就不符合北大教授的聘用标准，因为他连大学都没上过。但蔡元培看过钱穆的文章，相信钱穆具备北大教授的实际能力，所以还是决定请他来教学，这就叫"立贤无方"。

孟子的意思是，选拔人才时不能仅凭硬件，还要看真实的品行和能力。

第三个是周文王。孟子说，周文王每次去探望老百姓的时候，都好像探望伤者一样，意思是周文王很疼爱老百姓。周文王每天努力地上下求索，眼睛看着道的方向，也就是每天都追求真理。

第四个是周武王。孟子说，周武王不过分亲近身边的臣子，也不怠慢远方的臣子，对待臣子能将一碗水端平。孟子认为一个优秀的管理者要做到"不泄迩""不忘远"，也就是不因为关系远近而过分疏远或亲近任何一个员工，对员工一视同仁。

显然，孟子是推崇禹、汤、周文王、周武王作为管理者的这些优秀品质的。

孟子继续说："周公思兼三王，以施四事，其有不合者，仰而思之，夜以继日，幸而得之，坐以待旦。"

孟子说，周公脑子里想的是这三代贤王所做的这四种美好的行为。如果没做到，他就抬头想，白天想不通，晚上接着想。如果晚上突然想通了，周公会坐在那儿一直等到天亮，天亮了就赶紧付诸行动。

禹、汤、周文王是孟子心中理想的圣王，孟子借此告诉我们怎样做一个心怀天下的领导者。孟子的观点是，管理者本人应该是注重品德的，在选人用人时也要注重员工的德行和才干。

这是孟子告诉我们要向古人学习，接下来孟子告诉我们要从古书中学习。

孟子曰："王者之迹熄而《诗》亡，《诗》亡然后《春秋》作。"古代圣王会派人下乡采集歌谣，《诗经》中的《国风》就是周初至春秋间各诸侯国的民间诗歌，我们今天说的"采风"就是从这里来的。所谓"《诗》亡"，就是当周朝东迁以后，周天子的权力也开始式微，再没有人去搜集整理民间的诗歌了，诗歌也就不再兴盛。

诗从民间来，自然代表了民间的意向，在"《诗》亡"以后，诗的功能靠什么维系呢？就是孔子作的《春秋》。

孟子接着说，"晋之《乘》、楚之《梼杌》、鲁之《春秋》，一也。其事则齐桓、晋文，其文则史。孔子曰：'其义则丘窃取之矣。'"晋国的史书叫作《乘》，楚国的史书叫作《梼杌》，鲁国的史书叫作《春秋》，这都一样。也就是"《诗》亡"以后，各个国家开始有了自己的历史书。这些历史书记的全是齐桓公、晋文公这样的人如何称霸，只是记录了什么时间发生了什么事。

孔子解释了他写的《春秋》为什么不一样。他说，我是私自借用了《诗经》中的"义"。

在这一段话里，孟子讲了《春秋》和《诗经》之间的关系以及《春秋》的重要性。孟子的意思是，"《诗》亡"以后，各个国家开始有了自己的历史书，但它们都不能像《诗经》那样可以反映民间的真实意向，只有孔子所著的《春秋》真正继承了《诗经》的精神，接替了《诗经》的教化功能。

关于《春秋》，自古以来就有这样的评价："一字之褒，荣于华衮，一字之贬，严于斧钺"，就是孔子在《春秋》中写的每一个字分量都很重，对被写的人有着极大的影响。

在我看来，《诗经》其实是在非常直接地表达老百姓的心声，读《诗经》有利于丰富我们的情感世界。而读一读《春秋》，看一看孔子是怎样遣词造句的，对于我们了解历史、了解古人非常有意义。

接下来，孟子又说道："君子之泽五世而斩，小人之泽五世而斩。予未得为孔子徒也，予私淑诸人也。"

孟子说，一个君子的影响一百五十年就没了，而一个小人的影响也是一百五十年之后就没有了。

其实，孟子跟孔子之间恰好是五代，孔子的儿子叫伯鱼，伯鱼的儿子叫子思，子思的弟子是孟子的老师，这就是五代。

孟子遗憾没有成为孔子的学生，但孟子却私下里遵照孔子的善道教诲为学行事。

朱熹评价这一段说："其词虽谦，然其所以自任之重，亦有不得而辞者矣。"

就是孟子所表达的是一种任重道远的感觉。虽然和孔子隔了这么多代，但是孟子自己从孔子的书里去学习，孟子自己也愿意肩负弘扬孔子思想的责任。

结合上文，我理解孟子是在告诉我们，要多读读孔子的《春秋》，更要多学习孔子的思想，这对我们今天看待问题、做人做事都有好处。

我记得 18 世纪法国大革命的思想先驱、启蒙运动代表人物之一卢梭也曾说自己不喜欢读活着的人写的东西，就喜欢跟死去的人对话，因为经过时间检验能够留下来的一定都是更有智慧的东西。卢梭也没有接受过正规教育，而是从历史书里获取前人的思想，然后发展出自己对于这个世界的认知。

孟子鼓励我们向古人古书学习，对于我们的价值观、处世方法的形成都有重要的作用；对于管理者来说，在选人用人、企业管理方面有更重要的借鉴意义。

其实，我们今天遇到的问题或难题十有八九前人都经历过，平日里，我们如果能够静下心来研读古代的经典著作和古人的人生经历，从他们的故事中吸取经验教训，就能从中领悟解决问题的思路，获得生活的智慧。

为师必察人：
老师要先教会学生怎么做人

　　孟子曰："可以取，可以无取，取伤廉；可以与，可以无与，与伤惠；可以死，可以无死，死伤勇。"

　　逢蒙学射于羿①，尽羿之道，思天下惟羿为愈己，于是杀羿。孟子曰："是亦羿有罪焉。"
　　公明仪曰："宜若无罪焉。"
　　曰："薄乎云尔②，恶得无罪？郑人使子濯孺子侵卫，卫使庾公之斯追之。子濯孺子曰：'今日我疾作，不可以执弓，吾死矣夫！'问其仆曰：'追我者谁也？'其仆曰：'庾公之斯也。'曰：'吾生矣。'其仆曰：'庾公之斯，卫之善射者也，夫子曰吾生，何谓也？'曰：'庾公之斯学射于尹公之他，尹公之他学射于我。夫尹公之他，端人也，其取友必端矣。'庾公之斯至，曰：'夫子何为不执弓？'曰：'今日我疾作，不可以执弓。'曰：'小人学射于尹公之他，尹公之他学射于夫子。我不忍以夫子之道反害夫子。虽然，今日之事，君事也，我不敢废。'抽矢，叩轮去其金，发乘矢③而后反。"

注释
① 羿：应指大羿，即神话中射日的英雄，也是嫦娥的丈夫，不是夏代有穷氏的头领后羿。"后"是王的意思，后羿曾趁夏统治力量衰弱的时机发难，短暂夺取了夏政权。
② 薄乎云尔：过错不大而已。薄，轻、少。乎，语气词。云尔，而已。
③ 乘矢：四箭，古代称兵车，四马一车为一乘，古人称四为乘。

古人云："师者，所以传道受业解惑也。"

在当今这个时代，谈及教育，我们总是更关注技能、知识的传授，而忽略了人品的培养。要知道，把传授知识、技能置于教会做人之前，是非常危险的，对学生，对社会，甚至对老师自己来说，都是如此。毕竟，一个人能力不够可以通过学习来弥补，但若是本心偏了，那真是祸患无穷。

而引导学生走正道、教做人，正是老师传道的主要内容，也是孟子一直在做的事情。

孟子曾说过："可以取，可以无取，取伤廉；可以与，可以无与，与伤惠；可以死，可以无死，死伤勇。"这其实是在说，当我们处在一些灰色地带的时候，究竟应该如何取舍。

"可以取，可以无取，取伤廉。"一个东西你可以要，也可以不要，这个时候如果你选择要，伤廉，是损害了廉的原则。我认为这里最大的损害在于模糊了边界。

比如说"搭便车"行为，出差一趟，公司给你报销的额度是两千元，你花了一千八，还剩两百的额度，这就是孟子所讲的"可以取，可以无取"。如果你找个发票把那两百元报了，或找个由头把钱花掉，没有任何问题。但是你也可以不这样做。如果你内心有一个廉洁的准则，不想占小便宜，那么你就不会这么做。

"可以与，可以无与，与伤惠。""惠"是什么呢？"惠"是恩惠。可以给，可以不给的时候，你给了对方，反倒会伤害恩惠，这是为什么呢？

我讲过一本书，叫作《金钱不能买什么》，作者是哈佛大学教授桑德尔，他认为，金钱也会起到腐蚀作用。

比如，如果请搬家公司的话，预算一千元，朋友们帮你搬了，一千元钱省下来了，你可以把这一千元钱给你的朋友，也可以不给。既然大家是朋友，一块儿高高兴兴吃顿饭就好。这种情况如孟子所言，如果你给了，伤惠，就是反而会影响你们之间的感情，因为金钱会腐蚀这件事情本身的意义。

如果孩子考得好，爸爸就给孩子买双鞋。其实可以买，也可以不买，爸爸非得给孩子买鞋，结果是鞋子并没有让孩子觉得爸爸爱他，他也没有感受到考得好所带来的快乐，因为好成绩带来的快乐被鞋子冲抵了。在他眼里，鞋子并不是礼物，而是他挣来的。所以在一个家庭当中，绝对不能用恐吓、诱惑或交换的方法来做事。

最后，"可以死，可以无死，死伤勇"。你可以离开，可以保命为上，你也可以留下来拼命，这时候的死，会伤勇。

有时候人"可以死，可以无死"。比如梁启超，戊戌变法失败后，清政府开始抓革命党人。梁启超可以走，也可以不走；不走的话，留下来加入"戊戌七君子"，被杀头。但是梁启超没有选择留下来，叫"去留肝胆两昆仑"。

什么叫"死伤勇"？就是某人的死使得勇的定义发生了改变。孟子并不倡导匹夫之勇，不倡导无谓的牺牲，他认为一个人忍辱负重，最后把事情干成了，这是大勇。

这三件事在灰色地带都很容易被模糊。孟子说可以取可以无取的时候，不要取；可以给可以不给的时候，不要给；可以死可以不死的时候，最好别死。否则，你就不清楚什么叫廉，什么叫惠，什么叫勇。

接下来，孟子开始讲故事，这段故事很有意思。

"逄蒙学射于羿，尽羿之道，思天下惟羿为愈己，于是杀羿。"逄蒙是个坏人，他是大羿的学生。逄蒙发现，全天下只有师父大羿射箭比自己厉害，他就把自己的师父给杀了。

大羿和后羿其实是两个人：后羿是夏代的一个部落头领；射日的那个，是大羿。

孟子曰："是羿亦有罪焉。"他说，这个事，大羿也有做得不对的地方。然而公明仪曰："宜若无罪焉。"公明仪是孟子的学生，他说："大羿好像没什么罪呀。"

孟子说："薄乎云尔，恶得无罪？"错误比较小罢了，但是不能说完全没有错。

孟子给公明仪讲了个故事。他说："郑人使子濯孺子侵卫，卫使庾公之斯追之。"郑国让子濯孺子攻打卫国，卫国派庾公之斯追击。"子濯孺子曰：'今日我疾作，不可以执弓，吾死矣夫！'"逃命的时候，子濯孺子说，我今天身体不行，拿不起弓箭，看来今天命要丢掉了。子濯孺子问驾车的车手是谁在追我，车手说是庾公之斯。

"曰：'吾生矣。'"子濯孺子说我今天有活路了。然后车手就问："庾公之斯，卫之善射者也，夫子曰吾生，何谓也？"庾公之斯射箭很准，是卫国射箭最厉害的人，你竟然说你能够活下来，为啥呀？

"曰：'庾公之斯学射于尹公之他，尹公之他学射于我。'"子濯孺子说，追我的这个人庾公之斯，是跟尹公之他学的射箭，而尹公之他是我的学生。"夫尹公之他，端人也，其取友必端矣。"我对我的学生尹公之他很了解，这是个正派人，这种人交的朋友肯定也是个正派人，所以我知道庾公之斯肯定是个正派人。

后来庾公之斯追上来了，弯弓搭箭，准备射，但是他发现对方根本就没有拿弓。庾公之斯就问："夫子何为不执弓？"你（怎么）不反抗呢？我不能杀手无寸铁的人。子濯孺子说："今日我疾作，不可以执弓。"我今天生病了，没法拿弓。

"曰：'小人学射于尹公之他，尹公之他学射于夫子。我不忍以夫子之道反害夫子。'"我是跟尹公之他学的射箭，尹公之他是跟你学的，我不忍心以你的箭术反过来害你。"虽然，今日之事，君事也，我不敢废。"古文中的"虽然"是"但是"的意思。但是，今天的事是国君交代的事，我不能不做。那庾公之斯是怎么化解这个矛盾的呢？

"抽矢叩轮，去其金，发乘矢而后反。"这一段画面感极强，庾公之斯把箭抽出来，"啪"的一下，很潇洒地在车轮上磕了一下。这一磕，把箭前面的金属部分敲掉了。然后他连续向子濯孺子射了四箭，转身走了。

孟子讲了这么一段故事给公明仪听，说了个什么道理呢？大羿根本就没有考察逢蒙这个人的品格，或者说他就没有重视对这个人进行人格教育，大羿错在这儿。孟子也说过"仁者如射"，一个人行仁义就好像射箭一样，射不中不能怪靶子，也不能怪其他人，一定要反过来看自己的心态和动作对不对，只有"正己"才能够把箭射准。

看起来大羿好像没罪，但实际上作为一个老师，你必须思考教给学生的究竟是什么，不能只教他射箭，还应该教会他怎么做人。

通过这一段，实际上孟子是告诉我们，为人师者，比起教会学生技能，教会学生怎么做人更重要。你看，疏忽了这一点，一不小心，老师连自己的命都搭上了。

现在很多老师和家长都过分强调孩子的分数，而忽略了对品性的培养。有的家长在孩子犯小错的时候不及时纠正，一路纵容直至犯罪;有的总是给孩子提要求,只看成绩,看不到孩子身上闪光的品质。

成绩不好可以补,谋生技能也可以慢慢学习,但对品性的培养一旦错过了最佳时期,为时晚矣。

好的教育,先教为人,再教做事。

西子蒙不洁：
因势利导事竟成

孟子曰："西子蒙不洁，则人皆掩鼻而过之。虽有恶①人，齐（zhāi）戒②沐浴则可以祀上帝。"

注释
① 恶：长得丑。
② 齐戒：斋戒，古人在祭祀前沐浴更衣、整洁身心，以示虔诚。"斋"源于"齐"，主要是"整齐"自己，如沐浴更衣，不饮酒，不吃荤；戒主要是指戒游乐，比如不与妻妾同寝等。

孟子曰："天下之言性也，则故而已矣，故者以利①为本。所恶于智者为其凿也，如智者若禹之行水也，则无恶于智矣。禹之行水也，行其所无事也，如智者亦行其所无事，则智亦大矣。天之高也，星辰之远也，苟求其故，千岁之日至②可坐而致也。"

注释
① 利：顺应。
② 日至：冬至和夏至。这里指冬至，因周历以冬至之月为元月。

很多人从小就有一个人生信条：要努力，更努力一点儿。但有时候，我们坏事便坏在用力过猛。

孟子曰："西子蒙不洁，则人皆掩鼻而过之。虽有恶人，齐戒沐浴则可以祀上帝。"这一段讲的是先天和后天的关系。

有人说，我的先天条件很差，我做不到。孟子安慰说，你看，西施好看吧，假如"蒙不洁"，她身上沾染了很多的污垢，脏兮兮的，"则人皆掩鼻而过之"，这时候其他人也会掩起鼻子来赶紧走。

相反，有一个长得很丑的人，但只要他正心诚意，能够认真地斋戒，把自己洗干净了，一样可以祭祀上帝。

此处的上帝当然不是《圣经》里的上帝，中国古人把至高的神明称为上帝。古人很重视祭祀，祭祀是天人之间连接的一种方式，所以一定要斋戒沐浴，心思纯正才能去做。所以孟子说，一个人虽然长得不好看，也不要过早地放弃自己。

有些人觉得自己天分不够，家庭背景也不行，便自暴自弃。一个人如果非得要找借口的话，他就会特别相信天分。

我讲过一本书，叫作《刻意练习》。作者经过几十年研究，得出的结论是：没有天分这回事。连莫扎特和帕格尼尼这样被人们视作天才的人，也没有天分，都是靠后天不断努力才有后来的成就的。我们应该更相信后天的努力，而不是依赖先天的素质。

《庄子》里就描绘了特别多奇奇怪怪的人，要么受过刑，要么长得歪瓜裂枣，但是这些人内心光明，让孔子都觉得应该向他们学习。

所以内在的德行要比外在的容貌重要得多，人不要过早地放弃自己。

接下来，孟子说："天下之言性也，则故而已矣，故者以利为本。"意思是，天下的人谈论本性，都是"就其所以然"而说的。

"故"就是你能够找到的它本来的样子，我们不但要"知其然"，还要"知其所以然"。你讲"性",肯定不能讲外在的表现,外在的表现是"象",不是"性"。"性"是最核心、最本质的东西。"故者以利为本",这里的"利"不是利益的意思,而是顺利的意思,自然而然。凡是符合本源的东西,一定是自然而然的东西,一定是感觉顺畅的东西。

"所恶于智者为其凿也。"有个成语叫"穿凿附会","凿"就是你用外在的力量硬来。智者就是所谓的聪明人(就像古希腊有一种学派叫智者派)。这种所谓的智者为什么被大家讨厌呢?就因为他们太使劲了,他们希望能改变人的本性。

"如智者若禹之行水也,则无恶于智矣。"孟子说,如果这些所谓的聪明人能够像大禹治水一样,那大家就不会讨厌他们了。大禹治水怎么做的呢?大禹治水不是凿,不是使劲儿筑坝,把水堵住,而是疏导,因势利导,根据地形,看水往哪儿流合适,就把水导过去,让水沿着它该走的方向走。

"禹之行水也,行其所无事也。"大禹好像没干什么事一样,就是看着那些水的流向。"如智者亦行其所无事,则智亦大矣。"一个人看起来无所作为往往才有大智慧,才是真正的智者。

在这一点上,孟子有点接近老子讲的"无为而治""治大国若烹小鲜",反对瞎折腾。孔子也说过:"为政以德,譬如北辰,居其所而众星共之。"

"天之高也,星辰之远也,苟求其故,千岁之日至可坐而致也。"孟子说,像天这么高,星辰离我们这么遥远,如果我们了解了其中的规律,那么一千年以后的至日(冬至、夏至),坐在这儿也能够算得出来了。因为对古代人来说,最重要的事就是推算历法,指导农事。

孟子主张顺性和求故,核心是不硬来。比如我们经营企业或者教育孩子，如果你用力过猛，总是不断地跟别人斗，一定是错的，因为你没有像"禹之行水"一样去解决问题。

孩子是生物，他本来就会长大，也会对自己好，对自己负责，他希望自己可以成为一个了不起的人。但为什么那么多孩子自己放弃了呢？常常因为父母用力过猛，导致孩子的天性受到了损害，变成了你不让我做的事，我偏要做；你想要我做的，我偏不做，结果成了一个多输的局面。

所以要因势利导，找到最顺的那个地方，像大禹治水一样行事。看起来很轻松，但是问题得到了解决。

管理公司也是一样的道理。有些管理者特别害怕员工偷懒，制定各种规定约束员工，比如说工作时不许戴耳机，不允许工作时间聊和工作无关的事情。其实，偶尔说一两句，听会儿音乐，调剂一下心情，换一换脑子，不是什么大事儿，不必过分上纲上线。每个人有每个人的工作方式，只要不影响工作进度，有些方面可以稍微松弛一下。

哪里有压迫，哪里就有反抗，与其强迫，不如最大限度满足员工的合理需求，很多事情自然就解决了。

君子无一朝之患：
度量大了，烦恼起码少一半

公行子有子之丧，右师①往吊。入门，有进而与右师言者，有就右师之位而与右师言者。孟子不与右师言，右师不悦曰："诸君子皆与驩言，孟子独不与驩言，是简驩也。"孟子闻之，曰："礼，朝廷不历位而相与言，不逾阶而相揖也。我欲行礼，子敖以我为简，不亦异乎？"

注释 | ① 这位右师就是王驩（王子敖），此前和孟子一起去给滕文公吊过丧，此时已从大夫升为右师。右师相当于执政官。

孟子曰："君子所以异于人者，以其存心①也。君子以仁存心，以礼存心。仁者爱人，有礼者敬人。爱人者，人恒爱之；敬人者，人恒敬之。有人于此，其待我以横（hèng）逆②，则君子必自反也：我必不仁也，必无礼也，此物奚宜③至哉？其自反而仁矣，自反而有礼矣，其横逆由④是也，君子必自反也：我必不忠⑤。自反而忠矣，其横逆由是也，君子曰：'此亦妄人也已矣。如此，则与禽兽奚择哉？于禽兽又何难（nàn）焉？'是故君子有终身之忧，无一朝之患也。乃若所忧则有之：舜，人也；我，亦人也。舜为法于天下，可传于后世，我由未免为乡人⑥也，是则可忧也。忧之如何？如舜而已矣。若夫君子所患则亡（wú）矣。非仁无为也，非礼无行也。如有一朝之患，则君子不患矣。"

注释
① 存心：省察心。存，察。一说存于心。前者似乎更合理，即关照念头，与居心、用心、动机意思相近。
② 横逆：横暴，无理。
③ 奚宜：为什么。
④ 由：同犹。
⑤ 忠：尽心竭力。
⑥ 乡人：俗人，普通人。

情绪困扰，几乎人人都有。

人们总说，也没什么，就是心里堵得慌。我们似乎都特别容易被情绪绑架。

堵在哪儿呢？你会发现那些扰乱我们心绪的都是一些日常琐事。比如刚刚谁说了一句什么话，我被戳中了；又或者谁没有认同我、理解我，我特别难受。像这样的事儿，特别多。其实想一想，那些让我们情绪起伏的，都不是特别大的事儿，可我们就是会瞬间情绪上头，该怎么办呢？

或许我们可以看一看古人是如何做的。

"公行子有子之丧，右师往吊，入门，有进而与右师言者，有就右师之位而与右师言者。"齐国大夫公行子的儿子死了，大家去吊唁。右帅是谁呢？他就是曾经跟孟子一块出差，但是孟子一直不跟他说话的那个王骥王子敖。

王骥现在的职位是右师，位极人臣。他去吊唁，一进门，就立刻有人走上前跟他打招呼。等他坐下来后,还有人离开自己的座位跑过来,凑到他的旁边,想跟他多说两句话。

"孟子不与右师言",孟子不跟他说话。在整部《孟子》当中,孟子都没有与王驩说过话,他就一直不喜欢这个人。

"右师不悦曰:'诸君子皆与驩言,孟子独不与驩言,是简驩也。'""简"是怠慢的意思。这个权臣不高兴了,他说其他的人都跟我说了话,只有孟子不跟我说话,他是在怠慢我。这句话可能是跟别人说的,后来传给孟子了,两个人算是隔空对话。

孟子听了以后说:"礼,朝廷不历位而相与言。""历位"就是越过位置。在朝廷之上,人与人之间,你不能越位去跟别人说话,隔了好几个人非得凑过去打个招呼,不需要。

"不逾阶而相揖也","逾阶"就是越过台阶,隔着台阶也要赶紧跑过去巴结别人,不合礼。朝廷之上虽然有职位的差别,但上朝的目的不是社交,而是做事,帮君王解决问题。

"我欲行礼,子敖以我为简,不亦异乎?"孟子在这儿装糊涂。孟子说,朝廷上规定了隔着位置的人不能说话,隔着台阶不能作揖,我这是按照礼法做事,子敖竟然觉得我这样做是怠慢他,这不是很奇怪吗?

实际上,孟子说的是上朝时的规矩,但吊丧就是一场社交,社交场所你不跟我打招呼,那你可能就是不喜欢我。

子曰:"匿怨而友其人,左丘明耻之,丘亦耻之。"孔子也说,我不喜欢跟这个人交往,还非得跟他处得关系特好,左丘明做不到,我也做不到。

孟子也引用曾子的话:"胁肩谄笑,病于夏畦。"一个人歪着肩膀在那儿笑,谄媚地去讨好别人,比夏天的时候在田里面干活还要累。孟子有自己的操守,他很讨厌这个人。

接下来,孟子说:"君子所以异于人者,以其存心也。君子以仁存心，以礼存心。仁者爱人，有礼者敬人。爱人者，人恒爱之；敬人者，人恒敬之。"

君子之所以跟别人不一样，是因为他存心不同。什么叫存心？存心就是省察心，看你有没有反省的能力，也就是我们说的批判性思维。批判性思维的核心不是省察别人，而是省察自己。君子跟别人不一样，就是因为他有省察心，也叫存心。君子用仁和礼这两个标准来不断地反省自己。

一个有仁心的人会关爱别人，一个有礼的人会尊敬别人。一个人爱别人，别人也会爱他。一个人尊敬别人，别人也会尊敬他。

"有人于此，其待我以横逆，则君子必自反也。""横逆"就是对我不客气，大吼大叫，甚至打我，"反"就是反省。如果今天有一个人对我特别凶恶，君子会怎么做？他肯定会首先反省自己。

"我必不仁也，必无礼也"，我肯定是没有做到仁，我也没有做到礼。"此物奚宜至哉？""此物"指的是先前那个横逆的态度，"奚宜"就是为什么的意思。孟子的言外之意是，一定是我没做到仁，我没做到礼，要不然别人怎么会对我这么粗暴呢？

"其自反而仁矣，自反而有礼矣，其横逆由是也，君子必自反也。"如果我回去想，仁，我做到了，我是爱人的；礼，我也做到了，该有的礼数也都有，但是这人还是对我这样，那就接着想，接着反思。"我必不忠"，"忠"是尽心竭力。我可能没有尽心竭力，没有努力做到更好。

"自反而忠矣，其横逆由是也。"如果努力做到了忠，又认真反思了，我真的是做到极致了，但是那个人还是这个态度。"君子曰：'此亦妄人也已矣。如此，则与禽兽奚择哉？于禽兽又何难焉？'"这人估计是脑子有病。仁、礼、忠，我都做到了，这个人还整天对我大喊大叫，欺负我，他与禽兽也没什么区别。你对一个禽兽又有什么好责难的呢？跟他较什么劲呢？狗咬你，你还咬狗吗？

"是故君子有终身之忧，无一朝之患也。"

孟子这句话也是我的座右铭。君子有没有忧患？有。君子所忧虑的是一辈子的事，但君子没有一时的烦恼。有人冲你暴怒，骂你、打击你、诽谤你，这叫"一朝之患"，也就是这阵子出了这么个事而已，君子在这方面没有祸患。

因为想来想去只有两种情况：一种情况是你做得不够好，人家骂你是帮你，让你进步；另外一种情况是你做得很好，他还骂你，那是他有病，与禽兽无异。你跟一个禽兽有什么好说的呢？就这两种情况，有什么好生气的呢？

孟子说，所以君子有什么忧愁呢？君子忧愁的是这个："舜，人也；我，亦人也。舜为法于天下，可传于后世，我由未免为乡人也，是则可忧也。"他认为君子担心的是：舜是一个人，我也是一个人，舜为天下做出了表率、确立了法则，可传于后世，人家是个圣人，而我到今天还只是个俗人，我该怎么办呢？

"忧之如何？如舜而已矣。"怎么办呢？向舜学习，努力和舜一样去做事就行了。"若夫君子所患则亡矣。非仁无为也，非礼无行也。如有一朝之患，则君子不患矣。"如此一来，其他的烦恼和担忧就没有了。

只要你坚持不合仁的事不做，不合礼的事也不做，那么一朝之患就没什么可担心的。

有时候我们经常为身边发生的一些小事烦恼，其实这些小事都不值得担忧。君子只有终身之忧：我怎么才能和舜一样？当你立了一个这样的大志向，你会发现，你在日常生活中遇到的难题都可以忽略不计，人生的烦恼会大大减少。

这一段说的是什么呢？其实就是，当我们把心放在更大的志向上，我们就不会总盯着身边的小事；或者说在我们眼里，过去困扰我们的事情已经不算个事儿了，我们的烦恼自然会少很多。

进退皆有道：
达则兼济天下，穷则独善其身

禹、稷当平世，三过其门而不入①，孔子贤之。颜子当乱世，居于陋巷，一箪食，一瓢饮，人不堪其忧，颜子不改其乐，孔子贤之。孟子曰："禹、稷、颜回同道。禹思天下有溺者，由②己溺之也；稷思天下有饥者，由己饥之也，是以如是其急也。禹、稷、颜子易地则皆然。今有同室之人斗者，救之，虽被（pī）发缨冠③而救之，可也；乡邻有斗者，被发缨冠而往救之，则惑也，虽闭户可也。"

注释　① 平世：指政治清明的时代。稷：周的始祖弃，舜时为农官。"三过其门而不入"，这是古代修辞方式，表示同样急民之苦。
② 由：同犹。另一说，由于，不确。
③ 被发：披着头发。缨冠：缨是系在脖子上的帽带，因急于戴冠，不暇结缨于颈，而与冠并加于头，故说缨冠。

世间事有千千万，很多时候，我们得靠智慧去判断什么时候用什么样的方式去处理。所谓"达则兼济天下，穷则独善其身"，便是如此。

孟子自是深谙其中道理的。

"禹、稷当平世，三过其门而不入，孔子贤之。"禹和稷都是舜的大臣，一个负责水利，一个负责农业。禹、稷是圣人，他们正好遇到了政治清明的时代。这两个人都忙于工作，三次路过自己的家门都不回家，孔子认为他们很好。

"颜子当乱世，居于陋巷，一箪食，一瓢饮，人不堪其忧，颜子不改其乐，孔子贤之。"在春秋的乱世当中，颜回住在一个破屋子里，饮食很差，所有人都替他担心，但是颜回依然不改内心之乐。孔子也觉得颜回不错。

孟子曰："禹、稷、颜回同道。"一边是忙得三过家门而不入，另一边，居陋巷也每天高高兴兴的，看起来没干什么事，但孟子认为这三个人秉持的道是一样的。

"禹思天下有溺者，由己溺之也；稷思天下有饥者，由己饥之也，是以如是其急也。"这两个人忙着做事，就是因为禹看到有人被水淹了，就觉得好像是自己造成的一样；稷看到有人没饭吃，也觉得好像是自己造成的一样，所以他们才这么忙。"禹、稷、颜子易地则皆然"，这三个人如果互换角色，结果也一样。

"今有同室之人斗者，救之，虽被发缨冠而救之，可也。"孟子打比方说，今天在一个屋里，两个人突然打起来了，拿着刀和棒对打，这时候你肯定连头发都来不及扎，帽子都来不及系，就赶紧劝架。

这个说的就是像禹和稷这样的人，自己的百姓，有的被水淹，有的吃不上饭，他们赶紧帮忙。

但是，"乡邻有斗者，被发缨冠而往救之，则惑也，虽闭户可也"。比如说，你正在家里吃饭，听到村里张三跟李四打起来了，拿着锄头打得很厉害，这时候你把饭碗一放，披发缨冠就冲出去，想要去帮忙，孟子说:"你傻了。"

孟子说,这时候你把门关上,老老实实吃你的饭。不是说孟子没有怜悯之心,孟子隐喻的是乱世。同室之人喻指家里人,家里人打起来了,你可不就得赶紧把他们分开。但是你们村里发生械斗,你根本不知道深浅,就冲到中间说别打了,他们会先打你。所以颜回的选择是什么呢?把门关起来,在家里边自己精进和保持快乐。"达则兼济天下,穷则独善其身",就是这个道理。

"邦有道,则仕;邦无道,则可卷而怀之。"这是孔子的感叹。他还评价宁武子说:"其智可及也,其愚不可及也。"孔子很羡慕宁武子装傻充愣的本事。

本篇其实在讲孟子的处世智慧。在孟子看来,无论是兼济天下,还是独善其身,都是圣人所为。因为所处时代、情况不同。身处乱世,你首先要做的是保全自己,修自己的德行,别人的命运你干涉不了。若局势扭转,可有所为,那么当然要做实事。所谓兼济天下,并不是让你无条件盲目地去做,而是要看你当下是否有这个条件,可能性有多大。

当兼济天下没可能时,不必硬来,能独善其身,也是好的。

当然,我们今天可能不需要兼济天下,但是我们普通人会经常遇到一个问题:当身边人发生矛盾时,我们要不要帮?常常有朋友和我说,本是好心劝说,结果最后,人家夫妻好得很,倒显得我里外不是人了。像这种情况,其实我们就要区分,别人是否真的需要我们提供帮助,如果对方明确表达了这种需求,那么我们可以帮一帮;如果没有,就不必瞎掺和,做这种费力不讨好的事。

很多事情,都需要因缘具足,顺其自然最好。

君子合乎义：
一个人值不值得交往，主要看其内心准则

公都子曰："匡章①，通国皆称不孝焉，夫子与之游，又从而礼貌之，敢问何也？"

孟子曰："世俗所谓不孝者五：惰其四支②，不顾父母之养，一不孝也；博弈好饮酒，不顾父母之养，二不孝也；好货财，私③妻子，不顾父母之养，三不孝也；从④（zòng）耳目之欲，以为父母戮⑤，四不孝也；好勇斗很，以危父母，五不孝也。章子有一于是乎？夫章子，子父责善而不相遇⑥也。责善，朋友之道也；父子责善，贼⑦恩之大者。夫章子，岂不欲有夫妻子母之属哉？为得罪于父，不得近，出妻屏（bǐng）⑧子，终身不养焉。其设心以为不若是，是则罪之大者，是则章子已矣。"

注释
① 匡章：齐国名将。在齐威王时曾率军大败秦军，齐宣王时曾率军取燕。
② 四支：即四肢。
③ 私：偏爱。
④ 从：通纵，放纵。

⑤ 以为父母戮：使父母蒙受羞辱。为，使。戮，羞辱。
⑥ 不相遇：不相合。
⑦ 贼：害。
⑧ 屏：退，放弃。

曾子居武城①，有越寇。或曰："寇至，盍去诸？"曰："无寓人于我室，毁伤其薪木。"寇退，则曰："修我墙屋，我将反。"寇退，曾子反。左右曰："待先生如此其忠且敬也，寇至，则先去以为民望②；寇退，则反，殆于③不可。"沈犹行④曰："是非汝所知也。昔沈犹有负刍之祸⑤，从先生者七十人，未有与（yù）焉。"

子思居于卫，有齐寇。或曰："寇至，盍去诸？"子思曰："如伋去，君谁与守？"

孟子曰："曾子、子思同道。曾子，师也，父兄也；子思，臣也，微也。曾子、子思易地则皆然。"

注释
① 武城：鲁国邑名，在今山东费县境内。
② 民望：民众仿效的对象。
③ 殆：恐怕。于：为，是。
④ 沈犹行：曾子弟子，姓沈犹，名行。
⑤ 负刍：背干草。赵岐注：负刍，人名，曾作乱，进攻沈犹氏。朱熹认为，是负刍者为乱，即背干草的人作乱。

很多人特别困惑的一个问题是：我们如何判断一个人值不值得交往。因为我们时常被表象所迷惑而做出错误判断。比如，如果一个人的名声不好，我们也会对这个人的品质产生怀疑，但有时候这可能只是表象。

如何透过表象去看一个人，这就非常需要智慧了。

对于这个问题，公都子也是百思不得其解，他完全想不明白，他的老师孟子为什么要和一个名声不太好的人一起玩儿，而且关系似乎还挺好。

公都子曰:"匡章,通国皆称不孝焉,夫子与之游,又从而礼貌之,敢问何也?"公都子是孟子的弟子,他问孟子,齐国名将匡章,全国人都说这个人不孝——一个人不孝在过去就相当于社会性死亡了,"社死"了。公都子好奇孟子还跟他关系挺好,跟他一块玩儿,还对他还那么客气,这是为啥呢?

孟子说,世俗所说的不孝有五件事:"惰其四支,不顾父母之养,一不孝也",这人不干活、不养父母,这是第一种不孝;"博弈好饮酒,不顾父母之养,二不孝也",整天赌博喝酒、不养父母,这是第二种不孝;"好货财,私妻子,不顾父母之养,三不孝也",吝啬到只照顾自己的老婆孩子,不顾父母,这是第三种不孝;"从耳目之欲,以为父母戮,四不孝也",整天放纵自己的耳目之欲,让自己的父母蒙羞,这是第四种不孝;"好勇斗很,以危父母,五不孝也",整天跟人打架,给父母带来危险,这是第五种不孝。"章子有一于是乎?"孟子问,这五件事,章子做了哪一个?

"夫章子,子父责善而不相遇也。责善,朋友之道也;父子责善,贼恩之大者。"责善,就是我要求你做好,我对你提出更高的要求。

孟子曾经说过,古代的君子易子而教,自己的儿子自己不要教,要让别人来教,因为孟子不倡导父子责善。匡章的问题在于他向父亲提出了道德上的要求,于是两个人不和了。责善是朋友之道,但是父子如果责善,就是"贼恩之大者"。贼是害的意思。父母对你有恩,所以父母就算做错了事,也不能批评,否则对不起父母的养育之恩。孔子也说"父为子隐,子为父隐,直在其中矣"。

孔子跟孟子在这一点上观点是一致的,亲情比责善更重要,章子不应该对自己的父亲提要求。

"夫章子,岂不欲有夫妻子母之属哉?为得罪于父,不得近,出妻屏子，终身不养焉。其设心以为不若是，是则罪之大者，是则章子已矣。"匡章也真不容易，他父亲有家庭暴力，把匡章的母亲打死了，还不好好埋葬，直接埋在了马厩里。匡章心里该有多难过，就跟他的父亲理论，他的父亲一怒之下跟他分开了，不认他了。孟子说，难道匡章不希望有亲情吗？因为他得罪了父亲，没法在父亲跟前侍奉，所以他把妻子送回家，儿子也不要了，他说儿子你也不要来看我了，咱俩断绝关系，你跟你妈或者你自己独立门户，不要再见我了。

我们不能理解，匡章跟他父亲关系不好，干吗把老婆孩子都赶走呢？因为匡章认为，我不能奉养我的父亲，所以我也没有资格让我的儿子来奉养我。他是一个对自己要求极高的人，所以"终身不养焉"。他认为如果不这样惩罚自己，自己的罪过就太大了。

所以孟子认为，匡章是一个相当了不起的人，是一个对自己要求很高的人。在这里我们也能看出来，原生家庭对于一个人的影响有多大。匡章心中既有对父亲的恨，又有对父亲的内疚，还有对母亲的那份不舍，他太难了。所以，他最后选择的做法是自己不去接近幸福，把幸福推到门外。

我们现在看来这有点极端，但今天很多人无意识地就在做这样的事。比如说，一个人跟自己的父母关系不好，往往和自己的子女关系也不好。到最后，虽然没有像匡章一样明着"屏子"，但是儿女也不来看他了，他只能孤独地一个人生活下去。这就是因为原生家庭的问题没有解决，导致下一代也没法过得轻松愉快。我讲过一本书，名为《原生家庭》，谈的就是这个。

接下来，孟子又谈到了曾子。

"曾子居武城，有越寇。或曰：'寇至，盍去诸？'"曾子居武城，也就是今天的费县。越国的强盗来了，有人说，强盗来了，还不走吗？"曰：'无寓人于我室，毁伤其薪木。'"曾子走之前嘱托说，不要让人住在我的屋子里,不要毁坏我院里的树木。在越寇走了以后,他又说,把我的屋子修一修,我要回来了。

他身边的人说:"待先生如此其忠且敬也,寇至,则先去以为民望;寇退,则反,殆于不可。"这个"待先生"前面省略了主语,主语是什么呢?武城的人。弟子们说,先生您在武城的时候,武城的人对您又忠又敬,非常尊重您这么一个大知识分子,但是盗贼来的时候,您却先跑了。您作为名人,您的行为老百姓会看到,大家会说曾子都跑了,咱们也跟着跑吧。现在越寇刚走,您就回来了,这样做恐怕不太好吧。

"沈犹行曰:'是非汝所知也。昔沈犹有负刍之祸,从先生者七十人,未有与焉。'"沈犹行是曾子的弟子,他说,这事不是你们能够了解的,我们沈犹家族当年有负刍之祸。有一种解释说,负刍是人名,有个叫负刍的人,为患作乱。还有一种说法称,负刍就是背着柴草,是身上背着柴草的一些人作乱。总之,当时发生了动乱,跟着曾子的七十个学生,没有一个参与其中,也就是见危不救。他们只顾保护曾子,不参与平寇。

"子思居于卫,有齐寇。或曰:'寇至,盍去诸?'子思曰:'如伋去,君谁与守?'"子思是孔子的孙子,也是曾子的学生。子思在卫国的时候,齐国的贼寇来了。大家说赶紧跑吧,子思说,如果咱们走了,谁与君主一起守城呢?

"孟子曰:'曾子、子思同道。'"我们普通人看起来,觉得曾子和子思的行为差别太大了。子思愿意与君主同进退,死守城池,而曾子一见风向不对就走了。但孟子说,这两个人是一回事。为什么呢?

"曾子,师也,父兄也;子思,臣也,微也。"孟子说,曾子的身份是老师,他是这个国家的父兄。他作为长者,没有守城的责任,但他有保全自己的责任。而子思是卫国在编的政府官员，守城是他的职责。所以"曾子、子思易地则皆然"，如果曾子和子思交换位置，他们也都会按对方做的去做。

孟子前面说禹、稷和颜回"易地则皆然"，孟子还说"大人者，言不必信，行不必果，惟义所在"，都是这个道理。看起来曾子所做的事和子思完全不一样，但都是合乎义的。曾子的角色并不是对方的臣属，而是师长，所以他这样做没有问题。

核心问题是什么呢？原则很重要。做事不能简单地看表象，要看内在的原则。内在的原则是不是合乎道，是不是合乎礼，是不是合乎义，这才是最重要的。曾子的做法，在孔子看来，无非就是"君子思不出其位"。行所当行，不用被外在的舆论所裹挟。

我们可以看到，孟子在衡量一个人的品性的时候，看的不是别人怎么评判这个人，而是看他做了什么，以及在这些行为的背后，这个人内心秉持的是什么样的原则，是否合乎道、礼、义。

人性是复杂的，每个人都是多面的，有时候我们的确很容易被一个人的外貌、名声、标签所迷惑，这时候我们不妨向孟子学习——摒除杂音，用心去听这个人的内心在说什么，他的行为背后秉持的准则是什么。

同一件事，不同的人所依托的准则可能是完全不同的。比如，两个人都经常跳槽，一个人是把跳槽当作跳板，另一个人是喜欢在变化中不断遇见新的自己。

当我们理解了不同人行为背后的准则时，就会对其有更全面准确的了解。

圣人无异于常人：
唯一的区别，在于内心是否光明

储子①曰："王使人瞷②夫子，果有以异于人乎？"
孟子曰："何以异于人哉？尧、舜与人同耳。"

注释　① 储子：齐国人，可能此时任齐相。
　　　② 瞷：窥视。东汉赵岐认为瞷是相面。

齐人有一妻一妾而处（chǔ）室者，其良人①出则必餍（yàn）酒肉而后反。其妻问所与饮食者，则尽富贵也。其妻告其妾曰："良人出，则必餍酒肉而后反，问其与饮食者，尽富贵也，而未尝有显者来，吾将瞷良人之所也。"蚤②起，施（yǐ）③从良人之所之，遍国中无与立谈者。卒之东郭墦（fán）④间，之祭者，乞其余，不足，又顾而之他，此其为餍足之道也。其妻归，告其妾，曰："良人者，所仰望而终身也。今若此！"与其妾讪⑤其良人，而相泣于中庭⑥。而良人未之知也，施施⑦从外来，骄其妻妾。由君子观之，则人之所以求富贵利达者，其妻妾不羞也而不相泣者，几希矣！

注释　① 良人：丈夫。
　　　② 蚤：同早。
　　　③ 施：逶迤斜行。清钱大昕："施，古斜字。"
　　　④ 墦：坟墓。
　　　⑤ 讪：毁谤。
　　　⑥ 中庭：即庭中。
　　　⑦ 施施：得意的样子。

　　如果你真的想要去看一个人的心性如何，不要只看他的外表是否光鲜亮丽，而要看他的内心是否光明。从外在是看不出一个人真正的品行的。即便是圣人，看起来和我们也没有什么两样。唯一的区别是，圣人的内心是充满光芒的。

　　和很多人一样，齐国国君也有着类似的困惑：圣人和普通人的差别到底在哪儿？

　　储子曰："王使人瞷夫子，果有以异于人乎？"储子是齐国的国相，他告诉孟子，齐王派人偷窥夫子，齐王想知道，大名鼎鼎的孟子和别人到底有什么不一样。

　　孟子曰："何以异于人哉？尧、舜与人同耳。"孟子说，我和别人有什么不一样的，就算是尧和舜，和普通人也没什么两样，行住坐卧、吃喝拉撒，一样都少不了。圣人也是普通人，他们的光芒是内在的。所以当孟子说"尧、舜与人同耳"的时候，既谦虚又自信。

　　自然，不是每个人都能达到内在光明这种境界的。

　　"齐人有一妻一妾而处室者，其良人出则必餍酒肉而后反。"齐国有一个人，有一妻一妾在一块儿住。他每天出门，一定是吃饱了酒肉才回来。"其妻问所与饮食者，则尽富贵也。"妻子问，你跟谁一起吃饭的，丈夫回答，都是有钱有势的人。"其妻告其妾曰：'良人出，则必餍酒肉而后反，问其与饮食者，尽富贵也，而未尝有显者来，吾将瞷良人之所之也。'"

他的妻子比较聪明，她说咱们一问他，他就说跟大人物吃饭。但是你看，没有一个像样的人来咱们家拜访，我要跟踪他，偷偷地看看他到底去哪儿了。

他的妻子一大早就起来了，悄悄地跟着丈夫，看他去哪儿。走了一路，城里没有一个人跟她丈夫站下来说话。他最后走到了东城外的一片坟墓中间，找到那些祭祀的人，问人家能不能把祭祀剩下的酒肉给自己一点儿。乞求了一家没吃饱，又去找另外一家接着要，就这样吃饱了。妻子回来以后对妾说，咱们的老公，本是我们所仰望和依靠的人，没想到他是这样一个人，竟然四处要饭。两个人就说丈夫的坏话，然后在院子里相拥而泣。

这个丈夫还不知道，"施施从外来，骄其妻妾"，他吃饱了回家，很骄傲地看着他的妻妾。

"由君子观之，则人之所以求富贵利达者，其妻妾不羞也而不相泣者，几希矣！"最后这句话说得很重。孟子编这么一个寓言故事，想告诉我们什么呢？就是最后这句话。他说，从君子的角度看，一个人求富贵荣华的手段，能够让他的妻妾不蒙羞不相泣的，太少了。孟子很瞧不上王骥那样的人，也瞧不上苏秦、张仪那样的人。

在今天的社会生活当中，很多人有房有车，但私下里却做着很多见不得人的勾当，以此来赚钱养家。孟子其实并没有辱骂这个丈夫，孟子只是感叹，一个人挣钱养家可以理解，但是要做到让你的家人不相拥而泣，不为你的行为感到羞耻，是相当不容易的。

这个故事给我一个启发，我们如果想要向圣人看齐的话，应该怎么学？我想，我们起码可以从当下的反思开始：我们当前的营生会不会让家人羞愧？能不能对自己的孩子讲？是不是可以让自己的内心得到安宁？

万章

上

大孝终身慕父母：
在追求未来之前，要学会与原生家庭和解

万章问曰："舜往于田，号泣于旻（mín）天①，何为其号泣也？"

孟子曰："怨慕也。"

万章曰："父母爱之，喜而不忘；父母恶之，劳而不怨。然则舜怨乎？"②

曰："长息问于公明高③曰：'舜往于田，则吾既得闻命矣；号泣于旻天，于父母，则吾不知也。'公明高曰：'是非尔所知也。'夫公明高以孝子之心，为不若是恝（jiá）④，我竭力耕田，共（gōng）⑤为子职而已矣，父母之不我爱，于我何哉？帝使其子九男二女，百官牛羊仓廪备，以事舜于畎（quǎn）亩之中。天下之士多就之者，帝将胥（xū）天下⑥而迁之焉。为不顺于父母，如穷人无所归。天下之士悦之，人之所欲也，而不足以解忧；好（hǎo）色，人之所欲，妻（qì）帝之二女，而不足以解忧；富，人之所欲，富有天下，而不足以解忧；贵，人之所欲，贵为天子，而不足以解忧。人悦之、好色、富贵，无足以解忧者，惟顺于父母，可以解忧。人少，则慕父母；知好色，则慕少艾⑦；有妻子，则慕妻子；仕则慕君，不得于君则热中。大孝终身慕父母。五十而慕者，予于大舜见之矣。"

注释　① 旻天：苍天。
　　　② 该句又见《大戴礼记·曾子大孝第五十二》，曾子语。
　　　　 忘：懈怠。劳：忧愁。
　　　③ 长息：公明高弟子。公明高：曾参弟子。
　　　④ 恝：无动于衷，漫不经心。
　　　⑤ 共：同恭。
　　　⑥ 胥天下：尽天下。胥，皆，引申为尽。
　　　⑦ 少艾：年轻美丽的女子。少，年少。艾，美好，漂亮。

万章问曰："《诗》云：'娶妻如之何？必告父母。'信斯言也，宜莫如舜。舜之不告而娶，何也？"

孟子曰："告则不得娶。男女居室，人之大伦也。如告，则废人之大伦，以怼①父母，是以不告也。"

万章曰："舜之不告而娶，则吾既得闻命矣；帝之妻舜而不告，何也？"

曰："帝亦知告焉则不得妻也。"

万章曰："父母使舜完廪，捐阶②，瞽瞍焚廪。使浚（jùn）井③，出，从而掩（yǎn）④之。象曰：'谟盖都君咸我绩⑤。牛羊父母，仓廪父母，干戈朕，琴朕，弤（dǐ）⑥朕，二嫂使治朕栖⑦。'象往入舜宫，舜在床琴。象曰：'郁陶⑧思君尔。'忸怩。舜曰：'惟⑨兹臣庶，汝其⑩于予治。'不识舜不知象之将杀己与？"

曰："奚而不知也？象忧亦忧，象喜亦喜。"

曰："然则舜伪喜者与？"

曰："否。昔者有馈生鱼于郑子产，子产使校人畜之池。校人烹之，反命曰：'始舍之圉圉（yǔ yǔ）⑫焉，少则洋洋⑬焉，攸然而逝。'子产曰'得其所哉！得其所哉！'校人出，曰：'孰谓子产智？予既烹而食之，曰：得其所哉！得其所哉！'故君子可欺以其方，难罔以非其道。彼以爱兄之道来，故诚信而喜之，奚伪焉？"

注释
① 怼：怨恨。对：相持，意为互相对峙，底下加"心"，表示心里抵触，对抗。引申为怨恨。
② 完廪：修粮仓。捐阶：抽去梯子，一说从梯子上跳下。捐，弃。
③ 浚井：挖井。浚，深挖。
④ 揜：通掩，意为覆盖。
⑤ 谟盖：谋害。谟：谋。盖：害的假借字。都君指舜，据《史记·五帝本纪》，舜只要在一地住上三年，那里便会成为都市，因跟随的人多。绩：功绩。
⑥ 弤：一说，舜弓的名字；一说，即彤弓，天子之弓曰彤弓。彤同雕，意为刻镂；一说，漆成朱红色的弓。
⑦ 栖：今天的床。古代的床多为坐具。
⑧ 郁陶：思念貌。
⑨ 惟：思念。
⑩ 其：犹"当"，"可"。
⑪ 校人：管理池塘的小吏。
⑫ 圉圉：困而未舒，疲惫貌。
⑬ 洋洋：舒展貌。

近几年，越来越多的年轻人开始吐槽原生家庭，他们把自己性格的缺陷、失败的人生都归结到原生家庭身上，觉得是父母毁了自己本该灿烂的人生。但是父母能伤害你的程度，完全取决于你想被伤害到的程度，原生家庭无法选择，但如果一味抱怨，人生只会越来越糟糕。

在这一节里，孟子用舜的例子，向我们说明如何正确面对糟糕的原生家庭。

孟子的弟子万章问他："舜往于田，号泣于旻天，何为其号泣也？"舜到田里，对着苍天哭泣，是为什么呢？孟子回答说："怨慕也。"既怨恨又思慕，怨恨被父母抛弃，亲生父亲想和继母、弟弟一起置自己于死地，同时又思慕父母之爱和手足之情。

舜的原生家庭很糟糕，《史记》中记载，舜的父亲是个盲人，舜生母去世后，父亲又娶妻生子。父亲喜欢后妻的儿子，总想杀死舜。但舜却孝敬父母、友爱弟弟，从来没有松懈怠慢。舜非常聪明，他们想杀死舜的时候，却找不到他，但有事情需要他的时候，他又总在旁边恭候着。

一个人生活在一个非常不幸的家庭里，会不会有怨恨？肯定有，但除了怨恨，更应该有孟子着重强调的"慕"，思慕，也就是怀念和感恩。

听了孟子的回答，万章接着问："父母爱之喜而不忘，父母恶之劳而不怨，然则舜怨乎？"父母如果爱你，你可以开心，但不要太懈怠；父母如果讨厌你，你可以忧虑，但不要怨恨。那么舜是在怨恨自己的父母吗？

孟子引用公明高的话为他答疑解惑，说："长息问于公明高曰：'舜往于田，则吾既得闻命矣；号泣于旻天，于父母，则吾不知也。'公明高曰：'是非尔所知也。'夫公明高以孝子之心，为不若是恝，我竭力耕田，共为子职而已矣，父母之不我爱，与我何哉？"

公明高是曾子的弟子，长息是公明高的弟子，有一天长息问公明高说："舜在田里哭泣这一段，我听您解释过了，但是他为什么对着苍天哭诉，向父母哭泣，我就不明白了。"公明高说："这不是你所能理解的。"因为公明高认为孝子之心不是这样满不在乎的，接着公明高为长息说明了原因，他说："我努力耕田，恭敬地尽到做儿子的职责就行了，要是父母不喜欢我，我有什么办法呢？"面对父母，这样无所谓的态度是不对的，舜就不是这样做的。

那舜面对不喜欢自己的父母兄弟，他是怎么做的呢？孟子接着说："帝使其九男二女，百官牛羊仓廪备，以事舜于畎亩之中，天下之士多就之者，帝将胥天下而迁之焉。"

尧帝为了考察舜到底是不是一个可以值得托付江山的人，他让自己的九个儿子和舜一起工作，以观察他在外面的表现；又将自己的两个女儿娥皇、女英嫁给他，以观察他回家后的表现。官员、牛羊和仓廪里的食物都给舜准备好了，天下的士人也都去投奔他了，尧帝准备将整个天下都托付给舜。

舜应该为此感到高兴，但是他却因为无法使自己的父母顺心，把自己搞得像穷人无家可归一样，要去田里哭泣。

对于舜来说，"天下之士悦之，人之所以欲也，而不足以解忧；好色，人之所欲妻帝之二女，而不足以解忧；富，人之所欲，富有天下，而不足以解忧；贵，人之所欲，贵为天子，而不足以解忧"。天下的士人都投奔自己，这是人人都想要的，却不能让舜高兴；漂亮的女子是人人都喜欢的，舜娶了尧帝两个漂亮的女儿，也不能让他高兴；财富是人人都想要的，舜富有天下，仍然不能让他高兴；尊贵是每个人都追求的，舜贵为天子，还是不能让他高兴。

到底什么才是舜真正想要的呢？"人悦之、好色、富贵、无足以解忧者，惟顺于父母可以解忧。"人人都喜欢漂亮女子、财富、权力、尊贵等，但这些都无法让他高兴，唯一可以让他高兴的，消解他忧愁的，是让父母顺心。

最后，孟子对这一段做了总结，他说："人少，则慕父母；知好色，则慕少艾；有妻子，则慕妻子；仕则慕君，不得于君则热中。大孝终身慕父母。五十而慕者，予于大舜见之矣。"人在年幼的时候，仰慕父母；情窦初开时，爱慕漂亮的女子；有了妻子，就爱慕妻子；做了官便仰慕君王，得不到君主的赏识就内心焦虑难受。只有大孝之人才能终身爱父母，到了五十岁还爱父母，我在伟大的舜身上看到了。

舜最了不起的地方就在于他在糟糕的原生家庭下守住了仁，修得了"仁之本"的"孝悌之道",用自己的德行感化了恶父母和恶弟弟,让一个破碎的家庭重归于好,自己功德圆满的同时,也给天下人树立了典范。

万章问的是,舜是不是对父母有怨恨,所以才会号泣于旻天,而孟子的解释是:舜依然保持着赤子之心,对父母极其思慕,因为得不到,他才会那么痛苦。

解决好原生家庭问题,对每个人来说都非常重要。真正的孝是父慈子孝,兄友弟恭。如果一个人的家庭关系温暖和睦,他到了社会上也不会太差,这一点在今天的心理学中得到了大量的验证。

对于孟子的回答,万章依然有疑问,他说:"《诗》云:'娶妻如之何?必告父母。'信斯言也,宜莫如舜。舜之不告而娶,何也?"《诗经》上说,娶妻必须要禀告父母。我相信没有人比舜更能理解这句话了,可是舜娶妻的时候没有禀告父母,这是为什么呢?

孟子继续给他解释:"告则不得娶。男女居室,人之大伦也。如告,则废人之大伦,以怼父母,是以不告也。"舜如果禀告了父母,这妻就娶不成了,因为他父母会反对。男女组建家庭,这是人生的重大伦常,非常重要。如果禀告了,就要废弃这个伦常,从而就会怨恨父母,所以舜没有禀告父母。

万章是孟子最优秀的弟子之一,所以他有问题必会刨根问底,他继续追问:"舜之不告而娶,则吾既得闻命矣;帝之妻舜而不告,何也?"舜不禀告父母就娶妻,原因我大概知道了。可是尧帝把自己的女儿嫁给舜,也不跟舜的父母打招呼,这又是为什么呢?

孟子说:"帝亦知告焉则不得妻也。"因为尧帝也知道如果告诉了舜的父母,就无法把女儿嫁给舜了。

万章继续追问:"父母使舜完廪,捐阶,瞽瞍焚廪。使浚井,出,从而揜之。象曰:'谟盖都君咸我绩。牛羊父母,仓廪父母,干戈朕,琴朕，弤朕，二嫂使治朕栖。'象往入舜宫，舜在床琴。象曰：'郁陶思君尔。'忸怩。舜曰：'惟兹臣庶，汝其于予治。'不识舜不知象之将杀己与？"

这一段讲了舜的父母和弟弟要谋害舜的一些事，舜的父母叫舜去修谷仓顶，然后撤掉了梯子，父亲瞽瞍放火焚烧谷仓。父母要舜去淘井，舜还没出来他们就把土推下去，想把舜埋在下面。舜的弟弟象说："谋害舜都是我的功绩，牛羊分给父母，粮仓分给父母，盾和戈归我，琴归我，雕漆的弓归我，让两个嫂嫂侍候我睡觉。"象走进舜的屋子，却发现舜安坐在床上弹琴，马上假惺惺地说"我想你想得好苦啊"，但是神色却很不自然。舜说："我心里想的只有臣子和百姓，你就协助我管理他们吧。"我不明白，舜难道不知道象要谋害他吗？

孟子说："奚而不知也？象忧亦忧，象喜亦喜。"他怎么会不知道呢？只不过象忧愁他也忧愁，象高兴他也高兴。

当一个人的德行到达了某一个高度以后，他会认为，就算弟弟要害我，他的德行不好，那也是我的责任。所以舜看到弟弟高兴，他心中也会高兴，看到弟弟忧愁，他心中也会忧愁。

万章接着问："然则舜伪喜者与？"那舜的高兴是假装的吗？

孟子举了一个例子，给万章解释了舜的做法，他说："否。昔者有馈生鱼于郑子产，子产使校人畜之池。校人烹之，反命曰：'始舍之圉圉焉，少则洋洋焉，攸然而逝。'子产曰：'得其所哉！得其所哉！'校人出，曰：'孰谓子产智？予既烹而食之，曰：得其所哉！得其所哉！'故君子可欺以其方，难罔以非其道。彼以爱兄之道来，故诚信而喜之，奚伪焉？"

意思是舜的高兴并不是假的。从前有人送了一条活鱼给郑国的子产，子产就让管池塘的人把鱼养在池塘里，结果这个管理员把鱼煮了吃了。吃完之后，他回来对子产说："我刚放鱼的时候，它开始死气沉沉的，过了一会儿就欢快起来，很快就游到池塘深处不见了。"子产高兴地说："真好啊，它找到它该去的地方了。"管理员出来后对别人说："谁说子产很有智慧？我把鱼煮了吃了，他还说鱼找到它该去的地方了。"所以，对于君子来说，你用一个合乎情理的说法去骗他，是可以骗到的，但是却不能用违背原则的事情欺骗他们。象用敬爱兄长的办法来欺骗舜，舜真诚地相信而感到高兴，怎么能说他的高兴是假装的呢？

我们不能因为遭遇了他人的不友善对待，就选择以同样的方式回应，尤其是在与亲人之间的相处中。因为家庭关系的特殊性，我们更应当寻求一种更为和谐、理智的解决方式。

我们可以从舜身上汲取智慧，他用自己的真诚和善良感化了周围的人，让他们认识到自己的错误，并逐渐改正。这种感化不是简单妥协，而是一种积极的、富有建设性的互动方式。

原生家庭对我们的影响是深远的，它是我们情感、性格和价值观的摇篮。无论我们走到哪里，原生家庭的影响都会如影随形。因此，我们与原生家庭的关系并不是可以轻易斩断的。

如果我们想要心无旁骛地追求未来，就要学会与原生家庭和解。这并不意味着我们要忽视过去的伤痛，而是要学会以一种更为成熟、理智的态度去面对和处理这些问题。和解并不意味着无条件原谅，而是意味着我们能够以更为开放、包容的心态去理解和接纳过去的一切。

永言孝思，孝思维则：
一个人和世界的关系是和家庭关系的映射

万章问曰："象日以杀舜为事，立为天子，则放之，何也？"

孟子曰："封之也，或曰放焉。"

万章曰："舜流共（gōng）工于幽州，放驩兜于崇山，杀三苗于三危，殛鲧（gǔn）于羽山①，四罪而天下咸服，诛不仁也。象至不仁，封之有庳（bì）②。有庳之人奚罪焉？仁人固如是乎？在他人则诛之，在弟则封之。"

曰："仁人之于弟也，不藏怒焉，不宿怨焉，亲爱之而已矣。亲之欲其贵也，爱之欲其富也。封之有庳，富贵之也。身为天子，弟为匹夫，可谓亲爱之乎？"

"敢问或曰放者，何谓也？"

曰："象不得有为于其国，天子使吏治其国，而纳其贡税焉，故谓之放，岂得暴彼民哉？虽然，欲常常而见之，故源源而来。'不及贡，以政接于有庳③'，此之谓也。"

注释　① 共工是尧时大臣，以官名为人名。驩兜是尧、舜时的大臣。共工与驩兜、三苗、鲧并称为"四凶"。崇山，南方边远之地，有说在湖南邵阳邵东。杀，《尚书》作"窜"，《史记》作"迁"。窜、杀为同音假借。这句不能按"杀"字理解，而应按"窜"或"迁"解释。殛：诛杀，一说流放。鲧相传为禹父，尧派他治水，因治水无功而受罚。羽山：在今山东蓬莱东南。
② 有庳：象的封地，在今湖南永州零陵区，一说在舜的都城蒲阪（今山西永济）附近。
③ 不及贡，以政接于有庳：杨伯峻怀疑该句是《尚书》逸文。

咸丘蒙①问曰："语云：'盛德之士，君不得而臣，父不得而子。'舜南面而立，尧帅诸侯北面而朝之，瞽瞍亦北面而朝之。舜见瞽瞍，其容有蹙②。孔子曰：'于斯时也，天下殆哉，岌岌乎！'不识此语诚然乎哉？"

孟子曰："否。此非君子之言，齐东野人之语也。尧老而舜摄③也。《尧典》曰：'二十有八载，放勋乃徂（cú）落，百姓如丧考妣，三年，四海遏密八音。'④孔子曰：'天无二日，民无二王。'舜既为天子矣，又帅天下诸侯以为尧三年丧，是二天子矣。"

咸丘蒙曰："舜之不臣尧，则吾既得闻命矣。《诗》云：'普天之下，莫非王土；率土之滨⑤，莫非王臣。'而舜既为天子矣，敢问瞽瞍之非臣，如何？"

曰："是诗也，非是之谓也；劳于王事，而不得养父母也。曰：'此莫非土事，我独贤劳⑥也。'故说诗者，不以文害辞，不以辞害志。以意逆志⑦，是为得之。如以辞而已矣，《云汉》之诗曰：'周余黎民，靡有孑遗。'信斯言也，是周无遗民也。孝子之至，莫大乎尊亲；尊亲之至，莫大乎以天下养。为天子父，尊之至也；以天下养，养之至也。《诗》曰：'永言孝思⑧，孝思维则。'此之谓也。《书》曰：'祗（zhī）载见瞽瞍，夔夔（kuí kuí）斋栗，瞽瞍亦允若⑨。'是为父不得而子也⑩？"

注释

① 咸丘蒙为孟子学生，齐国人。
② 有戚：不安。
③ 摄：摄政，代行天子之政。
④ 放勋：尧名。徂落：去世。据《尧典》，尧禅位于舜二十八年后去世。百姓：百官。四海：民间。遏密：停止。八音：中国古代对乐器的统称，指金、石、土、革、丝、木、匏、竹八种材料制成的乐器。
⑤ 率：循。滨：海滨。
⑥ 贤劳：辛劳。《小尔雅》："贤，多也。"
⑦ 逆：推求，揣测。志：志向，意向。
⑧ 孝思：孝亲之思，一说言、思都是助词。
⑨ 祗：恭敬。载：助词。夔夔斋栗：敬慎恐惧貌。斋：庄重。栗通"慄"，威严，庄严。允：信，确实之意。若：顺。
⑩ 也：耶。

如果一个人对父母不满，之后的人生里，他会一直带着这份不满，投射到他和世界的关系中；反之，如果他和父母关系很好，也会把相同的友善带入其他关系中；因为我们和父母的关系，是我们和世界关系的模板。

在这一节中，孟子继续和万章探讨舜的故事，为我们说明了这一点。

万章问孟子："象日以杀舜为事，立为天子，则放之，何也？"象每天都计划着谋杀舜，舜做了天子后，只是流放了他，这是为什么呢？

孟子回答说："封之也，或曰放焉。"舜是封他做了诸侯，也有人说这是流放。

万章对舜的做法表示质疑，他说："舜流共工于幽州，放驩兜于崇山，杀三苗于三危，殛鲧于羽山，四罪而天下咸服，诛不仁也。象至不仁，封之有庳。有庳之人奚罪焉？仁人固如是乎？在他人则诛之，在弟则封之。"尧时代留下的四个大臣被称为四凶,舜上台后,把共工流放到了幽州,把驩兜流放到崇山,把三苗安置到三危,把鲧诛杀在羽山,将这四人治罪,天下便都归服,因为惩处的都是不仁的人。象是最不仁的人,舜却封他做有庳的诸侯,有庳这个地方的百姓有什么罪过呢?仁者怎么可以这样,对别人就严加惩处,对自己的弟弟不仅不惩罚,还封为诸侯?

面对万章的质疑,孟子耐心解释说:"仁人之于弟也,不藏怒焉,不宿怨焉,亲爱之而已矣。亲之欲其贵也,爱之欲其富也。封之有庳,富贵之也。身为天子,弟为匹夫,可谓亲爱之乎?"意思是仁者对待弟弟,不把怒气藏在胸中,不把怨恨埋在心底,只是想要亲近他、爱护他罢了。亲近他,就想让他尊贵;爱护他,就想让他富有。把有庳封给他,就是要使他既富有又尊贵。自己当了天子,弟弟却做百姓,这样能说是亲近他、爱护他吗?

万章继续追问:"敢问或曰放者,何谓也?"那为什么有人说象是被舜流放了呢?照你的意思,应该是给了他封地才对。

孟子继续解释:"象不得有为于其国,天子使吏治其国,而纳其贡税焉,故谓之放,岂得暴彼民哉?虽然,欲常常而见之,故源源而来。'不及贡,以政接于有庳',此之谓也。"虽然给了象封地,但是他不能在封地任意行事,舜另外派了官吏去治理他的封地,收取那里的贡税,所以有人说是流放。舜怎么可能让象暴虐他的百姓呢?但是舜又经常想念弟弟,就让象不断地来朝相见。《尚书》里所谓"不必等到朝贡的日子,平时也以政事为名接见有庳国君",说的就是这件事。

从这件事可以看出,舜把亲情和政事之间的关系处理得很恰当,他既没有伤害和弟弟的亲情,给了弟弟改过的机会,又限制了弟弟的行为,不让他祸乱百姓。

在舜的心里，亲情很重要，即使父母、弟弟对他不好，他心中也没有怨恨，而是选择用仁爱之心包容和感化他们。正是因为这样，他对其他人也充满仁爱之心，最终才被尧选中，将天下交给了他。

关于舜的行为，孟子的另一个弟子咸丘蒙也有问题要问，他说："语云：'盛德之士，君不得而臣，父不得而子。'舜南面而立，尧帅诸侯北面而朝之，瞽瞍亦北面而朝之。舜见瞽瞍，其容有蹙。孔子曰：'于斯时也，天下殆哉，岌岌乎！'不识此语诚然乎哉？"

俗话说，一个人如果德行圆满成了圣人，君王就不能把他当臣子了，父亲就不能把他当儿子了。舜当了帝王后面朝南站在天子位置，尧率领诸侯面朝北朝见他，舜的父亲也面朝北朝见他。舜看到父亲，表情很不安。孔子说："在这个时候，天下真的非常危险。"因为父子和君臣的关系乱了，不知道这话可不可信？

咸丘蒙对听来的一些话有质疑，所以他来向孟子求证，孟子回答说："否。此非君子之言，齐东野人之语也。尧老而舜摄也。《尧典》曰：'二十有八载，放勋乃徂落，百姓如丧考妣，三年，四海遏密八音。孔子曰：'天无二日，民无二王。'舜既为天子矣，又帅天下诸侯以为尧三年丧，是二天子矣。"

不对，这不像是孔子这样的君子能说出来的话，反倒像齐国乡野村夫说的话。不过是尧年纪大了，舜帮着打理国事而已。《尧典》上说："尧禅位给舜二十八年后去世，群臣就像死了父母一般，服丧三年，四海之内都停止奏乐。"孔子说："天下没有两个太阳，百姓没有两个君王。"要是舜已经做了天子，又率领天下诸侯为尧服丧三年，这就是有两个天子了。

所以如果舜在摄政的时候就已经是天子了，他又率天下诸侯为尧服三年之丧，这就成了"二天子"，不对。孟子据此推测，舜之前肯定没有登基。

咸丘蒙和万章一样，也喜欢刨根问底，他继续追问："舜之不臣尧，则吾既得闻命矣。《诗》云：'普天之下，莫非王土；率土之滨，莫非王臣。'而舜既为天子矣，敢问瞽瞍之非臣，如何？"

意思是，我现在听明白了，你说舜没有把尧当臣子看待。《诗经》中说："普天之下，没有哪里不是天子的土地；四海之内，没有哪个人不是天子的臣民。"舜既然已经做了天子，那如果瞽瞍不是他的臣民，请问又是什么呢？

孟子说："是诗也，非是之谓也；劳于王事，而不得养父母也。"你刚才引用的那句诗不是你说的那个意思，是作者感慨为国事奔忙而不能奉养父母。"曰：'此莫非王事，我独贤劳也。'"意思是，天下没有一件事不是天子的事，却只有我最辛劳。

"故说诗者，不以文害辞，不以辞害志。以意逆志，是为得之。"所以读诗的人，不能拘泥于文字而误解诗意，不能因为词句而误解作者的意向，要用自己的体会去揣摩作者的言外之意，这才是读懂了它。

"如以辞而已矣，《云汉》之诗曰：'周余黎民，靡有孑遗。'信斯言也，是周无遗民也。"《诗经·云汉》中说："周朝剩下的百姓，没有一个存留。"如果仅从字面意思理解，就会认为周朝没有一个百姓活了下来，这显然是不对的。作者实际想表达的意思是旱灾严重，百姓死亡得太多了。

孟子前面先是举例，接着进入正题，给咸丘蒙解释了舜为天子后，和父亲瞽瞍之间的关系。

"孝子之至，莫大乎尊亲；尊亲之至，莫大乎以天下养。为天子父，尊之至也；以天下养，养之至也。"孝顺的极致，莫过于使自己的父母尊贵；使父母尊贵的极致，莫过于用天下奉养他们。作为天子的父亲，就是尊贵的极致；用天下来奉养，就是奉养的极致。

"《诗》曰：'永言孝思，孝思维则。'此之谓也。《书》曰：'祗载见瞽瞍，夔夔斋栗，瞽瞍亦允若。'是为父不得而子也？"《诗经》中说："我们要一直思考关于孝道的做法，孝道最重要的就是你要成为天下人的榜样。"说的就是这个意思。《尚书》中说："舜恭敬地去见瞽瞍，以至谨慎战栗，瞽瞍也就相信舜的诚心而顺着儿子了。"这是父亲不能把他当儿子吗？

孟子认为，舜处理得很好，舜所做的最大的孝，莫过于用自己的天下来侍奉父母。在他看来，孝亲和治国之间是没有矛盾的。而提问的万章也好，咸丘蒙也好，他们心中都会有一个疑问，孝亲和治国之间一定是有矛盾的，发生了矛盾，我该如何取舍？他们认为圣人肯定也有取舍，但是孟子认为，圣人并没有取舍，他们能够把这两件事同时做好。

舜用天下来奉养父母，因为他深知，他和父母的关系就是他和天下百姓关系的映射，所以他用仁爱之心感化父母，最终得到父慈子孝的圆满结局，为天下人树立了榜样，他自己也得到了天下百姓的拥戴。

对于普通人来说也是一样，一个人与世界的关系，实际上是他和父母关系的映射，这种映射并不是简单复制，而是一种深层次的、情感与行为模式的反映。

在与父母的互动中，我们学会了如何表达情感、如何与人沟通、如何处理冲突等社交技巧。这些经验会在日后与其他人的交往中产生影响，使我们在不知不觉中将家庭中的行为模式应用到外部世界。

例如，一个在充满爱与支持的家庭环境中成长的人，更有可能对家庭之外的他人展现出友善、信任的态度；而一个在缺乏关爱和支持的家庭环境中成长的人，则可能更加谨慎、多疑。

所以，通过深入了解一个人与家庭的关系，我们可以更好地理解他与外界的互动方式和行为模式。

天与之：
你只管努力做好自己，剩下的上天自有安排

万章曰："尧以天下与舜，有诸？"

孟子曰："否。天子不能以天下与人。"

"然则舜有天下也，孰与之？"

曰："天与之。"

"天与之者，谆谆①然命之乎？"

曰："否。天不言，以行与事示之而已矣。"

曰："以行与事示之者如之何？"

曰："天子能荐人于天，不能使天与之天下；诸侯能荐人于天子，不能使天子与之诸侯；大夫能荐人于诸侯，不能使诸侯与之大夫。昔者尧荐舜于天而天受之，暴（pù）②之于民而民受之。故曰：天不言，以行与事示之而已矣。"

曰："敢问荐之于天而天受之，暴之于民而民受之，如何？"

曰："使之主祭而百神享之，是天受之；使之主事而事治，百姓安之，是民受之也。天与之，人与之，故曰：天子不能以天下与人。舜相尧二十有八载，非人之所能为也，天也。尧崩，三年之丧毕，舜避尧之子于南河③之南。天下诸侯朝觐者，不之尧之子而之舜；讼狱④者，不之尧之子而之舜；讴歌者，不讴歌尧之子而讴歌舜，故曰天也。夫（fú）然后之中国⑤，践天子位焉。而⑥居尧之宫，逼尧之子，是篡也，非天与也。《泰誓》曰：'天视自我民视，天听自我民听。'此之谓也。"

注释　① 谆谆：反复告诫、再三叮咛貌。
　　　② 暴：同曝，显现。
　　　③ 南河：黄河自今潼关以下由西向东流的一段，因在尧都濮州之南，故称南河。
　　　④ 讼狱：诉讼。
　　　⑤ 中国：帝王所都为中，故曰中国。
　　　⑥ 而：意为若，如果。

万章问曰："人有言：'至于禹而德衰，不传于贤而传于子。'有诸？"

孟子曰："否，不然也。天与贤，则与贤；天与子，则与子。昔者舜荐禹于天，十有七年，舜崩。三年之丧毕，禹避舜之子于阳城①。天下之民从之，若尧崩之后，不从尧之子而从舜也。禹荐益②于天，七年，禹崩。三年之丧毕，益避禹之子于箕（jī）山③之阴。朝觐讼狱者不之益而之启④，曰：'吾君之子也。'讴歌者不讴歌益而讴歌启，曰：'吾君之子也。'丹朱⑤之不肖⑥，舜之子亦不肖。舜之相尧，禹之相舜也，历年多，施泽于民久。启贤，能敬承继禹之道。益之相禹也，历年少，施泽于民未久。舜、禹、益相去久远，其子之贤不肖，皆天也，非人之所能为也。莫之为而为者，天也；莫之致而至者，命也。匹夫而有天下者，德必若舜禹，而又有天子荐之者，故仲尼不有天下。继世以有天下，天之所废，必若桀纣者也，故益、伊尹、周公不有天下。伊尹相汤以王于天下。汤崩，太丁未立，外丙二年，仲壬四年。太甲⑦颠覆汤之典刑，伊尹放之于桐⑧。三年，太甲悔过，自怨自艾，于桐处仁迁义；三年，以听伊尹之训己也，复归于亳⑨。周公之不有天下，犹益之于夏，伊尹之于殷也。孔子曰：'唐虞禅⑩，夏后、殷、周继，其义一也。'"

注释
① 阳城：在今河南登封境内。
② 益：伯益，传说中嬴姓各族之祖，因助禹治水有功，被选为继承者，后为禹子启所杀。
③ 箕山：在今河南登封东南。
④ 启：禹的儿子。禹死后，他杀了禹指定的继承者伯益而继位，从此确立了传子制度。
⑤ 丹朱：传说中尧之子，名朱，封于丹。传说他傲慢荒淫，尧因此禅位给舜。
⑥ 不肖：子不似父，不相像，不成才，不正派。
⑦ 太丁：汤的长子。外丙：太丁的弟弟。仲壬：外丙的弟弟。商人传位开始是兄终弟及，这种传位制度因为有资格继承者众多，是后来"九世之乱"的原因之一。商王武丁之后，开始施行嫡长子继承制。太甲：汤的嫡长孙，太丁之子。
⑧ 桐：地名，在今河南偃师附近。
⑨ 亳：地名，商汤的国都，故址在今河南商丘。
⑩ 唐虞：相传尧建立的朝代叫唐，舜建立的朝代叫虞。禅，禅让。

很多人都抱怨自己运气不好，好事都轮不到自己，而别人都是上天的宠儿。其实，上天是最公正的，不会亏待每一个人努力付出的人，也不会辜负每一个善良仁德的人。你只管努力做好你该做的，不抱怨，不气馁，剩下的上天自有安排。

孟子在这一节里，通过和弟子万章的对话，为我们解释了上天的选择。

万章问："尧以天下与舜，有诸？"大家都说是尧把天下给了舜，是这样吗？孟子回答说："否。天子不能以天下与人。"不是的，天子也不能把天下给别人。

万章又问："然则舜有天下也，孰与之？"那舜有了天下，是谁给他的呢？孟子回答："天与之。"是上天给的。

万章继续追问："天与之者，谆谆然命之乎？"你说是天给他的，难道是上天反复叮嘱尧说要把天下给舜吗？孟子继续回答："否。天不言，以行与事示之而已矣。"并不是的，天不会说话，不过用行动和事实来示意而已。

万章不解，追问："以行与事示之者如之何？"天是怎么拿行动和事实来示意的呢？孟子回答："天子能荐人于天，不能使天与之天下；诸侯能荐人于天子，不能使天子与之诸侯；大夫能荐人于诸侯，不能使诸侯与之大夫。昔者尧荐舜于天而天受之，暴之于民而民受之，故曰：天不言，以行与事示之而已矣。"

意思是：尧作为天子，可以向天推荐继承人，却不能让天把天下交给他；就像诸侯能向天子推荐人，却不能让天子把诸侯之位交给他；大夫能向诸侯推荐人，但不能让诸侯把大夫的位子交给他。从前，尧向天推荐了舜，给舜表现的机会，天接受了；再把他介绍给百姓，百姓也接受了。所以说天不说话，会用行动和事实来示意。

孟子这里解释得有点抽象，万章没懂，他继续追问："敢问荐之于天而天受之，暴之于民而民受之，如何？"我想问一下把舜推荐给天，天接受了，再介绍给百姓，百姓也接受了，舜是怎么做的呢？

孟子继续解释："使之主祭而百神享之，是天受之；使之主事而事治，百姓安之，是民受之也。"叫舜来主持祭祀，所有神明都受用了，这就是天接受了；让他主持政事，事情处理得很好，百姓很高兴，这就是百姓接受了。"天与之，人与之，故曰：天子不能以天下与人。"这天下是天交给他的，也是百姓交给他的，所以说天子不能把天下给人。

接着孟子继续给万章讲了舜的一些具体做法，来证明天下是他应得的。他说："舜相尧二十有八载，非人之所能为也，天也。尧崩，三年之丧毕，舜避尧之子于南河之南。天下诸侯朝觐者，不之尧之子而之舜；讼狱者，不之尧之子而之舜；讴歌者，不讴歌尧之子而讴歌舜，故曰天也。夫然后之中国，践天子位焉。而居尧之宫，逼尧之子，是篡也，非天与也。《泰誓》曰：'天视自我民视，天听自我民听。'此之谓也。"

舜辅佐尧二十八年，这不是一般人能做到的，这里面有上天的力量。尧去世，三年丧期满后，舜为了让尧的儿子继承天下，自己躲避尧的儿子一直到南河之南。可是天下诸侯朝见天子时，不到尧的儿子那里去，而是到舜那里；打官司的也不去找尧的儿子，而是找舜；写颂歌的人，不歌颂尧的儿子而歌颂舜，所以说这是天意。这之后舜才回到都城，继承了天子之位。如果舜居住在尧的宫殿，逼迫尧的儿子，就是篡位，而不是上天给的。《尚书·泰誓》上说："上天所听见的就是百姓所听见的。"说的就是这个意思。

孟子认为，我们不能够认为天下是天子的，所以天子不能想把天下给谁就给谁，我们只能够通过事实考察，让上天来决定谁更适合。谁能被老百姓接受，老百姓愿意歌颂谁，老百姓愿意找谁求助，谁才应该成为天子。

万章理解了前面的意思，但是他又有了新问题，问道："人有言：'至于禹而德衰，不传于贤而传于子。'有诸？"有人说，到禹的时候道德衰微了，天下都不传给贤良之人，而是直接传给自己的儿子了。是这样的吗？

孟子回答："否，不然也。天与贤，则与贤；天与子，则与子。"不是这样的。天让授予贤良之人，就授予贤良之人；天让授予儿子，就授予儿子。

"昔者，舜荐禹于天，十有七年，舜崩。三年之丧毕，禹避舜之子于阳城，天下之民从之，若尧崩之后，不从尧之子而从舜也。禹荐益于天，七年，禹崩。三年之丧毕，益避禹之子于箕山之阴。朝觐讼狱者不之益而之启，曰，'吾君之子也。'讴歌者不讴歌益而讴歌启，曰：'吾君之子也。'"

以前，舜把禹推荐给了天，十七年后，舜去世了，三年丧期满后，禹为了让位给舜的儿子躲到了阳城。天下的百姓也跟随禹去了阳城，就像尧死了之后他们不跟随尧的儿子而跟随舜一样。禹也把益推荐给了天，七年之后，禹死了，三年丧满之后，益也为了让位给禹的儿子，躲避到了箕山之北。当时朝见天子的人和打官司的人都不去益那里，而是去了禹的儿子启那里，说："他是我们君主的儿子啊。"百姓歌颂的时候也不歌颂益，而是歌颂启，说："他是我们君主的儿子啊。"

"丹朱之不肖，舜之子亦不肖。舜之相尧、禹之相舜也，历年多，施泽于民久。启贤，能敬承继禹之道。益之相禹也，历年少，施泽于民未久。舜、禹、益相去久远，其子之贤不肖，皆天也，非人之所能为也。"

尧的儿子丹朱不像他的父亲贤明，舜的儿子也不像他的父亲贤明。而且舜辅佐尧、禹辅佐舜，时间比较长，为老百姓谋取的福利比较多。而启和益就不一样，启很贤明，继承了禹的做法。益辅佐禹的时间也比较短，为百姓谋取的福利比较少。从舜到禹，再从禹到益，间隔时间已经很长了，他们的儿子到底是贤明还是不贤明，都是天意，不是人力所能决定的。

孟子怕万章还不明白，继续给他举例说明，孟子说："莫之为而为者，天也；莫之致而至者，命也。"没有很想做却做成的事，是天意；没有努力去找而得到的，是命运。舜和禹都曾经尝试过避开天子之位，但是最后还是得到了，没办法，因为这是天意。

这个天意并不是谁想得到就可以得到的，也不是一个人有仁德之心，有能力就能得到天下，孔子为什么没有得到天下呢？因为"匹夫而有天下者，德必若舜禹，而又有天子荐之者，故仲尼不有天下"。普通人想要得到天下，就要像舜和禹一样能力和人品都非常出众，同时还要有天子推荐才行，所以孔子没有得到天下。

即使有天子推荐也不一定就能得到天下，因为"继世以有天下，天之所废，必若桀纣者也，故益、伊尹、周公不有天下"。如果通过世袭得到了天下，上天不会轻易废掉他们，除非他们像夏桀、商纣那样暴虐无道，所以益、伊尹、周公便没有得到天下。

孟子的意思是，想要得到天下，你得像孔子这么好，还得有人推荐；还得你所辅佐的人的儿子像桀、纣那样不成器，老天爷把他们废掉才可以。

孟子继续说："伊尹相汤以王于天下。汤崩，太丁未立，外丙二年，仲壬四年，太甲颠覆汤之典刑，伊尹放之于桐。三年，太甲悔过，自怨自艾，于桐处仁迁义；三年，以听伊尹之训己也，复归于亳。"伊尹帮助商汤拥有了天下，汤死后，他的大儿子太丁不久也病死了，所以没有被立为继承人，太丁的弟弟外丙继位。两年后外丙死了，外丙的弟弟仲壬继位。仲壬在位四年，他死后太丁的儿子太甲继位。太甲把之前汤制定的那些法度都推翻了，伊尹便把太甲流放到了桐邑。三年之后，太甲悔过，自我惩戒，愿意遵守伊尹对自己的教诲，然后又回到了商丘继续做天子。

"周公之不有天下，犹益之于夏，伊尹之于殷也。"周公没能拥有天下，就好像益在夏朝、伊尹在殷朝一样，因为继承王位的人并不算太差，所以上天不能废掉那些继承人的王位。

最后，孟子用孔子的一句话做了总结："孔子曰：'唐虞禅，夏后、殷、周继，其义一也。'"孔子说过："尧、舜都禅让王位，然后夏朝、商朝、周朝父子兄弟相继，道理都是一样的。"

因为尧和舜的儿子都不成器，而且舜是尧推荐的、禹是舜推荐的，他们既有天子推荐，自己的能力又出众，同时，前一位王的儿子又很差劲，没有被百姓选择，所以他们最终成了上天选中的天子。

　　当然，上天把天下交给你，其实就是代表着百姓对你的信任和选择。百姓选了你，如果你能够恪尽职守，勤政爱民，以民为本，那么你的地位自然会稳固如山，受到百姓的敬仰和拥护。相反，如果你暴虐残忍，对百姓疾苦视而不见，那么你的天子之位也将岌岌可危，随时可能被百姓和上天所废弃。

　　这个道理不仅适用于古代的天子，也适用于现代社会的管理层和普通人。无论身处何种地位，我们都应该明白，权力与责任是相辅相成的。只有真正为国家和人民做出贡献，才能够赢得尊重和信任，获得真正的成功和幸福。

　　同时，我们也要明白，命运从来都只会青睐有准备的人。只有不断充实自己，提高自己的能力和素质，才能够更好地应对挑战和机遇。只要我们努力做好自己该做的事情，剩下的就交给上天去安排吧。相信只要我们用心付出，总会有收获的那一天。

万章论圣贤：
谣言止于智者

万章问曰："人有言伊尹以割烹要（yāo）①汤，有诸？"

孟子曰："否，不然。伊尹耕于有莘②之野，而乐尧、舜之道焉。非其义也，非其道也，禄之以天下，弗顾也；系马千驷，弗视也。非其义也，非其道也，一介③不以与人，一介不以取诸人。汤使人以币聘之，嚣嚣然④曰：'我何以汤之聘币为哉？我岂若处畎（quǎn）亩之中，由是以乐尧、舜之道哉？'汤三使往聘之，既而幡然⑤改曰：'与我处畎亩之中，由是以乐尧、舜之道，吾岂若使是君为尧、舜之君哉？吾岂若使是民为尧、舜之民哉？吾岂若于吾身亲见之哉？天之生此民也，使先知觉后知，使先觉觉后觉也。予，天民⑥之先觉者也；予将以斯道觉斯民也。非予觉之，而谁也？'思天下之民匹夫匹妇有不被尧、舜之泽者，若己推而内（nà）⑦之沟中。其自任以天下之重如此，故就汤而说（shuì）之以伐夏救民。吾未闻枉己而正人者也，况辱己以正天下者乎？圣人之行不同也，或远或近，或去或不去，归絜其身而已矣。吾闻其以尧、舜之道要（yāo）汤，未闻以割烹也。《伊训》曰：'天诛造攻自牧宫，朕载自亳⑧。'"

注释　① 要：求取，取得。
② 有莘：古国名，"有"是词头。在今河南开封陈留东北。传说商汤娶有莘氏之女。
③ 介：一点点。介同芥，一说同个。
④ 币：缯帛，代表礼物。嚣嚣然：自得无欲貌。
⑤ 幡然：剧变貌。
⑥ 天民：一说承担天之责任、使命之人，即"天将降大任于是人也"之人，一说，天生此民，天民就是人民，大家都来自"天"。
⑦ 内：通纳。
⑧《伊训》：《尚书》篇名。天诛：上天的诛伐。造：始。攻：行。牧宫：夏桀的宫室名。朕：伊尹自称。载：始。

万章问曰："或谓孔子于卫主痈疽（yōng jū）①，于齐主侍人瘠环②，有诸乎？"

孟子曰："否，不然也，好事者为之也。于卫主颜雠（chóu）由③。弥子④之妻与子路之妻，兄弟⑤也。弥子谓子路曰：'孔子主我，卫卿可得也。'子路以告。孔子曰：'有命。'孔子进以礼，退以义，得之不得曰'有命'。而主痈疽与侍人瘠环，是无义无命也。孔子不悦于鲁、卫，遭宋桓司马将要（yāo）⑥而杀之，微服⑦而过宋。是时孔子当厄（è）⑧，主司城贞子，为陈侯周臣⑨。吾闻观近臣，以其所为主；观远臣，以其所主。若孔子主痈疽与侍人瘠环，何以为孔子？"

注释　① 主：名词用作动词，以某为主人之意，意即做客于某家。痈疽：又作雍渠、雍鉏等，卫灵公宠信的宦官。
② 侍人：宦官。瘠环：齐景公宠信的宦官。
③ 颜雠由：《史记·孔子世家》作颜浊邹，卫国贤大夫。他是子路的妻兄，也是弥子瑕的妻兄，子路和弥子瑕是连襟。
④ 弥子：即弥子瑕，卫灵公的宠臣。
⑤ 兄弟：古代姐妹也可能称兄弟。
⑥ 桓司马：宋国的司马桓魋（tuí）。要，拦截。据《史记·孔子世家》，孔子离开曹国去宋国，与弟子在大树下习礼。宋司马桓魋想要杀孔子，派人砍掉了大树。弟子劝孔子赶快离去。孔子说："天生德于予，桓其如予何！"

⑦ 微服：改变平常服装，以避人耳目。
⑧ 当厄：遇到危险。
⑨ 司城贞子：陈国大夫。陈侯周：陈国国君，名周。

万章问曰："或曰：'百里奚①自鬻（yù）于秦养牲者五羊之皮，食（sì）牛②，以要（yāo）秦穆公。'信乎？"

孟子曰："否，不然。好事者为之也。百里奚，虞③人也。晋人以垂棘之璧与屈产之乘，假道于虞以伐虢（guó）④。宫之奇⑤谏，百里奚不谏。知虞公之不可谏而去，之秦，年已七十矣，曾（zēng）不知以食牛干秦缪公之为污也⑥，可谓智乎？不可谏而不谏，可谓不智乎？知虞公之将亡而先去之，不可谓不智也。时举于秦，知缪公之可与（yǔ）有行也而相（xiàng）之⑦，可谓不智乎？相秦而显其君于天下，可传于后世，不贤而能之乎？自鬻以成其君，乡党自好者不为，而谓贤者为之乎？"

注释
① 百里奚：原为虞国大夫，辗转而成秦国大夫，辅助秦缪公建立霸业。据《史记·商君列传》，百里奚听说秦缪公贤明，想去拜见，"行而无资，自粥（同鬻）于秦客，被褐食牛。期年，缪公知之，举之牛口之下，而加之百姓之上"。鬻：卖。
② 食牛：为人养牛。秦缪公：一作秦穆公，秦国国君，前659年至前621年在位。
③ 虞：周初所封诸侯国名，姬姓，故地在今山西平陆，前655年为晋所灭。
④ 垂棘之璧：垂棘这个地方出产的玉璧。屈产之乘：屈这个地方出产的良马。虢：周初所封诸侯国，姬姓，原封地在今陕西宝鸡，西周灭亡后迁至今河南三门峡陕州区，前655年被晋所灭。
⑤ 宫之奇：虞国贤大夫，曾用"唇亡齿寒"的道理劝虞公拒绝晋国借路的要求，虞公不听，结果晋灭虢后，顺手灭掉了虞国。
⑥ 曾：乃，竟。干：求取。
⑦ 有行：犹"有为"。而：犹"却"。

现代社会是信息爆炸的社会，我们的生活每时每刻都被大量信息充斥着。这些信息良莠不齐、真假参半，有些对我们有用，有些则是污染。所以，学会分辨筛选信息，去伪存真，是现代人的必修课。不过，即便在科技通信不发达的古代，也有人因为信息多而感到无助和烦恼。这个人就是《孟子·万章篇》中提到的万章。

有一次万章跟孟子吐槽说他听到了那么多形形色色的消息，到底是真是假，他不知道如何分辨，所以他要请孟子帮忙。

万章问孟子："人有言伊尹以割烹要汤，有诸？"他听说伊尹靠厨艺好来讨好商汤王，给自己求了一个官职，他问孟子有没有这回事。

孟子曰："否，不然。伊尹耕于有莘之野，而乐尧、舜之道焉。非其义也，非其道也，禄之以天下，弗顾也；系马千驷，弗视也。非其义也，非其道也，一介不以与人，一介不以取诸人。"孟子说："哪有这回事，人家伊尹在有莘国的野外种田，他是一个遵循尧舜之道的人。如果是不符合道义的事情，就算给他全天下的财富作为俸禄，他都不会回头看的，即使给他四千匹马，他也不会放在眼里。如果不符合道义，哪怕是一个草籽，他也不会随便给别人，也不会随便从别人那儿索要。"

从孟子这番回答中，我们能看出伊尹是一个非常有正义感且清廉的人。

孟子接着说："汤使人以币聘之，嚣嚣然曰：'我何以汤之聘币为哉？我岂若处畎亩之中，由是以乐尧、舜之道哉？'"汤听说了伊尹的大名，派人拿着财物请他入朝为官，结果伊尹说这些财富对他而言没什么用，为什么不在这田野里以尧舜之道，自娱自乐呢？他丝毫不为名利所动。

"汤三使往聘之，既而幡然改曰：'与我处畎亩之中，由是以乐尧、舜之道，吾岂若使是君为尧、舜之君哉？吾岂若使是民为尧、舜之民哉？吾岂若于吾身亲见之哉？'"汤三次派人去请伊尹，可能是这份诚意打动了他。他突然改变了态度，他想，与其自己一人在这田园中学习尧舜之道，享受学习心得，干吗不去辅佐这位君王，让他成为尧舜般的明君，那么全天下的老百姓不也成了尧舜的子民吗？何不让自己亲眼见证这个盛况呢？

伊尹还认为："天之生此民也，使先知觉后知，使先觉觉后觉也。"老天爷创造了这么多子民，目的就是让那些先知先觉的人，去启发那些后知后觉的人。

"予，天民之先觉者也；予将以斯道觉斯民也。非予觉之，而谁也？"伊尹说他就是老天安排的先知，他将用老天赋予的道义，让老百姓觉醒。如果他不去做这事，那谁来做呢？伊尹突然有了强烈的使命感和责任感，有一种舍我其谁的大丈夫气概。

其实，我们现在来看，会觉得孟子不过是在借伊尹之口，表达他的真实想法，孟子认为他就是那个先觉醒的先知，他也有责任带动其他人觉醒。

"思天下之民匹夫匹妇有不被尧、舜之泽者，若己推而内之沟中。"伊尹总在思考，这天下的普通男女要是没有感受到尧舜的恩泽，就好像是他亲手把他们推到了沟壑里一样。因为伊尹原本有能力拯救他们，但是他没做。

"其自任以天下之重如此，故就汤而说之以伐夏救民。"伊尹以天下为己任，就去劝说商汤伐夏救民。"吾未闻枉己而正人者也，况辱己而正天下者乎？"孟子说他没有听说过一个人自己不正直还能让别人正直的。何况那些侮辱自己、放低身段，还能够让天下为之正的呢？

"圣人之行不同也，或远或近，或去或不去，归絜其身而已矣。"孟子说，圣人的做事方式不一样，有的疏远君王，有的接近君王，有的离开了朝廷，有的没有离开朝廷，但是他们为人处世的原则是一样的，都是洁身自好，保持很高的道德水准。

"吾闻其以尧、舜之道要汤，未闻以割烹也。"孟子说，他所听说的伊尹，能够被汤王重用，靠的是尧舜之道，而不是靠厨艺。

《伊训》曰："天诛造攻自牧宫，朕载自亳。"《尚书·伊训》里记载了这句，老天讨伐桀是从哪儿开始的呢？伊尹说不是从外面开始的，而是从桀的宫殿里开始的，也就是自作孽不可活。夏桀做了太多有违人道的事情，而伊尹只是从亳这个地方开始讨伐，问题不在于别人，而在于夏桀本身。

孟子详细解释后，万章终于明白他听到的是谣言了。他只能看到厨艺、房子、车子、位子、票子这样的事情，看不到更深层次的东西。

我们常说谣言止于智者，那些听风就是雨，跟着瞎起哄的人多数是没有判断力、没有思考力的人。因为他们认知有限，智慧有限，缺乏分辨真假的能力。

万章又问："或谓孔子于卫主痈疽，于齐主侍人瘠环，有诸乎？"他问，孔子在卫国的时候是不是住在痈疽家里，在齐国的时候是不是住在瘠环家里。痈疽和瘠环分别是卫灵公和齐景公宠信的宦官。孔子每到一个地方，要投靠当地的人。住在谁家也是明显的政治信号，说明他是被谁举荐的，跟谁是一派的。

孔子真是住在痈疽和瘠环家吗？孟子曰："否，不然也，好事者为之也。"孟子否定了，他说这都是好事之人胡编乱造的。

孟子说："于卫主颜雠由。弥子之妻与子路之妻，兄弟也。弥子谓子路曰：'孔子主我，卫卿可得也。'"孔子在卫国时，是住在颜雠由家的。弥子就是弥子瑕，是卫国的宠臣，他的老婆和子路的老婆是姐妹俩。弥子地位高，又是卫灵公的宠臣，所以他对子路说："你给孔子捎个话，请他住在我这儿，我保证他能得到卫国的卿位。"

"子路以告。孔子曰：'有命。'"子路给孔子说了这事，孔子说这事看老天安排吧。他为什么拒绝弥子瑕的邀请呢？因为他不喜欢这个人，孔子认为，凡为宠臣，都是有手段和心机的人。孔子更喜欢颜雠由这样的老实人。

"孔子进以礼，退以义。得之不得曰'有命'。而主痈疽与侍人瘠环，是无义无命也。"孔子做事讲究礼和义，如果他去做官，他会依据礼；如果离开也是按照义。得还是不得，都有命数，看天意。如果为了走后门，走捷径，就跟宠臣、宦官住在一起，这样的行为既不讲义，又不信命。

"孔子不悦于鲁、卫，遭宋桓司马将要而杀之，微服而过宋。是时孔子当厄，主司城贞子，为陈侯周臣。吾闻观近臣，以其所为主；观远臣，以其所主。若孔子主痈疽与侍人脊环，何以为孔子？"孔子在鲁国和卫国不得志，宋国的司马恒魋也准备拦截刺杀他，于是孔子只能乔装打扮，偷偷逃离宋国。这时的孔子正处于困境，他住在司城贞子家里，此人是陈国的大夫，孔子在陈国国君陈周手下做了臣子。

孟子说，他听过一个说法，要想判断本地官员的道德操守，就看他家里接待什么人，谁住他家。而判断像孔子这样的外来者，就看他寄居的主人是什么样的，如果孔子跟痈疽和瘠环住在一起，他就不是孔子了。

因为物以类聚，人以群分，我们跟什么样的人在一起，就反映了我们是什么样的人。

万章又接着提问了："或曰：'百里奚自鬻于秦养牲者五羊之皮，食牛，以要秦缪公。'信乎？"他问的是百里奚这个人是怎么被秦缪公任用的，有传说是百里奚把自己卖给了秦国的放羊人，价格是五张羊皮。然后，他跟秦国的牧羊人待在一起放牧，把牛羊养肥了，希望以此接近秦缪公。万章问孟子这事可信吗？

孟子曰："否，不然。好事者为之也。"孟子果断否定了，他说这事又是瞎编的。

"百里奚，虞人也。晋人以垂棘之璧与屈产之乘，假道于虞以伐虢。宫之奇谏，百里奚不谏。知虞公之不可谏而去，之秦，年已七十矣。曾不知以食牛干秦缪公之为污也，可谓智乎？不可谏而不谏，可谓不智乎？知虞公之将亡而先去之，不可谓不智也。"孟子解释说，百里奚是虞国人，晋国要去伐虢，要借道虞国，虞国能让别国的部队随便来来去去吗？当然不能。所以，晋国给虞国国君送了垂棘的碧玉以及屈地的名马，目的是从虞国借道。虞国大夫宫之奇就向虞国国君进谏说绝对不行，"唇亡齿寒"这个词语，就是宫之奇的原创。宫之奇说虢国一旦完了，我们也就完了。

百里奚看到宫之奇据理力争，他竟然不说话。他知道虞国国君贪财，不会听信谏言，他就离开虞国去了秦国，那时的百里奚已经七十岁了。这么聪明的一个人，难道不知道靠养牛来求秦缪公任用是一件很丢脸的事吗？这能够被称作智慧吗？百里奚知道虞君不听劝谏，他就什么都不说，如此明智的做法，说明他不是笨人，他明白虞国迟早要灭亡，所以他立刻离开，这就是他聪明的地方。

"时举于秦，知缪公之可与有行也而相之，可谓不智乎？"百里奚在秦国受到提拔的时候，他就知道这个秦缪公是能有所作为的，辅佐他是一个明智的选择。

"相秦而显其君于天下，可传于后世，不贤而能之乎？"他在秦国做丞相，帮助君主成为霸主，流芳百世，单凭这一点，就说明他是一个贤人，否则如何做到呢？

"自鬻以成其君，乡党自好者不为，而谓贤者为之乎？"孟子说，百里奚把自己卖了，只希望能见到秦缪公，且不说洁身自好的人，就连普通百姓都不会这样做，何况百里奚这样的贤者。

在孟子看来，普通人所看到的都是蝇头小利，站在狭隘的角度看问题，如果只用五张羊皮就能谋个官位，这简直太划算了，普通人会奉之为传奇。然而孟子不这么想，他认为一个判断力强、行政力强的人，绝对不会为了蝇头小利把自己卖了。对于百里奚来说，最重要的是发挥自己的贤能，这才是重点。

整个《万章上》，讨论的都是民间流传的关于舜、商汤、伊尹、孔子以及百里奚的各种流言，有的荒诞，有的低俗，孟子一一为其正名，逐一澄清。

读到这里，我们会更加深刻地理解"谣言止于智者"这句话。

如今短视频平台火爆发展，各类事件的传播速度十分惊人。我们碰到任何事情，要先动脑子思考再做判断，不要非黑即白，一时冲动，在自己有限的认知和格局下，轻易传播那些未经考量和证实的事情，对他人造成误解和伤害。

凡事多问几个为什么，多分析底层逻辑，提升自己的认知能力，做到谣言止于智者，而你就是那个智者。

万章 下

治则进，乱则退：
识时务，知进退，凡事恰到好处

孟子曰："伯夷，目不视恶色，耳不听恶声，非其君不事，非其民不使，治则进，乱则退。横①政之所出，横民之所止②，不忍居也。思与乡人处，如以朝衣朝冠坐于涂炭也。当纣之时，居北海之滨，以待天下之清也。故闻伯夷之风者，顽夫③廉，懦夫有立志。

"伊尹曰：'何事非君？何使非民？'治亦进，乱亦进，曰：'天之生斯民也，使先知觉后知，使先觉觉后觉。予，天民之先觉者也；予将以此道觉此民也。'思天下之民匹夫匹妇有不与（yù）被（pī）尧、舜之泽者，若己推而内（nà）之沟中，其自任以天下之重也。

柳下惠，不羞污君，不辞小官；进不隐贤，必以其道；遗佚而不怨，厄穷而不悯。与乡人处，由由然不忍去也。'尔为尔，我为我，虽袒裼裸裎于我侧，尔焉能浼（měi）我哉？'故闻柳下惠之风者，鄙夫④宽，薄夫敦。

"孔子之去齐，接淅⑤而行；去鲁，曰：'迟迟吾行也。'去父母国之道也。可以速而速，可以久而久，可以处而处，可以仕而仕，孔子也。"

孟子曰："伯夷，圣之清者也；伊尹，圣之任者也；柳下惠，圣之和者也；孔子，圣之时者也。孔子之谓集大成。集大成也者，金声而玉振⑥之也。金声也者，始条理也；玉振之也者，终条理也。始条理者，智之事也；终条理者，圣之事也。智，譬则巧也；圣，譬则力也。由⑦射于百步之外也，其至，尔力也；其中，非尔力也。"

注释　① 横：横逆，残暴。
　　　② 止：居住。始见于商代甲骨文及商代金文，其古字形模拟人足，本义是足，引申为脚趾，写作"趾"。足在人体的最下面，故又引申为地基，字后作"阯（址）"。通过脚可以去任何地方，故引申为至、临。由至、临引申为停止、静止，进一步引申为停留、逗留。由停留引申为居住、处所。由停止引申为禁止、去除。
　　　③ 顽夫：贪婪的人。顽通贪。
　　　④ 鄙夫：狭隘的人。鄙，狭陋。
　　　⑤ 接：承、取。浙：淘米。
　　　⑥ 金声玉振：以钟发声，以磬收韵，奏乐从始至终。振的意思是收，如《中庸》："振河海而不洩。"
　　　⑦ 由：同犹。

中国有句老话叫英雄相惜，那些有才能、志趣相投的人，因为气场相近，很容易相互欣赏，相互尊重。孟子是流芳千古的圣贤，古往今来，很多仁人志士都称赞他、敬重他。其实，在孟子心中，他也有自己赏识的人，孟子称其为贤者。

当然了，能让孟子评价为贤者的人不多，最知名的有三位，排在第一的就是伯夷。

孟子曰："伯夷，目不视恶色，耳不听恶声，非其君不事，非其民不使，治则进，乱则退。横政之所出，横民之所止，不忍居也。思与乡人处，如以朝衣朝冠坐于涂炭也。当纣之时，居北海之滨，以待天下之清也。故闻伯夷之风者，顽夫廉，懦夫有立志。"这段话说，伯夷这个人，眼睛不看丑陋的事物，耳朵不听邪恶的声音。不是他理想的君主，他不侍奉。不是他理想的百姓，他也不使唤。天下太平，大环境好的时候，他就出来做官做事；一旦天下混乱，他就退隐不出。施行暴政的国家，有暴民的地方，他是不愿意居住的。伯夷认为跟没有教养的乡下人相处，就像穿着上朝的衣服却坐在泥地上，浑身不自在。当纣王暴虐统治时，他就隐居渤海边，等着天下太平。所有听过伯夷风范的人，都发生了改变，贪婪的人变得廉洁，懦弱的人也有了勇气，有了志向。

伯夷的个性很鲜明，他很自我，他知道改变不了环境，他就改变自己，耐心等待时机。

伯夷之后的第二位贤者，是伊尹。

孟子说："伊尹曰：'何事非君，何使非民？'治则进，乱亦进，曰'天之生斯民也，使先知觉后知，使先觉觉后觉。予，天民之先觉者也，予将以此道觉此民也。'"意思是，不论什么样的君主和百姓，伊尹都能应对。天下太平他要做官，不太平也要做官。上天孕育了这么多人，就是要让先知来开导后知，先觉来引导后觉。而伊尹就是众人中的先知先觉，他有责任启发后知后觉的人。

"思天下之民匹夫匹妇有不与被尧、舜之泽者，若己推而内之沟中，其自任以天下之重也。"伊尹认为，普天之下，只要有一个人没有感受到尧舜之道的恩泽，那就是他的过错，就像他把这些人推到了山沟里一样，他认为自己肩负着接济天下的重任。

伊尹最大的贤能在于：责任感强，能主动承担责任，有担当。

第三个贤人叫柳下惠。孟子说柳下惠这个人"不羞污君，不辞小官；进不隐贤，必以其道；遗佚而不怨，厄穷而不悯。与乡人处，由由然不忍去也。"柳下惠很厉害，他不以侍奉昏君为耻辱，也不因官职卑微而不做。他做官不隐藏自己的才能，坚持按自己的原则办事。不被重用他也不抱怨，穷困也不忧愁。他跟那些没什么素养的粗人在一起时，也能怡然自得，打成一片。

柳下惠的名言是："尔为尔，我为我，虽袒裼裸裎于我侧，尔焉能浼我哉？"柳下惠说："你是你，我是我。就算你在我身边一丝不挂，对我又有什么干扰呢？你也不能玷污我。"

"故闻柳下惠之风者，鄙夫宽，薄夫敦。"听过柳下惠风范的人，也会发生改变。狭隘的人会变得心胸宽阔，刻薄的人会变得敦厚。

柳下惠的人生态度就是，别人好不好与他没关系，他只做好他该做的事。

这三个人就是孟子认为的贤者。孟子对他们的评判标准是参考了另一位大圣贤，那就是孔子。

孟子说："孔子之去齐，接淅而行；去鲁，曰：'迟迟吾行也。'去父母国之道也。"孔子离开齐国的时候，不等米淘好就走了，特别干脆，丝毫不留恋，但他离开鲁国时，却是磨磨蹭蹭，犹豫再三。孔子说要慢慢走，他要在祖国的大地上再多待一会儿。

"可以速而速,可以久而久,可以处而处,可以仕而仕,孔子也。"孔子是该快就快，该慢就慢，该隐居就隐居，该做官就做官。一切看孔子自己的想法，没有明确的固定的原则，但却要符合他心底的价值观。

孟子最后来了一个总结陈词，对这些人分别做了评价。

孟子曰："伯夷，圣之清者也；伊尹，圣之任者也；柳下惠，圣之和者也；孔子，圣之时者也。孔子之谓集大成。集大成也者，金声而玉振之也。金声也者，始条理也；玉振之也者，终条理也。"伯夷是圣人当中最清高的，伊尹是责任心最强的，柳下惠是最随和的，孔子是最识时务的，是一个集大成者。

集大成的意思就好比乐队演奏，以钎钟开始起音，以玉磬声来收韵结尾。这是一套完美的音乐演奏过程。钎钟声起音是为了有条理地开始，玉磬声收尾则是为了有条理地结束。这是孟子对孔子非常高的赞美了，他赞颂了孔子不拘泥特定的道德观念和生活方式，会根据特定情况灵活处理，选择最佳方案。

"始条理者，智之事也；终条理者，圣之事也。智，譬则巧也；圣，譬则力也。由射于百步之外也，其至，尔力也；其中，非尔力也。"孟子说，如果要开始有条理地做一件事情，靠的是智慧，那么让这件事情完美地收尾，靠的则是人的品性，也就是"圣之事也"。智慧好比技巧，就像射箭，技巧很重要。圣德就像人的力量，好比你在百步之外射箭，你得靠力量先把弓拉满，箭才能飞向靶子。想射中靶心，不能光靠力量，还要靠技巧。

在孟子看来，伯夷这人呢，遇到坏事他就后退；柳下惠是根本不做选择；而伊尹呢，使命感太强。三人都只具备某一方面的突出特点。就像射箭，只靠某一点是不行的，须智圣结合，才能成功。孔子就是孟子很欣赏的人，他是集大成者，金声而玉振，全方位考虑问题，识时务，知进退，他既有力量，又有技巧，所以事情做得好。

事实证明，孟子的评判是正确的，他曾在其他地方评价说"伯夷隘，柳下惠不恭"。伯夷的清高有点过头了，变得狭隘，他最后跟叔齐两人"不食周粟"，饿死在首阳山。柳下惠呢，在鲁国做大夫三次被贬却不辞官的行为，多少有点不自重，自轻自贱。

这两人做事，一个是技巧不足，一个是力量不足。

最好的做法是提高自己的修养，让自己做事既有技巧，又有力量，把技巧和力量完美地结合在一起，做事既要有原则和底线，也要讲效率和方法，这样才能实现自己的梦想和目标。就像伟大的孔子那样，识时务，知进退，拿捏好做人做事的分寸，凡事恰到好处，自然会取得不朽的成就。

友也者，友其德：
交友之道，贵在平等

北宫锜（qí）①问曰："周室班②爵禄也，如之何？"

孟子曰："其详不可得闻也。诸侯恶（wù）其害己也，而皆去其籍。然而轲也尝闻其略也。天子一位，公一位，侯一位，伯一位，子、男同一位，凡五等也。君一位，卿一位，大夫一位，上士一位，中士一位，下士一位，凡六等。天子之制，地方千里，公侯皆方百里，伯七十里，子、男五十里，凡四等。不能五十里，不达于天子，附于诸侯，曰附庸。天子之卿受地视③侯，大夫受地视伯，元士④受地视子、男。大国地方百里，君十卿禄，卿禄四大夫，大夫倍上士，上士倍中士，中士倍下士，下士与庶人在官者同禄，禄足以代其耕也。次国地方七十里，君十卿禄，卿禄三大夫，大夫倍上士，上士倍中士，中士倍下士，下士与庶人在官者同禄，禄足以代其耕也。小国地方五十里，君十卿禄，卿禄二大夫，大夫倍上士，上士倍中士，中士倍下士，下士与庶人在官者同禄，禄足以代其耕也。耕者之所获，一夫百亩。百亩之粪⑤，上农夫食（sì）九人，上次食八人，中食七人，中次食六人，下食五人。庶人在官者，其禄以是为差（cī）。"

注释　① 北宫锜：卫国人。
　　　② 班：用作动词，划定等级。
　　　③ 视：比照。
　　　④ 元士：天子直辖区域内的上士。
　　　⑤ 粪：施肥。

万章问曰："敢问友。"

孟子曰："不挟①长、不挟贵、不挟兄弟而友。友也者，友其德也，不可以有挟也。孟献子②，百乘之家也，有友五人焉：乐正裘、牧仲③，其三人，则予忘之矣。献子之与此五人者友也，无献子之家④者也。此五人者，亦⑤有献子之家，则不与之友矣。非惟百乘之家为然也，虽小国之君亦有之。费（bì）惠公⑥曰：'吾于子思，则师之矣；吾于颜般，则友之矣；王顺、长息⑦则事我者也。'非惟小国之君为然也，虽大国之君亦有之。晋平公之于亥唐⑧也，入云则入，坐云则坐，食云则食，虽蔬食菜羹，未尝不饱，盖不敢不饱也。然终于此而已矣，弗与共天位也，弗与治天职也，弗与食天禄也，士之尊贤者也，非王公之尊贤也。舜尚见（xiàn）帝⑨，帝馆甥于贰室⑩，亦飨（xiǎng）舜，迭为宾主，是天子而友匹夫也。用下敬上，谓之贵贵；用上敬下，谓之尊贤。贵贵、尊贤，其义一也。"

注释　① 挟：依恃，倚仗。
　　　② 孟献子：鲁国大夫仲孙蔑，曾任鲁国执政。
　　　③ 乐正裘、牧仲：皆为当时没有官位的贤人。
　　　④ 家：这里指大夫的身份。
　　　⑤ 亦：犹"若"。
　　　⑥ 费惠公：战国时小国费的国君。
　　　⑦ 颜般：古代贤者。《汉书·古今人表》作颜敢，列为第四等中上。王顺、长息，《汉书·古今人表》中与颜敢同列第四等中上，排在颜敢之后。王顺作王慎。
　　　⑧ 晋平公：春秋时晋国国君，姓姬名彪。亥唐：晋国贤人，并未出仕。
　　　⑨ 舜尚见帝：尚同上。帝，尧。舜当时还是平民，故他见尧帝称"上"。

⑩帝馆甥于贰室：甥指舜，古人称妻父为外舅，故岳父亦可称女婿为甥。馆：安排住宿。贰室：副宫。

理论上来说，一个人的职位越高，他赚得也越多。

收入跟等级匹配，这在孟子生活的时代也不例外。

北宫锜问曰："周室班爵禄也，如之何？"卫国人北宫锜问孟子，周王室当时在排列爵禄等级的时候，规则是什么样的？

孟子曰："其详不可得闻也。诸侯恶其害己也，而皆去其籍。然而轲也尝闻其略也。"孟子说他不记得具体内容了，因为诸侯觉得这些规矩妨碍他们做事，就把文献都销毁了。好在孟子听过一些大略，知道个大概。

孟子说："天子一位，公一位，侯一位，伯一位，子、男同一位，凡五等也。"这里的一位不是一个人，而是一级，天子是一级，公一级，侯一级，伯一级，子、男同一级，这样一共分五级。"君一位，卿一位，大夫一位，上士一位，中士一位，下士一位，凡六等。"在诸侯国中，鲁恒公、齐桓公这些国君算一级，这叫君一位，接着是卿一级，大夫一级，上士一级，中士一级，下士一级，诸侯国里一共分六个层级。

"天子之制，地方千里，公侯皆方百里，伯七十里，子、男五十里，凡四等"。天子直辖的地方方圆一千里，公侯都是方圆百里，伯七十里，子、男各五十里，封地一共分四个等级。"不能五十里，不达于天子。附于诸侯，曰附庸。天子之卿受地视侯，大夫受地视伯，元士受地视子、男。"土地面积不够五十里的国家，够不着天子，因此附属于诸侯，叫作附庸。天子的卿，他的封地等同于侯；大夫的封地等同于伯；士的封地等同于子、男。

"大国地方百里，君十卿禄，卿禄四大夫，大夫倍上士，上士倍中士，中士倍下士，下士与庶人在官者同禄，禄足以代其耕也。"如果在一个方圆百里的国家中，在官府里上班的平民以及下士，他们的收入是垫底的，收入跟种地的收成差不多。中士的收入是下士的一倍，上士是下士的四倍，按照几何级增长，大夫的收入相当于普通公务员收入的八倍。然后，卿的俸禄就是底层公务员的三十二倍，最后，君的收入是底层的三百二十倍。

这些是明面上的算法规则，实际上等级高的人收入远不止这些。

"次国地方七十里，君十卿禄，卿禄三大夫，大夫倍上士，上士倍中士，中士倍下士，下士与庶人在官者同禄，禄足以代其耕也。"如果是国土方圆七十里的国家，君主的俸禄为卿的十倍，卿为大夫的三倍，大夫为上士的两倍，上士为中士的两倍，中士为下士的两倍，下士的俸禄和平民任小官者相同，就跟耕种收入差不多。

"小国地方五十里，君十卿禄，卿禄二大夫，大夫倍上士，上士倍中士，中士倍下士，下士与庶人在官者同禄，禄足以代其耕也。"如果是方圆五十里的小国家，那么君主的俸禄为卿的十倍，卿为大夫的两倍，大夫为上士的两倍，上士为中士的两倍，中士为下士的两倍，下士的俸禄和平民任小官者相同，就跟种地差不多。

孟子继续解释说："耕者之所获，一夫百亩。百亩之粪，上农夫食九人，上次食八人，中食七人，中次食六人，下食五人。庶人在官者，其禄以是为差。"一个耕地的劳动力有一百亩地可以种。如果好好种的话，这块地能养活九个人，稍微差一点也能养活八个人，中等的养活七个人，中等偏下的是六个人，最糟糕的也能养活五个人。

在官府工作的普通百姓，他们的俸禄就是按照这个等级来的。

上面说了这么多，其实就是孟子在梳理不同阶层的收入情况，最底层的百姓跟高高在上的达官显贵之间的收入差距非常大。

这个现象不仅在孟子的时代有，现代社会也普遍存在贫富差距。

而且，随着社会的高速发展，差距会越来越大。

孟子之所以这般详细地介绍这些内容，其实是一种批判。因为诸侯不喜欢把账算得这么清楚，显得他们剥削了百姓，所以，他们把这些规章制度都废除了。

这也是万章请教孟子的原因。

接下来，万章又问孟子了："敢问友。"交朋友有什么讲究吗？孟子曰："不挟长，不挟贵，不挟兄弟而友。"交友时，不要倚仗年纪大，倚老卖老；不要因为地位高，就在朋友面前盛气凌人；也不要以自己的兄弟关系为背景，来跟别人交朋友。"友也者，友其德也，不可以有挟也。"孟子说交朋友，交的是人品，不是仗着资历、身份和势力交友。

"孟献子，百乘之家也，有友五人焉：乐正裘、牧仲，其三人，则予忘之矣。献子之与此五人者友也，无献子之家者也。"孟子说，鲁国大夫孟献子算是百乘之家的大贵族，他有五个好朋友，其中有乐正裘，有牧仲，另外三人孟子不记得了。乐正裘和牧仲都没有官职，献子和这五人交朋友的时候，没有把自己的身份放在心里。

"此五人者，亦有献子之家，则不与之友矣。非惟百乘之家为然也，虽小国之君亦有之。"这五人也是这么想的，他们交朋友也不看家世和地位，不会因为献子是贵族，比他们有钱有势，就觉得没法交这个朋友了。

不光是家有百乘的大夫能够做到这样，就算是小国的国君也会做到，比如费国。

费惠公曰："吾于子思，则师之矣；吾于颜般，则友之矣；王顺、长息则事我者也。"费惠公说，他会思考身边人跟自己的关系。比如子思是他的老师，他不能拿老师当朋友。另一个叫颜般的人是他的朋友。王顺和长息这两个人，是帮他做事的。

"非惟小国之君为然也，虽大国之君亦有之。晋平公之于亥唐也，入云则入，坐云则坐，食云则食。虽蔬食菜羹，未尝不饱，盖不敢不饱也"。孟子说，不光是小国的君主这样做，大国的君主也有这样的。晋平公跟贤人亥唐交朋友时，亥唐让他来他就来，让他坐就坐，让他吃饭他就吃。哪怕粗茶淡饭，晋平公都吃得很香，吃得很饱。估计他也不敢不吃饱吧。

因为晋平公为了表示自己跟朋友关系亲近，显得自己平易近人，朋友让他多吃点，他就一个劲儿地吃。可见晋平公的情商确实很高。

孟子认为："然终于此而已矣，弗与共天位也，弗与治天职也，弗与食天禄也。士之尊贤者也，非王公之尊贤者也。"晋平公虽然对朋友能做到这种程度，但也仅限于此了。他再喜欢亥唐，也不会让亥唐跟他分享天下，不会让他参与政事，不跟他分享俸禄，他对朋友是有界限的。

孟子说，这就是一般的士人尊贤的方式，跟真正的王公尊贤的方式是不一样的。

孟子拿尧舜举例说："舜尚见帝，帝馆甥于贰室，亦飨舜，迭为宾主，是天子而友匹夫也。"舜去见尧时，舜是尧的女婿（之前也把女婿叫外甥），尧就让自己的女婿住在宫殿里，住在他隔壁。尧与舜吃饭也是相互请客。今天你请我，明天我请你，这就是天子跟匹夫交朋友的方式。

虽然这个匹夫是他的女婿，但尧依然做到了平等对待，愿意跟对方分享，把对方留在身边，和他互为宾主。这种态度，是孟子理想中的交友方式。

孟子总结道："用下敬上，谓之贵贵。用上敬下，谓之尊贤。贵贵、尊贤，其义一也。"地位低的人尊敬地位高的人，是尊重贵人。地位高的人主动跟地位低的人交往，这是尊敬贤人。无论尊敬贵人还是贤人，道理都是一样的。就像尧舜之间的关系，才是真正的平等互敬，是真正的朋友关系。

孟子借这些事情表达了自己的观点。他希望朋友之间不要看对方的名头和地位，大家都是平等的，应相互尊重。

现实生活中，人与人交往时，不太可能彻底忽略对方的身份和地位，因为这些外在的东西跟他本人已经融为一体，难以剥离，但也不必刻意在乎对方的身份、财富、地位等。交往时，要秉持平等和相互尊重的原则。还有一点很重要，朋友之间，关系再好，适当的边界少不了。只有这样，友情才能长久、稳定。

恭也：
与人交往，莫过于"恭敬"二字

万章问曰："敢问交际何心也？"

孟子曰："恭也。"

曰："却之却之①为不恭，何哉？"

曰："尊者赐之，曰'其所取之者，义乎，不义乎'，而后受之，以是为不恭，故弗却也。"

曰："请无以辞却之，以心却之，曰'其取诸民之不义也'，而以他辞无受，不可乎？"

曰："其交也以道，其接②也以礼，斯孔子受之矣。"

万章曰："今有御③人于国门之外者，其交也以道，其馈也以礼，斯可受御与？"

曰："不可。《康诰》曰：'杀越人于货、闵不畏死，凡民罔不譈（duì）④。'是不待教而诛之者也。殷受夏，周受殷，所不辞也。于今为烈，如之何其受之？"

曰："今之诸侯取之于民也，犹御也。苟善其礼际⑤矣，斯君子受之，敢问何说也？"

曰:"子以为有王者作,将比⑥今之诸侯而诛之乎?其教之不改而后诛之乎?夫谓非其有而取之者盗也,充类至义之尽⑦也。孔子之仕于鲁也,鲁人猎较⑧,孔子亦猎较。猎较犹可,而况受其赐乎?"

曰:"然则孔子之仕也,非事道与?"

曰:"事道也。"

"事道奚猎较也?"

曰:"孔子先簿(bù)正祭器⑨,不以四方之食供簿正。"

曰:"奚不去也?"

曰:"为之兆⑩也。兆足以行矣,而不行,而后去,是以未尝有所终三年淹⑪也。孔子有见行可之仕,有际可之仕,有公养之仕⑫也。于季桓子,见行可之仕也;于卫灵公,际可之仕也;于卫孝公,公养之仕也⑬。"

注释
① 却之:退还对方的礼物。
② 接:接见,接待。
③ 御:伏击。
④《康诰》:《尚书》篇名,是周公平定三监之乱后,周成王封其叔父康叔(姬封)于卫,治理殷商旧地民众的命令。杀越人于货:杀人取其货。越:劫夺,抢劫。于:犹"与",一说"越"为虚字,"于"为取。闵:通暋,今本《康诰》作"暋",意思是强悍。谌同憝,今本《康诰》作"憝",意思是怨恨。
⑤ 礼际:以礼相待,按礼节交往。
⑥ 比:等同。
⑦ 充类至义之尽:充其类、极其义,即类推究义的意思。
⑧ 猎较:打猎时争夺猎物,以所得用作祭祀。东汉赵岐注:"猎较者,田猎相较夺禽兽,得之以祭,时俗所尚,以为吉祥。"
⑨ 簿正祭器:用文书规定祭器祭品,使有定数。簿:册籍,记载用的本子。正:决定,确定。
⑩ 兆:征兆,用作动词,指占验事情的结果。
⑪ 淹:停留。
⑫ 行可之仕:见道可行而出仕。际可之仕:礼遇周到而出仕。公养之仕:国君养贤而出仕。

⑬ 季桓子：鲁国的正卿。卫灵公：卫国国君，公元前534年至前493年在位。卫孝公：不见于史书记载，可能是卫出公，名辄，为灵公之孙。

我们生活在社会中，想要成家立业，有所作为，离不开良好的人际关系。

与人交往应该注意什么呢，这一节孟子讲了一些对人际交往的看法。

万章问孟子说："敢问交际何心也？"一个人与人交往，应该保持什么样的心态？

孟子的回答很简单，就两个字：恭也。保持恭敬就好了。

万章又问："却之却之为不恭，何哉？"一次又一次地拒绝就是不恭敬，这是为什么？

孟子回答："尊者赐之，曰'其所取之者，义乎，不义乎'，而后受之，以是为不恭，故弗却也。"比你地位高的人赏赐你东西，你在心里问自己，他给我的这个东西，是正当渠道来的，还是来路不正？然后再接受，这是对尊者的不恭敬，所以不要拒绝。

恭敬应该是从内到外，表里如一，而不是内心质疑，表面装得恭敬。

万章不理解，继续问："请无以辞却之，以心却之，曰'其取诸民之不义也'，而以他辞无受，不可乎？"我没有说出来拒绝，只是在心里拒绝，心里想一下'他这个东西是不是正当渠道来的'，然后再用其他理由拒绝，这样也不可以吗？

孟子说："其交也以道，其接也以礼，斯孔子受之矣。"他按照规矩和我交往，送礼也符合正当的理由，就是孔子也会接受的。孟子想表达的是如果对方送你礼物的理由正当，那么没必要反复推辞，反复推辞就是不恭敬。可以先接受对方的礼物，然后再按照规矩回礼，礼尚往来。

万章反问道："今有御人于国门之外者，其交也以道，其馈也以礼，斯可受御与？"如果有一个人在国都郊外拦路抢劫，他也依规矩同我交往，也依照礼节送我东西，这样我就可以接受赃物了吗？

孟子回答："不可。《康诰》曰：'杀越人于货，闵不畏死，凡民罔不譈。'是不待教而诛之者也。殷受夏，周受殷，所不辞也。于今为烈，如之何其受之？"赃物当然不可以接受。《康诰》说："杀人越货的亡命之徒，没有人不怨恨他们。"对于这种人，不需要教育，可以直接诛杀。这种法律是商朝从夏朝继承来的，周朝又从商朝继承下来，没有更改，如今这一法律更受重视了，怎么可以接受赃物呢？

对于孟子的说法，万章有新的疑问，他说："今之诸侯取之于民也，犹御也。苟善其礼际矣，斯君子受之，敢问何说也？"今天这些诸侯，他们的财物是从百姓那里得到的，和拦路抢劫差不多。如果他们在交往上合乎礼仪，你就接受了，请问这如何解释？

孟子怎么回答的呢？他说："子以为有王者作，将比今之诸侯而诛之乎？其教之不改而后诛之乎？夫谓非其有而取之者盗也，充类至义之尽也。孔子之仕于鲁也，鲁人猎较，孔子亦猎较。猎较犹可，而况受其赐乎？"意思是你觉得如果今天出来一个可以一统天下的王者，他对现在的诸侯是不加区别诛杀呢，还是先教育，看他们改不改，然后再决定杀不杀？而且你拿了不属于你的东西就叫作抢劫，这种说法有点太绝对了。就像你在路上捡了一个东西，如果把这个也叫作抢劫，就有点极端了。孔子在鲁国做官的时候，鲁国人争夺猎物，孔子也一起争夺猎物。争夺猎物都可以，何况接受赐予呢？

万章又开始质疑孔子的行为了，他问："然则孔子之仕也，非事道与？"那么孔子出来做事，是奉行道来做的吗？孟子回答："事道也。"他就是在奉行尧舜之道。

万章反问:"事道奚猎较也?"既然是按照道来做事的,为什么会参与争夺猎物呢?孟子解释:"孔子先簿正祭器,不以四方之食供簿正。"孔子先用文书规定祭祀所用器物和祭品,但不用各处珍奇的猎物来满足文书规定的祭祀,所以必须通过争夺猎物来提供祭品。

万章又问:"奚不去也?"那他为什么不离开呢?看不惯他们的做法,你可以走,没必要和对方一起"同流合污"。

孟子回答说:"为之兆也。兆足以行矣,而不行,而后去,是以未尝有所终三年淹也。孔子有见行可之仕,有际可之仕,有公养之仕也。于季桓子,见行可之仕也;于卫灵公,际可之仕也;于卫孝公,公养之仕也。"意思是孔子做官,总是要试验一下。试验之后,觉得政策能够推行,但是那个君主却不肯施行,这才离开,所以他从来没有在一个地方停留达到三年。

孔子做官的原因有三种,第一种是觉得可以施行仁道才到这个地方做官,比如在鲁国做官,是因为孔子觉得季桓子可以行道;第二种是因为当地的君主对他礼遇而做官,比如到卫灵公那里做官,是因为卫灵公对他礼貌周到;第三种是因为当地的国君喜欢奉养贤人而做官,比如到卫孝公那里做官,是因为国君愿意奉养贤人。

孟子想通过孔子的例子告诉万章,在人际交往中,无论地位高低,都应遵循一定的规矩和礼节。孟子指出,如果一个君主能够展现出恭敬有礼的态度,孔子是愿意辅佐他的。这种恭敬并非简单的表面功夫,而是发自内心的尊重。

然而,孟子也强调,恭敬并非一成不变,而是需要根据不同的交往对象和交往场合加以灵活变通。在不同的情境中,恭敬的表达方式也会有所不同。例如,在与长辈或尊贵的人交往时,可能需要更加谦卑和恭敬;而在与同龄人或下属交往时,则可能需要保持平等和尊重的态度。这种灵活变通的态度,不仅体现了人的智慧和修养,也有助于建立更加和谐的人际关系。

通过孟子的这一番话,我们可以深刻体会到人际交往中的智慧与艺术。在与人相处时,我们既要遵循基本的规矩和礼节,又要根据不同情况灵活调整自己的态度和行为。这样,我们才能在复杂多变的人际关系中保持平衡,赢得他人的尊重和信任。

辞尊居卑，辞富居贫：
真正的"躺平"需要极高的修为

孟子曰："仕非为贫也，而有时乎为贫；娶妻非为养也，而有时乎为养。为贫者，辞尊居卑，辞富居贫。辞尊居卑，辞富居贫，恶（wū）乎宜乎？抱关击柝（tuò）①。孔子尝为委吏②矣，曰：'会（kuài）计当③而已矣。'尝为乘（shèng）田④矣，曰：'牛羊茁壮长而已矣。'位卑而言高，罪也；立乎人之本朝⑤，而道不行，耻也。"

注释　① 抱关：看门。击柝：打更。柝：打更用的梆子。
　　　② 委吏：管理粮仓的小官。
　　　③ 会计：管理财物，计算账目。周代每月零星计算为计，年终总和计算为会。当：恰当，准确。
　　　④ 乘田：主管畜牧的小吏。
　　　⑤ 本朝：即朝廷。

万章曰："士之不托诸侯①，何也？"
孟子曰："不敢也。诸侯失国，而后托于诸侯，礼也。士之托于诸侯，非礼也。"

万章曰："君馈之粟，则受之乎？"

曰："受之。"

"受之何义也？"

曰："君之于氓（méng）也，固周②之。"

曰："周之则受，赐之则不受，何也？"

曰："不敢也。"

曰："敢问其不敢何也？"

曰："抱关击柝者，皆有常职以食于上。无常职而赐于上者，以为不恭也。"

曰："君馈之，则受之，不识可常继乎？"

曰："缪公之于子思也，亟（qì）问，亟馈鼎肉③。子思不悦。于卒④也，摽（biāo）⑤使者出诸大门之外，北面稽首再拜⑥而不受。曰：'今而后知君之犬马畜伋⑦。'盖自是台（shǐ）⑧无馈也。悦贤不能举，又不能养也，可谓悦贤乎？"

曰："敢问国君欲养君子，如何斯可谓养矣？"

曰："以君命将之，再拜稽首而受。其后廪人继粟，庖人继肉，不以君命将之⑨。子思以为鼎肉，使己仆仆尔⑩亟拜也，非养君子之道也。尧之于舜也，使其子九男事之，二女女（nǜ）焉，百官牛羊仓廪备，以养舜于畎亩之中，后举而加诸上位。故曰，王公之尊贤者也。"

注释
① 士之不托诸侯：士，指没有职务的士。托：依附。
② 氓：从外地迁来的百姓。周：周济，救济。
③ 亟：屡次。鼎肉：熟肉。
④ 卒：终于，最后。
⑤ 摽：驱逐。
⑥ 稽首：古代跪拜礼有九种，称九拜，稽首为第一拜。九拜是稽首、顿首、空首、振动、吉拜、凶拜、奇拜、褒拜、肃拜。前四种为正拜，即常用之拜。后五种依附于四种正拜。稽首主要用于臣子对君王，行礼方法与顿首同，区别只是在于行礼时，要使头在地上停留较长一段时间。行礼时，施礼者屈膝跪地，左手按右手，拱手于地，头也缓缓至于地。这是九拜中最

隆重的拜礼。再拜：拜两次。这里的拜含义比较具体，指九拜中的空首，施礼者身体呈跪姿，先跪再拱手，然后俯下头，但不接触地面，与心齐平就可以了。"稽首再拜"为"凶拜"，表示不敢接受国君的赏赐，下文"再拜稽首"为"吉拜"，表示愿意接受国君的恩赐。

⑦ 伋：子思的名。

⑧ 台：通始。马王堆汉墓帛书《老子》："百仁（仞）之高，台于足下。"今本《老子》作"千里之行，始于足下"。另一说，台为负责传令的差役。

⑨ 廪人：管仓库的小吏。庖人：管膳食的小吏。将：赠送。

⑩ 仆仆：劳顿，麻烦。尔：犹"然"。

"躺平"这个词其实并不新鲜，早在孔孟时代，就已经被拿出来讨论了，这一节孟子就讲了自己的躺平哲学。

孟子说："仕非为贫也，而有时乎为贫；娶妻非为养也，而有时乎为养。"做官不是因为贫穷，就像工作不是为了赚钱，但有时候也是因为贫穷，需要养家糊口；娶妻不是为了奉养父母，但有时候也需要妻子奉养父母。

接下来这句话孟子就在告诉当下的年轻人，如果想要躺平，应该怎么做。

他说："为贫者，辞尊居卑，辞富居贫。辞尊居卑，辞富居贫，恶乎宜乎？抱关击柝。"如果因为贫穷才做官的，就应该拒绝高官，而选择普通的小官，拒绝高薪，选择可以糊口的工资就行。怎么做才合适呢？去看门打更再合适不过了，这个工作很适合躺平。

孟子接着举了孔子的例子，他说："孔子尝为委吏矣，曰：'会计当而已矣。'尝为乘田矣，曰：'牛羊茁壮长而已矣。'"孔子曾经当过管理仓库的小官，他说："只要数字能对上就行了。"他也曾经做过管理牲畜的小官，他说："只要牛羊茁壮成长就够了。"

最后孟子用一句话做了总结："位卑而言高，罪也；立乎人之本朝，而道不行，耻也。"如果一个人官位很低下，却每天议论朝廷大事，这是很糟糕的。如果一个人在朝廷做大官，却没有推行仁政之道，这是可耻的。

哲学家金岳霖曾说过：一个自由的知识分子，最佳状态是有一个水果摊。

这句话和孟子的思想是一个意思，孟子认为：假如你心怀国家，想为苍生做事，那你就需要努力做大官，立于朝堂之上；如果你只想解决温饱，找一份糊口的工作，那你就做一份简单的工作，不要站在高位却不为百姓办事，这是可耻的。

你想要躺平，那就不能占据高位，追求高薪，同时你也要放下追求高位的心思，只管好自己的一亩三分地，思想上同步躺平。

现在很多人为什么会痛苦呢？因为他们嘴上说要躺平，行动上也选择了躺平，但是每天想的却是如何一夜暴富、天上掉馅饼的事。因为抱有不切实际的幻想，所以会痛苦。想要财富和地位，你行为上就需要付出同等的努力，而不是躺平。

你没有达到那种思想躺平的境界，就不要说你想躺平，真正的躺平是需要极高的修为的。

对于孟子的躺平哲学，万章觉得如果我选择了躺平，接受别人的帮助救济可以吗？于是他问孟子："士之不托诸侯，何也？"士人为什么不仰仗诸侯生活呢？既然他没有工作，仰仗诸侯也可以解决温饱，为什么不仰仗呢？

孟子回答说："不敢也。诸侯失国，而后托于诸侯，礼也。士之托于诸侯，非礼也。"不是不能仰仗，是不敢仰仗。诸侯失去了国家，然后仰仗别国诸侯养活自己，这是合乎礼的；而士人仰仗别国的诸侯生活，这不合乎礼。

万章又问："君馈之粟，则受之乎？"国君给我们送来了粮食，可以接受吗？既然不能仰仗诸侯，那仰仗国君救济，总可以吧！孟子说：" 受之"。这是可以接受的。

万章不理解，诸侯的不行，君主的就可以，这是为什么呢？他追问："受之何义也？"这个为什么可以接受呢？孟子回答："君之于氓也，固周之。"君主本来就可以周济流民。

万章追问："周之则受，赐之则不受，何也？"周济他就可以接受，赐予他就不能接受，这又是为什么呢？孟子说："不敢也。"赐予的不是不能要，是不敢要。

万章曰："敢问其不敢何也？"为什么不敢要呢？孟子解释道："抱关击柝者，皆有常职以食于上。无常职而赐于上者，以为不恭也。"守门打更的人都有一定的职务，因此可以接受上面的给养，这是他们的劳动所得。而没有职务的人接受上面的赐予，这会被认为不恭。

孟子想表达的是不要想着完全躺平，靠社会救济或者啃老生活，这是不对的，即使是做最普通的工作，也是靠自己养活自己。

万章又问了，他说："君馈之，则受之，不识可常继乎？"国君给我们的，我们就接受，不知道能不能经常这样？就像没有工作的人可以领救济金，是不是可以一直不找工作，每月都领救济金？

孟子没有直接回答，而是讲了鲁缪公和子思之间的一个故事，他说："缪公之于子思也，亟问，亟馈鼎肉。子思不悦。于卒也，摽使者出诸大门之外，北面稽首再拜而不受。曰：'今而后知君之犬马畜伋。'盖自是台无馈也，悦贤不能举，又不能养也，可谓悦贤乎？"

子思是孔子的孙子，鲁缪公当时很喜欢子思，经常问候他，给他送肉和食品，子思很不高兴。最后一次，子思把来送东西的使者赶出大门，然后朝北面磕头拒绝了，并说："我今天才知道君主把我当狗当马来养。"意思是你根本不尊重我，只把我当你养的一只宠物，自此，鲁缪公才不让仆役给子思送东西了。喜欢一个贤人，却不重用他，又不能礼貌地照顾他，这能叫作喜欢贤人吗？

万章觉得不理解，你前面说君主可以养贤人，这里又说养着贤人叫不尊重，于是他继续问孟子："敢问国君欲养君子，如何斯可谓养矣？"请问国君如果真的想奉养君子贤人，那怎么做才算适当的方式呢？

孟子回答："以君命将之，再拜稽首而受。其后廪人继粟，庖人继肉，不以君命将之。子思以为鼎肉，使己仆仆尔亟拜也，非养君子之道也。尧之于舜也，使其子九男事之，二女女焉，百官牛羊仓廪备，以养舜于畎亩之中，后举而加诸上位。故曰，王公之尊贤者也。"

孟子给万章解释了正确奉养君子的方式：以国君之名送来的礼物，按规矩要两次叩拜才能接受。此后管仓库的人不断送来粮食，管厨房的人不断送来肉食，都不是用国君的名义。子思认为自己为了几块肉食还要多次辛苦地跪拜，这不是奉养君子的做法。尧对于舜，让自己的九个儿子和舜一起共事，又把两个女儿嫁给舜，同时准备好了百官、牛羊、仓库等，使舜接受供养，然后再提升他担任很高的职位。王者尊重贤人君子应该是这样的。

就像现在的职场，如果老板平时不给你安排活，也不给你发工资，每次需要你干活的时候才给你发一点钱，你愿意吗？肯定没人愿意，因为你不被尊重。

真正的尊重是给你一个重要的岗位，让你在岗位上充分发挥自己的价值，每月都由财务给你定期发工资，而不是老板点头你才有钱拿。

万章提问的本意，最开始是想不干活每月领君主的周济，孟子告诉他就算能定期领周济，也是以不被尊重的方式，不劳而获是不可取的。

所以躺平是需要资本的，躺平并不是简单地放弃努力，而是基于一定的经济基础和独立生活能力的选择。这意味着，一个人需要有一定的财富积累，这样他才能在不依赖他人、不啃老、不依赖救济的情况下，满足自己的日常生活需要。

这种财富积累不仅仅是金钱上的，还包括了个人技能、知识和经验的积累。只有当一个人具备了这些条件，他才能有信心说出"躺平"这个词。因为这意味着他已经有能力应对生活中的各种挑战，不需要通过工作来换取生活保障。

因此，躺平并不是一种轻易可以达到的状态，它需要一个人经济、技能、知识和经验等多方面的积累。只有当这些条件都满足时，一个人才能真正躺平，享受那种自由、独立、充实的生活。

不敢见于诸侯：
真正的交朋友，是结交贤人

万章曰："敢问不见（xiàn）诸侯，何义也？"

孟子曰："在国曰市井之臣，在野曰草莽之臣，皆谓庶人。庶人不传质①为臣，不敢见于诸侯，礼也。"

万章曰："庶人，召之役，则往役；君欲见之，召之，则不往见之，何也？"

曰："往役，义也；往见（xiàn），不义也。且君之欲见之也，何为也哉？"

曰："为其多闻也，为其贤也。"

曰："为其多闻也，则天子不召师，而况诸侯乎？为其贤也，则吾未闻欲见贤而召之也。缪公亟见于子思，曰：'古千乘之国以友士，何如？'子思不悦，曰：'古之人有言：曰事之云乎，岂曰友之云乎？'子思之不悦也，岂不曰：'以位，则子，君也；我，臣也。何敢与君友也？以德，则子事我者也。奚可以与我友？'千乘之君求与之友，而不可得也，而况可召与？齐景公田，招虞人以旌，不至，将杀之。志士不忘在沟壑，勇士不忘丧其元。孔子奚取焉？取非其招不往也。"

曰:"敢问招虞人何以?"

曰:"以皮冠②。庶人以旃(zhān),士以旂(qí),大夫以旌③。以大夫之招招虞人,虞人死不敢往。以士之招招庶人,庶人岂敢往哉?况乎以不贤人之招招贤人乎?欲见贤人而不以其道,犹欲其入而闭之门也。夫义,路也;礼,门也。惟君子能由是路,出入是门也。《诗》云:'周道如砥,其直如矢;君子所履,小人所视。④'"

万章曰:"孔子,君命召,不俟(sì)驾而行。然则孔子非与?"

曰:"孔子当仕⑤有官职,而以其官召之也。"

注释
① 传质:致送礼品。质同贽,初次见人时所执的礼物。
② 皮冠:打猎时戴的皮帽子。
③ 旃:赤色、无饰、曲柄的旗。旂:古代画有两龙并在杆头悬铃的旗。旌:古代用牦牛尾或者五彩羽毛装饰杆头的旗子。
④ 该句出自《诗·小雅·大东》。砥:通砥,磨刀石。视:效法。
⑤ 当仕:值仕,正在出仕。

孟子谓万章曰:"一乡之善士,斯①友一乡之善士;一国之善士,斯友一国之善士;天下之善士,斯友天下之善士。以友天下之善士为未足,又尚②论古之人。颂③其诗,读其书,不知其人,可乎?是以论其世也。是尚友也。"

注释
① 斯:犹"乃"。
② 尚:通上,上溯。
③ 颂:通诵。

著名画家徐悲鸿有句名言:"人不可以有傲气,但不可以无傲骨。"一个人不管处于什么样的地位,都应该有一身铮铮铁骨,在财富和强权面前,依然坚持自己的原则。

孟子和万章也讨论过类似的观点。

万章问孟子："敢问不见诸侯，何义也？"这里万章提问的主语是"庶人"，意思是庶人都不去见诸侯，这是什么道理呢？

孟子答道："在国曰市井之臣，在野曰草莽之臣，皆谓庶人。庶人不传质为臣，不敢见于诸侯，礼也。"孟子认为庶人可以分为两种，一种是住在城市的普通人，叫市井之臣；另一种是住在乡野的普通人，叫草莽之臣；他们都可以称为庶人。庶人不能通过送礼的方式去谋求一个职位，不敢主动结交诸侯，这是自古以来的礼。

万章又不理解了，他问："庶人，召之役，则往役；君欲见之，召之，则不往见之，何也？"作为庶人，君王让你去服劳役，你就得去；现在君王想要召见他，却不去见，这是为什么呢？

孟子反问他："往役，义也；往见，不义也。且君之欲见之也，何为也哉？"去服劳役，是应该的；去谒见，是不应该的。而且君主想要见他，为的是什么呢？

万章回答："为其多闻也，为其贤也。"为的是他见多识广，为的是他品德高尚。

孟子说："为其多闻也，则天子不召师，而况诸侯乎？为其贤也，则吾未闻欲见贤而召之也。"如果为的是他见多识广，那天子都不能召唤老师，何况诸侯呢？如果为的是他品德高尚，那我也没听说过谁想要见贤人却是召唤他去的。

第欧根尼坐在一个破瓮里，像个流浪汉，大家都说他有道德、有智慧，亚历山大大帝想要见第欧根尼，都没有召唤他，而是自己走到广场上去见他。

接着孟子又举了鲁缪公和子思的例子，他说："缪公亟见于子思，曰：'古千乘之国以友士，何如？'子思不悦，曰：'古之人有言：曰事之云乎，岂曰友之云乎？'子思之不悦也，岂不曰：'以位，则子，君也；我，臣也。何敢与君友也？以德，则子事我者也。奚可以与我友？'千乘之君求与之友，而不可得也，而况可召与？"

鲁缪公屡次拜访子思，说："古代大国的国君和普通的士人交朋友，是怎么样的呢？"鲁缪公觉得自己和子思交朋友，是子思的荣幸。子思不高兴了，他说："古代人说的是侍奉吧，怎么能说是交朋友？"子思的不高兴，难道不是在心里说："论职位，你是君我是臣，我怎么敢和你交朋友？论仁德，你是向我学习的人，怎么够格和我交朋友呢？"像鲁缪公这样的大国国君，想和子思交朋友都做不到，何况召唤他呢？

无论是以位来论，还是以德来论，这两个人都不对等，所以子思从来不认为自己和鲁缪公是朋友。子思有自己作为贤人的傲气，你是国君，我不攀附你，即使你要向我学习，我们也不是朋友。

接着孟子又讲了齐景公的故事："齐景公田，招虞人以旌，不至，将杀之。志士不忘在沟壑，勇士不忘丧其元。孔子奚取焉？取非其招不往也。"齐景公田猎的时候，拿出一面旌旗来召唤虞人，也就是猎场的管理员，那时候没有电话，齐景公拿出旗子，想让猎场管理员看到旗子就过来。没想到猎场管理员没来，齐景公就想杀他。为什么猎场管理员不来呢？因为旗子不是召唤他这个级别官员的，所以他觉得自己不被尊重，即使对方是国君，他也不来。

有志气的人不怕弃尸山沟，勇敢的人不怕丢掉脑袋。孔子为什么赞赏这个猎场管理员呢？就是赞赏他不接受不合适的礼仪。

万章追问："敢问招虞人何以？"请问招猎场管理员用什么礼呢？

孟子回答说："以皮冠。庶人以旃，士以旂，大夫以旌。"召唤虞人用皮帽子，召唤庶人用旃旗，就是赤色的没有任何修饰的一块布；召唤士人用旂旗，旂就是布上绣着两条龙，杆头还悬着铃；召唤大夫用旌旗，旌是用牦牛尾或者五彩羽毛装饰的旗子。

接着孟子解释了为什么用旌旗召唤虞人，虞人死也不去："以大夫之招招虞人，虞人死不敢往。以士之招招庶人，庶人岂敢往哉？况乎以不贤人之招招贤人乎？欲见贤人而不以其道，犹欲其入而闭之门也。夫义，路也；礼，门也。唯君子能由是路，出入是门也。《诗》云：'周道如厎，其直如矢；君子所履，小人所视。'"

用召唤大夫的旗子招虞人，虞人死也不去；用召唤士人的方法召唤庶人，庶人怎么敢去呢？何况国君用召唤不贤之人的礼节去召唤贤人呢？如果他真的想见贤人，却不遵循规矩礼节，就像要请他进来却把门关上一样。义就像大路，礼就像大门，只有君子能从这条路上走，从这扇门里进。《诗经》中说："周朝的大路像磨刀石一样宽阔又平展，又像箭矢一般直，君子怎么走，旁边的老百姓都在效仿，都在看。"所以君王要为大家做好榜样，要走大路，走义礼之路。

万章又问："孔子，君命召，不俟驾而行。然则孔子非与？"这段在《论语》中也有提到，孔子听到国君召唤，不等车马备好便径直走去，难道孔子错了吗？万章对于孟子的说法没有理解透彻，孟子给他解释："孔子当仕有官职，而以其官召之也。"为什么国君一召唤孔子就去了，那是因为他有官职在身，国君用他担任的官职去召唤他。

孟子的意思是我没有官职，是一个市井之臣，让我去服兵役或修城墙，这样的事我可以干，所有人都在干，但是你想向我请教，我不会因为你是国君就主动去找你，只有你来找我，这是孟子作为贤人的傲骨。

最后，孟子给弟子万章意味深长地说了一段话，他说："一乡之善士，斯友一乡之善士；一国之善士，斯友一国之善士；天下之善士，斯友天下之善士。以友天下之善士为未足，又尚论古之人。颂其诗，读其书，不知其人，可乎？是以论其世也。是尚友也。"

一个乡的贤人和一个乡的贤人交朋友；一个国家的贤人和一个国

家的贤人交朋友，天下贤人就和天下的贤人交朋友。和天下的贤人交朋友还不能满足，又往上评论古代的贤人，但如果只吟诵他们的诗歌，研读他们的著作，却不了解他们的为人，可以吗？所以要讨论他们所处的时代，这是和古人交朋友。

所以孟子在这一篇中，将尧、舜、禹、伯夷、叔齐、商汤、文王、武王、周公、柳下惠、孔子一一拿出来点评。一个人不能只和自己同时代的人交朋友，如果这样，就会被同时代的认识所局限。

我讲过一本名为《思辨与立场》的书，书中有一段话对我影响很大，就是不能只读一个时代的书，因为一个时代的书，就会有一个时代的局限，所以我们需要每隔一两百年，找一两位贤人写的好书去读，这样思想才能够更加自由，想问题才会更加深刻、更加全面。

孟子对万章说，你不是问我怎么交朋友吗？我告诉你，交朋友不能看他们的身份地位，不能因为对方是国君就上赶着和对方交往。真正的交朋友，是结交贤人。我们不光要结交周围的贤人，还要跟古代的贤人交往，了解他们所处的时代，这才算会交朋友。

告子

上

人无有不善：
仁义来自人的内心

告子曰："性，犹杞柳也①；义，犹桮棬（bēi quān）也②。以人性为仁义，犹以杞柳为桮棬。"

孟子曰："子能顺杞柳之性而以为桮棬乎？将戕贼③杞柳而后以为桮棬也？如将戕贼杞柳而以为桮棬，则亦将戕贼人以为仁义与？率天下之人而祸仁义者，必子之言夫！"

注释 | ① 杞柳：也叫红皮柳，落叶灌木，枝条可编器物；一说为榉柳。
② 桮：同杯。棬：木制的圆形饮器，泛指杯盘类的容器。
③ 戕贼：残害，损害。

告子曰："性犹湍水也，决诸东方则东流，决诸西方则西流。人性之无分于善不善也，犹水之无分于东西也。"

孟子曰："水信①无分于东西，无分于上下乎？人性之善也，犹水之就下也。人无有不善，水无有不下。今夫水，搏②而跃之，可使过颡（sǎng）③；激④而行之，可使在山。是岂水之性哉？其势则然也。

人之可使为不善，其性亦犹是也。"

注释
① 信：诚然，的确，确实。
② 搏：拍打。
③ 颡：额头。
④ 激：用戽(hù)斗抽水。戽斗，一种取水灌田用的旧式农具。

告子曰："生之谓性。"
孟子曰："生之谓性也，犹白之谓白与？"
曰："然。"
"白羽之白也，犹白雪之白；白雪之白，犹白玉之白与？"
曰："然。"
"然则犬之性，犹牛之性；牛之性，犹人之性与？"

告子曰："食色，性也。仁，内也，非外也；义，外也，非内也。"
孟子曰："何以谓仁内义外也？"
曰："彼长而我长之①，非有长于我也；犹彼白而我白之，从其白于外也，故谓之外也。"
曰："异于白马之白也，无以异于白人之白也；不识长马之长也，无以异于长人之长与？且谓长者义乎？长之者义乎？"
曰："吾弟则爱之，秦人之弟则不爱也，是以我为悦者也，故谓之内。长楚人之长，亦长吾之长，是以长为悦者也，故谓之外也。"
曰："耆(shì)②秦人之炙，无以异于耆吾炙。夫物则亦有然者也，然则耆炙亦有外与？"

注释
① 前一个"长"指年长，后一个"长"指将其看作长者来尊敬。
② 耆：同嗜。

告子和孟子处在同一个时代，两人之间也开展了很多有趣的辩论。

本篇两人围绕"人的本性"以及"仁义是来自内在还是外在"进行了一场十分精彩的辩论。

告子曰："性，犹杞柳也；义，犹桮棬也。以人性为仁义，犹以杞柳为桮棬。"告子认为，人性像红皮柳一样，而义就像是木头做的杯子和盘子。意思是人性本身并不可用，想要人性合乎义，需要对人性进行大幅度改造。

孟子曰："子能顺杞柳之性而以为桮棬乎？将戕贼杞柳而后以为桮棬也？如将戕贼杞柳而以为桮棬，则亦将戕贼人以为仁义与？率天下之人而祸仁义者，必子之言夫！"孟子说，你是顺着杞柳的本性做成杯子和盘子呢，还是拿锯子、刨子把它切成片，通过破坏杞柳的本性把它做成杯子和盘子呢？按照你的这个比喻，你要想把杞柳改造成杯子和盘子，必须破坏它们的本性，如果你要让人变得仁义，难道也要残害人的本性吗？带领天下的人毁坏仁义的，一定是你这种说法了。

孟子这句话说得很重，表明了他很反感告子的话。孟子的意思是，人的本性不能被残害，人的本性就是善良的。而告子所选取的比喻说明他对人性没有信心，他认为人性需要改造才能合乎仁义。

孟子和告子代表了两种观点，对应的也代表了两类人。假如一个人做了好事，又觉得违背了人性，内心感觉很压抑，那他就是告子一派的。假如一个人选择做好人，主动肩负起社会和家庭责任，他自己内在也感到喜悦，没有觉得违背他的天性，那他就是孟子一派的。

听到孟子反驳自己的观点，告子还是不罢休，他又用了一个比喻表明人性的善恶是外在环境导致的："性犹湍水也，决诸东方则东流，决诸西方则西流。人性之无分于善不善也，犹水之无分于东西也。"

告子说，人性像湍急的流水，你在东边挖一个口子，它就往东流了，你在西边挖一个口子，它就往西流了。所以人性没有善与不善，就好像水不分东西一样。意思是水往哪儿流是周围的环境决定的，那人性的善恶也是后天环境决定的，而不是人性本身决定的。

这与孟子人性本善的观点不符，孟子当然要继续反驳告子。

孟子曰："水信无分于东西，无分于上下乎？人性之善也，犹水之就下也。人无有不善，水无有不下。"孟子说，水确实不分东西，但是水难道不分上下吗？人性的善就好像水要往下流一样。人没有不善的，水没有不向下流的。

孟子用水分上下表明人性本善，来攻破告子用水比喻人性的善恶是外在决定的观点。

孟子这句"人无有不善"也启发了王阳明。王阳明经常讲"致良知"，意思是一个人只要把内心的良知发挥到足够大，并且能够一以贯之地在生活中应用，那他就算是达到了至仁的境界。

有人就跟王阳明辩论，你说人人心中都有一个良知在，为什么还有人会去做贼？王阳明说，你把那个做贼的人叫到跟前，骂他是贼，你看他生气不生气。他生气，就说明他心中有那份良知，知道做贼不对。

所以，人无有不善，水无有不下，这句话反驳得太有力量了。

孟子又接着说，"今夫水，搏而跃之，可使过颡；激而行之，可使在山。是岂水之性哉？其势则然也。人之可使为不善，其性亦犹是也。"用手猛拍水，水能一下子跳得超过额头这么高。当你用戽斗抽水，水甚至可以往山上走。这是水的本性吗？这只是为周围的形势所迫。所以，人会做坏事，也是因为受到了周围环境的影响。

在孟子看来，人性本善，但人也可能作恶，人之所以作恶，是有人通过外力使得这些人逆着人性做事，就像水往高处走是被环境所迫一样。

接下来告子话锋一转，曰："生之谓性。"告子突然说天生就有的东西才叫性。

孟子曰："生之谓性也，犹白之谓白与？"第一个白是具体的对象，第二个白是抽象的概念。孟子说，你说天生的就是性，这个定义是不是就像人看到一个白色的东西，就能够知道它是具有白色的性质的。

告子说没错。孟子接着问："白羽之白也，犹白雪之白；白雪之白，犹白玉之白与？"那白色羽毛的白，和白雪的白是不是一回事？白雪的白，和白玉的白是不是一回事？

告子说，这个确实都是白。孟子接着说："然则犬之性，犹牛之性；牛之性，犹人之性与？"孟子又抓住机会反驳告子了，他说，你说白的就都是白的，是天生的本性就都是天生的本性，那狗也有它天生的本性，牛也有它天生的本性，人也有他天生的本性，你是不是要说狗的本性、牛的本性和人的本性是一回事呢？

这叫归谬，就是我按照你所说的逻辑来推理。因为告子想向孟子论证一个东西只要天生是什么样，那它就是本性，凡是叫性的，那就都是一样的。所以，孟子先用白这个概念来引告子上钩，让他认同所有的白都是白，再以此类推，所有的性都是性，这样一来大家会发现，告子"生之谓性"的观点就不攻自破了。

显然，告子比较粗率，他觉得性都一样，但其实就像孟子说的，牛之性、犬之性和人之性根本不一样，所以不能简单地一概而论说一个人生来就有的东西就是他的本性。

告子还不死心，接着论证他为什么说生下来就有的东西就是本性。

告子曰："食色，性也。仁，内也，非外也；义，外也，非内也。"

告子认为，喜欢吃好吃的、喜欢美色，这是一个人的本性。你说你有仁心，这是你的内在体验，不是外在的表现。而义是外因引起的，不是从内部发生的。告子的意思是人的仁心是内在的，但义是外在的，告子想把仁和义区分开。

孟子曰:"何以谓仁内义外也?"孟子奇怪了,你为什么这么说?

告子用两件事情做类比,进一步论证仁和义要分开,仁来自内心,而义来自外界的观点。告子先说了第一个类比。

曰:"彼长而我长之,非有长于我也;犹彼白而我白之,从其白于外也,故谓之外也。"告子说,他比我年长,我就尊敬他。不是我脑海当中有尊敬这个人的念头,而是因为他比我年长,所以我才不得不尊敬他。这个尊敬来自外在,就好像白色的东西是白的,是因为它显露出白色,我才会认为它是白的,所以我说义来自外部。

孟子当然不同意,继续反驳告子。曰:"异于白马之白也,无以异于白人之白也;不识长马之长也,无以异于长人之长与?且谓长者义乎?长之者义乎?"把白的概念从白马身上脱离出来以后,这个白和白马的白不是一回事,这个白和白人的白没有区别。这些马不懂得尊敬长马,和人对长者表示尊敬没有区别吗?你尊敬长者,是因为年长者身上有义,还是因为你身上有义呢?

告子认为长和白一样,是可以提炼出来的一个概念。但孟子认为,白马的白和白人的白看起来没有区别,但是"长"这个概念却不能从马的类比直接推广到人身上。孟子的观点是,老人会受到人的尊敬,那是因为人本身具有义,但老马不会受到尊敬,壮年的马只会欺负老马,是因为马本身不具有义。所以,仁义都来自人的自身,而不是外在。

告子当然不会就此罢休,他又说了第二个类比。曰:"吾弟则爱之,秦人之弟则不爱也,是以我为悦者也,故谓之内。长楚人之长,亦长吾之长,是以长为悦者也,故谓之外也。"

那个时代因为秦国人爱打仗,各国人都不太喜欢秦国人。告子接着说，我很爱我的弟弟，秦国人的弟弟我就不爱。我见到我弟弟就开心，我喜欢一个人或者不喜欢一个人，是我内在的感受。对楚国的老人家表示尊敬，也对我们这里年长的人表示尊敬，这是因为他们年纪大，所以说义来自外部。

孟子又反驳他，说："耆秦人之炙，无以异于耆吾炙。夫物则亦有然者也，然则耆炙亦有外与？"你喜欢吃秦人的烤肉和喜欢吃自己的烤肉是没有区别的。其他的事物也存在这样的情况。难道喜欢吃烤肉也是外在引起的吗？

孟子的意思是，一个人尊敬长者，是他发自内心的感受，就好像他喜欢吃秦国的烤肉，也喜欢吃鲁国的烤肉，这些都是出自一个人内心的感受。

在我看来，告子举的这两个例子都是典型的机械类比，没有说服力，最终也都被孟子的反驳攻破了。

总之，告子始终不承认人有善的天性。他认为义的行为是外在环境导致的。但在孟子看来，仁和义都发乎内心，都来自一个人的内心感受。

告子和孟子的这场辩论非常精彩，两人不断地进行比喻，孟子也在不断地攻破告子的论点，告诉我们人性本善。

在孟子看来，只要有条件，人是能够回归本性，是可以向善的。孟子鼓励我们要遵从自己的善心做事。

求则得之，舍则失之：
人和人的差别在于能否顺应本性生活

孟季子问公都子曰："何以谓义内也？"

曰："行吾敬，故谓之内也。"

曰："乡人长于伯兄一岁，则谁敬？"

曰："敬兄。"

"酌①则谁先？"

曰："先酌乡人。"

"所敬在此，所长在彼，果在外，非由内也。"

公都子不能答，以告孟子。

孟子曰："敬叔父乎？敬弟乎？彼将曰：'敬叔父。'曰：'弟为尸②，则谁敬？'彼将曰：'敬弟。'子曰：'恶（wū）③在其敬叔父也？'彼将曰：'在位故也。'子亦曰：'在位故也。庸④敬在兄，斯须⑤之敬在乡人。'"

季子闻之曰："敬叔父则敬，敬弟则敬，果在外，非由内也。"

公都子曰："冬日则饮汤，夏日则饮水，然则饮食亦在外也？"

注释
① 酌：斟酒。
② 尸：指古时祭祀时以儿童作为受祭的代理人。
③ 恶：疑问词，怎么。
④ 庸：平常。
⑤ 斯须：暂时。

公都子曰："告子曰：'性无善无不善也。'或曰：'性可以为善，可以为不善。是故文、武兴，则民好善；幽、厉兴，则民好暴。'或曰：'有性善，有性不善。是故以尧为君而有象，以瞽瞍为父而有舜，以纣为兄之子且以为君，而有微子启、王子比干。'今曰'性善'，然则彼皆非与？"

孟子曰："乃若其情①，则可以为善矣，乃所谓善也。若夫为不善，非才之罪也②。恻隐之心，人皆有之；羞恶之心，人皆有之；恭敬之心，人皆有之；是非之心，人皆有之。恻隐之心，仁也；羞恶之心，义也；恭敬之心，礼也；是非之心，智也。仁、义、礼、智，非由外铄（shuò）我也③，我固有之也，弗思耳矣。故曰：'求则得之，舍则失之。'或相倍蓰（xǐ）④而无算者，不能尽其才者也。《诗》曰：'天生蒸民⑤，有物有则。民之秉彝⑥，好是懿德⑦。'孔子曰：'为此诗者，其知道乎！故有物必有则，民之秉彝也，故好是懿德。'"

注释
① 乃若：朱熹《孟子集注》认为是"发语辞"，焦循《孟子正义》认为是"转语"。接近白话文中的"至于"。"情"是"实"，指人的真实而言。
② 才：此处的"才"和前文的"情"都指天生的资质。
③ 铄：从外部给予、授予。
④ 蓰：五倍。
⑤ 蒸：《诗经》里写作"烝"，《毛传》解释为"众"。
⑥ 秉：执。彝：平，常道。
⑦ 懿：美好的。

上一篇孟子和告子辩论，孟子坚持人性本善的观点，认为仁义是从一个人的内心发出的，而告子将仁和义分开，认为仁来自一个人的内心，而义来自外部。本篇中，孟季子和孟子的学生公都子关于人性善恶也进行了一场辩论。

孟季子问公都子曰："何以谓义内也？"公都子作为孟子的学生认同孟子的观点，而孟季子和告子一样，始终认为义是来自外部的，所以他问公都子为什么说义是由内而发的？

曰："行吾敬，故谓之内也。"公都子说，尊敬他本身是我个人的需要，也就是说，我所做的事情是我内心想要做的，不是装样子给别人看的，也不是跟别人交换的，这就是义是内在的原因。

孟季子开始举例论证自己的观点。

曰："乡人长于伯兄一岁，则谁敬？"曰："敬兄。"

"酌则谁先？"曰："先酌乡人。"

孟季子问公都子，有一个同村的人，比你哥哥大一岁，你心中尊敬谁？公都子说，那人虽然比我哥哥大一岁，但那是邻居的邻居，所以我肯定尊敬我的哥哥。

孟季子又问，大家一块儿吃饭，你先给谁倒酒？公都子说，我肯定先给年长的人倒酒，这是礼仪。

"所敬在此，所长在彼，果在外，非由内也。"孟季子找到了辩论的切入口，他说，你刚才说了你心中尊敬的人是你的哥哥，但你敬酒的时候先敬的是比你哥年长的同村人，你公都子还是根据外在的要求去做事，并不是由你的内心来做事的，由此看来，你的义行是外在的，不是由内心发出的。

公都子被驳倒了，便回去请教老师孟子。孟子曰："敬叔父乎？敬弟乎？彼将曰：'敬叔父。'曰：'弟为尸，则谁敬？'彼将曰：'敬弟。'子曰：'恶在其敬叔父也？'彼将曰：'在位故也。'子亦曰：

'在位故也。庸敬在兄，斯须之敬在乡人。'"

孟子说，你是尊敬你的叔父呢，还是尊敬你的弟弟呢？那他肯定会说尊敬叔父，因为叔父是长辈。你问他，你的弟弟被选去做了受祭的代理人，那你尊敬谁、向谁行礼呢？他肯定说尊敬弟弟。你问他怎么不去尊敬叔父呢？他会说因为位置不一样，弟弟在扮演祖先接受祭祀，所以要尊敬弟弟。这时候你可以说，平常的时候，我心中尊敬的肯定是哥哥，但大家一块儿吃饭是暂时的行为，我肯定要尊敬年纪大的人。

孟子是在教公都子如何反驳孟季子。平常我尊敬哥哥，但同村人一块儿吃饭时我就尊敬年纪大的人，因为外在变化了，所以做法也不一样了，而不是因为我的本心变了。

孟子还是在强调自己"人性本善"的观点。

孟季子听到孟子的反驳后是如何回应的呢？季子闻之曰："敬叔父则敬，敬弟则敬，果在外，非由内也。"你看，这还不是验证了我的观点：因为他们所在的位置不同，该尊敬叔父的时候就尊敬叔父，该尊敬弟弟的时候就尊敬弟弟，可见，义就是由外因引发的，不是内在的，因为如果是内在的就应该始终不变了。

公都子这次如何反驳的呢？公都子说："冬日则饮汤，夏日则饮水，然则饮食亦在外也？"

公都子这次学会了反驳的技巧，他说道，冬天你喝的是热水，夏天你喝的是冷水，难道饮食也是由外在原因引起的吗？显然不是，饮食的欲望应该是我们的内在决定的。公都子有力反驳了孟季子，坚守了仁和义来自内心的观点。

公都子虽然有力地反驳了孟季子，但他被质疑得太厉害，他又去向老师孟子请教。公都子曰："告子曰：'性无善无不善也。'或曰：'性可以为善，可以为不善。是故文、武兴，则民好善；幽、厉兴，则民好暴。'或曰：'有性善，有性不善。是故以尧为君而有象，以瞽瞍为父而有舜，以纣为兄之子且以为君，而有微子启、王子比干。'"

公都子说了关于性善与否的三种观点。

第一种观点是告子说的"性无善无不善"，即人性本没有善，也没有不善，一切都是外在决定的。

第二种观点是性可以为善，也可以为不善。所以，周文王、周武王兴起的时候，老百姓都变好了。周幽王、周厉王在位的时候，整体环境变得很恶劣，老百姓也变得很凶残。

第三种观点是有的人的本性是善的，有的人的本性是不善的。所以，尧当君王的时候竟然还有象这样想害死舜的坏人。舜的父亲瞽瞍这么坏，生下来的孩子竟然能有这么好的品行。纣王这样的暴君却有微子启这样贤能的哥哥、王子比干这样贤能的叔叔。

最后，公都子说出了内心的疑问："今曰'性善'，然则彼皆非与？"您总是说性善，难道前面说的这些观点全是错的吗？

公都子向老师孟子说出了自己关于人性善恶与否的疑虑，看孟子是如何回答的。

孟子曰："乃若其情，则可以为善矣，乃所谓善也。若夫为不善，非才之罪也。恻隐之心，人皆有之；羞恶之心，人皆有之；恭敬之心，人皆有之；是非之心，人皆有之。恻隐之心，仁也；羞恶之心，义也；恭敬之心，礼也；是非之心，智也。仁、义、礼、智，非由外铄我也，我固有之也，弗思耳矣。"

孟子说，只要你顺着人性的真实状态走，就可以做到善，这就是我所说的性善。如果一个人做了不善的事，不是他天生资质的问题。恻隐之心，羞恶之心，恭敬之心，是非之心，这就是我们说的人之四端，每个人都有。恻隐之心代表着仁，羞恶之心代表着义，恭敬之心带来了礼，是非之心带来了智。所以，仁、义、礼、智这四端，不是外界给予我的，是我本身就有的。我本来就有这四端，只是我忘记了反思而已。

孟子在强调自己的观点，善来自人性，是人最自然的状态，大家天生的资质都一样。我理解孟子的意思是，你做到善，就是顺应了人性；相反，你没有做到善，不是人性恶，而是你自己忤逆了人性。

接下来，孟子进一步阐述了自己的观点，说了一句非常重要的话。

"故曰：'求则得之，舍则失之。'"古人有一句话说探求就可以获得，放弃就会失去。孟子引用这句话的意思是，一个人心中有这四个善端，只要你努力做，你就能够得到，如果你放弃，你就失去了。

孔子也曾讲过"吾欲仁，仁斯至矣"，意思是求仁难吗？不难，只要你想要仁，你立刻就拥有了仁。

当我们将仁、义、礼、智都当作外部赋予我们的东西时，我们就会整天抱怨，抱怨自己遇人不淑、遇事不公、环境糟糕，每天都生活在痛苦里。当一个人明白"求则得之，舍则失之"，明白问题的关键在于我们自己，就像"放下屠刀，立地成佛"，这其实是自己一念之间的选择，只要你一念升起，你就获得了这个东西，生活才能顺心。

孟子接着说："或相倍蓰而无算者，不能尽其才者也。《诗》曰：'天生蒸民，有物有则。民之秉彝，好是懿德。'孔子曰：'为此诗者，其知道乎！故有物必有则，民之秉彝也，故好是懿德。'"

"倍"就是一倍，"蓰"是五倍，"无算"就是无数倍。孟子说，人和人之间的差距有可能是一倍，有可能是五倍，还有可能是无数倍。人最糟糕的地方就在于没有充分地发挥自己的本性。《诗经》中说，老天生育众多的老百姓，凡是有事物的地方就一定有规则。老百姓不需要做别的，只要返璞归真、保持平常心就好了，他们都喜欢美好的德行。孔子说，写这首诗的人一定悟道了。他解释说，有事物就一定有它的规则，老百姓只要保持自己的常性，就会爱好美德。

孟子认为人和人之间的差距在于能否做到顺应本性去生活，当一个人能把天性扩张出来，做到仁、义、礼、智，他和别人就有可能产生很大的差别。

总之，孟子和弟子公都子都想要证明仁和义不是外部的规定，所有看起来被规定的行为，都是有其内在动机的，都出自你内心的感受。

而孟季子认为一旦外部环境改变，一个人做事的态度就会随之改变。这种观点是孟子所不认可的。如果是这样，那仁政也就不容易实施了。

我讲过《梁漱溟先生讲孔孟》这本书，书中梁漱溟先生讲了他对于性善论的解读，他认为性善是一种将然的状态，就是人性本身是可以为善的，只要你朝着善的方向去，人性本身就可以自然活泼地做出很多善事来。

孟子性善论的观点也是这个意思，而孟子之所以力主推行王政，一个非常重要的理论基础就是人性本善。

今天的我们在面对生活中的恶意，对身边的人和事感到悲观失望时，总是会问一句："人性到底是善还是恶？"

如孟子所言，那些本来善良的人只是被外界环境改变了而已。如果每个人都能顺从自己原本的善心去做事，生活中就会少很多戾气，多一些温暖。

苟失其养，无物不消：
教育的本质是让人意识到自己的善良和美好

孟子曰："富岁，子弟多赖（lǎn）①；凶岁，子弟多暴，非天之降才尔殊也，其所以陷溺其心者然也。今夫𬞟（móu）麦②，播种而耰（yōu）③之，其地同，树之时又同，浡然而生，至于日至④之时，皆熟矣。虽有不同，则地有肥硗（qiāo）⑤、雨露之养、人事之不齐也。故凡同类者，举相似也，何独至于人而疑之？圣人与我同类者。故龙子曰：'不知足而为屦（jù）⑥，我知其不为蒉（kuì）也⑦。'屦之相似，天下之足同也。口之于味，有同耆（shì）也。易牙⑧先得我口之所耆者也。如使口之于味也，其性与人殊，若犬马之与我不同类也，则天下何耆皆从易牙之于味也？至于味，天下期于易牙，是天下之口相似也。惟耳亦然。至于声，天下期于师旷⑨，是天下之耳相似也。惟目亦然。至于子都⑩，天下莫不知其姣⑪也。不知子都之姣者，无目者也。故曰：口之于味也，有同耆焉；耳之于声也，有同听焉；目之于色也，有同美焉。至于心，独无所同然乎？心之所同然者何也？谓理也，义也。圣人先得我心之所同然耳。故理义之悦我心，犹刍豢（huàn）之悦我口⑫。"

注释 | ① 赖：同懒；另一说，善。
② 麰麦：大麦。
③ 耰：平整土地的农具，这里为动词，指用耰来平土，掩盖种子。
④ 日至：指夏至。
⑤ 硗：土地贫瘠。
⑥ 屦，草鞋。
⑦ 蒉：草编的土筐。
⑧ 易牙：齐桓公的宠臣，据说擅长烹饪。
⑨ 师旷：春秋时晋平公的乐师，擅长音乐。
⑩ 子都：《诗经·郑风·山有扶苏》中有"不见子都，乃见狂且"，《毛传》说："子都，世之美好者也。"疑是春秋郑庄公时的公孙阏。
⑪ 姣：美好。
⑫ 刍：草食牲畜，如牛、羊。豢：杂食牲畜，如狗、猪。这里泛指各种牲畜。

孟子曰："牛山之木尝美矣①，以其郊于大国也，斧斤伐之，可以为美乎？是其日夜之所息②，雨露之所润，非无萌蘖（niè）之生焉③，牛羊又从而牧之，是以若彼濯濯（zhuó zhuó）也④。人见其濯濯也，以为未尝有材焉，此岂山之性也哉？虽存乎人者，岂无仁义之心哉？其所以放其良心者⑤，亦犹斧斤之于木也，旦旦而伐之，可以为美乎？其日夜之所息，平旦之气⑥，其好恶与人相近也者几希，则其旦昼之所为⑦，有（yòu）梏（gù）亡之矣⑧。梏之反覆，则其夜气不足以存；夜气不足以存，则其违禽兽不远矣。人见其禽兽也，而以为未尝有才焉者，是岂人之情也哉？故苟得其养，无物不长；苟失其养，无物不消。孔子曰：'操则存，舍则亡；出入无时，莫知其乡（xiàng）⑨。'惟心之谓与？"

注释 | ① 牛山：山名，在齐国都城临淄附近，位于今山东淄博。
② 息：滋生，生长。
③ 萌：芽。蘖：旁出的芽。
④ 濯濯：山上没有草木，光秃秃的样子。

⑤ 放：丧失。良心：善心。
⑥ 平旦：清晨。
⑦ 旦昼：明天。
⑧ 牿亡：因受束缚而消亡。牿：缚在牛角上使牛不能触人的横木。
⑨ 乡：同向。

相信很多人都有这样的疑问，既然人性本善，为什么有的小孩喜欢帮助别人，而有的人却总是想着欺负他人？为什么有人小时候品学兼优，长大后却走上了犯罪的道路？这一篇里孟子举例论证了人为什么会变以及它对于我们如何教育人的影响。

孟子曰："富岁，子弟多赖；凶岁，子弟多暴，非天之降才尔殊也，其所以陷溺其心者然也。"孟子说，如果这一年收成很好，大部分年轻人都会懒惰起来；如果收成不太好，年轻人就会因为抢夺食物而打架。不是因为老天让人本质不同，而是因为年轻人的心受到了环境影响。

孟子还是在说人做坏事是受到环境的影响。接下来孟子用了很大的篇幅去说服那些质疑人本性不一样的人。孟子首先说了大麦的例子。

"今夫麰麦，播种而耰之，其地同，树之时又同，浡然而生，至于日至之时，皆熟矣。虽有不同，则地有肥硗、雨露之养、人事之不齐也。故凡同类者，举相似也，何独至于人而疑之？圣人与我同类者。故龙子曰：'不知足而为屦，我知其不为蒉也。'"孟子说，今天我们拿大麦种子播下去，然后把地，地是一样的，播种大麦的时间也一样，麦苗从地里蓬勃而出，到了夏至的时候，麦子都熟了。如果大麦长得不一样，也是因为土地有肥沃和贫瘠之分，雨水不均匀，人对每块地下的功夫不同。

凡是同类，本性肯定都是一样的。为什么唯独对于人，我们有这么多的疑问呢？圣人跟我们一样，都有四肢、一个脑袋、两只眼睛、一个鼻子。所以古代的贤人说，不需要量每个人的脚就可以做草鞋，我知道他不会做成草筐。

孟子列举大麦的例子想表达的是大麦都差不多，最多是有产量的差别，但都还是大麦，为什么对于人性，人们会有这么多怀疑呢？会认为人不一样呢？

孟子接着又说到鞋子、味道、声音、美好的事物，用它们来举例说服那些质疑人本性不一样的人。"屦之相似，天下之足同也。口之于味，有同耆也。易牙先得我口之所耆者也。如使口之于味也，其性与人殊，若犬马之与我不同类也，则天下何耆皆从易牙之于味也？至于味，天下期于易牙，是天下之口相似也。惟耳亦然。至于声，天下期于师旷，是天下之耳相似也。惟目亦然。至于子都，天下莫不知其姣也。不知子都之姣者，无目者也。故曰：口之于味也，有同耆焉；耳之于声也，有同听焉；目之于色也，有同美焉。至于心，独无所同然乎？"

孟子说，因为鞋子都相似，全天下人的脚这么多，尺寸差别没那么大。天下所有人吃东西，能分得出好坏。好吃的吃的人就多，人的口味是接近一致的。易牙是齐桓公的宠臣，后来杀死了齐桓公。易牙是个坏人，也是大厨，是最先掌握人的口味的人。如果每个人吃饭的口味都不同，就像犬马的口味与人的差别一样大，那怎么会有易牙这样的人，让大家都想吃他做的饭呢？

说到味道这件事情，全天下的人都期望尝到易牙做的菜，是因为天下人的味觉都差不多。人的听觉也是一样，人们都喜欢听师旷的演奏，是因为天下人的听觉都相似。视觉也一样。子都是春秋时期的美男子，天下没有人不知道他长得好看，如果一个人说，我就不觉得子都长得好看，他长得特难看，那么这种人等于没长眼睛。

所以说，对于味道，嘴有一样的爱好；对于声音，耳朵有一样的爱好；对于美丽的事物，眼睛有同样的爱好。怎么说到心的时候，就没有一样的认识呢？

孟子这一段论证相当有力，是由内而外地去做演绎推理。在"眼、耳、鼻、舌、身、意"中，眼、耳、舌都论证过了，那"意"凭什么不一样？在"色、声、香、味、触、法"中，色、声、味都论证过了，那"法"凭什么不一样？

孟子的言外之意是意和法也应该一样，所以人的心也应该一样。

孟子接着说："心之所同然者何也？谓理也，义也。圣人先得我心之所同然耳。故理义之悦我心，犹刍豢之悦我口。"意思是，心所共有的东西是什么？全天下的人心都认同的东西，叫作理，叫作义。就像易牙先知道人的口味一样，孔子这样的人，已经先于我知道了人类内心中共同爱好的东西。所以理、义能够让我们的内心感到快乐，就好像牛羊肉能让我们感到好吃一样。

孟子的观点是，对于味道、声音、美丽的事物，人们都有共识，那对于心的喜好，大家也一定会有共识。

这一点我非常赞同。

比如电影《追风筝的人》里的故事发生在阿富汗，我们不熟悉那个地方的文化，只知道那个地方很乱，但那里也有人性的美好。

男主角在阿富汗也有朋友，他对朋友也有内疚，而且内疚伴随他一生，直到最后他通过冒险来救赎自己早年所犯的错误。

所以，无论在哪个国家居住，无论多大年龄，无论信仰什么，哪怕再过几十年，我相信依然有人会为这个故事感动，为人类所共通的东西感动。

这就是孟子讲的全天下人心中都有的东西，就是义。这和康德所说的内心崇高的道德法则是一样的。它不需要写出来，也不需要硬性规定，它甚至是一个人自出生之日起内心就有的东西。

那为什么我们的生活当中仍会见到许许多多的坏人呢？接下来孟子又列举了一个例子说明这件事。

孟子曰："牛山之木尝美矣，以其郊于大国也，斧斤伐之，可以为美乎？是其日夜之所息，雨露之所润，非无萌蘖之生焉，牛羊又从而牧之，是以若彼濯濯也。人见其濯濯也，以为未尝有材焉，此岂山之性也哉？"牛山曾经草木茂盛，因为它就在国都附近，所以大家都来这儿砍树回去烧。树木整天被砍伐，还能保持茂盛吗？下雨的时候它们也会受到滋润，也会发出新芽，但人们砍伐还不够，还要让牛羊来吃这些芽，所以牛山才变成了今天这个光秃秃的样子。人们看到它现在光秃秃的样子，感觉这儿不长树，这难道是这座山的本性吗？

孟子的意思是，我们今天见到这么多糟糕的诸侯、大夫，我们觉得人性太恐怖了，根本没有善良可言，这就好像我们说牛山不长树一样，那是因为我们没有看到它经历过什么事。

孟子接着说："虽存乎人者，岂无仁义之心哉？其所以放其良心者，亦犹斧斤之于木也，旦旦而伐之，可以为美乎？其日夜之所息，平旦之气，其好恶与人相近也者几希，则其旦昼之所为，有梏亡之矣。梏之反覆，则其夜气不足以存；夜气不足以存，则其违禽兽不远矣。人见其禽兽也，而以为未尝有才焉者，是岂人之情也哉？"

在某些人的内在，难道真的就没有仁义之心吗？他们把自己的善心放逐了，就好像人拿着斧头在山上不断地砍树一样，每天伐树，难道树木还能再继续茂盛下去吗？

孟子的意思是，这些坏人本来也有善心，只是被外界破坏了。他们在一天里所滋生出来的善心，在清晨所呼吸到的新鲜空气，使得他们与别人有点儿接近了，但到了第二天，他们的所作所为又将它消灭了。一个人终于睡足了觉，清晨从床上坐起来的那一刻，会觉得内心清净和美好。他在晚上睡觉的时候滋养了一点儿美好的东西，早上起来心情很不错，觉得自己可以当个好人，结果出门忙活了一天，在浊世中挣扎，又被束缚了，心中美好的东西又消亡了。

孟子在告诉我们一个人人性中的善是怎么消失的。这样的结果是什么呢？

一个人这样不停地被束缚，夜里生出的清明气息存不下来，那么他距离禽兽也就不远了。人们见到这个人表现得像禽兽一样，就会认为他没有好的品质，这难道是他本身的真实状态吗？

孟子是想说，一个人表现得像禽兽一样，不是这个人本身的真实状态，而是因为他身上那些美好的东西被不断束缚住了。

最后孟子总结说："故苟得其养，无物不长；苟失其养，无物不消。"如果能够得到滋养，所有的东西都会生长；如果失去了滋养，没有什么东西不会消亡。

"孔子曰：'操则存，舍则亡；出入无时，莫知其乡。'惟心之谓与？"孔子也说，有一个东西，如果你把握它，它就能存在；如果你舍弃它、忘记它，它就会消失。它什么时候来，什么时候去，人们不知道。这说的不就是我们内在的那颗心吗？

通过牛山之木的比喻，孟子告诉我们，当你看到了一个非常糟糕的像禽兽一样的人，也要想到，他可能像牛山之木一样，本来是好的，只是被外界弄得不像样子了。

如果把握不住，那善端就会一点点消退。如果能把握住善，善就能存在于一个人的心中。

其实，这世上没有绝对的坏人。有的坏人可能对自己的亲人很好，可能会舐犊情深，还可能会执着于一段爱情，但他所经历的事情让他没有办法把善端慢慢滋养起来，这是他变成禽兽的一个非常重要的原因。

孟子的话给我们的启示是，如果想培养一个人的良知，最关键的是你得相信他身上有善端，并帮助他把善端保留住，再一步步放大。

在我看来，抓住一个人的善端，才是教育的本质。

今天的教育更多的是在不断纠正一个人的错误行为，通过批评和教育，让人意识到自己做错了，自己不够好，然后慢慢改正，才能变得更好。可结果往往是，教育让人陷入自我怀疑、内疚、懊悔、恐惧中，进而失去了自信心，丧失了生命力。

按照孟子的观点，通过教育让一个人意识到自己的内在是好的，自己身上有善端，增加自我认同，才能真正把人往好的方向引导。

所以教育的本质不应该是批评和批判，而应该是让人们意识到自己内心的善良和美好，然后顺应这个善念，让人变得更好。

专心致志：
无论做什么事，都应坚定不移

孟子曰："无或①乎王之不智也，虽有天下易生之物也，一日暴（pù）②之，十日寒之，未有能生者也。吾见亦罕矣，吾退而寒之者至矣。吾如有萌焉何哉！今夫弈之为数③，小数也；不专心致志，则不得也。弈秋④，通国之善弈者也。使弈秋诲两人弈，其一人专心致志，惟弈秋之为听。一人虽听之，一心以为有鸿鹄将至⑤，思援弓缴（zhuó）而射之⑥，虽与之俱学，弗若之矣。为是其智弗若与？曰：非然也。"

注释
① 或：同惑，奇怪，疑惑。
② 暴：同曝，晒。
③ 数：技巧，技艺。
④ 弈秋：名秋，因为擅长下棋，所以叫弈秋。
⑤ 鸿鹄：天鹅。
⑥ 援：拿。缴：拴在箭上的生丝绳，这里指拴着生丝绳的箭。

孟子曰："鱼，我所欲也，熊掌亦我所欲也。二者不可得兼，舍鱼而取熊掌者也。生亦我所欲也，义亦我所欲也。二者不可得兼，舍生而取义者也。生亦我所欲，所欲有甚于生者，故不为苟得也；死亦我所恶，所恶有甚于死者，故患有所不辟（bì）也①。如使人之所欲莫甚于生，则凡可以得生者，何不用也？使人之所恶莫甚于死者，则凡可以辟患者，何不为也？由是则生而有不用也，由是则可以辟患而有不为也。是故所欲有甚于生者，所恶有甚于死者，非独贤者有是心也，人皆有之，贤者能勿丧耳。

"一箪食，一豆羹②，得之则生，弗得则死。嘑（hū）尔而与之③，行道之人弗受；蹴（cù）尔④而与之，乞人不屑也。万钟则不辩礼义而受之。万钟于我何加焉？为宫室之美、妻妾之奉、所识穷乏者得⑤我与？乡（xiàng）⑥为身死而不受，今为宫室之美为之；乡为身死而不受，今为妻妾之奉为之；乡为身死而不受，今为所识穷乏者得我而为之，是亦不可以已乎？此之谓失其本心。"

注释　① 辟：同避，逃避，躲避。
　　　② 豆：古代盛食物的木制盛器。
　　　③ 嘑尔：指轻蔑地呵叱、吆喝。嘑同呼。
　　　④ 蹴：践踏。
　　　⑤ 得：同德，动词，指感激。
　　　⑥ 乡：同向，以往，向来。

孟子曰："仁，人心也；义，人路也。舍其路而弗由，放其心而不知求①，哀哉！人有鸡犬放，则知求之；有放心，而不知求。学问之道无他，求其放心而已矣。"

注释　① 放：丢失，失去。

有一个成语，叫专心致志，它出自《孟子·告子上》。其核心是：不论是治国、创业，还是做其他任何事情，都要全神贯注。

孟子先用植物的生长和国君的仁心程度来举例，他说："无或乎王之不智也，虽有天下易生之物也，一日暴之，十日寒之，未有能生者也。吾见亦罕矣，吾退而寒之者至矣。吾如有萌焉何哉！"

不要对大王的昏庸糊涂感到奇怪。即使有一种非常容易生长的植物，晒它一天，再冻它十天，它也很难成活。我和大王见面的次数实在太少了，我刚让他的心变得温暖一些，只要我一走，那些奸佞小人就来让他的心变冷了。那么，我的那点阳光对于大王仁德之心的萌芽能起什么作用呢？

接着，孟子又列举了两个人学习下棋的例子，来进一步说明专心致志的重要性。

他说："今夫弈之为数，小数也；不专心致志，则不得也。弈秋，通国之善弈者也。使弈秋诲两人弈，其一人专心致志，惟弈秋之为听。一人虽听之，一心以为有鸿鹄将至，思援弓缴而射之，虽与之俱学，弗若之矣。为是其智弗若与？曰：非然也。"

就像下棋，虽然看起来只是一个小技艺，但是如果不能一心一意，也不能学好。有一个叫秋的人棋下得很好，人们就叫他弈秋，他的棋艺是全国第一。如果让他教两个人下棋，其中一个人专心致志，认真听弈秋的讲解，另一个人虽然也在听弈秋说话，但是心里却想着有只天鹅要飞来，想着拿起弓箭去射它。这样，即使后者和别人一起学习，成绩肯定也不如专心致志的人。是因为后者的才智不如人家吗？当然不是。

孟子认为，一个人要想学成任何一项技艺，都得专心致志。哪怕学下棋这么一个小技，也不能三心二意，更何况王是学习治理天下，实行仁政，推行王道。如果一曝十寒，王的善根刚萌芽，跃跃欲试准备干一些大事了，那些进谗言的人就来了，又把王带偏了，王的内心又重新回到那个"湿寒"的境地。

这也是孟子的烦恼所在,培养一个仁君不容易,他不可能时时都在身边指点,一旦他离开,王身边的奸佞小人很可能就把王带偏了。

所以孟子认为,不管是学习下棋还是治国平天下,守住初心很重要,你要时刻记住你是来做什么的,你的初心在哪里。比如你是来学下棋的,那么即使有一百只天鹅飞过,也应该视而不见,专心致志地学习。

接着,孟子说了一段非常有名的话,他说:"鱼,我所欲也,熊掌亦我所欲也。二者不可得兼,舍鱼而取熊掌者也。生亦我所欲也,义亦我所欲也。二者不可得兼,舍生而取义者也。生亦我所欲,所欲有甚于生者,故不为苟得也;死亦我所恶,所恶有甚于死者,故患有所不辟也。如使人之所欲莫甚于生,则凡可以得生者,何不用也?使人之所恶莫甚于死者,则凡可以辟患者,何不为也?由是则生而有不用也,由是则可以辟患而有不为也。是故所欲有甚于生者,所恶有甚于死者。"

这一段的意思是:鱼是我想要的,熊掌也是我想要的,如果两者不能同时得到的话,便舍弃鱼而取熊掌。生命是我想要的,道义也是我想要的,如果二者只能选择一个的话,就舍弃生命而选择道义。生命固然是我想要的,但是我想要的还有比生命更宝贵的东西,比如道义,所以我不能舍弃道义而苟且偷生;死亡固然是我厌恶的,但是还有比死亡更让我厌恶的,所以有的祸患我不能逃避。如果一个人想要的最宝贵的东西是生命,那么他求生的手段便会无所不用其极。如果一个人最厌恶的东西是死亡,那么只要是可以免除祸患的手段他都会使用。然而,有的人明明可以生存,却不去做;明明可以免除祸患,也不去做。由此可知,有比生命更重要的东西,也有比死亡更让人厌恶的东西。

这一段孟子想要表达的是,人这一辈子,有比生死更值得我们重视的东西，比如道义和仁心。不能为了活下去就不择手段，丢了道义和仁心，那样活着也没有价值。

孟子还认为："非独贤者有是心也，人皆有之，贤者能勿丧耳。"这种想法应该是我们每个人都有的初心，只是有的人走着走着就忘了初心，而只有贤者能一直保持。

他说："一箪食，一豆羹，得之则生，弗得则死。嘑尔而与之，行道之人弗受；蹴尔而与之，乞人不屑也。万钟则不辩礼义而受之。万钟于我何加焉？为宫室之美、妻妾之奉、所识穷乏者得我与？乡为身死而不受，今为宫室之美为之；乡为身死而不受，今为妻妾之奉为之；乡为身死而不受，今为所识穷乏者得我而为之，是亦不可以已乎？此之谓失其本心。"

一筐饭，一碗汤，得到就能活下去，得不到就会饿死，如果你是一边呵斥一边给予，即使饥饿的路人也不会接受；如果你用脚踩过后给别人，即使乞丐也不会接受。然而有的人，面对高官厚禄，根本不在乎是否合乎礼义就接受了。高官厚禄对我有什么好处呢？难道是为了住更好的房子、有妻妾侍奉、有更多的东西接济穷人？过去宁肯饿死也不肯接受，如今却为了华美的房子而接受，或者为了妻妾的侍奉而接受，或者为了让穷人感恩戴德而接受。这些难道不能立刻停下来吗？这样做就叫忘记了初心。

最后，孟子用一段话做了总结，他说："仁，人心也；义，人路也。舍其路而弗由，放其心而不知求，哀哉！人有鸡犬放，则知求之；有放心，而不知求。学问之道无他，求其放心而已矣。"仁是人的心，义是人的路。一个人放着义这样的大路不走，丢失了本心也不知道去找回，真是可悲。一个人，有鸡和狗走失了，都知道要去找回，本心丢了却不知道去找回。学问之道没有别的，就是把丢失的本心追回来罢了。

孟子认为，一个人不论身在何处，从事何种职业，都应该首先审视自己的内心，明确自己想成为什么样的人，真正想追求的是什么。这种自我认知的过程至关重要，因为它为个人的成长和发展提供了明确的方向。无论是致力于学业，还是投身治国安邦的大业，都需要坚定不移，始终保持初心。

坚守本心并不仅仅是一种内心的独白，更是一种积极的行动。这意味着在面对困难和挑战时，我们需要有足够的勇气和毅力去坚持自己的信念和理想。这种坚持不仅仅是对自己负责，更是对社会和时代的一种贡献。因为只有当每个人都能够坚守本心，明确自己的目标和理想，并为之努力奋斗时，我们的社会才能不断进步，我们的时代才能不断向前发展。

不知类：
学会思考，用理性和智慧洞察事物的真相

孟子曰："今有无名之指，屈而不信（shēn）①，非疾痛害事也，如有能信之者，则不远秦、楚之路，为指之不若人也。指不若人，则知恶之；心不若人，则不知恶，此之谓不知类也②。"

注释　① 信：同伸。
　　　② 不知类：朱熹注，"言不知轻重之等也"。

孟子曰："拱把之桐梓①，人苟欲生之，皆知所以养之者。至于身，而不知所以养之者，岂爱身不若桐梓哉？弗思甚也。"

注释　① 拱把：指树细小。拱，双手合握。把，一手握满。

孟子曰："人之于身也，兼所爱。兼所爱，则兼所养也。无尺寸之肤不爱焉，则无尺寸之肤不养也。所以考其善不善者，岂有他哉？于己取之而已矣。体有贵贱，有小大。无以小害大，无以贱害贵。养其小者为小人，养其大者为大人。今有场师①，舍其梧槚（jiǎ）②，养其樲（èr）棘③，则为贱场师焉。养其一指而失其肩背，而不知也，则为狼疾人也④。饮食之人，则人贱之矣，为其养小以失大也。饮食之人无有失也，则口腹岂适（chì）⑤为尺寸之肤哉？"

注释

① 场师：管理场圃的人。
② 梧：梧桐。槚：楸树。梧桐、楸树都是优良的木材。
③ 樲：酸枣树。棘：荆棘。酸枣树、荆棘都不是优良的木材。
④ 狼疾：同狼藉，指糊涂、昏聩。一说，疾人是医生，"狼疾人"与"贱场师"相对，虎狼一般的庸医。
⑤ 适：同啻，只，仅。

公都子问曰："钧是人也①，或为大人，或为小人，何也？"
孟子曰："从其大体为大人，从其小体为小人。"
曰："钧是人也，或从其大体，或从其小体，何也？"
曰："耳目之官不思②，而蔽于物，物交物，则引之而已矣。心之官则思，思则得之，不思则不得也。此天之所与我者，先立乎其大者，则其小者弗能夺也。此为大人而已矣。"

注释

① 钧：同均。
② 官：器官。

在孔孟的哲学思想中，圣人之道被赋予极高的地位。孔孟思想强调，仁义是为人处世的核心原则，是构建和谐社会的基础。孔子和孟子均认为，一个真正的圣人，不仅应具备高尚的道德品质，更应将仁义作为行动指南。

孔子曾言："仁者爱人"，强调了仁的重要性。他认为，仁是一种对他人的关爱和尊重，是建立和谐人际关系的关键。同时，孔子也提倡"义"，认为这是人们在社会生活中应遵循的正义和公平原则。在孔子的思想中，仁与义相辅相成，共同构成了圣人之道的核心。

孟子进一步发扬了孔子的思想，在这一节中，我们一起来了解孟子的仁义思想。

孟子先用一个例子引出了自己的观点，他说："今有无名之指，屈而不信，非疾痛害事也，如有能信之者，则不远秦、楚之路，为指之不若人也。指不若人，则知恶之；心不若人，则不知恶，此之谓不知类也。"

无名指是所有手指中最没有力量的一个，也是最不重要的一个。现在有个人，他的无名指弯曲不能伸直，虽然不痛也不妨碍做事，但是他听说有个人可以让他的无名指伸直，即使要跑去秦国、楚国，他也不嫌远，因为他觉得自己的无名指伸不直，不如别人。无名指不如别人，他知道厌恶，但是心性不如别人，却不知道厌恶，这就叫作分不清轻重缓急。

为什么大众所看到的都是手指弯曲这样的事？我讲过一本书叫《疯传》，书中提出一个观点，疯狂流行的东西，往往是因为具有可视化特点，也就是能看见。你的手机比我的手机好，我一眼就看见了，因为可视，所以人们愿意在手机上花钱。

但是你的境界比我高，对不起，看不见。可视化导致大部分人看不到事物的本质，只能够看到表象。

另外，在《思考，快与慢》中，丹尼尔·卡尼曼说，人们为了补救性的东西，愿意花特别多的钱。手指弯了，我要把它掰直，这是补救。但是对于预防性的事物，却很少愿意投入。比如让健康的人每年花一些钱体检，很多人都不在意，觉得没必要。当真的生病了，却倾家荡产地治疗。

学仁义、读好书这类事情就是预防性的事情，因为当下看不到结果，所以很多人都不在意。他们的目光不够长远，看不到学仁义和读书的好处。

孟子无奈地感慨:"拱把之桐梓,人苟欲生之,皆知所以养之者。至于身,而不知所以养之者,岂爱身不若桐梓哉?弗思甚也。"巴掌粗的桐树、梓树,想要让它们茁壮成长,人人都知道如何去培养。而对于人自己,却不知道该如何去培养;难道爱自己还比不上爱桐树、梓树吗?真的太缺乏思考了。

这里的养包括养身和养心。养身是身体层面的保养,包括养生、健身、体检等一些对健康有益的事情;养心是对内心的滋养,包括情绪的调节、认知格局的提升、积德行善等对心灵有益的事情。

孟子真的做到了知行合一,他把养身和养心都做到了极致。他活到了八十四岁,在当时的医疗水平下,简直是不可思议的高寿。

接着,孟子讲了养身和养心哪个更重要,他说:"人之于身也,兼所爱。兼所爱,则兼所养也。无尺寸之肤不爱焉,则无尺寸之肤不养也。所以考其善不善者,岂有他哉?于己取之而已矣。"人们对于自己的身体,每一部分都很珍惜,所以每一部分都要保养。没有一寸肌肤你不爱,便没有一寸肌肤不保养。考察一个人保养得好不好,难道还有别的方法吗?只需要看他保养的是哪个部位就可以。

为什么要观察他保养的部位呢?因为身体部位很多,不可能每一部分都保养到位,根据一个人的选择,就可以看出他的认知格局的大小。

"体有贵贱,有小大。无以小害大,无以贱害贵。养其小者为小人,养其大者为大人。"一个人的身体部位也有贵贱和大小之分。不能因为小的而损害大的,也不能因为次要的而损害重要的,比如内脏器官就比皮肤更重要,不能为了保护皮肤而放弃对内脏的保护。再比如内心干净比外表干净更重要。一个人如果每天只重视那些小的外在的东西,这种人叫小人;而如果一个人关心的是大的内在的东西,这种人叫君子。

看一个人是小人还是君子，看他重视哪个部位的保养就知道了。就像有的人每天打扮得衣冠楚楚，但是内心却肮脏丑陋，做的是一些不符合仁义道德的事情，那这样的人就是小人；而有的人虽然衣衫褴褛，但是他正直善良，那么他也是君子。

孟子接着进一步举例说明了这个观点，他说："今有场师，舍其梧槚，养其樲棘，则为贱场师焉。养其一指而失其肩背，而不知也，则为狼疾人也。饮食之人，则人贱之矣，为其养小以失大也。饮食之人无有失也，则口腹岂适为尺寸之肤哉？"

如果有一个园艺师，放弃园子里的梧桐和楸树，转而去种植酸枣和荆棘，那这个人就是个糟糕的园艺师。如果有一个人，为了保养自己的一根指头，连肩背烂掉了也不管，那么这个人就是个糊涂蛋。只知道吃吃喝喝而不注重心智培养的人，大家都会看不起他，因为他只保养了小的而丢失了大的。如果一个讲究吃喝的人同时也注重心智的培养，那么，他的吃喝难道只是为了口腹之需吗？

人可以喜欢美食，但是不能成为一个简单的饮食之人。饮食绝对不是我们生活的主要目的。我们需要滋养内心，得知道我们到底要成为一个什么样的人，这才是一个养其大者需要思考的问题。

孟子的弟子公都子有些不解，问他："钧是人也，或为大人，或为小人，何也？"同样都是人，有些人被称为君子，有些人被称为小人，这是为什么呢？

孟子回答说："从其大体为大人，从其小体为小人。"一个着重满足身体内在的人，就被称为君子；而放纵满足身体外在的人，就被称为小人。

公都子还是不明白，继续问："钧是人也，或从其大体，或从其小体，何也？"同样是人，有人依照身体重要部分行事，有人依照身体不重要的部分行事，又是为什么呢？

孟子解释说："耳目之官不思，而蔽于物，物交物，则引之而已矣。心之官则思，思则得之，不思则不得也。此天之所与我者，先立乎其大者，则其小者弗能夺也。此为大人而已矣。"

耳朵、眼睛这类器官不会思考，因此容易被外物所蒙蔽，如此耳目也就变成了一种物，一旦和外物接触，就容易被引向迷途。心这个器官可以思考，一思考就可以领悟到事物的真谛，不思考便领悟不到。这个器官是上天特意赋予我们的。因此，要先把这个器官养好，其他的器官便不容易被外物带偏了。要成为君子，不外乎这样。

人和动物之间最显著的区别，就在于人具备思考的能力。这种能力使我们能够超越感官的局限，深入探索事物的本质和内在逻辑。然而，如果一个人仅仅满足于用眼睛看、用耳朵听，却不愿意进行深入思考，那么他很容易被事物的表象所欺骗，从而走入歧途。

为了避免这种情况，我们需要学会思考，用理性和智慧去洞察事物的真相。我们应该努力透过现象看本质，不被表象所迷惑。这需要我们具备一定的知识储备和逻辑分析能力，从而能够分析和判断信息的真实性和可信度。

同时，我们还需要用长远眼光看待问题，不被眼前的利益所迷惑。我们应该思考问题的全局性和长远性，考虑到未来的影响和后果。这种思维方式能够帮助我们做出更加明智的决策，避免短视和狭隘的行为。

因此，要想成为君子，首先要学会思考。我们需要通过不断地学习和实践，提高自己的思维能力和智慧水平。只有这样，我们才能够更好地认识世界、理解生活，做出正确的选择和决策，走向更加美好的未来。

人人有贵于己者：
真正的尊贵源于自尊

孟子曰："有天爵者，有人爵者。仁、义、忠、信，乐善不倦，此天爵也；公、卿、大夫，此人爵也。古之人修其天爵，而人爵从之。今之人修其天爵，以要（yāo）人爵；既得人爵，而弃其天爵，则惑之甚者也，终亦必亡而已矣。"

孟子曰："欲贵者，人之同心也。人人有贵于己者，弗思耳。人之所贵者，非良贵也。赵孟之所贵①，赵孟能贱之。《诗》云：'既醉以酒，既饱以德。'言饱乎仁义也，所以不愿②人之膏粱之味也；令闻（wèn）广誉施于身，所以不愿人之文绣也③。"

注释　① 赵孟：春秋时晋国的大臣赵盾，字孟。他的子孙也都被称为赵孟，是握有大权者的代名词。
② 愿：羡慕。
③ 文绣：绣有花纹的衣服，一般为有爵位的人所穿。

孟子曰："仁之胜不仁也，犹水胜火。今之为仁者，犹以一杯水，救一车薪之火也；不熄，则谓之水不胜火，此又与于不仁之甚者也①。亦终必亡而已矣。"

注释 | ① 与：帮助，助长。

孟子曰："五谷者，种之美者也；苟为不熟，不如荑（tí）稗（bài）①。夫仁，亦在乎熟之而已矣。"

注释 | ① 荑：同稊，稗子一类的草，结实甚小，一般用作饲料，荒年也用来充饥。

孟子曰："羿之教人射，必志于彀（gòu）①；学者亦必志于彀。大匠诲人，必以规矩；学者亦必以规矩。"

注释 | ① 彀：把弓拉满。

每个人都想要尊贵，却很少有人深思什么才是真正的尊贵。

孟子认为："有天爵者，有人爵者。仁、义、忠、信，乐善不倦，此天爵也；公、卿、大夫，此人爵也。古之人修其天爵，而人爵从之。今之人修其天爵，以要人爵；既得人爵，而弃其天爵，则惑之甚者也，终亦必亡而已矣。"

有上天赐予的爵位，有俗世认可的爵位。仁、义、忠、信，乐于做好事而不疲倦，这就是上天赐予的爵位；公卿大夫，这是俗世认可的爵位。古代的人修炼上天赐予的爵位，俗世认可的爵位也就跟着来了。而现在的人修炼上天赐予的爵位，目的是获得俗世认可的爵位；如果已经得到了俗世认可的爵位，就放弃上天赐予的爵位，真是太糊涂了，最后连俗世认可的爵位也会丢掉。

就像很多人在获得功名之前，假装仁义忠信、乐善好施，一旦谋得了一官半职，便原形毕露，把假仁假义都抛到脑后去了，最终自然会得到应有的惩罚，失去他所看重的人爵。

天爵就像是自然法则，而人爵则是社会法则，人无法用社会法则欺骗自然法则。一个事情在短期内看似社会法则在起作用，但长期而言，一定是自然法则在起作用。

就像古代有的君王，在上位之前假装贤良仁德，上位之后就荒淫暴虐，最终的结果必然是丢掉江山。那些能够让天下兴盛的君王，无一不是遵循仁义忠信的自然法则。

孟子接着说："欲贵者，人之同心也。人人有贵于己者，弗思耳。人之所贵者，非良贵也。赵孟之所贵，赵孟能贱之。《诗》云：'既醉以酒，既饱以德。'言饱乎仁义也，所以不愿人之膏粱之味也；令闻广誉施于身，所以不愿人之文绣也。"

想要尊贵，是人们的共同愿望。每个人都有值得尊重的东西，只是不去想它罢了。别人给你的尊贵，并不是真正的尊贵。赵孟是春秋时晋国权倾朝野的大臣，所以后来用赵孟来代表有权势的一方。意思是当权者能给你尊贵，同样可以拿走你的尊贵。《诗经》里说："既有美酒使我陶醉，又有美德使我满足。"说的是既有仁义满身，就不羡慕别人的美味佳肴了；美好的名声和赞誉集我一身，也就不羡慕别人的锦衣华服了。

孟子这里想要表达的意思是，比起那些外在的美味佳肴和锦衣华服，自尊自爱得来的仁德和名誉更让人尊贵。

《自尊》这本书中说到，一个人如果不能找到自尊，总希望通过别人给的东西来证明自己的价值，那么那些东西能得到，也能失去，甚至在失去的时候，还会变本加厉。

修养身心，能让人获得尊严感。一个人自尊自爱，别人才会尊你爱你。当你心中有了最尊贵的东西，就不会羡慕那些外在的东西了。

孟子继续说："仁之胜不仁也，犹水胜火。今之为仁者，犹以一杯水，救一车薪之火也；不熄，则谓之水不胜火，此又与于不仁之甚者也。亦终必亡而已矣。"

成语"杯水车薪"就来源于这段话，意思是：仁胜过不仁，就像水可以灭火一样。如今行仁的人，就像用一杯水来扑灭一车木柴的火焰；火焰不熄灭，便说水不能灭火，这些人就等于又和那些不仁的人为伍了，到头来他们的那一点点仁也会消失的。

我讲过一本书，名叫《刻意练习》，书中说做任何事情一定要持续、反复。甚至有人把它量化，认为要经历一万小时以上的练习，你才能够真的跟别人不一样。

我们总希望有一个妙招，立刻就见效。没有这样的事，再简单的事都没有立刻见效的。就算烧一锅水，烧到九十九摄氏度，看起来都跟没开一样。

所以，孟子的意思是，就算是行仁，也需要有耐心，不能浅尝辄止，就说仁不能够胜不仁。

孟子把仁比作成熟的谷子，他说："五谷者，种之美者也；苟为不熟，不如荑稗。夫仁，亦在乎熟之而已矣。"五谷的种子是种子中的精品，但如果没有成熟，反而不及野草和稗子。稗子的颗粒很小，粒数也不多，人们专门种植它们不划算，在田间地头偶尔会长着些，荒年也可以吃。拿着不成熟的五谷去跟成熟的荑稗相比，有时候也比不过。所以，行仁也需要点耐心，等它成熟才行。

最后，孟子做了总结，他说："羿之教人射，必志于彀；学者亦必志于彀。大匠诲人，必以规矩，学者亦必以规矩。"羿教人射箭，一定要把弓拉满，这样才能射得远；一个人学东西就像射箭一样，也要把弓拉满，其实就是要有耐心和恒心；高明的工匠教导徒弟的时候，一定要用圆规和矩尺，有了这两件东西就能够成方圆，所以学习的人必须使用圆规和矩尺。

　　射箭是坚持，而规矩是方向，孟子是想通过这两个例子说明，行仁，不仅要方向对，还要有恒久的耐心。不光是行仁，做什么事都是一样的道理，你想要尊贵，首先你要自尊自爱，做到长久的仁义忠信，当信誉积累到一定程度，尊贵自然就来了。

告子

下

礼重之辩：
不在同一基线上的比较，没什么意义

任（rén）人有问屋庐子曰①："礼与食孰重？"

曰："礼重。"

"色与礼孰重？"

曰："礼重。"

曰："以礼食，则饥而死；不以礼食，则得食，必以礼乎？亲迎②，则不得妻；不亲迎，则得妻，必亲迎乎？"

屋庐子不能对，明日之邹以告孟子。

孟子曰："于答是也何有？不揣其本而齐其末③，方寸之木可使高于岑楼④。金重于羽者，岂谓一钩金与一舆羽之谓哉⑤？取食之重者，与礼之轻者而比之，奚翅食重⑥？取色之重者，与礼之轻者而比之，奚翅色重？往应之曰：'紾（zhěn）兄之臂而夺之食⑦，则得食；不紾，则不得食，则将紾之乎？逾东家墙而搂其处子，则得妻；不搂，则不得妻，则将搂之乎？'"

告子下

注释
① 任：周初诸侯国名，太皞之后，风姓，故地在今山东省济宁市。屋庐子：孟子的弟子，名连。
② 亲迎：古代婚姻制度"六礼"之一，新郎必须亲自迎娶新娘。
③ 揣：衡量。
④ 岑楼：尖顶的高楼。
⑤ 一钩金：意为一丁点金子。
⑥ 翅：同啻，仅，只。
⑦ 紾：扭转。

有时，我们会陷入一些盲目的比较中。最常见的就是拿自己的短板和别人的长处比较，但这样的比较意义不大。因为如果比较的方法是不公平的，那么比较的结果自然没什么参考价值。

这也是孟子给他的学生屋庐子上的重要一课。

"任人有问屋庐子曰：'礼与食孰重？'"有一个任国人问孟子的学生屋庐子，他说你们都是儒家学派的，我问你，礼和吃饭哪个更重要？

屋庐子答说："礼重。"那当然是礼重要了。"色与礼孰重？"美色和礼哪个更重要？曰："礼重。"当然是礼比美色更重要了。

"曰：'以礼食，则饥而死；不以礼食，则得食，必以礼乎？'"任国人问，如果你非得要按礼来吃东西，那这里有一块馒头不属于你，你不吃，会饿死；拿过来吃，你就能活下去，请问，你要不要吃？

接着那人又问："亲迎，则不得妻；不亲迎，则得妻，必亲迎乎？""亲迎"是古代婚礼当中的六礼之一，新郎要到新娘家亲自把新娘迎接回来。如果依照礼仪亲迎新娘，就不能娶妻；而不依据礼仪亲迎新娘就能娶妻，那么你是不是还要坚持亲迎？

这两个问题其实是民间常识。一个人饿得快死的时候，管他什么礼，有一口饭就先吃了，活下来再说。如果条件不允许，那就让人把新娘送过来，婚也就结了。

这一问却把屋庐子给问住了。"屋庐子不能对，明日之邹以告孟子。"屋庐子回答不上来，第二天，他专门跑到邹地去找孟子。

孟子曰："于答是也何有？"回答这样的问题有什么困难的呢？"不揣其本而齐其末，方寸之木可使高于岑楼。"一小块木头为什么能比高楼还要高呢？很简单，只要不让楼和方寸之木立在同一个平面上就行了。孟子认为任人所问的这个问题是完全不合乎逻辑的，他没有把事物放在同一个水平线上进行比较。

"金重于羽者，岂谓一钩金与一舆羽之谓哉？"我们说黄金比羽毛重，那难道说一钩金，也就是一小点儿黄金比一大车羽毛还重吗？"取食之重者，与礼之轻者而比之，奚翅食重？"你用吃东西时最严重的情况——不吃就会饿死，和礼当中最轻的那部分相比较，也就是我只需要吃一口别人的东西，我就能活下来，那这样显然是食更重。

"取色之重者，与礼之轻者而比之，奚翅色重？"你用能不能娶老婆这么一件大事，和能不能亲迎这么一件小事来进行对比，那显然是色更重要。只要你的对比方法是不公平的，任何东西就都可以比礼重要。

"往应之曰：'紾兄之臂而夺之食，则得食；不紾，则不得食，则将紾之乎？'"孟子真厉害。孟子说，你去跟他说，你把你哥的胳膊扭过来，从他手里抢下食物，这样就能吃上饭；如果你不扭你哥哥的胳膊，不和他打架，你就吃不着。你问他，要不要跟他哥打架？

"逾东家墙而搂其处子，则得妻；不搂，则不得妻，则将搂之乎？"从东边邻居家的墙上翻过去，去搂别人家的年轻闺女，这样就能得到妻子。不去做这样的坏事，就得不到妻子，你问他要不要做这样的事？

这样一对比我们就知道，礼比色重，礼比食也重，这是孟子的解释。这一段话的现实意义非常大。

今天很多人喜欢抬杠，凡事上纲上线，根本没有拿一个基准进行对比，这样任何事都可以抬杠。

比如，我们在讨论，今天年轻人是该努力奋斗还是该躺平？我会说，年轻人应该努力打拼。有的人就会举一些极端案例，比如某个年轻人天天熬夜加班猝死了，说这就是奋斗付出的代价，以此来反驳我。这多少有一点抬杠的意味，我是说努力，但也没说让你不顾惜自己的身体啊，你身体舒不舒服，自己肯定是知道的，这样的比较就不是在同一水平线上的。

努力重要还是身体重要，这必须放在同等条件下，才能比较出来。

人皆可以为尧、舜：
只要你愿意做，没什么难的

曹交问曰①："人皆可以为尧、舜，有诸？"

孟子曰："然。"

"交闻文王十尺，汤九尺，今交九尺四寸以长，食粟而已，如何则可？"

曰："奚有于是？亦为之而已矣。有人于此，力不能胜一匹雏②，则为无力人矣；今日举百钧③，则为有力人矣。然则举乌获之任④，是亦为乌获而已矣。夫人岂以不胜（shēng）为患哉？弗为耳。徐行后长者谓之弟（tì），疾行先长者谓之不弟。夫徐行者，岂人所不能哉？所不为也。尧、舜之道，孝弟而已矣。子服尧之服，诵尧之言，行尧之行，是尧而已矣；子服桀之服，诵桀之言，行桀之行，是桀而已矣。"

曰："交得见（xiàn）于邹君，可以假馆⑤，愿留而受业于门。"

曰："夫道，若大路然，岂难知哉？人病不求耳。子归而求之，有余师。"

告子下　505

注释
① 曹交：曹国国君的弟弟，名交。
② 雏：小鸡。
③ 百钧：一钧为三十斤，百钧为三千斤。
④ 乌获：古时候的大力士，能举千钧。
⑤ 假馆：借住处。假：借。馆：住处。

如果我们真想做一件事，我们会找方法，而我们不想做一件事时，也总有理由可以不做。是我们做不到吗？不，是我们不愿做。

很多事情只要你愿意，你就能做好。

"曹交问曰：'人皆可以为尧、舜，有诸？'"曹交是曹国国君的弟弟，是个贵族。曹交问孟子说，人人皆可以成为尧舜，这是您说的，有这回事吗？

孟子说："然。"

"交闻文王十尺，汤九尺，今交九尺四寸以长，食粟而已，如何则可？"他说，我听说周文王身高十尺（先秦的尺比较短），汤身高九尺，我身高九尺四寸，我的身高处在汤和文王之间，但我除了吃，别的啥也不会，我怎么做才能成为尧舜呢？

曰："奚有于是？亦为之而已矣。"孟子说，这有什么难的呢？你只要赶紧去做就好了。"有人于此，力不能胜一匹雏，则为无力人矣。"现在有一个人，如果他的力气连一只小鸡都拿不起来，那么我们可以说这个人是没有力量的人。"今曰举百钧，则为有力人矣。"如果有一个人能够举起一个三千斤重的东西，我们就可以说这个人是有力量的人。"然则举乌获之任，是亦为乌获而已矣。"如果一个人能举起乌获所举的重量，那么这个人就跟乌获是一样的。"夫人岂以不胜为患哉？弗为耳。"人有什么必要担心自己不能胜任呢？只是做不做的问题而已。

孟子的意思是什么呢？你能举起一只小鸡也算你厉害，能举起百钧也算你厉害，能举起千钧也算你厉害，关键是你要去举。你不能还没去举，就说自己做不到，就说自己跟尧、舜差太远了。你只是不做而已。

"徐行后长者谓之弟，疾行先长者谓之不弟。夫徐行者，岂人所不能哉？所不为也。"孟子说你要真想学尧、舜，最简单的孝悌做得到吧？如果你走在一个长者的身后，慢慢走，别超过他，这个叫作悌。如果你急于超过他，那就叫作不悌。一个人走慢点，难道还做不到吗？只是不做而已。"尧、舜之道，孝弟而已矣。"孟子说，尧、舜之道就这点事。

"子服尧之服，诵尧之言，行尧之行，是尧而已矣。"这个"服尧之服"有两种解释：一是穿尧所规定的衣服，二是遵从尧所制定的道德规范。然后记诵尧留下来的话，像尧一样做事，这样你就是尧了。

"子服桀之服，诵桀之言，行桀之行，是桀而已矣。"反过来，如果你穿上桀的衣服，像桀那样说话，像桀那样行事，那你就是桀。

曰："交得见于邹君，可以假馆，愿留而受业于门。"曹交被说服了，他说，我要去见邹君。因为孟子是邹国人，曹交想见邹国国君，借一个住处，他的意思是，我曹交愿意留下来，在您这儿向您学习，做您的门人。

孟子却这么说："夫道，若大路然，岂难知哉？人病不求耳。子归而求之，有余师。"孟子没有接受他。他说，学道就是走大路，学道这件事不难，就是沿着大路走就行了。人最大的问题在于不是真的想做。只要你愿意追求，老师有很多，其他老师也能教你。

孟子为什么拒绝曹交做他的学生呢？从曹交的回答就可以看出，他根本没有听进去孟子所说的话。孟子说，你要想做好事，给别人折下一根树枝做成一根拐杖，这有什么做不到的呢？你给别人让让路，跟在老者后面慢慢走，看到别人过来，替人家开一下门，这样的事没有谁做不到，只不过是不愿意做而已。

曹交听后的反应应该是"我愿意做，我愿意回去践行"，这样才是真的听懂了孟子这段话。但是曹交没有听懂，依然在炫耀自己的人脉，我认识你们邹君，我去找他借个房子住一住，非常傲慢无礼。说"愿留而受业于门"，只是一句贵族常说的客气话。

而且这句话背后的含义是，曹交依然认为仁义来自外部，由你来规范我，你向我提要求，我照你说的做。这正是孟子最讨厌的做法。仁义不需要别人规范，不需要别人来教你，你只要愿意做，每件事你都能有仁义。但是曹交没有领悟，他说我先报个名吧，先交个学费。

我有时候也会遇到这样的人，一见到我就客气地说："樊老师，我现在赶紧给你交三百六十块钱，我跟你一块儿读书。"我就笑一笑。

曹交甚至认为孟子应该感恩戴德，但孟子很直接，他说："子归而求之，有余师。"你回去，别的老师也可以教你。这也是"行不教之教"，我不教你本身就是对你的教育了。

人如果真的想行尧、舜之道，真的想成为尧、舜那样的人，就是行住坐卧，饥来吃饭困来眠，该做什么事就做什么事，努力地对周围的人保持善意，这不是什么特别难的事。

有时候人真的就是放不下架子，但只要一放下，都做得到，难就难在放下。曹交就放不下，所以孟子不教他。

孟子真的很懂得教育。教育并不是强迫别人改变，而是在适当的时候，在他愿意听、愿意改变的时候去教导他。很明显，此时的曹交还不到改变的时候，因此孟子没必要上赶着去教导他，如此只会适得其反。

从这段对话我们可以学到什么呢？一次有效的教导，一定是建立在双方意愿都很强烈的前提下，学的一方诚心求教，教的一方乐意传授。很多家长在教育孩子方面的做法正好相反，他们急于求成，总想把自己的经验一股脑儿地教给孩子，但很多时候，孩子并不愿意听，这种时候，你说得再好也是白搭，因为孩子是抵触的、不接受的，甚至可能会朝反方向发展。所以，遇到问题，不要急着给解决方案，要先让孩子自己去处理，他如果处理不了，自然会回来找你，这时你再提建议就是水到渠成的事了。

我们应有意识地让孩子去碰壁，这是成长的必经之路。

亲亲之怨为仁：
向父母表达自己的愤怒，是被允许的

公孙丑问曰："高子曰①：'《小弁》②，小人之诗也。'"

孟子曰："何以言之？"

曰："怨。"

曰："固哉，高叟之为《诗》也！有人于此，越人关弓而射之③，则己谈笑而道之；无他，疏之也。其兄关弓而射之，则己垂涕泣而道之；无他，戚之也④。《小弁》之怨，亲亲也。亲亲，仁也。固矣夫，高叟之为《诗》也！"

曰："《凯风》何以不怨⑤？"

曰："《凯风》，亲之过小者也；《小弁》，亲之过大者也。亲之过大而不怨，是愈疏也；亲之过小而怨，是不可矶也⑥。愈疏，不孝也；不可矶，亦不孝也。孔子曰：'舜其至孝矣，五十而慕。'"

注释
① 高子：与孟子的弟子高子不是同一人，从孟子称其为"高叟"来看，应该年长于孟子。

②《小弁》：《诗经·小雅》篇名，《毛诗》被认为是用来讽刺周幽王的，《三家诗》认为是周宣王名臣尹吉甫之子伯奇遭受后母的谗言而被流放，因怨恨而作。这里应该是指后面一说。

③ 关弓：弯弓，关同弯。
④ 戚：亲近。
⑤《凯风》：《诗经·邶风》篇名。
⑥ 矶：激怒。

人们常说："我懂得了那么多道理，却依旧过不好这一生。"实际上，看懂和会做之间还是有一段距离的。

很多时候，我们其实并没有真正读懂先贤的智慧。比如孝道的践行，如果只是拘泥于某些经典字句，很可能就误读了前辈们真正的意思。

公孙丑对孟子说："高子曰：'《小弁》，小人之诗也。'"高子说，《诗经》中的《小弁》这首诗，是小人之诗。

《小弁》讲什么呢？讲的是一个贵族因为后母说坏话而被父亲流放了。于是他写了一首怨愤的诗，表达心中委屈。高子说这是小人之诗。

孟子曰："何以言之？"孟子问，为什么这么说呢？"曰：'怨。'"公孙丑说，高子认为这首诗充满了怨恨。后母也是长辈，所以不能对后母发出怨恨的声音。

"曰：'固哉，高叟之为《诗》也！'"孟子说，高子这个人食古不化，他拘泥于词句，没有把诗读通。

"有人于此，越人关弓而射之，则己谈笑而道之；无他，疏之也。"孟子说，有一天，有个邹国人被一个越国人射了一箭，但是没有被射中，他一边笑着向别人谈到了这件事。为什么他被越人射了一箭却没有生气？因为关系很远，射箭的是敌人，没有被射中觉得自己很幸运。

"其兄关弓而射之，则己垂涕泣而道之；无他，戚之也。"如果这个人被自己的哥哥射了一箭，就算没射中，他也一定会哭着跟别人说，我哥哥要害我。没有别的原因,因为那是亲人。

"《小弁》之怨,亲亲也。"《小弁》中之所以充满怨恨,是因为给作者带来怨恨的是亲近的人。"亲亲,仁也。"一个人亲近自己的家长,这就是仁。"固矣夫,高叟之为《诗》也!"高叟太食古不化了,他不懂诗。

假如你爸妈跟你产生了一个小矛盾,你可以一笑而过。如果是一个极大的矛盾,谁都不说,全家人假装没事一样,那代表着这个伤痕已经造成了,你与父母之间有了很大的裂痕。

朋友之间如果关系很近,而有一些问题彼此不说,那就意味着你们之间有隔阂。《小弁》的作者,是被自己的父母严重伤害了,他如果不怨愤,说明他根本不重视与父母的感情,跟他们形同陌路,无所谓。

接下来,公孙丑又问:"《凯风》何以不怨?"既然说父母犯了错要怨,那《凯风》也是《诗经》中的一首诗,它为什么不怨?

《凯风》里有"有子七人,母氏劳苦;有子七人,莫慰母心"的诗句,是说有一个母亲生了七个孩子,她受到社会风气的影响,心思动摇,想要改嫁。这七个孩子就作了这么一首诗来劝诫自己的母亲,但是说得很委婉,绝对没有任何埋怨母亲的意思。诗句的意思是:我们七个人都没有能让母亲感到安慰,都不能减少母亲的劳苦。

"曰:'《凯风》,亲之过小者也'。"孟子说,《凯风》里的母亲,只是想要改嫁,这又不是什么大过错,对她的七个孩子也没有太大的伤害。

"《小弁》,亲之过大者也。亲之过大而不怨,是愈疏也;亲之过小而怨,是不可矶也。"孟子说,如果你的父母犯的过错很大,而你不怨恨,这代表着疏远。如果父母只犯了一点点小错,你就拼命地抱怨,这是过激。

"愈疏，不孝也；不可矶，亦不孝也。"你跟父母疏远到了有什么样的伤害都可以假装没有，这是不孝；你跟父母之间有任何一点小问题都要大吵大闹，也是不孝。

"孔子曰：'舜其至孝矣，五十而慕。'"舜的父亲瞽叟、后妈、弟弟象，都曾想害死他，但是舜一直到五十岁的时候，因为没有解决与父母之间的问题，还每天不停地思慕，他希望能够得到父母之爱，这才是真正的孝。

孟子对于仁义是完全内化了。高子，或者公孙丑来看这样的事情，全是矛盾，而孟子已经通达了。在孟子那里，把握度很重要。父母做了让我很受伤的事，我要说出来。父母与我之间出了一些小问题，我不需要说。

就拿现在让很多年轻人头疼的催婚这件事来说，从发心上，子女可以试着去理解父母。但有些父母用力过猛，说话很难听，有的甚至以命相逼，这种行为其实真的很伤害子女的感情，那么这种情况，子女当然可以表达自己的感受。但如果父母只是在吃饭的时候多念叨了几句，那么子女也没必要一直耿耿于怀。

在处理和父母的关系上，我们要注意平衡，根据不同情况选择不同的处理方式。不纠缠小事，坦然面对问题。注意对尺度的把握，就是人生修为的境界。

怀利与怀仁义：
合作，不能只谈利益

宋牼（kēng）①将之楚，孟子遇于石丘，曰："先生将何之？"

曰："吾闻秦、楚构兵②，我将见楚王说而罢之。楚王不悦，我将见秦王说而罢之。二王我将有所遇焉。"

曰："轲也请无问其详，愿闻其指③。说之将何如？"

曰："我将言其不利也。"

曰："先生之志则大矣，先生之号则不可④。先生以利说秦、楚之王，秦、楚之王悦于利，以罢三军之师，是三军之士乐罢而悦于利也。为人臣者怀利以事其君，为人子者怀利以事其父，为人弟者怀利以事其兄，是君臣、父子、兄弟终去仁义，怀利以相接，然而不亡者，未之有也。先生以仁义说秦、楚之王，秦、楚之王悦于仁义，而罢三军之师，是三军之士乐罢而悦于仁义也。为人臣者怀仁义以事其君，为人子者怀仁义以事其父，为人弟者怀仁义以事其兄，是君臣、父子、兄弟去利，怀仁义以相接也，然而不王者，未之有也。何必曰利？"

注释　① 宋牼：宋国人，又叫宋钘(xíng)、宋荣，是战国时著名的学者。宋子继承老子思想，提倡"接万物，以去除成见为开端"，提出"情欲寡""见侮不辱"说，反对民间争斗，反对诸侯间的兼并战争。
② 构兵：交战。
③ 指：同旨，大意，意旨。
④ 号：名义，说法。

分析利弊，是很多人常用的谈判策略，但如果只谈利益，往往会为后期的合作埋下隐患。毕竟，总有利益冲突的时候，那时候合作关系靠什么来维系呢？正是孟子反复强调的仁义。

"宋牼将之楚，孟子遇于石丘，曰：'先生将何之？'"

宋牼也被称作宋子。有人说宋子是老子一派的，也有人说是墨子一派的，我看了这一段，感觉他的观点比较偏向于墨子一派。

宋子要到楚国去，孟子与他在石丘这个地方遇到了，孟子就问他，先生去哪儿啊？

曰："吾闻秦、楚构兵，我将见楚王说而罢之。楚王不悦，我将见秦王说而罢之。二王我将有所遇焉。"宋子说，秦楚之间要打仗，我去见楚王，游说他别打了，赶紧撤军。楚王如果不听，我就去见秦王，也劝他赶紧罢兵，这两个人我总会遇到一个能说通的。

曰："轲也请无问其详，愿闻其指，说之将何如？"愿闻其指，指是宗旨、大意的意思。孟子说，我也没法儿听您详细说，我想听听您的宗旨，您打算用什么来说服他俩呢？

曰："我将言其不利也。'"宋子说，我就跟他们说这样做的坏处。

曰："先生之志则大矣，先生之号则不可。"孟子说，你的想法很高尚，我能理解；但你用利的名义去游说，这事是办不到的。"先生以利说秦、楚之王，秦、楚之王悦于利，以罢三军之师，是三军之士乐罢而悦于利也。"孟子接着说，你用利益去说服秦王、楚王，秦王、楚王一高兴，一算账，发现不打仗更划算，然后撤军了。这会使得军队的官兵认为不打仗只是因为这样做更符合利益。

"为人臣者怀利以事其君，为人子者怀利以事其父，为人弟者怀利以事其兄，是君臣、父子、兄弟终去仁义，怀利以相接，然而不亡者，未之有也。"孟子说，你这样去游说，相当于去做了一个利益说明会，让三军之士都懂得了利益的好处。所以大家回去以后，人臣侍奉君王时脑子里想的是利；儿子侍奉父母时脑子里想的是利；弟弟侍奉哥哥时脑子里想的是利。君臣、父子、兄弟都没有仁义可言了，大家脑子里想的都是利益。这样下去，不完蛋的，从未有过。

为什么在古代社会谈利这么危险？有一个很重要的原因是：农业社会中，利益大都来自土地，而土地是有限的，所以只强调利这一件事，导致的结果就是"上下交征利"，每个阶层互相侵害。

这种状况在工业时代开始得以改变。土地不再是最重要的资源，人口才是最重要的资源。哪个地方人多，哪个地方就有市场。工厂通过机器生产东西，来交换其他东西，这个时候谈利，不再是零和博弈，而是大家共同做大蛋糕的过程。我讲过的一本书《技术与文明》就讲了这个道理。

所以，"先生以仁义说秦、楚之王，秦、楚之王悦于仁义，而罢三军之师，是三军之士乐罢而悦于仁义也。"孟子说，您要是用仁义去说服秦王、楚王，二王因为乐于仁义而退兵，那么三军之士也会知道，原来仁义这么重要，我们的大王是因为喜欢仁义才不打仗的。

"为人臣者怀仁义以事其君，为人子者怀仁义以事其父，为人弟者怀仁义以事其兄。是君臣、父子、兄弟去利，怀仁义以相接也，然而不王者，未之有也。何必曰利？"这样不管事君、事父、事兄，人们都是因为胸中有仁义才去做这样的事情，这又回到了孟子对梁惠王说的"王何必曰利"。君臣、父子、兄弟，都不是站在利益的角度思考问题，而是站在仁义的角度打交道。如果能做到这一点，却不能统一天下，这种情况从未有过。

孟子不放过任何一个机会，哪怕是借别人之口，也要强调仁义的重要性，就怕大家只看到利益。

我有时候听到公司的年轻人跟别人谈合作，也会说这样的话：说你跟我合作很简单，要么给我名，要么给我利，你说我们能占到什么。我听到后觉得不对。这样说导致的结果是：所有人跟你合作，只讲经济利益，不讲社会价值。

公司合作一定要考虑社会意义，能不能共同把蛋糕做大，能不能多做一些对人类有益的事情，而不仅仅是算经济账。你要知道，这个世界上没有能够算得平的账。

实际上，如果一个人心中只有利益，恐怕也很难成事。因为一段长期稳定的合作关系，一定不是仅仅靠利益来维系的。如果合作伙伴心中没有一点仁义之心，那是非常危险的。我们谈合作，一定不能只谈利益。

仪不及物：
比起礼物本身，心意更重要

  孟子居邹，季任（rén）为任（rén）处守①，以币交，受之而不报。处于平陆②，储子为相③，以币交，受之而不报。他日由邹之任，见季子；由平陆之齐，不见储子。屋庐子喜曰："连得间矣④。"
  问曰："夫子之任见季子，之齐不见储子，为其为相与？"
  曰："非也。《书》曰⑤：'享多仪⑥，仪不及物曰不享，惟不役志于享。'为其不成享也。"屋庐子悦。或问之，屋庐子曰："季子不得之邹，储子得之平陆。"

注释 ① 季任：任国国君的弟弟，任国国君去邻国朝会，季任替他居守任国，代理国政。
② 平陆：平陆为古厥国，即鲁之中都，在今山东汶上县，与邹国相近。
③ 储子：齐国宰相。
④ 连：屋庐子的名。间：差错。
⑤ "《书》曰"以下三句出自《尚书·周书·洛诰》。
⑥ 享：诸侯朝见天子的礼仪。

《礼记》有云："礼尚往来。往而不来，非礼也；来而不往，亦非礼也。"在人际交往中，礼尚往来是再正常不过的一件事了。从古至今，皆是如此，孟子自然也不会例外。

可是，同样都是派人送来礼物，孟子也都收了，可是对待储子和季任的态度却截然不同，这引起了学生屋庐子的注意。

难道老师也会因为地位身份而差别对待不同的人吗？这还挺让他费解的。这到底是怎么回事，让我们听听看孟子会如何解释这个问题。

"孟子居邹，季任为任处守，以币交，受之而不报。"孟子长住在邹国，季任是任国国君的弟弟，正值国君出使，在任国代理国政，季任派人送来了礼物，想与孟子交往。孟子受之而不报，孟子收了礼物却没有回谢。

"处于平陆，储子为相，以币交，受之而不报。"孟子曾住在平陆这个地方，也就是今天的山东汶上县。储子当时在齐国执政，也派人送来很多财物，孟子也是受之而不报。

"他日由邹之任，见季子；由平陆之齐，不见储子。"改天，孟子从邹国到了任国，主动拜见了季任；但是他之前从平陆到齐国的时候，却没有去见储子。问题是，两个人的做法一样，孟子既然肯见季任，为什么没有见储子呢？

"屋庐子喜曰：'连得间矣。'"连是屋庐子的自称。他高兴地说，我今天可找着您的错了。这是一种解释。另一种说法是：不是因为老师犯了错就高兴，而是因为找到向老师学习的机会而高兴。"间"也可以是间隙的意思。我个人更倾向于后者。

"问曰：'夫子之任见季子，之齐不见储子，为其为相与？'"屋庐子问，您到了任国去见了季子，是因为人家是贵族，是国君的弟弟，您到了齐国不见储子，难道是因为这个人只是国相吗？是嫌他地位低，所以不见他吗？

"曰：'非也。'"孟子说，不是的。"《书》曰：'享多仪，仪不及物曰不享，惟不役志于享。'为其不成享也。"《尚书》上说，诸侯朝见天子的礼仪非常繁复。如果礼节配不上你所送的那个礼物的话，就相当于没有进献。因为进献者的心意根本不在于进献的东西，而在于礼。储子并没有完成整个进献的礼节。

孟子讲到这儿，屋庐子很高兴。这件事传到别人的耳朵里，这人就问屋庐子：为什么孟子这样呢？

"屋庐子曰：'季子不得之邹，储子得之平陆。'"屋庐子说，因为季子当时正在代理国政，所以他离不开，不能亲自到邹地来见孟子。储子当时只是国相，他是可以去平陆亲自见孟子的，但他只派人送了礼物去，所以孟子愿意见季任，而不愿意见储子。

当然也有可能孟子本身就不喜欢储子，就从礼上说事。无论真实的原因是什么，从孟子的回答中，我们起码可以清楚一点，在他眼里，礼物是否贵重其实并没有那么重要，孟子更看重的是礼节，因为礼节反映出送礼者的心意。

什么是礼节呢？可能并不是一些繁文缛节，要求我们必须按照条条框框去送礼，而是你愿意以什么样的礼节来对待我，说明在你心里我的分量有多重。

这也很好地诠释了我们常说的那句话：礼轻情意重。比起礼物本身，送礼之人的心意更重要。

不识君子：
心中若怀仁义，不必求同

　　淳于髡曰："先名实者①，为人也；后名实者，自为也。夫子在三卿之中②，名实未加于上下而去之，仁者固如此乎？"

　　孟子曰："居下位，不以贤事不肖者，伯夷也；五就汤，五就桀者，伊尹也；不恶污君，不辞小官者，柳下惠也。三子者不同道，其趋一也。一者何也？曰：仁也。君子亦仁而已矣，何必同？"

　　曰："鲁缪公之时，公仪子为政③，子柳、子思为臣④，鲁之削也滋甚。若是乎，贤者之无益于国也！"

　　曰："虞不用百里奚而亡，秦缪公用之而霸。不用贤则亡，削何可得与？"

　　曰："昔者王豹处于淇（qí）⑤，而河西善讴⑥；绵驹处于高唐⑦，而齐右善歌⑧；华周、杞梁之妻善哭其夫⑨，而变国俗。有诸内，必形诸外。为其事而无其功者，髡未尝睹之也。是故无贤者也，有则髡必识之。"

　　曰："孔子为鲁司寇⑩，不用，从而祭，燔肉不至⑪，不税（tuō）冕而行⑫。不知者以为为肉也，其知者以为为无礼也。乃孔子则欲以

告子下　　　　　　　　　　　　　　　　　　　　　521

微罪行，不欲为苟去。君子之所为，众人固不识也！"

注释
① 名实：名，名誉；实，事功。
② 三卿：指上卿、亚卿、下卿，《礼记》说："大国三卿，皆命于天子。"孟子在齐国时，曾位列三卿之中。
③ 公仪子：即公仪休。他做鲁相时，奉法循礼地治理鲁国。
④ 子柳：即泄柳。
⑤ 王豹：卫国人，擅长歌唱。
⑥ 河西：这里指卫国，因为卫国在黄河西岸。
⑦ 绵驹：齐国人，擅长歌唱。高唐：地名，在齐国的西部，今山东禹城西南。
⑧ 齐右：齐国西部，古时以西方为右。
⑨ 华周、杞梁之妻善哭其夫：华周、杞梁都是齐国的臣子，二者都在攻打莒的时候战死，他们的妻子十分悲伤，对着城墙哭泣，将城墙都哭倒了，据说后来齐国的风俗就变得擅长哭泣。
⑩ 司寇：主掌司法。孔子曾任鲁国的"大司寇"，位与"三卿"并列。
⑪ 燔肉：也写作"膰肉"，即祭肉。按礼节，祭祀结束后要将祭肉分给参加祭祀的人。
⑫ 税：同脱。冕：祭祀时戴的礼帽。

　　人生在世，总有不被理解的时候，这时候我们难免会被外界的声音影响，特别是这些质疑的声音刚好来自你在意的人，比如你的父母、家人、朋友。这时候，我们该如何应对呢？是妥协于质疑，还是继续坚持走自己的路？

　　孟子也曾被质疑过，他是怎么做的呢？让我们一起来看看。

　　"淳于髡曰：'先名实者，为人也；后名实者，自为也。夫子在三卿之中，名实未加于上下而去之，仁者固如此乎？'"这一段对话应该是发生在孟子打算离开齐国的那段时间，那阵子淳于髡曾经和他辩论过一次，主题是嫂嫂落水了，要不要伸手把她拉上来。

　　淳于髡这次说什么呢？一个人如果特别重视自己的名誉和事功，

是为了经世济民；一个人不太重视自己的名誉和事功，是为了独善其身。淳于髡说，夫子您位列三卿，但您对于上下皆无功绩，上未能安邦定国、下未能安抚黎民百姓，没有做出一件像样的事来，现在就走了，仁者一般都这样吗？淳于髡说话挺难听的。

"孟子曰：'居下位，不以贤事不肖者，伯夷也；五就汤，五就桀者，伊尹也；不恶污君，不辞小官者，柳下惠也。三子者不同道，其趋一也。一者何也？'"孟子说，如果国君不符合自己的标准就不为他做事，这样的人是伯夷。伯夷是圣之清者。五次为商汤服务，五次为夏桀服务，这是伊尹。这个人太想干活了，不管领导是贤君还是昏君，只要能让他发挥能量，他都会努力地做。国君再糟糕他也不怕，官再小他也不抱怨，这人是柳下惠。

这三个人的道都不一样，但是他们的方向是一样的。这个"一"是什么呢？"曰：'仁也。君子亦仁而已矣，何必同？'"孟子自问自答：是仁。君子有仁就够了，何必相同。

淳于髡问他，先生怎么说走就走呢？孟子列举了伯夷、伊尹和柳下惠三位贤者的做法，那三个人各有各的个性，但内在都一样，都是仁。君子只需要做到仁就够了，为什么非得和别人一样呢？所以你不要随便揣测我的行为和动机。

淳于髡反击了，他说："鲁缪公之时，公仪子为政，子柳、子思为臣，鲁之削也滋甚。若是乎，贤者之无益于国也！"鲁缪公的时候，公仪子当政，子柳和子思都是贤者，这两个人为臣，鲁国没有变得强大，反而更弱了。这么看来，所谓的贤者对国家恐怕没有什么好处吧？

"曰：'虞不用百里奚而亡，秦缪公用之而霸。不用贤则亡，削何可得与？'"孟子说，虞国当年不用百里奚导致了灭亡，秦缪公起用了百里奚，然后称霸。贤人要发挥作用，也得有君主信任。遇到秦缪公，百里奚就能起到作用，遇到虞国的国君，百里奚就起不到作用。如果国君不懂得怎么使用贤人，那才会削弱国家。

"曰：'昔者王豹处于淇，而河西善讴；绵驹处于高唐，而齐右善歌；华周、杞梁之妻善哭其夫，而变国俗。'"淳于髡接着与孟子辩论，他说：卫国有个叫王豹的人，唱歌特别好，当他待在淇水附近的时候，河西的人都善于唱歌。绵驹也是一个会唱歌的人，他待在高唐的时候，齐国西部的人也都跟着善于唱歌。齐国的臣子华周和杞梁打仗死了，他们的老婆善哭，然后齐国的风俗，都因为这两个善哭的妇人发生了改变。

淳于髡举这三个例子要说明什么呢？"有诸内，必形诸外。为其事而无其功者，髡未尝睹之也。是故无贤者也，有则髡必识之。"

话越说越难听了。淳于髡说，内在如果有料，外在一定能够表现出来。两个会唱歌的加上两个会哭的，人家都能改变周围的人，你们所谓的贤人，没有让这个国家变得越来越好，你还好意思说你真的做了事。如果说一个人认真地做了一件事，而没有出现任何效果，我这辈子都没见过。

淳于髡认为一分耕耘一分收获，只要有耕耘，定有收获。他的意思是我眼前没有贤者，如果有的话，我早就看出来了。这话说得很直接，孟子你根本不是个贤者，因为你没有给齐国做出任何功绩。

我们都知道，一个人努力做事，短期内能不能出成绩，会受大量外部因素的影响。比如，君主配合不配合、周围的政治环境如何、有没有天灾人祸，这些都会导致不同的结果。

但是孟子没有从这个角度解释，他给淳于髡讲了一个故事。

"曰：孔子为鲁司寇，不用，从而祭，燔肉不至，不税冕而行。"孟子说，孔子做鲁国司寇的时候，发现自己不被重用。他跟着鲁君去祭祀。祭祀有一个规矩，叫分燔肉，祭祀用的肉会被切成一块一块的，送到大夫家里，结果没有给孔子送。孔子没有收到祭祀用的肉，三天后就走了。

"不税冕而行"，税就是脱下，帽子都没有摘下来，孔子就走了。

"不知者以为为肉也，其知者以为为无礼也，乃孔子则欲以微罪行，不欲为苟去。"孟子说，不了解孔子的人以为是孔子小心眼，没给他肉，他就走了；知道的人会认为，孔子是因为鲁君对他失礼，所以离开，可见孔子的心思多么细腻。但实际上，他们看到的都是表象，孔子是为了微罪离开的。谁的微罪呢？这里有两种解释。

一种解释是：孔子愿意自己承担一点微罪，我因为胙肉不至，我小心眼，就走了。还有一种解释是：如果孔子跟别人说，鲁君不能成事，那鲁君的罪过就大了。他为了给自己的国君保留面子，以鲁君没给祭肉这个小问题为借口离开。孔子不愿意随便地辞官而去。

"君子之所为，众人固不识也！"孟子说，君子的所作所为，一般人根本看不明白。

孟子的意思是，你看我今天这样走掉，是不是你们上下都保全了面子？孟子有自己的一套逻辑，不足为外人道，不需要跟别人一一解释清楚。

也许淳于髡特别想留下孟子，淳于髡跟孟子的几次语言交锋，目的很可能是想让孟子出山干具体的活，成为他的同僚，一起努力把齐国建设好。但是孟子认为，我所起的作用绝对不能跟你们一样。我一旦跟你们一样，委身于齐王之下，成为他的臣子，我说的话他更不听了。我需要站在更高的位置，教齐王什么叫王道，什么叫仁政。这是孟子给自己的定位。当这个定位没法实现的时候，孟子选择了离开。

面对质疑，孟子其实并没有一直在不停地解释，以博得淳于髡的理解和认同。因为在他看来，只要有一颗仁心就足够了，不需要一定和谁一样，或者符合谁的期待。

总有一些事情是不足为外人道的,自洽就好。就像孟子说的,君子的所作所为,其他人看不明白,也很正常。

我们可以从中学习到的是什么呢?只要我们心中怀有仁义,便不必求同——不必非要得到其他人的理解和认同,更不必一定要和谁想的一样或做的一样。

逢君之恶其罪大：
挑选人才，尤其要警惕阿谀奉承之人

孟子曰："五霸者①，三王②之罪人也；今之诸侯，五霸之罪人也；今之大夫，今之诸侯之罪人也。天子适诸侯曰巡狩，诸侯朝于天子曰述职。春省③耕而补不足，秋省敛而助不给。入其疆，土地辟，田野治，养老尊贤，俊杰在位，则有庆④，庆以地。入其疆，土地荒芜，遗老失贤，掊（póu）克在位，则有让⑤。一不朝，则贬其爵；再不朝，则削其地；三不朝，则六师移之。是故天子讨而不伐，诸侯伐而不讨。五霸者，搂⑥诸侯以伐诸侯者也，故曰：五霸者，三王之罪人也。五霸，桓公为盛。葵丘之会，诸侯束牲载书而不歃血⑦。初命曰：'诛不孝，无易树子⑧，无以妾为妻。'再命曰：'尊贤育才，以彰有德。'三命曰：'敬老慈幼，无忘宾旅。'四命曰：'士无世官，官事无摄，取士必得⑨，无专杀大夫。'五命曰：'无曲防，无遏籴（dí）⑩，无有封而不告。'曰：'凡我同盟之人，既盟之后，言归于好。'今之诸侯，皆犯此五禁，故曰，今之诸侯，五霸之罪人也。长君之恶其罪小，逢君之恶其罪大。今之大夫，皆逢君之恶，故曰，今之大夫，今之诸侯之罪人也。"

告子下

注释　① 五霸：即"春秋五霸"，指春秋时先后称霸的五个诸侯：齐桓公、晋文公、秦穆公、宋襄公、楚庄王。一说齐桓公、晋文公、秦穆公、吴王夫差、越王勾践。
② 三王：夏禹、商汤、周文王、武王。
③ 省：考察。
④ 庆：奖赏。
⑤ 掊克：聚敛。这里代指聚敛民财的人。让：责罚。
⑥ 搂：牵引，带领。
⑦ 葵丘：春秋时宋国地名。前651年，齐桓公曾在此会盟诸侯，从而确立其霸主地位。束牲：古代定盟多用牺牲，如果不宰杀牺牲的，就叫作束牲。载书：指将盟约放在牺牲上。歃血：古代盟誓时饮牺牲的血表示信守盟誓。葵丘之盟没有歃血的原因是相信参与盟会的人不敢背约。
⑧ 树子：已立的太子。树，立。
⑨ 摄：兼任。得：得贤。
⑩ 曲防：遍设堤防。曲，遍。防，沿河堤防。当时诸侯若修筑沿河堤防，以邻国为壑，将使邻国遭灾，所以盟约禁止遍设堤防。遏籴：禁止邻国来购买粮食。籴：购买粮食。

喜欢听漂亮话，是人之常情，但是也要分情况、分场合。作为一个管理者，如果你听不了一丁点意见，只想沉浸在掌声和鲜花中，是非常危险的。

对管理者来说，那些无条件为你鼓掌的员工，是尤其要警惕的。孟子认为，这类人罪孽深重，可谓"逢君之恶其罪大"。

为什么这么说呢？让我们看看孟子是怎么说的。

"孟子曰：'五霸者，三王之罪人也；今之诸侯，五霸之罪人也；今之大夫，今之诸侯之罪人也。'"

这里，孟子用了递进的手法。

孟子说春秋五霸是三王之罪人，意思是他们背弃了三王之道。而今天的诸侯，又是春秋五霸的罪人，他们背弃了五霸的原则。今天的这些大夫，又是诸侯的罪人，因为他们背弃了诸侯。

孟子为什么这么说呢？"天子适诸侯曰巡狩，诸侯朝于天子曰述职。"天子到诸侯的地方去视察，叫作巡狩；诸侯朝见天子汇报工作，叫作述职。

"春省耕而补不足，秋省敛而助不给。"敛是收成。春天考察耕作的状况，对于种子不足的家庭给予帮助；秋天来视察收成，要帮助那些收成不足的人。

"入其疆，土地辟，田野治，养老尊贤，俊杰在位，则有庆，庆以地。"天子到了诸侯的领地，发现土地已经开辟好了，田野也整治好了，养老尊贤，做官的都是俊杰，那么就奖赏诸侯，给他们增加封地。

"入其疆，土地荒芜，遗老失贤，掊克在位，则有让。"掊克是聚敛之人。如果天子到了这个地方，发现土地荒芜，贤人、老者都不能被奉养，在位的都是些贪官污吏，那么就会对诸侯进行责罚。

"一不朝，则贬其爵；再不朝，则削其地；三不朝，则六师移之。"一次不来向天子述职，那降一级爵位；两次不来，就减少他的封地；三次不来，天子的军队就要出动了。

"是故天子讨而不伐，诸侯伐而不讨。"讨而不伐是指周天子只需要说我们去讨伐齐国，不用天子动手，其他诸侯就一起征伐齐国了。诸侯伐而不讨，诸侯只能跟着天子去打仗，不能自说自话，想讨伐谁就讨伐谁。

"五霸者，搂诸侯以伐诸侯者也，故曰：五霸者，三王之罪人也。"这个"搂"字带一点胁迫的意思。齐桓公、晋文公这些霸主，他们是胁迫着诸侯来讨伐诸侯，这等于破坏了天子的权威，所以说五霸是三王的罪人。

"五霸，桓公为盛。"孟子说，五霸之中齐桓公最为强盛。"葵丘之会，诸侯束牲载书而不歃血。"在葵丘之会的时候，诸侯们把祭祀

告子下

的动物绑在一起，带上了盟书，但是没有喝祭祀动物的血。

这个盟约的第一条说什么呢？"初命曰：'诛不孝，无易树子，无以妾为妻。'"不孝的人我们要诛杀，已经立的太子就不要再改换了，不要让妾成为正妻。这是为了维持宫廷的稳定。如果我们可以随便更换太子，随便把妾变成妻，那样会产生政治动荡。

"再命曰：'尊贤育才，以彰有德。'"盟约第二条说，我们要尊敬贤人，培育人才，表彰有道德的人。这是倡导德行教化。

"三命曰：'敬老慈幼，无忘宾旅。'"第三条说，我们要尊敬老人，爱护儿童，还要照顾好来宾和旅客。

"四命曰：'士无世官，官事无摄，取士必得，无专杀大夫。'"第四条说，士不能有世袭的官位。假如连士都要世袭官职，那么阶层固化会更严重。官事无摄，意思是做官的人不能兼职，行政职务只能有一个。取士必得，就是选择领导干部必须恰当。无专杀大夫，就是诸侯不能不向天子报告就随便杀掉一个大夫。

"五命曰：'无曲防，无遏籴，无有封而不告。'"第五条说，不能够随便地修堤坝，不能禁止大家购买粮食，不能不向盟主报告就随便封赏。

"曰：'凡我同盟之人，既盟之后，言归于好。'"最后，只要是一起盟誓的人，发过这个誓以后，就要言归于好。

"今之诸侯，皆犯此五禁，故曰，今之诸侯，五霸之罪人也。"孟子说，今天这些诸侯啊，都犯了这五禁，所以说，这些人是五霸的背弃者。

"长君之恶其罪小，逢君之恶其罪大。今之大夫，皆逢君之恶，故曰，今之大夫，今之诸侯之罪人也。"孟子认为恶有两种，一种是长君之恶，助长国君作恶，特点是他不敢劝谏，这种人有罪，但是不算大。更糟糕的是逢迎国君之恶，国君做了一件糟糕的事，他还拍手叫好，这会使得国君错上加错，理直气壮地作恶。这种人罪大。孟子说，今天我们这些大夫犯的都是逢君之恶。

孟子觉得最好的时候是三王时期，五霸次之。今天，大夫都在助纣为虐，诸侯变得越来越不像样。

其实，三王和五霸之所以讲求信义，可能是受当时的条件、环境所限。但无论是哪一个时代，君主身边的这种逢君之人，对国家发展来说，都是非常危险的。

换到现在，道理也是一样的。企业挑选人才，尤其要警惕那些无条件阿谀奉承的人。为什么呢？管理者头脑清醒时，听一听倒也无碍，但是谁能保证自己永远正确呢？人总有疏忽的时候，这时候如果身边全是无条件阿谀奉承的声音，只会让你越陷越深，越错越离谱。长此以往，公司就岌岌可危了。

不能一朝居也：
人不能太短视，要学会把眼光放长远看问题

鲁欲使慎子为将军①。孟子曰："不教民而用之，谓之殃民。殃民者，不容于尧、舜之世。一战胜齐，遂有南阳②，然且不可。"

慎子勃然不悦曰："此则滑釐（gǔ lí）所不识也。"

曰："吾明告子。天子之地方千里；不千里，不足以待诸侯。诸侯之地方百里；不百里，不足以守宗庙之典籍。周公之封于鲁，为方百里也；地非不足，而俭于百里③。太公之封于齐也，亦为方百里也；地非不足也，而俭于百里。今鲁方百里者五，子以为有王者作，则鲁在所损乎？在所益乎？徒取诸彼以与此，然且仁者不为，况于杀人以求之乎？君子之事君也，务引其君以当道，志于仁而已。"

注释 | ① 慎子：鲁国大臣，名滑釐。
② 南阳：即汶阳，在今泰山西南，汶水之北，是当时齐国和鲁国争夺的要地。
③ 俭：少于。

孟子曰："今之事君者皆曰：'我能为君辟土地，充府库。'今之所谓良臣，古之所谓民贼也！君不乡（xiàng）道①，不志于仁，而求富之，是富桀也。'我能为君约与国，战必克。'今之所谓良臣，古之所谓民贼也！君不乡道，不志于仁，而求为之强战，是辅桀也。由今之道，无变今之俗，虽与之天下，不能一朝居也。"

注释 │ ① 乡：同"向"。

白圭曰①："吾欲二十而取一，何如？"
孟子曰："子之道，貉（mò）道也②。万室之国，一人陶，则可乎？"
曰："不可，器不足用也。"
曰："夫貉，五谷不生，惟黍生之。无城郭、宫室、宗庙、祭祀之礼，无诸侯币帛饔飧（yōng sūn）③，无百官有司，故二十取一而足也。今居中国，去人伦④，无君子⑤，如之何其可也？陶以寡，且不可以为国，况无君子乎？欲轻之于尧、舜之道者，大貉、小貉也；欲重之于尧、舜之道者，大桀、小桀也。"

注释 │ ① 白圭：先秦商业经营思想家，名丹，字圭，周国人。梁惠王时在魏国为官，曾筑堤治水，发展生产，主张减轻田税。
② 貉：古代北方少数民族国家。
③ 饔飧：用饮食来招待客人的礼节。
④ 去人伦：指没有各种礼节礼仪。
⑤ 无君子：指没有大小官吏。

白圭曰："丹之治水也愈于禹。"
孟子曰："子过矣。禹之治水，水之道也。是故禹以四海为壑，今吾子以邻国为壑。水逆行，谓之洚（jiàng）水。洚水者①，洪水也，仁人之所恶也。吾子过矣。"

注释 | ① 洚水：大水泛滥。

孟子曰："君子不亮①，恶乎执？"

注释 | ① 亮：通谅，诚信。

俗话说"人无远虑，必有近忧"。

这是告诉我们，不论做人还是做事，眼光要长远，要有预见性。

生活中不乏目光短浅之人，他们注重眼前利益，虽然暂时获得了便利，但从长远来看，把自己置于不利之地。

在这篇里，鲁国要让慎滑釐做将军，去攻取齐国的南阳，而孟子反对这场战争，孟子也借由此事告诉我们做人做事眼光不能狭隘和短浅，要学会把眼光放长远看问题。

"鲁欲使慎子为将军。孟子曰：'不教民而用之，谓之殃民。殃民者，不容于尧、舜之世。一战胜齐，遂有南阳，然且不可。'"慎子就是慎滑釐。孟子对慎子说，你如果不去教化老百姓，就随便使用他们，这个叫作加害百姓。加害百姓的人，在尧舜时是不能立足的。即便你打败了齐国、收回了南阳也不行。

慎子刚刚当上将军，首先想的肯定是为国打仗，打败齐国，收复南阳，结果孟子对他说，你这样做，就算成功了，也不是什么好事。

慎子勃然不悦曰："此则滑釐所不识也。"慎子生气了，他说，这我就听不懂了。

曰："吾明告子。天子之地方千里；不千里，不足以待诸侯。诸侯之地方百里；不百里，不足以守宗庙之典籍。周公之封于鲁，为方百里也；地非不足，而俭于百里。太公之封于齐也，亦为方百里也；地非不足也，而俭于百里。今鲁方百里者五，子以为有王者作，则鲁在所损乎？在所益乎？徒取诸彼以与此，然且仁者不为，况于杀人以求之乎？君子之事君也，务引其君以当道，志于仁而已。"

孟子说话也很不客气，他说，我今天就跟你把话说明了。天子的地方方圆千里，没有千里没法接待来访的诸侯。鲁国、齐国这些诸侯方圆百里，没有百里没法守住宗庙和典籍。周公被分封在鲁国的时候，姜太公被分封在齐国的时候，也就是给了方圆一百里的地方，不是土地不够分，只是按照规矩给的比一百里还要少一点。

"损"是变小，"益"是变大。孟子说，今天你看鲁国的地盘，有五个方圆一百里的面积，是当年天子分给鲁国面积的五倍。你想想看，今天如果有一个真正厉害的君王出现了，鲁国会变得更大呢，还是会变得更小呢？白白地拿一个国家的土地给另一个，一个仁者都不会同意，何况还要杀那么多的人才能得到它。君子侍奉君主，一定要把君主引向正途，也就是行仁政。

孟子的意思是，你不要让君主每天脑子里想的都是怎么让土地变得更大，怎么征服别国，而是应该让君主想想怎么施行仁政，让这个国家变得越来越适合人类居住。孟子还是在强调自己施行仁政的理念，即治理国家重要的不是土地多少，而是能否让老百姓过上好日子。

孟子教训完慎子之后，接着讲了一段道理。

孟子曰："今之事君者皆曰：'我能为君辟土地，充府库。'今之所谓良臣，古之所谓民贼也！君不乡道，不志于仁，而求富之，是富桀也。'我能为君约与国，战必克。'今之所谓良臣，古之所谓民贼也！君不乡道，不志于仁，而求为之强战，是辅桀也。由今之道，无变今之俗，虽与之天下，不能一朝居也。"

孟子说，今天服侍君主的人都说，我能够为君主开辟土地，充实府库，今天这些所谓的好的臣子在过去都只能算是残害百姓的民贼。如果一个君主内心不向往道德，无意于仁，做臣子的只想着怎么帮君主变得更有钱，这与帮助夏桀这样的暴君变得更富没什么区别。

另外一些服侍君主的人说，我能为君主邀结盟国，打仗必胜，这些人在古代也都是残害老百姓的人，这是纵横家的嘴脸。一个君主内心不向往道德，无意于仁，你还要想方设法为他打仗，这等于帮助夏桀壮大。

顺着目前的这条道走，也不改变今天的风气，即使你把天下都送给君主，他连一天也坐不安稳。

想想看，秦国就是这样，看似是秦统一了天下，但是它只经历了一世就衰落了，就是因为它只想着战争和横征暴敛。

孟子认为，国家不能够靠打仗和敛财为生，统治者一定要先考虑老百姓的死活，让他们安稳地生活，这才是一个国家长治久安的根本。

回到今天，经营公司也一样，如果一个人对你说，他能给你多挣一百万，能给你省下很多成本，但是却不考虑员工的福利，不考虑成本下降带来的生产安全和质量上的隐患，仅仅考虑眼前的销售额，仅仅想着完成那些绩效指标，公司是没有未来的。

所以，人不能短视。管理者不能只注重业绩和销售额而忽略了员工的福利和公司的未来。治理国家也不能仅看土地的多少，而要想老百姓是否幸福、国家能否长治久安。

接下来是白圭和孟子的对话。

白圭曰："吾欲二十而取一，何如？"孟子曰："子之道，貉道也。万室之国，一人陶，则可乎？"

白圭是战国时期的商业思想家，据说他很会做生意。白圭对孟子说，今天如果让我来当政，我收百分之五的税，你觉得怎么样？

我们知道孟子主张的是收百分之十的税，税收要平衡百姓的负担，但也要让国家建设有资金，所以不能太多也不能太少。但白圭认为自己比孟子厉害，能做到收百分之五的税。

孟子说，先生的这个想法，是少数民族国家的一些做法。少数民族国家可以收百分之五的税,这就够了。但像临淄城这类有万户人家的都城,有这么多的老百姓,只有一个人负责制作陶器,你觉得够不够?

曰:"不可,器不足用也。"白圭说,那当然不行,一个人做陶器供几万人使用,肯定不够。

曰:"夫貉,五谷不生,惟黍生之。无城郭、宫室、宗庙、祭祀之礼,无诸侯币帛饔飧,无百官有司,故二十取一而足也。今居中国,去人伦,无君子,如之何其可也?陶以寡,且不可以为国,况无君子乎?欲轻之于尧、舜之道者,大貉、小貉也;欲重之于尧、舜之道者,大桀、小桀也。"

孟子说,像那些草原上的小部落,那里五谷不生,只能生长黍麦。他们没有城郭,没有宫室,没有宗庙,也不需要祭祀,更没有诸侯之间迎来往送的问题,没有这么多的政府官员,所以收百分之五的税就行了。

我们今天住在文明开化的中原地方,如果去掉了人伦的各种礼节,没有大小官吏,那怎么能行呢?陶器不够用,尚且不能治国,何况连官吏都没有呢?

尧舜的时候就收百分之十的税,所以如果有人想要比尧舜的时候税率低,那么他们肯定是大貉、小貉这些未开化的民族。如果一个人想要收税比尧舜时重,这些人就是桀纣一路的人物,会导致民不聊生。

孟子坚定地认为,赋税太重太轻都不行,就是百分之十。言外之意,仅看税收的数字没有太大意义,还要综合看百姓能否承受得住,能否支撑国家建设。

百分之五税收的想法被驳倒,白圭继续说道:"丹之治水也愈于禹。"白圭的名字叫丹,他说,我治水比大禹强。

"子过矣。禹之治水,水之道也。是故禹以四海为壑,今吾子以邻国为壑。水逆行,谓之洚水。洚水者,洪水也,仁人之所恶也。吾子过矣。"孟子说,你说错了,大禹治水,是遵循水的本性。大禹让水流向四海,就不会再有洪水泛滥了。如今你不过是把水都引到别的国家去了,这使得水流逆行,形成洪水。你做的事是有仁心的人所厌恶的,你这样做是不对的。

在孟子看来,白圭只是暂时解决了自己国家的问题,却给邻国造成隐患,甚至将来还会反过来给自己国家带来灾难,并不是长久有效的方法。

我讲过比尔·盖茨写过的一本书,叫《气候经济与人类未来》,他在书里写道,气候问题是全世界必须一起努力做的事。比如有一个国家不断地排放温室气体,其他国家所有的努力都会白费。因为有一个国家这样做,别的国家就会争相效仿,都怕吃亏,那么地球可能过不了几十年,就不适合人类居住了。

所以,合作很重要,尤其是人类在面对自然的时候,全球各国合作更重要。孟子反对白圭仅考虑自己国家的利益,忽略别国的利益,也是这个道理。

最后孟子说:"君子不亮,恶乎执?"

关于这句话有两种解释。

第一种解释是,君子并不必是一个完全遵守信用的人,为什么非得那么执着呢?在孟子看来,一个人极其执着一件事情是不对的,君子可以变通。

另外一种解释是,诚信是个好东西,也就是《论语》中讲的"友直,友谅,友多闻"。可以理解为,如果一个君子不诚信的话,他还有什么操守呢?

这两种解释古人都有支持者,读者可以自行判断。

在我看来,孟子和慎子、白圭说的这三件事,无论是治国、税收还是治水，都不是简单的数字问题，也不能只关注眼前。不是土地越多越好，不是税收越少越好，也不是自己国家洪水没了就好，需要我们再三权衡，需要放远眼光去考虑。

真正长久的成功，绝不是死盯着眼前利益，凭借小聪明投机取巧能够获得的，这是孟子为我们总结的非常有价值的人生哲学，值得我们好好品悟。

言将行其言也：
能够做到自我实现，是工作的最好处境

鲁欲使乐正子为政①。孟子曰："吾闻之，喜而不寐。"

公孙丑曰："乐正子强乎？"

曰："否。"

"有知（zhì）虑乎？"

曰："否。"

"多闻识乎？"

曰："否。"

"然则奚为喜而不寐？"

曰："其为人也好善②。"

"好善足乎？"

曰："好善优于天下③，而况鲁国乎？夫苟好善，则四海之内，皆将轻千里而来告之以善。夫苟不好善，则人将曰：'訑訑（yí）④，予既已知之矣。'訑訑之声音颜色，距人于千里之外⑤。士止于千里之外，则谗谄面谀之人至矣。与谗谄面谀之人居，国欲治，可得乎？"

注释　① 乐正子：复姓乐正，名克，为孟子弟子。
　　　② 好善：据下文判断，应为乐闻善言。
　　　③ 优：有余。
　　　④ 訑訑：一种自以为是、不愿听取他人善言的声音。
　　　⑤ 距：同拒，拒绝。

陈子曰①："古之君子何如则仕？"

孟子曰："所就三，所去三。迎之致敬以有礼，言将行其言也，则就之；礼貌未衰②，言弗行也，则去之。其次，虽未行其言也，迎之致敬以有礼，则就之；礼貌衰，则去之。其下，朝不食，夕不食，饥饿不能出门户，君闻之曰：'吾大者不能行其道，又不能从其言也，使饥饿于我土地，吾耻之。'周之，亦可受也，免死而已矣。"

注释　① 陈子：即陈臻，孟子弟子。
　　　② 礼貌：礼节、态度。

孟子之前和弟子周霄、彭更讨论过自己对于找工作和赚钱的态度，本篇中孟子又和公孙丑讨论遇到什么样的君主才能出去做官，对于职场人士寻找什么样的工作颇有借鉴意义。

"鲁欲使乐正子为政。孟子曰：'吾闻之，喜而不寐。'"鲁国打算让孟子的弟子乐正子做执政官，孟子听说这个事后高兴得睡不着觉。公孙丑不明白孟子为什么这么高兴，就和孟子就工作的问题进行了一番讨论。

公孙丑曰："乐正子强乎？"曰："否。""有知虑乎？"曰："否。""多闻识乎？"曰："否。"

公孙丑连问了孟子三个问题，说乐正子做官是因为他能力很强吗？是因为他有智谋吗？是因为他见多识广吗？孟子都回答说不是。

"然则奚为喜而不寐？"公孙丑说，那您为什么高兴得睡不着觉呢？

曰："其为人也好善。"孟子说，乐正子之所以能做官，是因为他能够听取善言，就是善于听取别人的建议。

"好善足乎？"公孙丑不明白了，问孟子善于听取别人的建议就够了吗？意思是好善和能力强、聪明、见多识广比起来，难道更重要吗？

接下来，孟子用了一大段话回复公孙丑，也阐明了他对于治国理政的观点。

曰："好善优于天下，而况鲁国乎？夫苟好善，则四海之内，皆将轻千里而来告之以善。夫苟不好善，则人将曰：'訑訑，予既已知之矣。'訑訑之声音颜色，距人于千里之外。士止于千里之外，则谗谄面谀之人至矣。与谗谄面谀之人居，国欲治，可得乎？"

孟子说，如果一个人善于听取别人的建议，治理天下都绰绰有余了，何况是治理一个鲁国呢？一旦这个为政的人喜欢听取别人的建议，那么即便在千里之外的人才也愿意到这个国家来建言献策。

孟子说，如果一个人不善于听取别人的建议，喜欢说你这个事我早就知道了，他表现出来的声音和脸色是拒人于千里之外的。一个真正有德行的人，发现这个人待人轻慢，不愿意听取别人的建议，他就不来了。只有那些喜欢当面奉承的人，才能来到他的面前。一个人身边围绕着一群当面奉承他的人，还希望国家能得到治理，这有可能吗？

孟子觉得能给不善于听取别人建议的人打工，这样的人一定是谄媚的人。如果出来当官的都是这样的人，那国家不可能治理好。

这就是经济学里常说的"劣币驱逐良币"现象。如果一个领导不尊重下属，动辄对下属发脾气，以地位来压制下属，那么有能力、有操守的人一定会离开，因为他们不愿意在这样的环境里耗着，这样会很痛苦。而愿意承受这种痛苦、愿意侍奉这种领导的人，大多是没有什么能力、换个地方混不下去的人，这就是劣币驱逐良币。

孟子的观点是，作为管理者要善于听取下属的意见，这样才能留住真正有想法、有才干的人，国家发展才能越来越好。

所以，我们今天说上级一定要谦卑，对下级要保持尊重，因为一点点的个人好恶都会被下级放大，结果就是上级无形之中就把身边的人做了一个筛选，也决定了自己和公司的未来。

接下来，孟子的学生陈臻又来和孟子讨论做官的问题。

陈子曰："古之君子何如则仕？"陈臻问孟子，古代的君子在什么情况下才会出来做官呢？因为孟子主张不主动出来做官，所以陈臻也想问孟子遇到什么样的君主你才会去做官。

孟子曰："所就三，所去三。迎之致敬以有礼，言将行其言也，则就之；礼貌未衰，言弗行也，则去之。其次，虽未行其言也，迎之致敬以有礼，则就之；礼貌衰，则去之。其下，朝不食，夕不食，饥饿不能出门户，君闻之曰：'吾大者不能行其道，又不能从其言也，使饥饿于我土地，吾耻之。'周之，亦可受也，免死而已矣。"孟子阐述了自己认为的三种可以做官和不做官的理由。

孟子说，最上等的就是，国君用非常尊敬的态度欢迎你，承诺会按你说的去做，这种情况下你可以去做官。如果国君对你的礼貌很周到，见到你客客气气的，但你所有的建议他都不去施行，这时候你就走吧。

次一等的是，国君虽然没有采纳你的建议，但他对你很礼貌，那么你就接着做官，因为可能还有机会。如果你发现国君与你说话都不客气了，那你就走吧。

最末一等就是，你早饭没得吃，晚饭也没得吃，饿得没法出门了。

你所说的事国君都做不到，你所提的建议他也不愿施行，但国君觉得让你在他的土地上饿死这件事很羞耻，他会定期给你送点米，这样的情况你也可以接受，只是为了活着罢了。

在今天看来，孟子所说的这三种处境正好对应了马斯洛需求金字塔里的三个层次。

马斯洛把人的需求分成生理需求、安全需求、归属与爱、尊重需求和自我实现五个层次，这五个需求是由低到高逐级排列并得到满足的。

孟子说的这三种处境最差的就是活着就好，对应的是马斯洛需求原理里最低级的生理需求，次等对应的是尊重需求，最上等对应的是自我实现需求。

当我们找工作时不妨想想孟子说的这三种处境，然后再做决定，或许就能找到一个相对正确的方向。

如果你的需求只是赚钱，那只需要找一个能达到你薪资标准的工作即可，或许没有体面的穿戴，工作环境也一般。而如果你想在赚钱的基础上，还能得到一定的尊重，那就选择一些管理制度相对完善并且人性化的企业。

当然，最好的工作便是领导尊重你，更尊重你的才华，能找到这样的工作，前提是你自己有真本事，有过人之处。

或者当你想辞职时，也可以想想这家企业给你想要的东西了吗？如果给了，而其他方面有点接受不了，那不妨再忍忍，这样就不至于因为冲动离职而后悔。

生于忧患而死于安乐：
不要小看挫折带给我们的成长力量

  孟子曰："舜发于畎亩之中，傅说（yuè）举于版筑之间①，胶鬲（gé）举于鱼盐之中②，管夷吾举于士③，孙叔敖举于海④，百里奚举于市⑤。故天将降大任于是人也，必先苦其心志，劳其筋骨，饿其体肤，空乏其身，行拂乱其所为⑥，所以动心忍性，曾（zēng）益其所不能⑦。人恒过，然后能改；困于心，衡于虑⑧，而后作；征于色⑨，发于声，而后喻。入则无法家拂（bì）士⑩，出则无敌国外患者，国恒亡。然后知生于忧患而死于安乐也。"

注释
① 傅说：商王武丁的国相。相传曾为刑徒，在傅岩做工匠，后被武丁梦见，举为国相。版筑：古人筑墙时，用两版相夹，实土其中，以杵筑之。
② 胶鬲：殷纣时的贤人。曾因遭乱而以贩卖鱼盐为生，被周文王举荐于纣。
③ 管夷吾：即管仲。春秋时，齐国小白与公子纠争位，管仲拥戴公子纠，公子纠失败后，管仲被齐桓公囚禁。后由于鲍叔牙的推荐，被齐桓公举用为相，辅助齐桓公称霸。士：狱官。管仲曾被囚禁，受狱官管制，所以称其"举于士"。

④ 孙叔敖：楚国人，曾隐居在海边，后被楚庄王举为令尹。
⑤ 百里奚：虞国人，后从虞国逃至楚国，传说以五张羊皮的价格，自卖为奴。后被秦穆公举为国相。
⑥ 拂：拂戾，违背。
⑦ 曾：同增。
⑧ 衡：通横，不顺。
⑨ 征：征验，表现。
⑩ 拂士：同弼士，辅弼的贤士。

孟子曰："教亦多术矣，予不屑之教诲也者，是亦教诲之而已矣。"

每个人都渴望一帆风顺的生活，最好不要遇到难事和挫折。

但现实是，身体的病痛、工作的失意、朋友的疏离可能都会让我们对生活感到失望。

也有人说，没有经过地狱般的磨炼，就不能创造天才的能量，没有洗过血的手指，就不能弹出世间的绝唱。

可见，挫折对于人的重要性。

这篇里，孟子列举几个例子告诉我们面对挫折的正确态度以及挫折对人生的重要性。

孟子曰："舜发于畎亩之中，傅说举于版筑之间，胶鬲举于鱼盐之中，管夷吾举于士，孙叔敖举于海，百里奚举于市。"孟子列举了很多当官者的例子。他说，舜是从田野当中被发掘的，武丁的国相傅说是从建筑工地上被发现的，纣时候的贤人胶鬲是在鱼市上被发现的，管夷吾是在监狱里的时候被举用的，孙叔敖是在海边被发现的，五羊大夫百里奚是从市场上被人发现的。

这些人都不是生来就是做官的，他们都是受了苦然后被发现并得到重用的。那孟子列举这些名人的案例是要说明什么呢？接下来这段非常有名。

"故天将降大任于是人也，必先苦其心志，劳其筋骨，饿其体肤，空乏其身，行拂乱其所为，所以动心忍性，曾益其所不能。"孟子说，你将要接受老天交给你的重担，你的身心都要受到困难的试炼，你很穷困，做什么事都不成功，做什么事都出问题。当你遇到了足够多的挫折后，你才能够做到动心忍性，也就是懂得约束自己，这样你才能学会新的本领。

孟子告诉我们，一个人在年轻时吃点苦不是什么坏事，假如一个人的心从来不动，个性也不加以约束，这个人就只会随着惯性做事，永远不会进步。相反，一个人只有多吃点苦，才能懂得约束自己，进而改变自己，从而不断进步。

比如你在一个小城市生活，有一份稳定的工作，拿着稳定的工资，每天生活得很安逸，没有什么变化，无非是工作日上班，周末出去休闲，你是不会想到改变的。

只有某天突然发生了一件大事，让你的生活发生了巨大的挑战和改变。这时候你的心才会被触动，你才能从以往的惯性当中摆脱出来，你才知道有很多事情不能随着性子来，要懂得约束自己的行为，你就成长和进步了。

孟子接着说："人恒过，然后能改；困于心，衡于虑，而后作；征于色，发于声，而后喻。入则无法家拂士，出则无敌国外患者，国恒亡。然后知生于忧患而死于安乐也。"

孟子说，人犯了过错才能够改正。"衡"就是不顺，一个人只有在心意受到限制、思虑受到阻碍后才能奋发振作；心意只有表现在脸色上、抒发在言语中，才能被人了解。如果一个国家内部没有严格执法的大臣，没有能辅佐国君的臣子，外部也没有压力，这个国家慢慢地就消亡了。孟子最后得出一个非常有名的结论，忧患带来的是生，而安乐带来的是死。

对于国家来说，有困境并非坏事，外在压力是让我们变好的契机和动力。同样，对于个人来说，有困难和苦难不是坏事，困境和苦难可以让人成长，我们应该用正确的态度对待困境和挫折，应该懂得感激而不是抱怨。

我曾讲过两本很重要的书。

一本是《反脆弱》。书中说，假如没有任何外部刺激，比如我们这个世界上没有任何病毒，我们的抵抗力就不会这么强，一旦有一点点病毒出现，人就没命了，所以我们也要感谢病毒，感谢苦难。不要只想着生命里的痛苦早点过去，而应该想着如何从中学习，让自己变得更加强大，去唤醒体内反脆弱的能力，这才是苦难带给我们的好处。

另一本是《终身成长》，书中讲的也是这个道理，面对困境有两种人，一种是固定型思维的人，他们会因为害怕失败而逃避挑战。另一种是成长型思维的人，他们相信没有改变不了的事情，只要自己努力行动和改进，就会收获好的结果。他们会积极向前，看到更多机会，同时更快速地成长。

孟子这番话是在告诉我们，要把困难和挫折都当成进步的契机，让自己不断成长。

"教亦多术矣，予不屑之教诲也者，是亦教诲之而已矣。"最后孟子说，教育别人的方法有很多种，我有时候对一些人不屑于教诲，不愿意跟他说话，不愿意理他，这也是教诲他的方法。

前文提到的曹交就是孟子口中说的不屑于教诲的人。曹交曾向孟子问了两个问题，孟子发现这人内心傲慢，把一切问题都归结于外在的条件，所以孟子对他说收他做门徒的时机不成熟，不跟他谈了，让他去找别人。

实际上，孟子觉得有时候不必说破，甚至不必评论，应该给年轻人一些内省和自觉的空间。在孟子看来，年轻人如果没有足够的反省空间，没有足够的历练去体会，去感受那种痛苦，他是不会去主动学习的。

我们应该感谢孟子把他宝贵的思想教给我们这些愿意倾听、愿意反思的人。

当我们面对生活中的挫折和痛苦时，不要抱怨，而要及时抓住难得的机会，让自己改变和进步。因为只有自己切身经历了，并且进步了，收获才属于自己，才能让自己受益，这是孟子在本篇中告诉我们的道理。

尽心

上

修身以俟之，所以立命也：
对内凡事尽心，对外顺从命运

孟子曰："尽其心者①，知其性也②。知其性，则知天矣③。存其心，养其性，所以事天也④。夭寿不贰⑤，修身以俟之，所以立命也。"

注释
① 心：本心，指人生来就有的恻隐、羞恶、辞让、是非之心。
② 性：本性。
③ 天：天道。
④ 事天：遵循天道而行，使天道不堕，即为事天。
⑤ 不贰：没有二心，即不怀疑天道好善。

孟子曰："莫非命也，顺受其正①。是故知命者不立乎岩墙之下②。尽其道而死者，正命也；桎梏（zhì gù）死者③，非正命也。"

注释
① 正：正当的一面。
② 岩墙：危墙。朱熹《四书集注》："岩墙，墙之将覆者。"
③ 桎梏：脚镣和手铐。

孟子曰:"求则得之,舍则失之,是求有益于得也,求在我者也。求之有道,得之有命,是求无益于得也,求在外者也。"

在《尽心上》的开篇,孟子给我们定下一个基调,即向内求是非常重要的。

生活中,发生一些糟糕或者不尽如人意的事情,我们往往会责怪外界、指责别人,怨天尤人的结果只能是迷失自我、停滞不前。唯有不断向内求、向内看,才能找回内心深处的力量,夺回人生的主动权。

孟子曰:"尽其心者,知其性也。知其性,则知天矣。存其心,养其性,所以事天也。夭寿不贰,修身以俟之,所以立命也。"

现在人们经常说,这事我尽心了,我猜测"尽心"这个词可能就来自孟子说的"尽其心者"。

所谓"尽其心者",就是能充分实践一个人内心的要求。孟子认为,当一个人能充分实践内心的要求,真正地回归自己的本心,就能了解本自具足的东西。当一个人了解了本自具足的东西,就能知道关于世界的真相,这也就是"尽其心者,知其性也。知其性,则知天矣"。

那我们应该怎么做呢?孟子认为,我们应该保留住内心当中的那一份本真,我们只有存养自己的心性,打破惯性和习气,才能遵循天道。

为什么"存其心,养其性"这么重要呢?在孟子看来,一个人如果不这样做,就很容易被外部的惯性带偏。比如,别人都在比谁住的房子大,所以你也喜欢住大房子;别人都在比谁的官大,所以你也喜欢当大官。别人喜欢什么,你也喜欢什么,你的心跟着外部环境到处跑,这样你只能为自己做事,而不能够为上天行善。只有当你能存养自己的心性,打破惯性和习气的时候,才能遵循天道。

有人问，如果我这样做符合天道，是不是就能够长寿？孟子告诉我们，要做到这一点还要通过一个考验，叫作"夭寿不贰，修身以俟之，所以立命也"，也就是说，不会因为自己寿命的长短而对天道产生怀疑，加强自身修养以便与天命相契，才是安身立命之道。

这和《中庸》里说的"故君子居易以俟命，小人行险以徼幸"是一个意思。"居易以俟命"就是君子以安稳的心态等候天命的到来。仔细想想，我们会发现，名利权情这些外在的东西并不能给我们带来真正的安定感，真正能给我们带来安定感、让自己的那颗心安定下来的，是做力所能及的事情，该做什么就做什么，心始终不离开自身，这样就叫作"居易以俟命"。

"小人行险以徼幸"是说小人冒险以期徼幸成功。比如一个人每天都想着能不能突破一下，挑战一下运气，最后发现，徼幸带来的结果，就是丧失更多东西。无论是赚了还是赔了，内心都会焦虑。

在孟子看来，一个人只要尽心做事，而不是总想撞大运，就能立命。孟子强调的是把目光放在自身内部，而不要把目光放在外物上。

以上，孟子告诉我们如何做才能"立命"，即如何对待内在。接下来孟子又告诉我们如何做才是顺应天命，也就是如何对待命运的安排。

孟子曰："莫非命也，顺受其正。是故知命者不立乎岩墙之下。"

孟子说，人这一辈子所遭遇的事都是命，那我们应该如何对待呢？孟子认为我们只要顺着情理去接受我们命中正当的部分就够了。

所以关键点在于什么是"顺受其正"。在孟子看来，有一堵危墙马上就要倒了，然后一个人说我信命，假如今天命中注定要死，我就站在这个危墙下面，这不叫"顺受其正"，这是在考验天命。

我讲过一本书，名叫《论大战略》。书中说，伊丽莎白女王从来不考验上帝，她相信上帝，但是也努力做她该做的事。而与她同时代的很多欧洲君主，总是做一些很糟糕的事，还说上帝一定会保佑他，这些君主就是在考验天命。

孟子主张"顺受其正"，而不是考验天命。在孟子看来，真正的"顺受其正"意味着愿意接受命运的安排，然后努力地活。因此知道命运的人不会站在岩石和危墙之下，也不会彻底放弃人生，而是该努力时努力，做好该做的事，其余的事就不要和命运抗争。

孔子也讲过，叫"危邦不居，乱邦不入"，意思是一个人乐天知命，就不要去跟命运对抗，因为没必要。

孟子接着说，"尽其道而死者，正命也；桎梏死者，非正命也。"意思是当舍生取义是必需的、是有道理的时候，我们这样做才是合理的，才叫作"正命"。如果一个人戴着脚镣和手铐，被判了罪，然后被杀头，这不叫作"正命"。

孟子并不强调无谓的牺牲，孟子认为"正命"的核心是追求道，而不是误入歧途而死。

在这一段，孟子探讨了一个很深刻的命题，我们每一个人与命运的抗争，究竟应该到什么程度？哪些算"尽其道而死"？我觉得这是一个仁者见仁、智者见智的命题，这个度只有自己把握。

接下来，孟子又对一个人如何追求内在和外在发表了观点。

孟子曰："求则得之，舍则失之，是求有益于得也，求在我者也。求之有道，得之有命，是求无益于得也，求在外者也。"

之前孟子也讲过"求则得之，舍则失之"，是在告诉我们每个人心中都有善端，你想做善人是自然而然的事情。只要努力做，你就能够得到；如果你主动放弃，你肯定就失夫了。

孟子在这儿还补充了一点，即"求有益于得也，求在我者也"。就是说一个人只要向内追求，就一定有效果，这个不在于命。

所谓"求无益于得也，求在外者也"是说，面对外在的东西，即便你用了正确的方法，花费了很大的工夫，能不能得到，还得看运气，还得看命。

比如赚钱，赚钱看起来有路径可循，但你能否赚到钱，运气的成分很大。

我讲过《光环效应》一书，书中说，人们只看到大量成功的商业案例，却都忽略了一个非常重要的东西，那就是运气。

我们很羡慕那些运气好的人，但把成功归功于运气，就会让人消极、放弃努力。在我看来，我们不妨换一种说法，可称之为"随机性"，这样事情的成败就变得科学了。因为成败都充满随机性，所以即便我们做同样的事情、付出同样的精力，结局可能也不一样。

所以，运气对于做事结局的影响，和孟子说的外在命运对于一个人做事的影响是一样的。

孟子这段话很科学，他告诉我们，对外部的追求不要使过大的劲、要随缘，而对内部的追求不要松懈，因为这是自己能决定的事。

这和我们常说的"人各有命，做好自己的事，然后一切随缘"的生活态度相似。随缘不是消极思想，更不是悲观，对于外部的随机性我们都没有能力把控，我们能做的就是做好自己，至于结果就交给命运吧。即便没有成功，我们也不要灰心，更不要质疑自己，接着去做自己认为正确的、通过努力可以做到的事就好。

对内专注自己，对外不强求。做好自己的事，抓住自己的命，走好自己的人生。这对于我们今天如何面对成败，如何面对和别人的差距，如何面对不尽如人意的人生，都很有意义。

反身而诚，乐莫大焉：
获得快乐的最佳途径就是忠于自己的内心

孟子曰："万物皆备于我矣。反身而诚①，乐莫大焉。强（qiǎng）恕而行②，求仁莫近焉。"

注释　①诚：真实，无妄，不自欺。
　　　②恕：指儒家推己及人的恕道。

孟子曰："行之而不著焉①，习矣而不察焉，终身由之而不知其道者②，众也③。"

注释　①著：明白。
　　　②由：用。
　　　③众：庶民。

很多人都以为只有通过外界的满足才能得到快乐，但其实真正的快乐是通过内心获得的。对于这一点，孟子早在两千多年前就悟透了。

他说："万物皆备于我矣。反身而诚，乐莫大焉。强恕而行，求仁莫近焉。"意思是天地之间的万物之理我都具备了，时时自我反省，忠于自己的内心，那就没有比这更大的快乐了。尽力按恕道去做，是达到仁德境界最快的道路。

如果我们做每一件事都忠于自己的内心，就能达到《心流》一书中所写的状态——全心全意。即使是扫厕所、刷马桶这样的事情，也能从中找到乐趣和价值。当把厕所打扫得干干净净，把马桶刷得闪亮，内心也会体会到一种愉悦的感受。

很多人工作很痛苦，是因为他们没有享受工作的过程，他们把工作当成一种不得不去做的事情，自然是痛苦的。如果我们"反身而诚"，换一种心态去面对工作，把工作当成实现自我价值的途径，那么工作也就没有那么枯燥和难以忍受了。

孟子说的另一种状态就是"强恕而行"，意思是推己及人，和孔子说的"己所不欲，勿施于人"意思相近。

推己及人，设身处地地去理解别人的想法和感受，这样人们就能更多地选择宽恕、宽容。不过，遵奉恕道不是一件容易做到的事情，需要坚定不移的信仰和宽大仁爱的胸怀，因此孟子用"强"做状语修饰"恕"。"强"在这里就是勉力而行，竭尽全力去做。

我讲过的一本书《心态》中讲：人一共有四种重要的心态，第四种叫作外向型心态，与之相对的消极心态，叫作内向型心态。

比如，当我们看到街边一个乞讨者，会不会给钱？作者说：很多人很理性，说，这个人有手有脚，为什么不工作，所以不给钱；但另外一些人就会说，他一定是尽力了，但是人生把他打击成这个样子了，应该帮他一把。

谁对谁错呢？那个人是不是骗子并不重要，重要的是，当你去考察这两种人的人际关系的时候，就会发现：第一种人虽然很理性，但是人际关系不好；第二种人虽然很感性，可能会犯错，但他人际关系很好。我们自己用恕道反过来想一想，是更愿意跟一个稍微有点天真，但是内心善良、对待别人宽容的人交朋友，还是更愿意跟一个铁石心肠、很理性的人交朋友？

人习惯于以自己的标准去要求别人，己所不欲、强施于人是常态，这让人与人之间充满矛盾和冲突。那么将己所欲施于人是否可以呢？这看似是为了对方好，但其实是打着爱的名义的绑架，是一种膨胀的傲慢心态，是反恕道而行，和己所不欲是一样的道理。

《了不起的盖茨比》开篇第一句话就说：每逢你想要批评别人的时候，你就要记得，这个世界上并不是人人拥有你的优越条件。这句话说的就是这个道理。

强恕而行，你的内心会变得更加具有包容性，更加外向，更能够理解和接受世界上的万事万物，你因此会变得更加善良、宽容，这时候你就离仁不远了。

很多人每天都在做着反恕道而行的事情，然后反过来怪对方不领情，孟子说："行之而不著焉，习矣而不察焉，终身由之而不知其道者，众也。"意思是，很多人每天都在做各种事情，但是做这些事的意义是什么却不明白；很多事情形成习惯了，就不会去反省其中的道理。一生都在这条路上走着，却不了解这是一条什么样的路，这就是芸芸众生啊！

人们常说"泯然众人矣"，本质上就是这个人已经完全丧失了自我觉知、自我省察、自我批判的能力，只是按照惯性在前进，至于要去哪里，要做什么，从来不思考。

这就是很多人不快乐的主要原因，他们每天上班，却不知道上班是为了什么，每天浑浑噩噩地混日子，一天又一天；到了适婚年龄之后，家里人催婚，他们就结婚，也不知道结婚真正的意义是什么，只是按照惯性被推着往前走。

  而想要获得快乐，最重要的就是忠于自己的内心。不强迫他人，也不委屈自己，享受做事的过程，遵循自己的内心而不是大众的习惯框架，快乐自然就来了。

穷不失义，达不离道：
无论穷或达，都要守住做人的道德底线

孟子曰："古之贤王好善而忘势①，古之贤士何独不然？乐其道而忘人之势，故王公不致敬尽礼，则不得亟（qì）见之②。见且由不得亟③，而况得而臣之乎？"

注释　① 势：权势。
　　　② 亟：多次。
　　　③ 由：同犹，还。

孟子谓宋句（gōu）践曰①："子好游乎②？吾语子游。人知之，亦嚣嚣③；人不知，亦嚣嚣。"

曰："何如斯可以嚣嚣矣？"

曰："尊德乐义，则可以嚣嚣矣。故士穷不失义④，达不离道。穷不失义，故士得己焉⑤；达不离道，故民不失望焉。古之人，得志，泽加于民；不得志，修身见（xiàn）于世⑥。穷则独善其身，达则兼善天下。"

注释
① 宋句践：古人名。
② 游：游说。
③ 嚣嚣：自得无欲的样子。
④ 穷：政治上不得志，与下文"达"相对。
⑤ 得己：自得。
⑥ 见：赵岐注："见，立也。"

"穷"和"达"是人生的两个境遇，为人处世要做到"穷不失义，达不离道"。在这一篇里，孟子论证了如何达到这两个境界。

孟子说："古之贤王好善而忘势；古之贤士何独不然？乐其道而忘人之势，故王公不致敬尽礼，则不得亟见之。见且由不得亟，而况得而臣之乎？"古代的贤明君主如果真的追求善言，他会忘记自己的权势与地位。就像周文王见到姜太公时忘记了自己的地位一样。古代的贤能人士又何尝不是这样？他们只追求自己的学问与道，不把他人的权势放在心上。所以，即便是王公贵族，如果不对他恭敬地尽到礼数，也不能经常和他见面。见面的次数尚且不多，何况要他做臣下呢？

孟子说的乐道忘势，是想要鼓励读书人有气节和骨气。曾子曾说过"彼以其富，我以吾仁；彼以其爵，我以吾义。吾何慊乎哉？"，意思是：他有他的富，我有我的仁；他有他的爵位，我有我的正义。我有什么不如他的呢？这句话和乐道忘势的道理是一样的。这样一想，也就不会把他人的权势放在心上了。

真正的贤人都是无论贫富，无论地位高低，都不畏权势，始终坚持自己的原则。

当然，如果君王本身也能够好善而忘势，对贤能之士礼数有加，那贤能之士自然会愿意为之服务。

总结起来就是，上位者能够好善忘势，尊重人才，虚心求教；而下位者能够乐道忘势，不趋炎附势，不溜须拍马。这样二者自然就能够和谐相处，互相成就。

孟子接下来和宋句践的这段对话，进一步论证了他的观点。

孟子对宋句践说："子好游乎？吾语子游。人知之，亦嚣嚣；人不知，亦嚣嚣。"宋句践不是越王勾践，他是一个喜欢游说的士，那个时代的偶像不是孟子，而是苏秦、张仪这样的纵横家，很多年轻人想学习这套东西。

孟子说："你喜欢游说各国的君主吗？我告诉你如何游说。别人理解我，我也悠然自得；别人不理解我，我也悠然自得。"宋句践不理解，问："何如斯可以嚣嚣矣？"怎样才能做到悠然自得呢？

孟子说："尊德乐义，则可以嚣嚣矣。"如果你能做到以德、义为乐趣，自然就可以悠然自得了。"故士穷不失义，达不离道。"士人不得志时不失掉义，得志之时不离开道。

一个人能做到不因境遇变迁、穷达变化而改变自己的本性，始终坚持道义和操守，是难能可贵的。唐代书法家颜真卿就是这样一个人，他一生苦难重重，却依然坚守道义底线，"虽贬居远方，终身不耻"。

"穷不失义、达不离道"考验的是一个人内心的定力，是一个人意志的试金石。只有意志足够坚定的人，才能够不被外界的因素所影响，始终坚守自己的行为准则。

但是在我们身边，很多人都是有钱有权之后就迅速膨胀，然后走上歧途，这就是因为他们修养不够，内心不够坚定，道义被贪念打败，将公权变成谋私的工具，最终他们也会为自己的选择付出代价。

孟子接着说："穷不失义，故士得己焉；达不离道，故民不失望焉。"一个人如果在跌进谷底的时候还能够坚守自己的底线，不为权贵折腰，那么他的内心是自得的，他知道自己的所作所为都合乎道，他没有丢掉自己的本性。如果一个人在志得意满的时候还能坚守心中的道义，不胡作非为，那么百姓就不会对他失望。

接着，孟子用古代贤人的做法给了我们行为参考："古之人，得志，泽加于民；不得志，修身见于世。"古代的贤人，得志了就施恩于百姓；不得志时就修养自己的品德。

最后，孟子用一句话做了总结，这句话至今仍然广为流传，就是"穷则独善其身，达则兼善天下"。如果你贫穷不得志，就先修炼好自己的品德；如果你志得意满，那么就将恩泽分给天下的百姓。

孟子对宋句践讲的这个道理，在经济学里叫效用，假如你的效用跟那些王公贵族不一样，你就能跟他们平等相处。

每个人的效用值是不同的，如果你的效用值中仅有钱、地位、官职这些东西，那你很容易被它们框定在一个评判标准里。然后你发现吃穿不如别人，也没别人有钱，自然越来越觉得自己矮人一头。

如果你的效用值中加入了道德、哲学、科学、仁义，你会发现，古往今来有几个达官贵人能被别人记住？流传千古至今仍被人们学习的文学家远远多于高官。少数被记住的高官也不是因为他们的官职和权势，而是因为他们的道义。

所以，如果一个人把尊德乐义放在前边，就能始终保持悠然自得的心态。在历史的长河中，财富和地位才是真正昙花一现的东西。

虽无文王犹兴：
真正的强者，从来都不会被动等待

    孟子曰："待文王而后兴者①，凡民也。若夫豪杰之士②，虽无文王犹兴。"

注释
① 兴：感动奋发之意。
② 豪杰：才过千人为豪，过万人为杰。

    孟子曰："附之以韩、魏之家①，如其自视欿（kǎn）然②，则过人远矣。"

注释
① 韩、魏之家：赵岐注："韩魏，晋六卿之富者也。"
② 欿然：不自满，谦虚的样子。

    孟子曰："以佚道使民①，虽劳不怨。以生道杀民，虽死不怨杀者。"

注释 ① 佚道：同逸道。赵岐注："谓教民趋农，役有常时，不使失业，当时虽劳，后获其利，则佚矣。"

孟子曰："霸者之民，驩虞如也①。王者之民，皞皞如也②。杀之而不怨，利之而不庸③，民日迁善而不知为之者。夫君子所过者化，所存者神，上下与天地同流④，岂曰小补之哉？"

注释 ① 驩虞：同欢娱。
② 皞皞：同浩浩，广大自得的样子。
③ 庸：功劳，此处意为酬功。
④ 流：运化。

在孟子的言论中，对于年轻人多以鼓励为主。这一节里，孟子仍然秉持以往的观点，鼓励年轻人要有志气，不论在何种境遇下，都依靠自己站起来。

孟子说："待文王而后兴者，凡民也。若夫豪杰之士，虽无文王犹兴。"一个人如果要等到像周文王那样的圣主出现，才开始振作奋发，这是普通人。如果是杰出的人物，不管有没有文王出现，他们都会奋发图强。

孟子就是想鼓励年轻人，不要总想着靠背景、靠别人提拔，不管在任何环境下，都应该靠自己站起来。

对于孟子的这个观点，有一个最好的例证，就是韩信。韩信年轻的时候，饭都吃不饱，被几个小流氓拦住受胯下之辱，多年之后，韩信做了王之后还专门回到家乡感谢那几个混混。

有一次韩信和带兵的同僚们谈话，笑他们说：别看你们现在功成名就，也不过是平凡人，因为你们是靠别人给的机会才有的成就，并不是靠自己的本事和才能，所以没什么可骄傲的。他还说了一句名言，"公等录录，所谓因人成事者也"，这句话表达的观点和孟子是一样的。

事实上也是这样，很多人的成功都是靠别人给的机会，这些人就是孟子说的"凡民"。

考验一个人最好的方法，就是把他放在极端的环境中，要么是极端糟糕的环境，要么是极端优越的环境，二者往往更容易暴露人的本性。

所以，孟子又说："附之以韩、魏之家，如其自视欿然，则过人远矣。"晋国被三个大夫瓜分了，分家以后，韩、魏之家成了"晋六卿之富者"。如果把韩、魏两家的财富都给一个人，而他仍然谦虚随和不自满，那他就远远超过一般人了。

接着，孟子又把话题转到了君王身上，他说："以佚道使民，虽劳不怨。以生道杀民，虽死不怨杀者。"如果是为了让百姓过得安逸而去指使百姓干活，百姓虽然辛苦，但不会怨恨；本着让百姓生存的原则去杀人，被杀的人虽然死了，但不会怨恨杀他的人。

人的天性，无非就两个，一是"生"，也就是活下去，如果活不下去了，有人为了能让他们活下去而不得已"杀"人，那百姓也是没有怨言的。比如武王伐纣，就是为了让百姓活下去，虽然有些人会因此牺牲，但是他们不会怨恨。二是"佚"，即活得安逸、活得好，如果有人是为了让百姓活得更好，比如大禹治水、兴修水利、修路修桥等，是为百姓谋福利的，即使辛苦一些，百姓也不会有怨言。

不管是劳役还是战争，对于尧、舜、禹、汤、文、武这样的贤明君王来说，他们都是为了百姓"生"或者"佚"，都是不得已的选择，所以百姓可以理解他们。

孟子接着说："霸者之民，驩虞如也。王者之民，皞皞如也。杀之而不怨，利之而不庸，民日迁善而不知为之者。夫君子所过者化，所存者神，上下与天地同流，岂曰小补之哉？"这里孟子对比了霸者之民和王者之民。

什么叫霸者之民呢？齐桓公、晋文公被称作霸者，如果一个国家实行的是霸道，比如近代历史上的帝国主义，它的老百姓的特点是什么呢？"骤虞如也"，欢喜快乐，我们是霸道的大国，以之为傲，仅此而已。

如果一个国家实行的是王道，就是它不以称霸为乐，它的百姓体现出来的则是一种悠然自得的状态。

在王者的天下中，犯法者被杀了，被杀者也不怨恨，因为这符合法律。得到好处的人也不会过分感激，因为这是合理收入。百姓每天都在向善，都在变好，也不知道是谁在教他们，这是无形的影响，潜移默化。

老子也说，"太上，下知有之"，最好的君主，人民并不知道他的存在。"夫君子所过者化"，一个君子经过的地方，老百姓都能慢慢地被感化。

比如舜在山上砍柴，山上的樵夫都变成好人；舜到河里面打鱼，周围的渔夫都变成好人。君子所起的作用是潜移默化的，你说不清楚他做了什么，但是周围的人都发生了改变。这个叫作"所过者化，所存者神"。

与天地共同运化，因为"天无私覆，地无私载"。老天不自私，它绝对不会只罩着自己喜欢的人，大地也不会只让自己喜欢的人站在上面。当一个君子能够做到上下与天地同流，合乎天地之道，他就算是效法于天地了。

"岂曰小补之哉？"你能说这只是小小的补益吗？

所以孟子认为：生活在王者的国度，既不需要歌功颂德，也不需要耀武扬威，而是悠然自得。

一个人无论身处哪一个阶层，都应该以德行为根本，通过自己的道德行为去感化和影响周围的人。当我们以身作则，展现出高尚的品德和行为时，自然会吸引并感化他人。

这种以德服人的理念，时刻提醒我们，真正的力量，并不在于我们拥有多少权力或财富，而在于我们能否用自己的行为去影响和改变周围的世界。

无欲其所不欲：
顺应本心，时间自有答案

孟子曰："仁言不如仁声之入人深也①，善政不如善教之得民也。善政民畏之，善教民爱之。善政得民财，善教得民心。"

注释　① 声：音乐声。

孟子曰："人之所不学而能者，其良能也①；所不虑而知者，其良知也。孩提之童②，无不知爱其亲者；及其长也，无不知敬其兄也。亲亲，仁也；敬长，义也。无他，达之天下也。"

注释　① 良：朱熹注："良者，本然之善也。"
　　　② 孩提之童：两三岁的小孩子。

孟子曰："舜之居深山之中，与木石居，与鹿豕游，其所以异于深山之野人者几希。及其闻一善言，见一善行，若决江河，沛然莫之能御也①。"

注释 | ①沛然：水流很大的样子。

孟子曰："无为其所不为，无欲其所不欲，如此而已矣。"

孟子曰："人之有德、慧、术、知者①，恒存乎疢（chèn）疾②。独孤臣孽子③，其操心也危④，其虑患也深，故达⑤。"

注释 | ① 德、慧、术、知：指德行、智能、道术、才智。
② 疢疾：灾患。
③ 孤臣：指被国君疏远的臣子。孽子：庶子，非正妻所生，地位卑贱。
④ 危：不安。
⑤ 达：显达。

如果让你教化一个人，你觉得最好的方法是什么？是喋喋不休地说教，还是用实际行动去影响对方？

孟子也被君王问过类似的问题，如何施行仁政、教化百姓？如何得到民心？孟子对此颇有见地，他说："仁言不如仁声之入人深也，善政不如善教之得民也。善政民畏之，善教民爱之。善政得民财，善教得民心。"

在孟子看来，跟一个人讲仁德的话，不如用仁德的音乐去打动他，音乐能够更好地深入人心，感染并教化民众。对君王来说，渴望得到民心，光靠好的政策是不够的，还要用好的教育，教化百姓在内心追求真善美、追求仁义德，只有这样，才能得到他们的真心。

一国的政策再好，百姓对它都是畏惧的，因为政策具有强制性，让人不由自主地害怕它。只有把教育做好，百姓才会发自内心地热爱自己的国家，拥护他们的君王。

好的政策，的确能让百姓给国家创造更多的财政收入，但好的教育却能收获民心。

孟子的厉害之处在于，他看待问题的角度和深度跟普通人不同，他是透过现象看本质，从人心入手来治国。

孟子又说道："人之所不学而能者，其良能也；所不虑而知者，其良知也。孩提之童，无不知爱其亲者；及其长也，无不知敬其兄也。亲亲，仁也；敬长，义也。无他，达之天下也。"人有很多与生俱来的能力，这叫良能，不用学就会，比如婴孩出生后就会吃奶。同样地，人也有很多不用学就知道的准则和规范，这叫良知。就像两三岁的孩子，都知道爱自己的父母和亲人，长大一些后，他们就懂得尊重自己的兄长。爱亲人是仁，敬长辈是义，倘若人人都有仁义，这天下不就太平了吗？

孟子很欣赏舜，所以在他的诸多观点中，他时常拿舜来做榜样。他说："舜之居深山之中，与木石居，与鹿豕游，其所以异于深山之野人者几希。及其闻一善言，见一善行，若决江河，沛然莫之能御也。"

舜当年在深山中生活，生存环境很原始，身边不是木头、石头，就是野鹿、野猪。可以说，舜跟那些生活在山野的农夫、猎人没有大的区别。但为什么舜最后成了伟人呢？因为他每听到一句善言，看到一个善行，都能激发出内心的善念，这个念头就像江河决堤一样澎湃汹涌，势不可当。这些内在的动力，就是舜隐藏在人性中巨大的力量，推动他成为一代圣君。

孟子这番话特别鼓舞人心，振奋精神。跟舜相比，现代人的生活条件不知道要好多少倍，一旦我们有了强大的内驱力，加上便利的客观条件，我们想做成一件事情并不难。

当然了，或许还是有人会质疑，我们怎能跟舜相比呢？舜的经历实在难以学习。孟子也想到了这一点，他的答案是："无为其所不为，无欲其所不欲，如此而已矣。"

向舜学习并不难，只要我们遵循内心的想法就好。如果我们的内心不屑于某件事，不渴求某种东西，那我们就不要做这件事，不去追求那种东西，能做到这样就足够了。

由此可见，孟子的观点就是顺应内心，心的力量很强大。

遗憾的是，很多人做事是背离内心真实想法的。一边说着不喜欢应酬，一边灯红酒绿，觥筹交错。他们之所以违背心意，无外乎各种理由：生活所迫，工作所需。诚然，这是现实，我们也能理解，但长此以往，我们终究会跟自己想要的生活渐行渐远。

不妨学学孟子的做法，坚持自己的原则，少做违心的事情。

孟子自认为是"王的老师"，他比学生更贤能、更睿智，所以他不会因为君王一声召唤，就大献殷勤。他认为但凡谁有疑惑，应该主动登门拜访他、请教他，而不是对他招之即来，挥之即去。

孟子这样的做法，看似清高傲气，实则是他的为人处世原则，背后是他的坚持和操守，值得我们学习。

"人之有德、慧、术、知者，恒存乎疢疾。独孤臣孽子，其操心也危，其虑患也深，故达。"孟子的这句话表达的是，一个人具备的德行、智慧、谋略、见识，一般都来自这个人经历过的磨难和痛苦。历史上很多伟大的事业，都不是朝堂上的宠臣做出来的，反而是那些不受宠的人做出来的，因为他们被孤立、被排挤，更有忧患意识，时刻保持警惕，思考问题更深入，所以他们更通达事理，更容易有所成就。

这个道理和那句"天将降大任于是人也，必先苦其心志，劳其筋骨，饿其体肤，空乏其身"本质是一样的。太安稳的生活，会消磨人的斗志，唯有逆境才能激发人的潜能。

《创新者的窘境》这本书中提到一个观点：创新永远发生在边缘地带。创新为什么不能够发生在核心地带，而发生在边缘地带呢？原因很简单，因为约束条件是创新的前提。拿汽车行业来说，颠覆传统汽车行业的不是福特和丰田，而是新能源车特斯拉，改变苹果公司的不是主打产品计算机，而是边缘产品苹果手机。

对个人而言，只有在资源不够、条件受限的情境下，为了寻求出路，才会创新，才会发展。

就像孟子口中提到的"孤臣孽子"，他们就属于被排斥的边缘人，他们面临各种各样的制约和阻碍，因此不得不去突破，去大胆创新，只有这样才能走出困境，拓宽人生的道路。

从这个角度来说，命运给我们制造的磨难和痛苦，并不完全是坏事，其中往往蕴藏了新的生机和转折，如果能在这份磨砺中成长，我们必将收获一笔独特的人生财富。

正己而物正者：
用自身的品行去影响外界和他人

孟子曰："有事君人者，事是君则为容悦者也；有安社稷臣者，以安社稷为悦者也；有天民者①，达可行于天下而后行之者也；有大人者②，正己而物正者也。"

注释　① 天民：赵岐注："天民，知道者也。可行而行，可止而止。""天民"是保存天性的人，亦即天所生育的自然之民。此前孟子提到"先知觉后知"中的先知即是天民，以伊尹为代表。
　　　② 大人：圣人，以舜为代表。

孟子曰："君子有三乐，而王天下不与存焉。父母俱存，兄弟无故①，一乐也。仰不愧于天，俯不怍于人②，二乐也。得天下英才而教育之，三乐也。君子有三乐，而王天下不与存焉。"

注释　① 故：灾患、疾病。
　　　② 怍：惭愧。

孟子曰："广土众民，君子欲之，所乐不存焉；中天下而立，定四海之民，君子乐之，所性不存焉。君子所性，虽大行不加焉，虽穷居不损焉，分（fèn）定故也。君子所性，仁、义、礼、智根于心。其生色也睟（suì）然①，见（xiàn）于面、盎于背②、施（yì）于四体③，四体不言而喻。"

注释　① 睟然：清和润泽的样子。
　　　② 盎：充盈。
　　　③ 施：延及。

孟子曰："伯夷辟（bì）纣①，居北海之滨，闻文王作，兴曰：'盍归乎来？吾闻西伯善养老者②。'大公辟纣，居东海之滨，闻文王作，兴曰：'盍归乎来？吾闻西伯善养老者。'天下有善养老，则仁人以为己归矣。五亩之宅，树墙下以桑，匹妇蚕之，则老者足以衣帛矣。五母鸡，二母彘，无失其时，老者足以无失肉矣。百亩之田，匹夫耕之，八口之家足以无饥矣。所谓西伯善养老者，制其田里，教之树、畜，导其妻子，使养其老。五十非帛不暖，七十非肉不饱。不暖不饱，谓之冻馁。文王之民，无冻馁之老者，此之谓也。"

注释　① 辟：同避。
　　　② 西伯：指周文王。

大千世界里充满了形形色色的人。在孟子看来，人是可以按不同境界分类的。

在这一篇的开头，孟子就讲到了人的四种境界。

"有事君人者，事是君则为容悦者也；有安社稷臣者，以安社稷为悦者也；有天民者，达可行于天下而后行之者也；有大人者，正己而物正者也。"

孟子说，人分四种境界，最底层的叫作"事君人者"，这类人的主要目的就是服侍国君，伺候领导，让领导开心。所以，他把服侍某个国君当成做人的快乐，比如历史上的和珅，就负责顺应皇帝的心思，哄皇帝开心，这是他乐此不疲的事情。

说句实话，能做到这一点也算难得，所以孟子把这些事君的人，放在第一层境界。

第二层境界叫作"安社稷臣者"，他们不在乎君王是否开心，也不会迎合君王、取悦君王。他们在乎的是社稷是否安稳，民生是否稳定，这是他们的心头大事。

第三层境界是"有天民者"，这群人做事顺应天理，他们不仅关心天下的安定，还要用人的天性来教化百姓。比如伊尹，他认为自己是先知先觉，有责任带领后知后觉醒悟，这个是相对高级的境界。

境界最高的是第四层"有大人者"，大人是德行完备的人，这种人注重端正自身，再用自身的品行去影响外界和他人，可谓是先正己而后安天下。

这层境界的伟大之处在于，先从自己做起，端正自身的言行，周遭的人和事也会跟着变好。

通过孟子的描述，我们能感受到他对德行完备的大人是十分欣赏和认可的。

接下来，孟子又说了人生的几件乐事。

"君子有三乐，而王天下不与存焉。父母俱存，兄弟无故，一乐也；仰不愧于天，俯不怍于人，二乐也；得天下英才而教育之，三乐也。君子有三乐，而王天下不与存焉。"孟子说，对君子而言，他们有三大快乐。功成名就，一统天下，这个不在其内。君子的快乐之一是父母健在，兄弟姐妹也都平安，至亲家人齐齐整整。快乐之二是内心无愧，不亏欠任何人，不做亏心事。快乐之三是能得到天下优秀的学生，然后教育他们。说白了就是跟一群优秀的人在一起，分享知识，传递正能量，这就是莫大的快乐。这三种快乐不同于消费购物后的快乐，也不同于名利双收后的满足，它更加厚重和持久。

孟子借君子之乐也暗示了他的志趣所在，他的人生大事和乐事，莫过于传承和教育。

所以，孟子很热衷于分享他对事件的看法，希望教化他人。

孟子曰："广土众民，君子欲之，所乐不存焉；中天下而立，定四海之民，君子乐之，所性不存焉。君子所性，虽大行不加焉，虽穷居不损焉，分定故也。君子所性，仁、义、礼、智根于心，其生色也睟然，见于面，盎于背，施于四体，四体不言而喻。"

这段话说的是，拥有辽阔的土地和众多的人民，是君子所追求的，但他们的快乐不在于此。站在天下的中心，安定四海的人民，君子乐于此，但他们的本性不在于此。君子的本性，不因仕途和贫富而改变，这是他们本性里已经定好的。君子所追求的本性是将仁、义、礼、智植根于心。他们有恻隐之心、辞让之心、羞恶之心、是非之心。心中有这些情怀，他们的脸上就是温和清润的神色，就连他们走路的姿态也能反映出来。

这段话孟子讲了人的三个层次，第一层叫所欲，人都有欲望，都有渴望的东西。第二层叫所乐，人都喜欢做自己感兴趣的事情。第三层叫所性，就是每个人的本性。

前两个层次不足为奇，人皆有之。真正拉开不同人之间差距的，就在第三层。当一个人的本性充满仁义、宽厚和正直，他就会散发出独特的气息，跟这样的人在一起，如沐春风。

这一点确实有道理。有时，我们会莫名不喜欢某些人，其实对方并未冒犯或者得罪我们，但我们对他们的感觉就是怪怪的，感到不舒服，不愿意靠近他们。

这就是本性散发的磁场和气息对周围人带来的影响。

有句话说得好，三十岁之前的容貌是父母给的，三十岁之后的容貌就要自己负责了。相由心生，只有修好一颗心，我们才能有更耐看的颜值。

孟子曰："伯夷辟纣，居北海之滨，闻文王作，兴曰：'盍归乎来？吾闻西伯善养老者。'大公辟纣，居东海之滨，闻文王作，兴曰：'盍归乎来？吾闻西伯善养老者。'天下有善养老，则仁人以为己归矣。五亩之宅，树墙下以桑，匹妇蚕之，则老者足以衣帛矣。五母鸡，二母彘，无失其时，老者足以无失肉矣。百亩之田，匹夫耕之，八口之家足以无饥矣。所谓西伯善养老者，制其田里，教之树、畜，导其妻子，使养其老。五十非帛不暖，七十非肉不饱。不饱不暖，谓之冻馁。文王之民，无冻馁之老者，此之谓也。"

孟子说，伯夷为了躲避商纣王，就住到北海边上，他听说周文王的所作所为让国家兴盛起来，就说，听说文王善于供养老人，为什么不归服文王呢？同样地，姜太公也是为了躲避商纣王，住到了东海边上，他也听说周文王的所作所为让国家兴盛，他也说，听说周文王很善于供养老人，为什么不归服周文王呢？

伯夷和姜太公这两个老人，声望很高，如果他们归服周文王，就等于天下的老者都归向周文王了。那么，这些老者的子女自然也跟着一起去了。

孟子心中的理想国是什么样的？百姓有房有院，院子里种桑树，妇女养蚕织布，老人也能穿上丝绢衣服。家家户户养鸡养猪，自行繁殖，年年都有肉吃。男子耕种良田百亩，足可以养活一家八口。

所谓文王善养老，就是文王教大家种地种树，让大家养鸡养猪，给人民分配足够的田地，引导家里的妻子和孩子侍奉老人。五十岁的老人能穿上绸缎保暖，七十岁的老人能有肉吃饱。在周文王的治理之下，就没有吃不饱穿不暖、忍饥挨冻这种情况，百姓都能吃饱穿暖，所以这就是盛世。

世间人千千万，不是所有人都有孟子这般的境界和仁爱之心。他希望给百姓打造一种安居乐业、幸福美满的田园生活。这个出发点是非常崇高和美好的，让我们看到了孟子的仁德和大善。

大到治国，小到修身，我们总能从孟子的思想中找到方向，汲取力量。我们愿意相信"人性本善"，愿意践行仁爱之道，追求真善美，不断提高自己的素养，共同营造一个充满爱意和良知的和谐社会。

登泰山而小天下：
树立宏图大志，才能有所成就

孟子曰："易其田畴①，薄其税敛，民可使富也。食之以时，用之以礼，财不可胜用也。民非水火不生活，昏暮叩人之门户求水火，无弗与者，至足矣。圣人治天下，使有菽（shū）粟②如水火。菽粟如水火，而民焉有不仁者乎？"

注释 | ① 易：治。
② 菽粟：大豆和小米，泛指粮食。

孟子曰："孔子登东山而小鲁，登泰山而小天下。故观于海者难为水，游于圣人之门者难为言。观水有术，必观其澜。日月有明，容光必照焉①。流水之为物也，不盈科不行②；君子之志于道也，不成章不达③。"

注释 | ① 容光：微小的缝隙。
② 科：坑、坎。
③ 成章：古称乐曲终结为一章。此处指事物达到一定程度，具有一定规模。

孟子曰："鸡鸣而起，孳孳（zī zī）为善者①，舜之徒也；鸡鸣而起，孳孳为利者，跖（zhí）之徒也②。欲知舜与跖之分，无他，利与善之间（jiàn）也③。"

注释
① 孳孳：有繁殖、生息之意，同孜孜，转为勤勉之意。
② 跖：即盗跖。
③ 间：异，不同。

孟子曰："杨子取为我①，拔一毛而利天下，不为也。墨子兼爱，摩顶放踵利天下，为之。子莫执中②，执中为近之。执中无权③，犹执一也。所恶执一者，为其贼道也④，举一而废百也。"

注释
① 杨子：即杨朱。取：主张。
② 子莫：鲁国的贤人。
③ 权：权变，变通。
④ 贼：损害。

孟子的心中一直有个理想，他要打造一个和谐稳定、百姓安居乐业的田园社会。所以，他十分重视农业生产，主张大力发展农业，这个理念在孟子的很多言论中都有体现。

在本篇中，孟子就明确提出："易其田畴，薄其税敛，民可使富也。食之以时，用之以礼，财不可胜用也。民非水火不生活，昏暮叩人之门户求水火，无弗与者，至足矣。圣人治天下，使有菽粟如水火。菽粟如水火，而民焉有不仁者乎？"

孟子说，要让百姓精耕细作，国家要减轻他们的税收，如此一来，百姓才能富足。饮食按照时节，吃当季的食物；花钱要按照礼数来，注重节制，财物就会用之不竭。百姓没有水和火就不能生活，夜晚来敲别人家的门求水、火，没有人会不给，因为家家户户不缺水、火。

圣人治理天下，就是要使粮食多得像水、火一样。粮食像水、火那样多了，百姓哪有不仁爱的呢？

这段话中有两个重点：一是百姓要打理好自己的田地，因为这是生计来源；二是国家要减少税负，让百姓有多余的钱来改善生活。

这么做的目的就是让百姓富足，从而提高其道德水平。一个人只有自己吃饱了，才愿意把家里多余的粮食接济给其他吃不饱的人。倘若自己缺衣少食，即便有仁心，他也无法真正地帮助别人。

仁爱不是空喊口号，它需要物质基础。圣人治理天下，就是要让仁爱的风气流传全国，让百姓都有能力把仁爱之心付诸行动。

孟子曰："孔子登东山而小鲁，登泰山而小天下。故观于海者难为水，游于圣人之门者难为言。观水有术，必观其澜。日月有明，容光必照焉。流水之为物也，不盈科不行；君子之志于道也，不成章不达。"

孟子的语句非常优美，他说，当孔子登上了鲁国的东山，他觉得鲁国就这么大一点；登了泰山，他觉得天下也变得很小了。为什么呢，因为他所在的位置不一样，眼界不同了。没见过大海的人，会认为家门口的湖泊很大了，等看到大海，才会惊叹，这才叫无边无际。如果一个人真的领悟了孔子的话，听懂了圣人之言，他再听其他人说的话，恐怕就听不进去了。

我们要想欣赏水，就要看它形成的波澜。日月的光辉，只要有一点缝隙，它就能透过去，这就叫容光必照。地上有一个坑洼，水一定要先灌满它才会继续向前流淌。君子立志追求正道，他就能做出成绩。

这段话非常励志，孟子认为，一个人只有攀登过更高的山峰，结识过比自己优秀的贤者，才能拓宽自己的眼界，树立宏图大志，有所成就。

"孟子曰：'鸡鸣而起，孳孳为善者，舜之徒也；鸡鸣而起，孳孳为利者，跖之徒也。欲知舜与跖之分，无他，利与善之间也。'"听到鸡打鸣了就马上起床，孜孜不倦地去完善自己，这种人就是舜这一类的人。同样也是鸡打鸣就起床的人，如果他是为了追逐利益，那么这种人就是盗跖这类人。盗跖是柳下惠的弟弟，是一个有文化的强盗。

要想知道你做的是好事还是坏事，你是舜之徒还是跖之徒，就看你追求的是什么，是利还是善。出发点不同，人就不同。

有人会说，这话不对，有人早起做生意卖早点赚钱，难道他就是强盗吗？

这就没有领悟孟子的言外之意。他的意思是，你早期忙生意，你诚信经营，物美价廉，你做生意的宗旨是想给他人带来便利，这个发心就是善意的，就符合"圣之徒"的理念。倘若你坑蒙拐骗，昧着良心赚钱，那就是"跖之徒"。

做的事情是一样的，初心和动机不同决定了我们最后会成为什么样的人。

孟子曰："杨子取为我，拔一毛而利天下，不为也。墨子兼爱，摩顶放踵利天下，为之。子莫执中，执中为近之。执中无权，犹执一也。所恶执一者，为其贼道也，举一而废百也。"孟子说，杨朱采取的是"为我"的做法，只管自己，不管别人，就算是拔一根汗毛就能有利于天下人，他也不会拔。墨子是博爱无私的，为了天下人得利，他不辞辛苦，什么事都愿意做。鲁国大夫子莫，是两种观点的折中者，他的想法接近正确了，但子莫这人不知权变，不懂权衡，凡事拘泥在一个点上，这就让人很不喜欢了，因为做事过于死板教条会损害真正的大道。

好比我们主张做人要诚实，不要说谎，这是正确的。但是，碰到特殊情况，碰到歹人了，说谎就可以救人一命，这时就可以说谎。但子莫不懂权变，他依然坚持不说谎，最终可能陷入危险。

所以孟子清醒地看到这一点，他批判了杨朱和墨子的极端做法，这两人一个太自我，一个太忘我，都过犹不及。

最好的做法就是，一个人既要有大我意识，又要有小我意识，先做好自己该做的事情，才有能力做利他的事情。为人处世，坚持原则没有错，但要具体情况具体对待。原则是死的，但事情是变化的，不懂权变，就等于刻舟求剑，永远找不到那把宝剑。

没有人能活成一座孤岛。

滚滚红尘，我们总要与他人携手共度一段旅程。爱己也爱人，途有好伴，不觉长远。

人能无以饥渴之害为心害，
则不及人不为忧矣：
有时慢下来，才是接近目标的最快方式

（一）

孟子曰："饥者甘食，渴者甘饮，是未得饮食之正也，饥渴害之也。岂惟口腹有饥渴之害？人心亦皆有害。人能无以饥渴之害为心害，则不及人不为忧矣。"

很多人很焦虑，于是去报各种培训班，参加各种训练营，花好几万去听所谓的成功大师讲课，几千个人坐在一个大厅里，跟着大师一块儿喊口号，大家觉得找到了人生导师，就此可以改变命运。

孟子告诉我们这样做是不对的。他说，一个人饿极了，什么都觉得好吃；一个人渴极了，什么都觉得好喝；这是因为他受到了饥渴的影响，从而做出了错误的判断。其实并非只有口腹会因为饥渴而受到影响，人心也能受到影响而做出错误的判断。如果一个人能让自己的心不饥渴，就不会因为赶不上别人而忧虑了。

孟子的意思是，一个人受饥渴的影响，从而做出错误的判断，这还只是小的错误，但如果一个人的心灵被影响而做出错误的判断，因为自己赶不上别人就焦虑，那就不好了。

就像开篇说的，人们认为跟着成功学大师学习就能改变命运，但其实这些所谓的大师可能并没有真本事，他们被奉为大师，只不过是大家觉得他们赚钱多、很成功。那些课程看似有用，但可能就是江湖骗子在给大家洗脑。最终你会发现这些方法慢慢地失效了，这些课程只是在不断伤害你、你的孩子和你的企业，这就是"心害"。

孟子是在告诉我们，如果你能够真正地了解心性的常识，了解什么是好的教育、什么是值得学习的东西，即便现在你赶不上别人也不用着急，更不用担心，你只要慢慢学就好了。

这就是孟子告诉我们的不要被外界影响而饥不择食，错误地追求短平快，还是要一步步脚踏实地地去努力、去实践，只要你在一步步往前走，慢一点也没关系。

（二）

孟子曰："柳下惠不以三公易其介①。"

注释 │ ① 介：耿介的操守。

在以往篇章里我们讲过柳下惠，他是一位贤人，曾经做过典狱长，三次被赶下台，又都恢复官职，面对贬职他没有任何怨言，是一个特别淡定的人。

之前孟子对柳下惠这种性格有时持批判态度，有时也会夸奖他。

孟子曰："柳下惠不以三公易其介。""三公"指三种官职。古人有两种说法，一种是太师、太傅、太保；还有一种说法是司马、司空、司徒，总之是最大的官。

孟子说，无论给柳下惠多大的官，他都不会改变耿介的操守。这里孟子是称赞柳下惠这种性格特质的。

很多人觉得随着官职越来越高，人也变得越来越圆滑是一件很正常的事，但在孟子看来，人不需要因为职位越来越高，就变得越来越通达（所谓的人情世故）。在做好工作的同时，保持过去耿介的操守就好，这才是君子所为。

（三）

孟子曰："有为者辟若掘井①，掘井九仞而不及泉②，犹为弃井也。"

注释
① 辟：同譬。
② 仞：同仞，七尺曰仞。九仞大约六七丈。

记得看过一幅漫画，是说一个人挖金子，挖了好久也没挖到，他就决定不挖了，但其实只要再往下挖一点点就可以挖到金子。

当时觉得挺讽刺，但也挺现实。坚持下去可能成功，也可能投入更多最终还是失败了，我觉得其中肯定有运气的成分。

孟子也说了一个相似的现象来告诉我们他对于坚持和放弃的理解。他说，有所作为的人就像挖井一样，掘井到了六七丈，已经很深了，却没有见到水，虽然有点功劳，但这仍然是一口废井。

有一个概念叫击穿阈值。击穿阈值就是0和1的关系，没有击穿阈值，前面的努力等于0，击穿阈值以后就变成了1。

我觉得这个问题生活中很常见。有些人，只要做事做到一半感觉前途渺茫，索性就不继续做了。结果就是，每一件事都做不长，最后没有获得任何成果。还有的人找工作，每个工作都做不长，结果工作好几年了也没有能拿得出手、证明自己能力的项目和业绩。

那如果你做某件事很长时间，没有取得想要的结果，还要不要坚持呢？

我觉得一件事要不要坚持，取决于三个方面：

第一，不确定性。运气就是不确定性，不可否认，运气很重要，是我们应该考虑的因素。

第二，认知水平。善于判断就是要比不善于判断的人稍微厉害点，了解趋势、眼界、格局，都是认知水平的一部分，也很重要。

第三，价值观。一个人的价值观很大程度上决定了一个人做事的状态。比如考古，很有可能我做一辈子也不会有重大发现，但是我认了，因为我喜欢这件事，所以我可以不计后果地坚持下去，即便最终什么也没发现，但仅仅过程我就很喜欢，这种坚持就是值得的。

任何领域只挖一两尺都挖不出乐趣来，好多人觉得什么工作都没意思，那是因为什么工作他们都没有认真去做，一旦他们认真起来，一定会从中发现乐趣。

《心流》一书中也说过，你觉得一件事很无趣，不是因为这件事本身，而是因为你做这件事的方式不对。

所以，在我看来，是否坚持一件事，完全在于我们自己的选择，个人价值观很重要，你能否认真对待、找到兴趣则更重要。

（四）

孟子曰："尧、舜，性之也；汤、武，身之也；五霸，假之也。

久假而不归，恶知其非有也？"

假如一个人假装爱你一辈子，你觉得这样的爱情是你想要的吗？

这是仁者见仁、智者见智的问题，孟子告诉我们他的回答。

孟子说，尧、舜能够行仁义，是因为他们天生就是好人。商汤和周武王比尧、舜要稍微差点，但是能够每天努力地反身自问，也慢慢地养成了仁义之道。春秋五霸是假借了仁义，也就是号称自己是仁义的，然后用仁义之名九合诸侯。久借他人之物，迟迟不还，那么别人怎么知道这个东西是借来的呢？

在我们看来，假借别人之物是一件坏事，因为那不是本人真实具有的东西，是假的、假装的。但孟子告诉我们，像春秋五霸那样，一辈子假借仁义之名做事，也很了不起。

孟子的观点是，如果一个人伪装得像君子一样，我们同样应该鼓励他。如果伪装到一定的高度，一直伪装下去，说不定慢慢地就会变成真正的君子。

我们过去常常认为，认知达到一定的高度，才能做到知行合一。但反过来，一个人虽然认知水平没达到，但他坚持做下去，突然有一天明白了，认知水平也就达到了。

我讲过一本书叫《能力陷阱》，书中说，你要想成为一个优秀的领导者，那你就不能用做不到为借口，否则你就会落入能力陷阱。一个人要想成为一个优秀的领导者，应该假装自己就是那个优秀的领导者，然后向他学习，学着学着，认知就逐渐达到了那个水准，这也是孟子告诉我们的假借别人之物也可能是件好事。

所以，当你不知道自己该怎么做的时候，如果自己还没有达到那个水平，不妨从模仿做起。模仿好了，自己慢慢也会变成那样的人。

回到开篇那个问题，假如一个人假装爱你一辈子，你觉得这样的爱情是你想要的吗？在孟子看来，这样的爱也是爱。

（五）

公孙丑曰："伊尹曰：'予不狎于不顺①。'放太甲于桐，民大悦。太甲贤，又反之②，民大悦。贤者之为人臣也，其君不贤，则固可放与？"

孟子曰："有伊尹之志，则可；无伊尹之志，则篡也。"

注释 ① 狎：亲近而不庄重。
② 反：同返。

我们常用"能屈能伸"来形容一个人有大丈夫胸襟。

一个真正大智大勇的人，能够收放自如，懂得为了达到目的而变换策略，甚至可以做出相反的策略。

公孙丑又来问孟子，商汤的宰相伊尹曾说过：我不会跟违背仁义的人亲近。

太甲是帝王，伊尹是顾命大臣，太甲做了一些很糟糕的事，伊尹干脆把太甲流放到桐地，老百姓很高兴，说伊尹做得对。过了三年，太甲又变好了，伊尹说，你回来吧，接着让他做商王，老百姓又很高兴。

总之老百姓永远都高兴，因为流放谁不流放谁这件事跟老百姓没有直接关系，只要老百姓每天能吃饱穿暖就好。

公孙丑说，伊尹这样的贤者看到君王不行，就把君王流放，以后咱们都能这样做吗？孟子曰："有伊尹之志，则可；无伊尹之志，则篡也。"

孟子说，如果你有伊尹的心志，那就可以。假如你没有，那就是篡位。孟子的意思是，不要在乎是否流放君王，关键看你能否像伊尹一样做到收放自如，把君王放出去，还能够收回来。

　　换言之，孟子不认为君权不可以触碰，他认为老天能让太甲当君王，也可以让别人当君王，所以不要纠结于此。

居仁由义，大人之事备矣：
不要拘泥于小事，在大事上要拎得清

（一）

公孙丑曰："《诗》曰：'不素餐兮。'君子之不耕而食，何也？"

孟子曰："君子居是国也，其君用之，则安富尊荣；其子弟从之，则孝悌忠信。'不素餐兮'，孰大于是？"

日出而作，日落而息。古代人大多是通过付出体力劳动获取报酬。这节里，孟子告诉我们脑力劳动和体力劳动都可以让别人获益，都应该获得相应的报酬。

公孙丑曰："《诗》曰：'不素餐兮。'君子之不耕而食，何也？""不素餐兮"是说一个君子不能够吃白食。公孙丑问孟子，《诗经》里说，君子不能够吃白食。我们不种地却天天有饭吃，这是为什么呢？

孟子靠带领弟子到各国讲道理为生，公孙丑觉得这样做却有饭吃不太好,就来问孟子。孟子曰:"君子居是国也,其君用之,则安富尊荣;其子弟从之,则孝悌忠信。'不素餐兮',孰大于是?"

孟子说,君子在一个地方待着的时候,如果国君任用他,他就能达到安定、富足、尊贵、荣耀这四种状态。如果年轻人愿意跟他学习道理,那年轻人就能达到对父母孝顺、对兄长尊敬、办事有忠心、做事讲究诚信这四种状态。这不是白白吃饭,还有谁比咱们的贡献更大吗?

孟子认为,不是只有种地这种体力劳动才能换来粮食,传播知识和道理也应该换来粮食,因为我们在让人们变得更好。

所以我们说孟子是知识付费的鼻祖,当年他就觉得传递知识收费是理所当然的。放到今天来看,的确无可厚非。用知识换取劳动报酬是一件再正常不过的事情。

(二)

王子垫问曰[①]:"士何事?"

孟子曰:"尚志。"

曰:"何谓尚志?"

曰:"仁义而已矣。杀一无罪,非仁也;非其有而取之,非义也。居恶在?仁是也;路恶在?义是也。居仁由义,大人之事备矣。"

注释 | ① 王子垫:齐王的儿子,名垫。

我们经常会陷入这样的纠结,这件事我到底做得对不对?我是不是对某个人不太友好?这让我们焦虑不安。

孟子告诉我们,只要时刻带着仁义做事,就不要想太多。

垫是齐国的一个公子。他有一天向孟子请教,说一个士人应该做什么样的事，士人的标准是什么。孟子说，就是每天提升自己的心志。

王子垫接着问，什么事可以提升自己的心志。孟子说，你能够把仁义这件事做到就能提升自己的心志。你随便杀一个无罪的人，这是不仁。不是你的东西你非得抢过来，这是不义。我们应该安住在什么样的地方呢？天下最大的房子不是别墅，而是仁，人在仁当中才能安居；天下最好的路不是高速公路，而是义。

孟子经常用房子来比喻仁，用路来比喻义。一个人每天安住在仁当中，做事情凭义去做，德行完备的人就已经凡事具足了。

因为王子垫贵为王子，他将来可能会当政，会面临生杀予夺这些问题。所以孟子对他说，你要做到仁义，不要妄杀无辜。

孟子的意思是，你不要为那些琐碎的小事而苦恼，如果我们能够回到仁义这件事上来思考问题，你就不会有那么多忧虑了。

还是那句话，行所当行，凭着良心、良知做事情，就会活得舒心，这一直是孟子强调的理念。

（三）

孟子曰："仲子①，不义与之齐国而弗受，人皆信之。是舍箪食豆羹之义也。人莫大焉②亡（wú）亲戚、君臣、上下。以其小者信其大者，奚可哉？"

注释　① 仲子：即陈仲子。
　　　② 焉：于。

前文曾经提到过陈仲子这个人，他和自己的母亲、哥哥分开住，一个人住在小山上，每天受冻挨饿，齐国人都认为他是一位贤人。

但孟子却有不同的看法。

孟子说，假如不符合原则，即便把齐国送给陈仲子，他也不会要。大家都相信他能够做到这一点，认为他是位贤人。

老百姓认为陈仲子了不起，但孟子一针见血地指出问题的要害。在孟子眼里，齐国跟一筐饭、一碗汤没有区别，意思是陈仲子舍的是小义，没什么了不起的，不值得称颂。

孟子认为，人最大的过错是不讲亲戚、君臣、尊卑，陈仲子为了保持自己的清廉之名，连自己的母亲和哥哥都不要了，这才是陈仲子最大的过错。陈仲子把仁义中最重要的部分都不要了，那么他不要钱财算得了什么呢？这样怎么可以呢？孟子是在抨击这种"以其小者信其大者"的行为。

当今社会也有很多这样的事。比如一个人在小事上态度鲜明，非常高调，得到大家的信赖。而社会和舆论往往没有耐心去考察大节，而是喜欢把小节放大，轻易地给一个人定性。

孟子是在抨击这种现象。但按照孟子的观点，大节才是最重要的，孟子告诉我们不要被一个人表现出来的小节蒙蔽了双眼，看人要看大节。

（四）

桃应问曰[①]："舜为天子，皋陶为士[②]，瞽瞍杀人，则如之何？"

孟子曰："执之而已矣。"

"然则舜不禁与？"

曰："夫舜恶得而禁之？夫有所受之也。"

"然则舜如之何？"

曰："舜视弃天下犹弃敝蹝（xǐ）也[③]。窃负而逃，遵海滨而处，终身䜣（xīn）然[④]，乐而忘天下。"

注释　① 桃应：孟子的学生。
　　　② 皋陶：传说中东夷族的首领。
　　　③ 蹝：通屣，鞋。
　　　④ 䜣：同欣。

有句话叫"凡事发生必将有利于我"。

很多时候，我们会对自己遇到的问题百思不得其解。其实，凡事有利有弊，换个角度思考问题，就可能豁然开朗。

桃应是孟子的一个学生。桃应问曰："舜为天子，皋陶为士，瞽瞍杀人，则如之何？"一天，桃应问孟子，舜是天子，皋陶当时在舜的手下做法官，如果舜的父亲瞽瞍杀人了，舜应该怎么办？

孟子曰："执之而已矣。"孟子说，让皋陶抓住就行了。

"然则舜不禁与？"曰："夫舜恶得而禁之？夫有所受之也。"

桃应又问，舜难道不阻止吗？孟子说，舜怎么能禁止皋陶抓瞽瞍呢，人家的做法是符合法律、有理有据的。

"然则舜如之何？"桃应又问，那舜该怎么办呢，这不是不孝吗？桃应觉得如果舜让手下抓了自己的父亲，那是不孝。如果不抓，又不符合规定，舜应该很为难。

孟子说了一段话回复桃应，也阐明了自己对于这件事的观点。

曰："舜视弃天下犹弃敝蹝也。窃负而逃，遵海滨而处，终身䜣然，乐而忘天下。"

孟子说，草鞋穿破了还留着它干什么呢？舜把天下丢掉，就跟丢掉一双破草鞋一样，是不会心疼的。舜晚上劫狱，将自己的父亲背上就跑，逃到偏远的海滨，陪父亲在海边度过余生，孟子认为这是舜应该做的事。

桃应觉得舜作为天子，又是圣人，肯定会为如何处理父亲瞽瞍杀人头痛。可孟子觉得这件事很简单，只要舜凭良知出发就好了，放心地把事情交给手下皋陶，让皋陶抓住父亲就行了，这没什么可为难和担心的。

我觉得孟子这么说，一方面他认为圣人绝对不会觉得自己很重要。在孟子看来，如果一个人觉得自己很重要，天下离了自己就完了，那说明这个人还是个俗人。舜之所以能够把天下放下，是因为舜并不觉得没有自己国家就不能正常运转了。

另一方面，孟子认为圣人更能拿得起放得下，在能做事的时候好好做事，不能做事的时候就好好享受生活。所以对于舜来说，发生这样糟糕的事也没关系，正好可以放下一切好好生活。

我觉得孟子的话对我们有很大的启发。

在做事时，不要把自己想得太重要。对别人多一份信任，把事情交给值得信赖的人，我们就会轻松很多，也会少很多烦恼。

（五）

孟子自范之齐，望见齐王之子，喟然叹曰："居移气，养移体，大哉居乎！夫非尽人之子与？"

孟子曰："王子宫室、车马、衣服，多与人同，而王子若彼者，其居使之然也。况居天下之广居者乎①？鲁君之宋，呼于垤（dié）泽之门②。守者曰：'此非吾君也，何其声之似我君也？'此无他，居相似也。"

注释 | ① 广居：指仁。
     | ② 垤泽之门：宋都城门。

有句话说"你所处的环境，决定了你的人生"。

不良环境的确可以使一个本性善良的人渐渐走向不归路，而不同的环境也可以让一对双胞胎长大后个性完全不同。

这节里，孟子也告诉我们环境对人的影响十分重要。

"孟子自范之齐，望见齐王之子，喟然叹曰：'居移气，养移体，大哉居乎！夫非尽人之子与？'"

孟子从范邑到了齐国，看见齐王之子。有古人考证说，这里的"齐王之子"指的就是当时还是王子的齐宣王。

孟子很远就看到王子走出来，感叹说，一个人居住的环境能够改变他的气度，饮食奉养也可以改变一个人的体魄。环境的影响真的很大呀！难道他不是跟别人一样，都是人的孩子吗？

孟子的意思是，都是爹妈生的，为什么王子的气度如此不凡呢？无非是因为他在宫殿里长大，吃的不一样，环境不一样，所以气度也就完全不同。

接下来孟子又说："王子宫室、车马、衣服，多与人同，而王子若彼者，其居使之然也。况居天下之广居者乎？"王子的宫室、车马、衣服，跟其他人的也差不多，只不过是数量多少而已，而王子看起来气度完全不一样，是因为他居住的环境不同。齐宣王住在美好的环境之下，就已经显得如此气度不凡了，如果一个人还能够胸怀仁义，那又该怎么样呢？

孟子还是在强调环境对一个人的影响之大。接着，孟子又列举了一个例子，说明环境对人的影响。

"鲁君之宋，呼于垤泽之门。守者曰：'此非吾君也，何其声之似我君也？'此无他，居相似也。"

宋都的一个城门叫垤泽门，鲁君到宋国时，在垤泽门底下喊："开门！给我开门！"守门人说这不是我们宋国的国君，他说话的这个腔调，怎么那么像我们的国君呢？意思是鲁国国君呼喝开城门的那个气魄、说话颐指气使的态度，跟宋国国君是一样的，原因是他们都是国君，居住的环境差不多。

所以孟子认为，在仁的环境里成长，人也能懂得行仁义。相反，如果在霸道盛行的环境里成长，人就会变得暴躁。如果我今天能让齐国的王子居在仁当中，将来他一定能实行仁政。

有一本关于建筑的书，名字是《欢迎来到你的世界》，这本书讲的就是外部的居住环境对我们个人心性的影响。屋顶的高低、颜色的区别、光线的区别，都会影响到居住者的心情和状态。这不是封建迷信，也不是简单的风水，而是心理学。

就像在博物馆里，我们很少见人随地吐痰，因为肃穆的环境让人也变得严肃起来，人们一进博物馆马上就会注意自己的行为。若到了嘈杂的地方，人说话也会变得很随意。这就是环境对人的影响，日积月累，深入人心。

所以，一个人要想变好，就要把自己放在好的环境里浸润自己，这是孟子对我们的劝诫。

恭敬而无实，君子不可虚拘：
真正尊敬对方，才是君子交往之道

（一）

孟子曰："食而弗爱，豕交之也；爱而不敬，兽畜之也。恭敬者，币之未将者也①。恭敬而无实，君子不可虚拘②。"

注释 | ① 币：帛，引申为礼物，交换物。将：送。
② 拘：止，留。

每个人都希望得到别人的尊重，其实很多时候，尊重别人与获得别人的尊重是互为因果关系的，你越是尊重别人，别人越尊重你。

所以，获得尊重的前提是学会尊重别人。

这节里，孟子阐述了自己对于尊重的理解。

孟子认为，人与人交往的第一个境界是"食而弗爱，豕交之也"，是说心中没有爱，给别人饭吃就像喂猪，你对猪没有感情，最后你要把它宰了吃掉。

第二个境界是"爱而不敬，兽畜之也"。孟子认为，喂狗跟喂猪是不一样的，人对狗有爱，但没有敬，也就是心中没有那份尊重，这是对待宠物的方法。

第三个境界是"恭敬者，币之未将者也"。孟子认为尊重对方不一定非得等到送礼时，意思是没送礼的时候就已经有了那份恭敬之心，这才是真正的恭敬。

孟子又说，"恭敬而无实，君子不可虚拘"。意思是如果一个君王表面上对你很恭敬，但没有实质行为，你就不要因为虚礼而留下来。

孟子和各国国君、大夫打交道，一定见过很多真正恭敬他的人，也见过很多恭敬而无实的人，孟子告诉我们，君子应该可以分辨这两者，然后用恭敬而有实的态度和人交往。

孟子告诉我们和人交往的三种境界，在生活里也都有对应。

比如，"养兵千日，用兵一时"就是把对方当作物而不是生命来对待，这个便是"食而弗爱"。有的人养一些宠臣，对他们有爱，但没有人格的尊敬，这个便是"爱而不敬"。

生活中，我们看到很多父母对待两三岁的孩子的状态就是"爱而不敬"，拿孩子当个玩具，对孩子没有尊重，也没把孩子当作一个拥有独立人格的人。随着年龄的增长，这样的孩子会产生叛逆情绪，变得不自信，没有安全感，等等。

我理解真正的育儿应该是孩子从一出生你就要懂得尊重他，不能够把你的意志强加在这个不会说话的孩子身上，要知道这是个生命，他有自己的独立意志，要用平等的态度去对待孩子。

总之，孟子认为"恭敬而有实"才是君子相交之道。

（二）

孟子曰："形色①，天性也。惟圣人然后可以践形②。"

注释　① 形色：形，指体态。色，指容。
　　　② 践形：焦循《孟子正义》："圣人尽人之性，正所以践人之形。"

孟子说，一个人的形态和容貌是老天赋予我们的。只有圣人才能用善的人性真正实现外形之美，完全地实践这个形体和容貌所能带来的一切潜能。通俗点说就是，你的内在能够配得上你的皮囊。

在孟子看来，普通人的行为往往显示出一些动物性，一个人要想配得上人的这副容貌，就需要像圣人那样做事。这个难度很大，是对每一个人的鞭策。

当然，仅从外形往往也能够看出一个人的修为。有个樵夫在山中打柴遇到嵇康，以为遇到了仙人。嵇康的身形和气宇轩昂的神态，直接就把樵夫折服了。

所以，在某种程度上，一个人的内在和外在也是相互关联的。外表是内在修为和品性的体现，而一个人的涵养也影响着一个人的外在。

我觉得这个事情对我们的启示是，不应该只有华丽的外表而忽略内心的丰盈，但同时，也不应该只注重内在的美好而忽视外表对一个人的重要性。

就像我们今天常说的一句话"没有人会透过你邋遢的外表看你的内心"。

很多时候，整洁的外观、得体的装扮，往往决定了他人对你的第一印象，也影响着他人是否愿意和你交往。因此我们要做到内外兼修，既要注重内在修为，也要注重外表。

（三）

齐宣王欲短丧。公孙丑曰："为期（jī）之丧①，犹愈于已乎？"

孟子曰："是犹或紾（zhěn）其兄之臂②，子谓之姑徐徐云尔，亦教之孝悌而已矣。"

王子有其母死者，其傅为之请数月之丧。公孙丑曰："若此者，何如也？"

曰："是欲终之而不可得也。虽加一日愈于已，谓夫莫之禁而不为者也。"

注释
① 期：一年。
② 紾：扭。

生活中，有很多约定俗成的礼节，比如婚恋嫁娶的流程、礼节，过节过年时候的风俗和习俗。

我们也经常在烦琐的习俗中不知所措。孟子告诉我们对于礼节应该懂得变通，达到目的即可，不必死板地遵照执行。

"齐宣王欲短丧。公孙丑曰：'为期之丧，犹愈于已乎？'"因为一个人守丧三年，这三年间他基本只能天天待在家里，不能出来做事，也影响经济发展。齐宣王希望把守丧时间改成一年，公孙丑就来和孟子讨论这件事。

"期"是一年的意思。公孙丑说，守丧一年总比不守强吧？

孟子说："是犹或紾其兄之臂，子谓之姑徐徐云尔，亦教之孝悌而已矣。"有一个人很坏，扭伤自己哥哥的胳膊，你对这个人说，慢慢扭，别使太大劲。这也算是敬重自己的哥哥吗？

显然，孟子很反感把守丧时间从三年缩短到一年的做法，公孙丑又问了另外一件事情。

"王子有其母死者，其傅为之请数月之丧。公孙丑曰：'若此者，何如也?'"

说有一个王子的生母死了,这个王子是庶出,按照礼法,王子的父亲还健在的话,庶出的王子是不能为生母守丧的。这个王子的老师看王子心中悲痛,就让王子守几个月丧。公孙丑说,你前面说齐宣王把守丧时间从三年缩短到一年是不孝,那么这个王子的母亲死了,守几个月的时间还要争取,这个是孝还是不孝?

"是欲终之而不可得也。虽加一日愈于已,谓夫莫之禁而不为者也。"孟子很是通情达理,他说,这种情况是这个人希望能守孝三年,可规定却不允许他这样做,他内心悲痛,真想为自己的母亲守丧,所以就算是守丧一天也比完全不守丧要好得多。

在孟子看来,齐宣王把守丧时间缩短为一年不可行,因为没有人强迫他这样做,他这是不够孝顺的表现;而像这个庶出的王子,按照规定他不能给自己的母亲守丧,但他尽力争取了,就算只争取到几个月,也已经算是尽心尽力了。

孟子认为不能单纯地看守丧时间的长短,还要看具体情况。这依然是孟子通权达变的表现,他主张人在不同的环境中可以做出不同的选择。

(四)

孟子曰:"君子之所以教者五:有如时雨化之者,有成德者,有达财者①,有答问者,有私淑艾者②。此五者,君子之所以教也。"

注释　① 财:同才。
　　　② 私淑艾:焦循《孟子正义》:"私淑艾者,即私拾取也。亲为门徒,面相授受,直也。未得为孔子之徒,而拾取于相传之人,故为私。"

孟子认为君子教人有五种基本教法，第一种教法就像及时雨那样润泽点化，比如跟随孔子在河边弹琴、聊天、洗澡、唱歌。第二种就是成全一个人的品德，帮他提升心性。第三种就是帮助一个人培养才干，比如教授一些技能。第四种就是你问我答，老师负责回答问题。第五种就是根本没见过面，甚至相隔几百年。就像孔子跟孟子之间就相隔一百多年，孟子曾说过，他对于孔子是私淑者，他是读孔子的书慢慢学会的。这五种都是君子教人的方法。

今天的教育其实也是如此。

孟子说的第一种教法就像是今天学校组织活动，这叫言传身教；第二种是思想品德教育，让学生学习哲学和伦理；第三种学的是经世济民的方法；第四种是翻转课堂，用引导式的回答解决学生问题；最后一种是著书立说，让后人也能够学习。今天火爆的短视频大概也属于第五种。

我觉得，任何单一的教育方式都是片面的、有局限的，要想真正调动孩子的学习兴趣，提高孩子的学习能力，还应该多种教育方式相结合，充分发挥各自的积极作用，才能起到更好的教育效果。

（五）

公孙丑曰："道则高矣，美矣，宜若登天然，似不可及也。何不使彼为可几及而日孳孳也？"

孟子曰："大匠不为拙工改废绳墨，羿不为拙射变其彀（gòu）率[①]。君子引而不发，跃如也。中道而立，能者从之。"

注释 | ① 彀率：拉开弓的标准。

有些事情是可以量化的，比如考试成绩、工作业绩。可有些事情是无法量化的，比如对于仁义道德的追求。

这节里，公孙丑和孟子讨论道的话题。孟子也告诉我们，追求道是件无止境的事。

公孙丑是一个天真的人，他说，老师您整天跟我们讲的那个道又高又远又美，像登天一样，太高了，我们根本够不着，为什么您不让那个道变得矮一点，让我们跳一下就能够到，这样每个人都会孜孜以求。

就像今天我们定绩效指标，定太高，大家就放弃了，定太低，就不追求了，所以要定一个跳一跳能够得着的高度，这种目标最能够调动人的积极性。

公孙丑把孟子说的"道"当成关键绩效指标，认为道也应该调整到一个合适的度。

孟子怎么回应他的呢？孟子曰："大匠不为拙工改废绳墨，羿不为拙射变其彀率。君子引而不发，跃如也。中道而立，能者从之。"

孟子说，一个厉害的工匠，不会因为你的水平差，就把测量用的规矩都改了，大羿也不会为了糟糕的学生来改变自己拉弓的标准。

君子教别人的办法是：假如我教你射箭，我会拉开弓，一副跃跃欲试的样子，表现出好像要达到仁的境界但是还没有达到的那个状态。站在道中间能被别人看到，有能力的人自然就跟来了。

我理解孟子的话有两层含义：

第一层，孟子认为君子所作所为应该让其他人看到，也就是"中道而立"。看到了，有能力的人才能跟随他。

第二层，君子要做到"引而不发"。因为仁义没有固定的标准，君子不会站出来说自己很厉害，君子只能说我还在不断地努力中，因为追求仁义的道路是没有尽头的。

所以孔子从来不认为自己是圣人，也不认为自己达到了中庸的境界，而是不断瞄准，不断努力。就仁这件事情而言，让那些有能力的人被感染、被吸引，一起前往至高的境界，这种状态就是"中道而立，能者从之"。

我讲过一本书，名叫《有限与无限的游戏》，孟子说的对于仁义的追求就是无限游戏，没有标准答案，也永远没有结束那一天，君子应该一直在追求仁义的道路上前行。

无疑而问：
若非真诚发问，并无解答之必要

孟子曰："天下有道，以道殉身①；天下无道，以身殉道。未闻以道殉乎人者也。"

注释 | ① 殉：从。

公都子曰："滕更之在门也①，若在所礼而不答，何也？"
孟子曰："挟贵而问，挟贤而问，挟长而问，挟有勋劳而问，挟故而问②，皆所不答也。滕更有二焉。"

注释 | ① 滕更：滕君之弟，是孟子的学生。
② 故：指故旧之好。

一直以来，对于学生提出的问题，孟子总是会报以最大的耐心作答，但也有例外——如果你并不是真正有疑惑的话。毕竟，无疑而问，为了提问而提问的人，是问不出好问题的。

在答疑方面，孟子实际上有自己的一套准则和标准。在他这里，也不会有降低标准这回事，不行就是不行。

孟子曰："天下有道，以道殉身；天下无道，以身殉道，未闻以道殉乎人者也。"天下清明，也就是"有道"的时候，要以道跟随我们的身体，让道施行于天下，这叫"以道殉身"。"天下无道"的时候怎么办呢？那我们要努力追寻那个道，哪怕付出身体的代价，这叫"以身殉道"。

那么什么叫"以道殉乎人"呢？把道的标准降低，用道迎合人。比如吹捧齐宣王符合道，就叫"以道殉人"，你拿天爵作为礼物随便送人，这是绝对不可以的。

换句话说，绩效指标可以降低，但是道的标准没法降低。

从这里，我们可以看到孟子对道的追求。在道的标准这件事上，没有商量的余地。

所以，即便滕更并没有做什么过分的事，孟子也依然坚守自己的原则，没有回答他的问题。对此，学生公都子还是相当困惑的。

公都子曰："滕更之在门也，若在所礼，而不答，何也？"滕更是滕国国君的弟弟。滕更在孟子门下学习的时候，看起来他还是挺懂礼数的，他问您的问题，您都不理他，不回答，这是为什么呢？

孟子曰："挟贵而问，挟贤而问，挟长而问，挟有勋劳而问，挟故而问，皆所不答也。滕更有二焉。"孟子脾气很大。他说，我这个人有五不答。哪五种呢？

第一种，"挟贵而问"。就是仗着地位高提问题，这种态度不对劲。

第二种，"挟贤而问"。就是他觉得自己的境界很高了，甚至比你还高点。这不行，因为这个人水杯装满了，回答他，他也接受不了。

第三种，"挟长而问"。就是问问题的时候倚老卖老。

第四种,"挟有勋劳而问"。比如有人说:"这件事情我有发言权,因为我们曾经成功做过一件事。"他一脸得意。

第五种,"挟故而问"。比如有人说:"咱俩都这么熟了,你就别跟我装了,你有话就直说。"

为什么这五种提问孟子都不回答呢？因为都不真诚,要么是为了炫耀社会地位,要么是炫耀社会经验,要么是炫耀交情深厚,提问者心中没有一个真正的疑问。还有一种是为了验证自己内心已有的答案,就是"挟贤而问",我自己都知道,只是找你印证一下,你最好答得跟我想的一样。

这五者都不是对某件事发自内心的疑惑,属于无疑而问。孟子为什么喜欢回答公都子、公孙丑、万章这些弟子的问题,这些弟子是真不明白,问的每一个问题都是真诚的。孟子会给他们详细解释,无论他们的问题境界高低。

孟子认为,在五种不答的情况中,滕更犯了其中的两种。当然,这里孟子并未直接点出是哪两种。有学者认为滕更是"挟贵""挟贤",所以孟子不答。

我们可以想一想,一个好问题是如何诞生的呢？别的暂且不说,最起码我们需要认真思考一番,才会发现自己的疑问在哪里。而在孟子的这五不答中,恐怕没有哪一种是经过认真思考后提出来的。这样的问题即便回答了,也不会有多大的价值或者意义,不如不答。

提问是学习和探索中非常关键的一环。但若是为了问而问,实际上也没必要。因为提问是为了进一步提高自己,但为了问而问,无论如何都是达不到这个效果的。为什么这么说呢？

孟子所提出的这五不答,本质上就是三个字——不谦逊。一个不谦逊的人,是没办法进步的,因为他的心已经太满了,装不下更多的知识了,他大概率也不认为自己还需要学习。所谓提问,不过是为了显示自己，这时候的求教不真心，对被请教者的态度恐怕也不够尊重，又怎么可能真正学到知识或是有所提升呢？做不到的。

傲慢，是对别人的不尊重，也是对自己最大的限制，因为失去了进步的机会。

薄厚皆有度：
平衡之道的关键，在于各安其位

孟子曰："于不可已而已者，无所不已。于所厚者薄，无所不薄也。其进锐者，其退速。"

孟子曰："君子之于物也，爱之而弗仁；于民也，仁之而弗亲。亲亲而仁民，仁民而爱物。"

现在，很多人的婚姻都出现了问题，甚至有的人因为没有处理好婚姻关系而危及了身家性命。换人很容易，但这解决不了根本问题，我们必须找到真正的问题。

问题是什么呢？每一段关系在破裂之前，其实都是有预兆的。所有的矛盾都是从失衡开始的。这也是为什么孟子一直强调平衡，因为平衡是世间万物发展的基本规律。而平衡的关键，在于各安其位。

所谓各安其位，便是不越位，不过度，无不及。

孟子曰："于不可已而已者，无所不已。于所厚者薄，无所不薄也。"什么叫"于不可已而已者"？有的事情你是不能够停下来的，比如，你一生当中追求的最重要的事情是不能停的，不能停的事你还要停下来，说明没有什么是你不能放弃的。

那什么事是不可以停的呢？

在孟子看来，除了呼吸、吃饭、睡觉这些人的必需动作，还有一个非常重要的不可已的东西，就是择善固执，也就是不断地修养身心，反省自己，不断地进步，这件事是不能随便停下来的。

同理，如果你对你应该厚待的人都很薄情，比如你对父母都表现得薄情寡义，那么你对别的人就更别提了。

你对你的父母应该比对别人的父母好一点，这就是中国古人讲的薄厚的区别。

人有薄厚的等差，这就是社会秩序的发端。

"其进锐者，其退速"，一个前进太猛的人，后退也会很快。因为不符合常规，很容易出意外。一个人突然声名鹊起，那么倒下去也会相对比较快。老子说"企者不立，跨者不行"，也是这个道理。所以不要老想一夜暴富，或突然收获百万粉丝，有那么好吗？

孟子曰："君子之于物也，爱之而弗仁；于民也，仁之而弗亲。亲亲而仁民，仁民而爱物。"孟子又提出了一个等差。他说，君子对于物，比如一把茶壶，可以"爱之"，但是"弗仁"。什么意思呢？我不会用仁义之情对待它，爱它爱得不得了，爱到把它当作人，这叫恋物癖，人不能有恋物癖，这叫"爱之而弗仁"。

于民呢？"仁之而弗亲"，君子对于老百姓，对于服务对象，可以"仁之"，可以对他们很好，但是不能像对待亲人一样，不然就逾礼了。你不能够真的把顾客当父母一样对待，这样势必就乱套了。

正确的做法是，你对父母要亲，对子弟、对百姓要仁。

在此基础上，你还要爱惜财物。对物、对人、对亲，孟子提出了三个不同的等级。你要是搞混了，就乱了厚薄和等差。社会秩序的混乱会带来很多深层次的问题，这一点在心理学上也得到了验证：有的人跟父母关系不好，会把这个感情投射在别人身上，表面上似乎起到了安慰的作用，但是最后会带来更大的痛苦。因为他承担了不应该承担的责任，对别人有了不应该有的期待，这种不应该有的期待和不应该承担的责任，都会成为人际关系的负担。

各安其位非常重要。如果大家都越位的话，秩序就会失衡，这是很可怕的一件事，无论是对我们自己，对家庭，还是对社会来说，都是如此。

当务之为急：
事有轻重缓急，成大事者当不拘小节

孟子曰："知（zhì）者无不知也，当务之为急；仁者无不爱也，急亲贤之为务。尧、舜之知（zhì）而不遍物，急先务也；尧、舜之仁不遍爱人，急亲贤也。不能三年之丧，而缌（sī）①、小功之察②；放饭流歠（chuò）③，而问无齿决④，是之谓不知务。"

注释
① 缌：细麻布，缌麻，也指三个月的孝服，五种丧服中最轻的一种，为远房亲属服丧时用。
② 小功：服丧五个月，用于兄弟之丧。
③ 放饭流歠：赵岐注："放饭，大饭也。流歠，长歠也。……于尊者前赐饭，大饭长歠，不敬之大者。"歠，饮，啜。
④ 齿决：此处指用牙齿咬断干肉。赵岐注："齿决，小过耳。"《礼记·曲礼》："干肉不齿决。"吃饭时，干肉不用牙齿咬断，而要用手折断。

当手头有很多事情需要处理的时候，我们该从哪里着手呢？如何在混乱的信息中抽丝剥茧，理出头绪？对于这个问题，孟子也说，我们要从最紧急的事情开始。

原来，时间管理并不是什么新概念，古来便有之。接下来，就让我们听听孟子的这堂时间管理课。

孟子曰："知者无不知也，当务之为急；仁者无不爱也，急亲贤之为务。"他说一个明智的人，没有什么事是不想知道的，他肯定想求知。那他应该先学什么呢？先学眼前最紧急的，这叫当务之急。一个仁人，一个心中有爱的人，对所有人都关心。但我们应该首先关心的，不是街上的流浪汉，而是身边的亲人，然后是应尊敬的贤人。

很多人搞错了次序，很多人对流浪汉很好，对陌生人很友好，回到家里，对亲人很凶，或大喊大叫，或冷暴力，甚至家暴。

"尧、舜之知而不遍物，急先务也。"尧、舜非常聪明，也愿意探求智慧，但是他们不会所有的事都知道，都去做，首先要做的，是当前最紧急的事。比如洪水泛滥时，对大禹来说，治水最重要。"尧、舜之仁不遍爱人，急亲贤也。"他们对人的爱也不是每个人都一样，他们最爱的是亲人和贤人。

"不能三年之丧，而缌、小功之察。"缌礼是女婿为岳父母服丧三个月，是一种比服丧三年要简单得多的礼。小功是外孙为外祖父母服丧五个月，所以缌和小功是两种较轻的丧礼。孟子说，一个人不去好好地服他的三年之丧，却整天研究三个月的、五个月的丧礼，这就是一种没有找到当务之急的表现。

"放饭流歠，而问无齿决，是之谓不知务。"跟尊长在一块儿吃饭的时候，大口吃饭，大口喝汤，这叫放饭流歠。不管别人，只顾使劲儿吃，这是非常无礼的餐桌表现。

"无齿决"是什么意思呢？古代人吃饭时有一个小的礼仪，吃肉干的时候不能用牙齿把它咬断，应该拿手掰，掰上一段，放在嘴里吃，这是一种餐桌上的高级礼仪。和"放饭流歠"比起来，"无齿决"是一种更高的要求。这好比一个人在尊长面前吃相难看,却要求自己先用哪个叉,再用哪个刀,他根本没有搞清楚什么更重要。

孟子说,"是之谓不知务也",不知道什么是轻重缓急。为什么孟子会说这段话呢?那个时候,梁惠王、齐宣王这些君王经常会问很多行政上的细节,比如某个事应该怎么干。是这些具体细节重要,还是统治者心中存有仁爱之心重要?在孟子看来,君王首先要心存仁爱,善待民众,再去慢慢文饰那些细节,这个思路才是对的。但是对这些贵族来说,他们只习惯考虑细节,因为其生活早脱离群众了。

我们会发现,人一旦脱离群众,天天讲究的就是家具应该怎么摆、衣服应该怎么穿、用刀叉应该什么顺序这些生活细节。远离了人间烟火,这些贵族做了很多放饭流歠的事还不自知,还以为自己过得非常尊贵。率兽而食人尚不自知,却天天讲究排场,看自己是否符合古风,这是没有道理的。

细节虽然重要,但也要分时机。特别是当一件事无法一步到位的时候,我们就得先从大处着手。当下什么最重要?先完成最重要的事,之后再打磨细节,如此方能成事。

尽心

下

尽信书不如无书：
要用思辨精神恰当地理解书里的内容

（一）

孟子曰："不仁哉，梁惠王也！仁者以其所爱及其所不爱，不仁者以其所不爱及其所爱。"

公孙丑问曰："何谓也？"

"梁惠王以土地之故，糜烂其民而战之，大败；将复之，恐不能胜，故驱其所爱子弟以殉之。是之谓以其所不爱及其所爱也。"

孟子曰："春秋无义战。彼善于此，则有之矣。征者，上伐下也，敌①国不相征也。"

注释 ① 敌：匹敌，相当。

有所爱，有所不爱，都是人之常情。很多时候，我们可能做不到爱每个人，但起码不要肆无忌惮地伤害无辜。因为最终，这些伤害还是会祸及自身。

"孟子曰：'不仁哉，梁惠王也！'仁者以其所爱及其所不爱，不仁者以其所不爱及其所爱。"梁惠王真是一个不仁的君主。为什么呢？仁者的特点是"以其所爱及其所不爱"，一个人爱自己的孩子、父母、兄弟姐妹，会推而广之，他会知道别人也有父母、兄弟和孩子，这时候他才会爱大众。

孟子说这番话的时候，公孙丑没听明白，接着问道："您说这话是什么意思呢？"

孟子接着说，"梁惠王以土地之故，糜烂其民而战之，大败"。为了获得更多的土地，他让老百姓冲在前面打仗，让他不爱的人去送死，在他看来死多少人也不过是个数字。最后，打到关键时刻，梁惠王被战事裹挟，不得不将亲弟弟和儿子也送上了前线，最后太子申死了。这就是"以其所不爱及其所爱也"。

人了解历史多了就会知道，和平是多么来之不易，我们应该更多地以其所爱及其所不爱。如果认为牺牲与我无关，都是别人的事，最后还是会殃及自身。就像梁惠王，因为他的好战，在马陵之役中甚至牺牲了自己的儿子。

当然，梁惠王不是唯一一个好战的君主。当时的很多诸侯王和他一样，都喜欢通过武力解决问题，为了自己的利益不断发动战争，所以总是打来打去，而遭殃的都是老百姓。

所以，孟子说："春秋无义战。彼善于此，则有之矣。征者，上伐下也，敌国不相征也。"孟子认为，春秋时候的战争，没有一场是正当的。什么叫正当的战争呢？在孟子看来，天子讨伐诸侯，是正当的战争。诸侯叛乱，天子说我要征讨他，天子只需要说了这句话，其他的诸侯就会主动替天子讨伐，这是古礼。

"彼善于此，则有之矣。"什么叫彼善于此呢？这一场比那一场稍微正当一点点，这种情况是有的。比如齐桓公九合诸侯，目的是阻止夷狄掠夺，以及能够尊王。他表面上依然是要维护周天子的地位，这种状况就好过晋国和楚国之间的争霸战。

"征者，上伐下也"，诸侯可以征讨背叛的大夫，这个叫作征。伐也是上对下，都代表着一种道德上的优越感。"敌国不相征也"，这里的敌不是敌对的意思，而是对等的意思，意思是说对等的两个诸侯国谈不上征讨。

什么意思呢？在春秋末期，天子的权威已经没有了，此时发生的所有战争都是诸侯之间的战争，他们只是把战争当作满足自己私欲的手段，丝毫不顾及百姓的利益。

一些诸侯王声称去征讨其他国家，但是何为征讨？征讨是由上及下，只有天子才有这个资格，作为同级别的诸侯王，并没有权力去审判或是惩罚别的诸侯，诸侯国之间的征战，压根儿谈不上征讨，都是不义之战。

（二）

尽信《书》，则不如无《书》。吾于《武成》①，取二三策而已矣②。仁人无敌于天下，以至仁伐至不仁，而何其血之流杵（chǔ）也？

注释 | ①《武成》：《尚书》篇名。
　　 | ②策：竹简。

人们常说："尽信书不如无书。"这话出自《孟子》，但很多人实际上误解了孟子的意思。

"孟子曰：'尽信《书》，则不如无《书》。吾于《武成》，取二三策而已矣。'"这句话被很多人误读。很多不喜欢读书的人说，你们这些知识分子，酸文假醋，一天到晚说读了哪些书，但实际上尽信书不如无书。

我们要搞清楚，这个书特指《尚书》。孟子是说，如果《尚书》

里的每一句话你都相信,那你还不如不看《尚书》。因为《尚书》记载着历史,上古言语都很简短,可能因为政治需要,有很多事被夸张了,也有很多事被掩盖了。所以孟子的意思是,一个人如果相信历史书中的每一句话,那肯定是偏听偏信了。

孟子绝对不是在说一个人书读多了就变傻。所以不要用这句话当作自己懒惰的借口。孟子告诉我们,读书要学会取舍,要学会用批判性的眼光判断书里说的是真是假。

至于《武成》,这一篇文章主要讲的是武王伐纣的故事。孟子认为其中恐怕也就两三根竹简是可以相信的,其余的都夸张了。

孟子的判断标准很奇怪。他说:"仁人无敌于天下,以至仁伐至不仁,而何其血之流杵也?"杵是捣衣、舂米的木棍。孟子认为,武王伐纣是以至仁伐至不仁。武王是至仁的代表,纣王是至不仁的代表,以至仁伐至不仁,应该是摧枯拉朽一般,怎么可能流血漂杵呢?不可能。

孟子的逻辑是有问题的。他首先认定王道不会错,武王伐纣不可能流那么多的血,没有那么多的人会愿意为纣王卖命。

其实,历史上再糟糕的皇帝身边也会有一群愿意玩命的支持者,尤其是那些既得利益者。孟子倒果为因了。

我们学习本节的重点是要知道"尽信《书》不如无《书》",绝不是让人不要读书,而是让人用思辨精神恰当地理解书里的内容。

(三)

孟子曰:"有人曰:'我善为陈(zhèn)①,我善为战。'大罪也。国君好仁,天下无敌焉。南面而征,北夷怨;东面而征,西夷怨。曰:'奚为后我?'武王之伐殷也,革车三百两②,虎贲三千人。王曰：'无畏！宁尔也，非敌百姓也。'若崩厥角稽（qǐ）首③。征之为言正也，各欲正己也，焉用战？"

注释
① 陈：同阵。
② 两：同辆。
③ 若崩厥角稽首，即"稽首若崩厥角"。一说厥角为叩头、顿首。厥同蹶，顿。角：额角，老百姓磕头像兽角崩断。一说崩为山崩，像山崩掉了一角。

孟子并非一味反对战争，但他反复强调仁君要以仁治国，这是王天下的根本。为什么呢？孟子的逻辑是——仁者无敌。如此，便不需要打仗了。

"孟子曰：'有人曰：'我善为陈，我善为战。'大罪也。国君好仁，天下无敌焉。'"孟子最讨厌什么人呢？就是那种向国君献计献策，说我这个人善于排兵布阵，善于攻城略地。他说，这种人有大罪，把国君都教坏了。

为什么呢？孟子认为，如果一个国君好仁，他不需要跟谁打仗，其他人就自然背着孩子、拿着行李过来投奔了。"南面而征，北夷怨；东面而征，西夷怨，曰：'奚为后我？'"往南方讨伐，北方的少数民族说为什么不来打我们？往东边讨伐，西边的少数民族说为什么不来打我们？

"武王之伐殷也，革车三百两，虎贲三千人。王曰：'无畏！宁尔也，非敌百姓也。'"武王伐殷的时候，兵车带了三百辆，勇士有三千人，他对老百姓说，不要怕，我今天是给你们带安宁来的，让你们能过上好日子。

反过来，如果你走到哪儿都杀百姓，导致的结果就是百姓跟你拼命。

"若崩厥角稽首"，对这句话有两种解释。一种解释是，百姓都跪下磕头，磕头的力度就好像山崩了一样。另一种解释是，就像牛羊拿头使劲撞地，把角都弄断了，用来形容老百姓磕头的力度足够大。总之就是老百姓很感动，觉得太好了，王者之师终于来了。

"征之为言正也，各欲正己也，焉用战？"中国古代的字，音同，义就相通。征讨的征字，就是正的意思。孟子说，我觉得你那儿不正，我要帮你正一正，所以叫作征。

如果每一个诸侯国都能够正己，把自己的事做得很端正，根本不需要打仗。因为大家都在实行仁政，都希望自己的老百姓过得好，都对远方的人很好，那就不会有那么多战争。

这是孟子的观点。但实际情况是当国际秩序失去的时候，落后就要挨打。当时的诸侯国对孟子奉若上宾，但是没有人会用他的方案，因为太危险；仁政确实不是一个容易实现的东西。

我们可以从中学习到的是，解决问题，有很多种方式，未必一定要通过武力去解决。

（四）

孟子曰："梓、匠、轮、舆能与人规矩①，不能使人巧。"

注释　① 梓、匠、轮、舆：梓，古代专门做器具的工匠。匠，古代专造房屋的工匠。轮，古代专造车轮的工匠。舆，古代专造车厢的工匠。

梓、匠、轮、舆代表了四种不同的工匠，他们能与人规矩，但是不能使人灵巧。就是说，别人可以告诉你规律，但是巧这个境界，你要自己去追求，它存在于人的心中。

域外信息也好，隐性知识也好，是通过刻意练习来实现的。父亲是能工巧匠，就算耳濡目染，教到最后，儿子能不能像父亲一样巧？

不一定。莫扎特的儿子就没有莫扎特弹得好。

别人可以教你规律，教你方法，能否达到大师的境界，还要靠自己的努力。

孟子也是老师，孟子只能告诉我们关于仁义的道理，但是能不能存于心，运用自如，那是我们自己的事。怎么做呢？我们需要重视刻意练习。

我讲过《刻意练习》这本书。书中说，只有经过足够长时间专业的练习和反思，我们才能找到那种忘记了规矩的感觉。

真正的高手，都已经忘记了规矩。

整本《孟子》都在教我们仁义之道，但对于仁义之道的运用，我们能够达到怎样的层次，实际上还得靠我们个人的实践，需要在生活中不断地去练习、验证。

正如那句话：师傅领进门，修行在个人。

若固有之：
不为外物所役，安之若素

（一）

孟子曰："舜之饭糗（qiǔ）茹草也①，若将终身焉。及其为天子也，被袗（zhěn）衣②，鼓琴，二女果（wǒ）③，若固有之。"

注释
① 饭：吃。糗：干粮。茹：吃。
② 袗衣：麻葛单衣。
③ 果：同婐，女侍。此处用为动词，侍候。

穷有穷的活法，富有富的过法，并不是富裕就一定幸福，也不是贫穷就一定不幸福。决定我们幸福指数的，不是当下时的物质条件，而是我们守住幸福的能力。

世上有一种人，无论贫富，都能够安乐自在。

孟子曰："舜之饭糗茹草也，若将终身焉。及其为天子也，被袗衣，鼓琴，二女果，若固有之。"孟子说，舜在吃干粮和野菜的时候，

"若将终身焉"。意思是，这辈子我就这样了，没关系，这个叫安之若素。

有的人吃粗茶淡饭的时候，在心中发狠：这是我这辈子最后一次吃这种饭。这就是被外在的物质裹挟得太厉害了。很多人一辈子努力的目的都是住更好的房子，赚更多的钱，让别人都怕自己。

《自卑与超越》一书中说，在自卑的状态下，很多人想要超越别人的方法往往是错的。比如，你欺负了我，我将来长大了也要欺负你，这就是典型的不愿意生活在此刻的状态。

而对于舜来说，"饭糗茹草"，一辈子都这样也没问题，也很欢乐。颜回在陋巷，"人也不堪其忧，回也不改其乐"，也就这个状态，若将终身焉。

当舜成为天子以后，穿着麻葛的单衣，弹着琴，两个妻子伺候着他。她们是尧的两个女儿，一个叫娥皇，一个叫女英，都嫁给了舜。舜过上了富足的生活，但他并没有觉得有什么不同，好像他一直都是这样过来的。

为什么暴发户一眼就能看出来，因为暴发户并不习惯香车宝马的生活，他走起路来就开始抖，没来由地浑身晃。他觉得我应该被你们看见，很明显，他富的时间还不长。

但是像舜这种人，明明是从一个普通人突然成了天子，他为什么能够若固有之呢？很简单，外在的物质根本就不在他眼中。他不会因为突然发达了，有了两个好看的老婆，有了华美的宫室，就站也不会站，坐也不会坐，走到哪儿都耀武扬威。

如果一个人能像舜一样，穷，可以过穷的生活，"若将终身焉"；富，可以过富的生活，"若固有之"。这时候你的心灵会变得很自由，因为这些东西本来就不重要。

孔子也曾经说过，"不仁者不可以久处约，不可以长处乐"。小人穷困的时候容易犯险,一旦有了钱,他就要想办法折腾点事。所以,穷也不行,富也不行。真正的君子,穷的时候安贫乐道,富的时候乐而学习。这就是君子跟小人的区别。

人能不能够守得住幸福,是很重要的一件事。无论穷富,都能不为外物所役,安之若素,这是舜的境界。

(二)

孟子曰:"吾今而后知杀人亲之重也。杀人之父,人亦杀其父;杀人之兄,人亦杀其兄。然则非自杀之也,一间(jiàn)耳①。"

注释 ①间:隔。

暴力,从来不是值得提倡的解决问题的方式。以暴制暴,只会滋生出更多的暴力。

孟子上面的这段话很有可能源于他看到了一场大战。孟子感慨地说,我今天知道"杀人亲之重也",也就是一个人杀别人的亲人这事有多严重了。"杀人之父,人亦杀其父",你杀别人的父亲,将来别人也会杀你的父亲;你杀别人的兄长,将来别人也会杀你的兄长。

"然则非自杀之也",虽然看起来不是你亲自动手杀掉了你的父兄,"一间耳",但实际上差别不大。一个人没有动手杀他的父兄,但是把父兄作为祭品呈上去了。当他启动战争机器的时候,战争女神一定会向他收取祭品。

李斯参与到那些残酷的政治斗争当中,他也没少杀人,到最后一家子被绑赴刑场。他开始感慨,说我们当年牵着狗出门打猎是多么愉快的一件事。这就是"一间耳"。

梁惠王发动战争，让无数百姓上战场送死时，可曾想到，有一天，他的儿子也会因此丧命呢？这便是"杀人亲之重也"。虽然不是他亲自动手，但其子却是因他而亡。

所以好生是非常重要的，不要动辄通过暴力解决问题。一个人靠权势欺负了一个人，坑了一个人，你觉得没关系，说我势力大，只有我欺负你，但是天道好轮回，无论你权势多大、地位多高，你对别人做的事情，最终都会反噬回来，可能是回到你自己身上，也可能是反噬到你身边的人身上。所以，人要多行善事，要多为别人着想。

爱人即是爱己，伤人即是伤己。如果你真的爱你的家人和亲人，那么你也要友善对待其他人，起码不要伤害他们，因为他们也是别人的至亲、爱人。你希望别人如何对待你的家人，就要用同样的方式对待别人。

（三）

孟子曰："古之为关也，将以御暴；今之为关也，将以为暴。"

很多事物在初设的时候，都是利国利民的，但时间长了，就变味了。古代的关卡也是如此。

古代的时候为什么会想到设立关卡呢？目的是"将以御暴"，要抵御别的部落的侵犯，保护老百姓才是关卡设置的意义所在。

战国时期的统治者设立关卡的目的是什么？"将以为暴"，进出的人都要收钱，可以用它来横征暴敛。

另外，统治者欺负你，你跑了怎么办？所以把这关卡设立起来，你跑不了，他可以在这个国家里好好欺负你。这就是孟子所处的时代，那些政权已经背离了过去为民服务的初衷。

人类社会中之所以会出现国家，它的首要目的是降低暴力。那时候，部落和部落之间，说打就打，一打就死好多人。过去，村庄之间为了争一个水渠，漫山遍野打起来，也会死好多人。人们觉得不能这样了，让国家来限制杀人，国家能让暴力水平大幅下降。

国家虽然也有它的暴力属性，但是这种暴力要远远少于老百姓互相攻击的暴力。但是到了战国时期，国家越来越强，老百姓慢慢地变成最容易受欺负的对象，也就是"今之为关也，将以为暴"。

这让我想到一个故事。孔子曾偶遇一妇人在墓前哭泣。见妇人如此伤心欲绝，让子路上前询问。妇人说，自己的公公被老虎咬死了，后来丈夫也被咬死了，现在连儿子也死在了老虎的口中！孔子非常困惑，问这妇人为何不离开此处？妇人说，这里没有残暴的政令。

这也是"苛政猛于虎"的由来。

暴政的出现，比老虎可怕多了，遇到凶猛的老虎，百姓尚且可以与之一搏，但面对统治者的暴政，百姓很多时候是束手无策的。

原本，统治者的出现，是为了减少暴力，是为了让百姓生活得更好，结果到了战国时期，统治者成了暴力本身，那百姓的痛苦可想而知。

（四）

孟子曰："身不行道，不行于妻子；使人不以道，不能行于妻子。"

作为领导，如果不以身作则，是不会有人服你的。自己制定的规则，自己都不遵守，又有谁会遵守呢？如果你想仅靠权力管好一个公司或是家庭，孟子告诉我们，这是行不通的。

孟子曰："身不行道，不行于妻子。"如果一个人自己不践行正道，那么他想让他的老婆和孩子践行正道，是做不到的。

很多人很奇怪，自己老做坏事，却喜欢让自己的孩子做好事。很多做父亲的自己在外面坑蒙拐骗，回到家里却说自己最讨厌说谎的人，然后揍孩子。还有很多父母一天到晚抱着手机不撒手，但他们看到孩子玩手机就说不行，就要发飙。

人们总希望自己的妻和子能够行道。孟子说，"身不行道，道不行于妻子。"

"使人不以道，不能行于妻子"，如果你不遵循正道让别人做事，那你就连妻子儿女也使唤不动。什么是使人以道？比如谈判时对别人表示足够的尊重，考虑到对方的利益，这叫使人以道。

使人以道的时候，别人才能跟你合作。反过来，如果你总想坑蒙拐骗，想欺负别人，想利用别人，或者想威逼利诱别人，你连老婆、孩子都指挥不动。

很多人空有理想，想干一番大事……别想那么远，先和你的老婆、孩子处好关系，让他们愿意为你所使，愿意以身行道，你才有可能做成其他的事情。

如果你心中没有爱，没有尊敬和信任，希望通过尔虞我诈，依靠更高的工资或者期权，让你的员工心甘情愿地为你工作，这是非常难的一件事。领导力的核心就是尊敬和信任。

修己以达人，修己以安天下，把自己的身心安顿好，自己来行道，然后使人以道，才能做一个好的领导者。

（五）

孟子曰："周于利者[①]，凶年不能杀[②]；周于德者，邪世不能乱。"

| 注释 | ① 周：一说足；一说周全、妥善处理。
② 杀：一说缺乏、窘困；一说丧命。

当下，很多人都遇到了前所未有的危机，这和大环境有关。怎么办呢？我们改变不了环境，但可以学着安住当下。行之有道，再大的环境波动，也不能扰乱你的心。

何谓"周于利者"？就是善于处理利益关系。例如一个理财高手，他能未雨绸缪，思维缜密，善于经营，能够让财富从少到多，一点一点地增长。

"周于利者，凶年不能杀。"凶年就是糟糕的年份，比如发洪水或者旱灾。但即便这样，"周于利者"也能活下来。他在物质层面的生存能力很强。

"周于德者，邪世不能乱。"一个人如果德行周全，哪怕身处乱世，内心也不会乱。外部环境不会影响他、迷惑他。

假如一个人只是"周于利"，只能保证凶年不能杀，只提高了自己的反脆弱能力。仅此而已。如果一个人能"周于德"，那他就能一心不乱，不受制于环境的变化。

说到这儿，我想到了孔子。孔子曾经有过受困断粮的经历，整整七天无法进食。当时正值吴陈两国交战，楚国前来救陈。得知孔子住在陈蔡两国的边境上，楚国便派人来聘请孔子。陈蔡两国的大夫听说之后，担心孔子如果被楚国启用，自己会陷入危险中，于是派人把孔子围困在荒野上，断了他们的粮食。

面对这样的绝境，一般人早就慌了。孔子是怎么做的呢？他依然一如既往地讲学、读书、弹琴、唱歌，仿佛断粮这件事和自己没有关系。子路非常困惑，问孔子："君子也会有这样困顿的时候吗？"孔子回答，"会有的，只不过君子遭到困顿时能够把持自己。"

很显然，环境的变化丝毫没有影响到孔子，因为他始终坚守自己的内心准则，他的心没有乱。

你看，像这种突发的事件，我们是没办法提前预料的。这时候只有做到"周于德"，才能守住内心的平静，不受环境的影响。

所以，我们既要学会做一个"周于利"的人，也要学会做一个"周于德"的人。

打个比方，现在很多年轻人都有失业焦虑，那么我们要如何处理这个问题呢？

一方面，我们要不断提升自己的硬实力，始终保持核心竞争力，以确保自己不会被轻易淘汰，这就是"周于利"。

与此同时，我们也要注意"周于德"，向内修正自己的德行，哪怕外面再怎么混乱，你的心不乱，就能最大程度缓解我们的焦虑、内耗。

提升自己的价值，比如说学习各种相关的知识、技能，研究各类稿件内容、诉求，为之后的机会做好准备，这是"周于利"。

如此，你的心便不会乱。心若定了，便没有什么可以影响到你。

不信仁贤，则国空虚：
虚名不如民心，得民心者得天下

　　孟子曰："好名之人①能让千乘之国。苟非其人②，箪食豆羹见于色。"

注释
① 好名之人：朱熹："矫情干誉之人"；东汉赵岐："好不朽之名者"。
② 苟非其人：这里的人，一说指受让者，一说为让者。

　　孟子曰："不信仁贤，则国空虚；无礼义，则上下乱；无政事，则财用不足。"
　　孟子曰："不仁而得国者，有之矣；不仁而得天下，未之有也。"
　　孟子曰："民为贵，社稷次之，君为轻。是故得乎丘民而为天子①，得乎天子为诸侯，得乎诸侯为大夫。诸侯危社稷，则变置。牺牲既成，粢盛（zī chéng）既絜（jié）②，祭祀以时，然而旱干水溢，则变置社稷。"

注释
① 丘：众。
② 粢盛：祭祀时提供的饭食。絜：通"洁"。

有句谚语说：豹死留皮，人死留名。人活一世，都渴望有个好名声，声誉有时比金钱更重要。

孟子曰："好名之人能让千乘之国。苟非其人，箪食、豆羹见于色。"孟子说，喜好名声、珍惜名声的人，能为了名声倾其所有。就算让他把自己的国家让给别人，他也愿意。对名声无所谓，不看重的人，哪怕让他给别人分一篮饭、一碗汤，他也不乐意。举手之劳的小事，他也不想做。

自古以来，人们对孟子这句话有两种截然不同的看法。一种是以朱熹为代表的派别，他们认为好名之人是坏人，这种人爱慕虚荣，为了名声无所不用其极，能把国家拱手相让。但没名没利的事情，哪怕只要他分一点吃的喝的去帮助他人，他也果断拒绝。

这类人可不就是太坏了吗？

另一种看法则相反，他们觉得喜好名声没有错。尤其在春秋战国时期，人们对追逐好名声是欣赏的，觉得这种人是有追求的。这些人可以放弃江山社稷，这些身外之物对他们而言不重要，他们追求的是精神世界，可见他们德行高尚，否则，别说把国家送人了，就算是分别人一杯羹，他们都很难受。

我个人更倾向于第二种看法。想得到好名声的人，往往气魄大，什么都能放得下。《次第花开》这本书中，作者希阿荣博堪布就说过："一个人能不能够放下，与他有多少东西关系不大，一个能放下的人，什么都能放下，一个不能放下的人，哪怕是一枚针，他也放不下。"

这话确实有几分道理。

孟子曰："不信仁贤，则国空虚；无礼义，则上下乱；无政事，则财用不足。"孟子认为，不信任仁人贤士，国家实力就会虚弱。没有礼义，社会就变得动乱。行政不力，国家就贫弱。孟子坚信一点，国家要想建设好，国民、文化和制度这三者缺一不可。

国家要注重仁、义、礼、智、信，用仁义提高道德水准，用礼义治理国家。如果一个国家缺乏贤能之士，不听取仁人贤士的建议，国家迟早会变得空虚。没有道德，没有礼数，没有良政，国家会无法运转，陷入贫困。

孟子曰："不仁而得国者，有之矣；不仁而得天下，未之有也。"假如一个君主不仁不贤，他也许能通过战争歼灭别国，或者通过继承得到国家，但是古往今来，没有一个不仁之君能得到天下。

孟子如此笃定，是因为当时的大环境。

那时的天下有很多诸侯国，它们彼此分割，相互制衡。诸侯各国之间可以相互流动，百姓如果愿意，可以轻松周游列国。当一个老百姓在一个国家生活得不好，他就会离开这里，去其他仁君管制的国家生活。当百姓都离开后，这个国家就没人种地，也没人交税了，国家还怎么发展呢？迟早会灭亡。

看清这个本质后，孟子得出结论说："民为贵，社稷次之，君为轻。是故得乎丘民而为天子，得乎天子为诸侯，得乎诸侯为大夫。"

人民才是最重要的，人民的需求要排在第一位，其次是国家和社稷，排在最后的是国君。一国之君不能以自己的喜好和需求凌驾于百姓和社稷之上。所以，得民心者才能当天子，得天子之心者才可以当诸侯，而得到诸侯之心者，就可以当大夫了。

"诸侯危社稷，则变置。牺牲既成，粢盛既絜，祭祀以时，然而旱干水溢，则变置社稷。"这句话说的是，一旦诸侯危害国家和社稷了，我们就换人。如果我们的祭祀有肥美的牲畜、干净的谷物，也按时开始了，但依然逃不掉干旱和洪水的自然灾害呢？这就说明我们祭拜的土谷之神不靠谱，那么我们就换个对象来祭祀。

孟子说这种话可谓大胆又尖锐。他暗指一个国家百姓没有错，如果国家不景气，那一定是制度有问题，需要改革。传说朱元璋在读到《孟子》这一篇时大发雷霆，生气地说："孟子这种人要是在我手下，估计都死很多回了。"

可见君王对如此直白且尖锐的话是很难接受的，孟子的确勇气可嘉，敢直言不讳。但孟子忽略了一个问题，他关注的是天子要得到民心，却忘记了其他阶层也应如此。不仅是天子要得民心，为百姓服务，天子之下的诸侯和大夫，也要关注百姓需求，把百姓放在第一位，不能只走"上层路线"，欺上瞒下，鱼肉百姓。

因此，国家需要一个好制度，让各个阶层为了统一的目标高效运作，实现国富民强。

贤者昭昭：
仁义，勇敢，正直

孟子曰："圣人，百世之师也，伯夷、柳下惠是也。故闻伯夷之风者，顽夫廉①，懦夫有立志；闻柳下惠之风者，薄夫敦，鄙夫宽。奋乎百世之上，百世之下，闻者莫不兴起也。非圣人而能若是乎？而况于亲炙之者乎②？"

注释　① 顽：贪。
　　　② 亲炙：直接受到熏陶。炙：熏、烤。

孟子曰："仁也者，人也。合而言之，道也。"

孟子曰："孔子之去鲁，曰：'迟迟吾行也。'去父母国之道也。去齐，接淅而行，去他国之道也。"

孟子曰："孔子之厄于陈、蔡之间①，无上下之交也。"

注释　① 厄：受困。

貉稽（mò jī）曰①："稽大不理于口②。"

孟子曰："无伤也。士憎兹多口。《诗》云：'忧心悄悄（qiǎo qiǎo）③，愠（yùn）于群小。'孔子也。'肆不殄（tiǎn）厥愠④，亦不殒厥问⑤。'文王也。"

注释
① 貉稽：古人名。
② 理：顺。不理于口：不顺别人之口，为受人批评之意。
③ 悄悄：忧愁的样子。
④ 肆：发语词。殄：绝。
⑤ 问：同闻，名声。

孟子曰："贤者以其昭昭，使人昭昭；今以其昏昏，使人昭昭。"

在人类文明漫长的演进过程中，有这样一类人，他们凭借自己卓越的才学和过硬的人品，在文明史册上留下了浓墨重彩的一笔。他们强大的影响力，能跨越时空，为后人世代铭记，他们就是孟子口中的"圣人"。

孟子曰："圣人，百世之师也，伯夷、柳下惠是也。故闻伯夷之风者，顽夫廉，懦夫有立志，闻柳下惠之风者，薄夫敦，鄙夫宽。"圣人是百世之师，圣人的教诲能够传递百代人，伯夷和柳下惠就是这样的圣人。凡是听闻了伯夷的风范，贪婪的人也会产生廉洁的想法，懦弱的人也能立下坚定的志向。听说了柳下惠的作风，刻薄的人会变得敦厚，狭隘的人也会变得心胸开阔。

这就是圣人强大的影响力。

因此孟子会说："奋乎百世之上，百世之下，闻者莫不兴起也。非圣人而能若是乎？而况于亲炙之者乎？"

圣人们在数百年前发奋振作，虽然跟我们相隔了漫长的时间，今天听到他们的事迹，我们依然为之鼓舞和感动，何况当年跟随圣人耳濡目染的人。孟子如此感慨，因为他想到了自己，他跟孔子之间隔了一百多年，他读到孔子的书都会热血沸腾，产生强烈的责任感和使命感，如果他有幸跟孔子同朝论道，又该是何等激动人心？

孟子曰："仁也者，人也。合而言之，道也。"这句说的是，所谓"仁"就是人的事，我们要关心人。把"仁"和"人"结合在一起，人要行仁道，所以仁与人合起来就是道。

孔子讲的仁者爱人就是这个道理，人是摆在第一位的，凡事要以人为本。孔子和孟子所推行的仁政王天下，核心就是让天下百姓都过上好日子。执政者的心中应该有朴素的人文关怀，要有恻隐之心、羞恶之心、是非之心和辞让之心。

爱自己然后推而广之去爱其他人。

孟子曰："孔子之去鲁，曰：'迟迟吾行也。'去父母国之道也。去齐，接淅而行，去他国之道也。"孔子离开鲁国的时候依依不舍，说慢点走吧，因为要离开自己的母国了，他很眷恋。当孔子离开齐国的时候，他正在淘米，二话不说，把湿米捞出来，打包直接带走了，非常干脆。这样鲜明的对比，可见孔子对鲁国和齐国的态度差异之大。

孔子对齐国丝毫不留恋，说走就走，哪怕手上还干着活儿，一点也没有准备好，因为齐国不是他的母国，他没有太多留恋和不舍之情。这也反映出孔子的通权达变，对待不同的事物，远近亲疏有别，所以表现方式就会不一样。

每个人都是如此，对待不同的人和事，态度方式都不尽相同。

孟子曰："孔子之厄于陈、蔡之间，无上下之交也。"这句话说的是孔子在陈国、蔡国之间遭围困，是由于跟这两国的君臣没有交往的缘故，人生地不熟。当孔子在卫国和齐国时，有很多当地人招待他，他见到了齐、卫的国君，所以，从上到下，孔子都有熟人照应，他在那边生活得很好，后来选择离开，是因为孔子无法实现他的政治理想和抱负。

等孔子抵达陈国和蔡国之间，他跟谁都不认识，所以他在这些国家感到困厄却没有人帮助。

这就是人脉的作用。尤其在以前，通信和交通工具极度不发达，出门在外，真少不了熟人和朋友的照应。

貉稽曰："稽大不理于口。"孟子曰："无伤也。士憎兹多口，《诗》云：'忧心悄悄，愠于群小。'孔子也。'肆不殄厥愠，亦不殒厥问。'文王也。"一位姓貉名稽的官员对孟子说，总有人说自己的坏话，孟子告诉他说，不要紧。《诗经》里说了，小人当我眼中钉，烦恼沉沉压在心，这话说的就是孔子。虽然没有想法消除别人的怨恨，但也不会损害自己的名声，这话说的是周文王。

孟子这段话是安慰貉稽的，孔子、文王包括孟子自己，谁没有被人骂过呢？所以他这点事，其实不算事。孔子被人骂后也觉得很烦，文王呢，他不打算去管别人为什么骂他，也懒得去消除别人的怨恨，他继续做好自己的事就行了。

孟子曰："贤者以其昭昭，使人昭昭；今以其昏昏，使人昭昭。"孟子说，一个真正的贤者是自己想明白了，然后才想办法让别人也明白。如今传播思想的一些人，比如墨子、杨朱之流，他们是自己都没搞明白，稀里糊涂的，还整天想着教别人。

针对这个问题，孟子的打击面有点广。因为社会科学中，没有人能真正做到"昭昭"，没有人能断言自己什么都明白，这个明白是有限度的，人会有自己的知识盲点和认知误区的。

如果我们用孟子这句"以其昏昏，使人昭昭"批评那些我们以为不对，或者不如自己的人，结果会怎样？结果就是人家不敢说话，直接闭嘴了，这不见得是好事。

因为文明和历史的进步，不能只靠三五个圣人，靠的是全人类。

再作冯妇：
时过境迁，应调整自己的心态和行为方式

孟子谓高子曰①："山径（xíng）之蹊（xī）间（jiàn）②，介然用之而成路③。为间（jiàn）不用④，则茅塞之矣。今茅塞子之心矣。"

注释　① 高子：齐人，曾学于孟子。
② 径：同陉，山脉中断的地方；山口。蹊：小路。间：空隙。
③ 介然：谓专一。
④ 为间：即有间，形容时间短。

高子曰："禹之声，尚文王之声①。"
孟子曰："何以言之？"
曰："以追（duī）蠡（lǐ）②。"
曰："是奚足哉？城门之轨，两马之力与③？"

注释　① 尚：胜过。
② 追：钟纽。用来挂钟，如果经常演奏，钟纽就会因为震动而磨损到欲绝（蠡）的情况。蠡：意为虫蛀木，引申为器物经长时间磨损快要断的样子。
③ 两：虚指一个数字。

齐饥。陈臻曰:"国人皆以夫子将复为发棠①,殆不可复?"

孟子曰:"是为冯妇也②。晋人有冯妇者,善搏虎,卒为善士。则之野,有众逐虎。虎负嵎(yú)③,莫之敢撄(yīng)④。望见冯妇,趋而迎之。冯妇攘(rǎng)臂下车,众皆悦之,其为士者笑之。"

注释
① 发:开仓赈济。棠:齐国邑名。
② 冯妇:古人名,打虎的勇士。
③ 嵎:山坳。
④ 撄:触,碰。"卒为善士则之野,有众逐虎"的另一断句:"卒为善,士则之,野有众逐虎。"士则之,士人都效仿他。也通。

孟子曰:"口之于味也,目之于色也,耳之于声也,鼻之于臭(xiù)也,四肢之于安佚也,性也。有命焉,君子不谓性也。仁之于父子也,义之于君臣也,礼之于宾主也,知之于贤者也,圣人之于天道也,命也。有性焉,君子不谓命也。"

鲁迅说过一句话:"其实地上本没有路,走的人多了,也便成了路。"

这话的灵感火花,或许跟孟子说的一段话有关。

孟子曾跟高子说过:"山径之蹊间,介然用之而成路,为间不用,则茅塞之矣。今茅塞子之心矣。"这句话说的是山和山之间的豁口处有缝隙,那里的小路非常狭窄,人很难通行,但如果人们每次都走这条路,走的次数多了、时间长了,它就变成了一条大路。假如有一段时间没人走,山间的野草长得很快,这条路就会被草覆盖,再也找不着了。

"茅塞顿开"这个成语也来自这里。

路经常不走会长草,人一旦停止思考和学习,思维就会僵化,能力也会退步,之前好不容易积累的学习成果也会被"茅草"覆盖,很难找回来。

孟子之所以对高子说这番话，是因为高子有个观点，孟子不认可。

高子对孟子曰："禹之声，尚文王之声。"高子说大禹时代的音乐比文王时代的音乐厉害。孟子不解就问高子："何以言之？"高子曰："以追蠡。"高子说，禹的钟纽都快敲断了，一定是频繁敲打所致，所以禹的音乐更好。

孟子曰："是奚足哉？城门之轨，两马之力与？"

孟子听完反驳说："单凭这一点恐怕不能说明问题吧，每个城门底下都有两条深深的车辙印，不论是哪条路过来的马车，到最后都要出入城门，所以那个地方是被轧次数最多的。这难道就是两匹马跑出来的吗？"

按照高子的逻辑，钟纽磨损严重所以禹的音乐更好，确实草率了，因为这个钟纽可能是其他时代的人用的，也可能是距今时代久远，自然老化损耗了。我们不能因此就判定禹的音乐好过文王。

高子看待问题过于简单，所以孟子批评他心被"茅草"堵住了。

"齐饥，陈臻曰：'国人皆以夫子将复为发棠，殆不可复？'"齐国遇到了饥荒，陈臻对孟子说："百姓都认为先生您会再次劝齐王打开粮仓来赈济灾民，大概您不会再这样做了吧？"先前齐国曾经闹饥荒，孟子劝齐王打开棠地的粮仓，来赈济贫穷的灾民。这次又闹饥荒，所以陈臻询问孟子。

孟子曰："是为冯妇也。晋人有冯妇者，善搏虎，卒为善士。则之野，有众逐虎。虎负嵎，莫之敢撄。望见冯妇，趋而迎之。冯妇攘臂下车，众皆悦之，其为士者笑之。"

孟子说："再这样做，我就成了冯妇了。晋国有个人叫冯妇，善于打虎，后来成了善人，不再打虎。有次他到野外去，看到有很多人正在追逐一只老虎。那老虎背靠山坡进行抵抗，没有人敢迫近它。大家远远望见冯妇来了，都跑过去迎接他。冯妇就又挽起袖子、伸出手臂走下车来，要去打虎。大家都很高兴，但这种行为却被有见识的士人们讥笑了。"

"再作冯妇"这个成语就是来自这里，形容一个人重操旧业。孟子的旧业是劝谏齐王，现在他不想那么做了。冯妇善于打虎，和孟子善于劝谏是一样的。

冯妇这个打虎英雄为什么不再打虎了？原因有很多。

也许是打虎太凶险，他不愿意再以身犯险；也许是他做了善士不想再用武力了；又或者是他的地位上升不需要再去打虎提高知名度了。

即便如此，当冯妇看到有人害怕老虎不敢出手时，他还有打虎的冲动。

孟子也是这样。起初他劝谏齐王，对方愿意采纳他的建议，但人是会变的，如今的齐王早就变了一个人。他穷兵黩武，根本不把老百姓当回事，孟子在齐王面前说话也不如之前有分量了，齐王现在压根儿不听孟子的。如果这个时候，孟子去劝齐王开仓放粮，只会自取其辱。所以孟子是不会去的，他去了就会像冯妇一样被人耻笑。

孟子对局势有着非常清醒的认识，他知道伴君如伴虎，且君心难测善变，所以他调整了自己的态度和应对方式，不再热衷于叫醒一个装睡的人。

孟子曰："口之于味也，目之于色也，耳之于声也，鼻之于臭也，四肢之于安佚也，性也。有命焉，君子不谓性也。"嘴巴喜爱美味，眼睛喜爱美色，耳朵喜爱美声，鼻子喜爱香味，四肢喜爱安逸，虽然这是人的生理天性，但这种天性能否得到满足却取决于外在的命运，所以君子不把这种天性称为价值层面的人性。

孟子没有否认人的天性，但君子不会刻意强调这些天性，然后鼓舞人们去追求它。

为什么呢？因为这些天性能否得到满足，不是由人的主观意志来决定的，要看客观条件是否具备。

所以孟子会说："仁之于父子也，义之于君臣也，礼之于宾主也，知之于贤者也，圣人之于天道也，命也。有性焉，君子不谓命也。"父子之间要有仁，君臣之间要有义，宾主之间要有礼，贤者要有智慧，天道要靠圣人来发扬。能否实现就要看命运的造化了，所以君子从来不会把仁、义、礼、智这样的东西称作命。假如一个人把仁、义、礼、智看作命运的一部分，学不学不重要，看运气，他可能就不去追求理想了。

孟子认为，人需要发掘自身的天性，更要发掘内心的仁、义、礼、智。外在的享受不必过度追求，因为它们要看运气。人应该多追求内在，比起追逐身外浮名，修行内在更有意义。

大而化之之谓圣：

人格有六个等级——善、信、美、大、圣、神

浩生不害问曰①："乐正子何人也②？"

孟子曰："善人也，信人也。"

"何谓善？何谓信？"

曰："可欲之谓善，有诸己之谓信，充实之谓美，充实而有光辉之谓大，大而化之之谓圣，圣而不可知之之谓神。乐正子，二之中、四之下也。"

注释　① 浩生不害：齐国人，姓浩生，名不害。
　　　② 乐正子：孟子的弟子乐正克。

孟子曰："逃墨必归于杨，逃杨必归于儒。归，斯受之而已矣。今之与杨、墨辩者，如追放豚，既入其苙（lì）①，又从而招之②。"

注释　① 苙：栏，圈。
　　　② 招：羁绊。

孟子曰："有布缕之征，粟米之征，力役之征。君子用其一，缓其二。用其二而民有殍（piǎo），用其三而父子离。"

儒家对于人的修养，基本上有两个主张，孔子主张的是人文之美，强调诗、书、礼、乐等外部修养；而孟子主张的是人格之美，强调人本身的修养。这一节的对话，就表达了孟子对完美人格修养的追求。

孟子的弟子乐正子到鲁国做官，孟子听到这个消息开心得夜不能寐，很多人看到孟子如此反常，就来问他对乐正子的看法。

齐国人浩生不害问孟子，你的弟子乐正子是个什么样的人？

乐正子是孟子特别得意的一个学生，孟子回答说："善人也，信人也。"乐正子是一个善良的人，也是一个真诚的人。

浩生不害继续问："何谓善？何谓信？"什么叫善良？什么叫诚信呢？

孟子讲了人格的六重境界，他说："可欲之谓善，有诸己之谓信，充实之谓美，充实而有光辉之谓大，大而化之之谓圣，圣而不可知之之谓神。

第一重境界是"善"："可欲之谓善"。心之向往视为可欲，人内心有向善的欲望，渴望成为一个善良的人，虽然还没有什么善良的行为，但至少有了一种向善的认知，这就叫作"善"。王阳明的"知是行之始"表达的就是这个意思，先有思想上的改变，才会有行为上的改变。

第二重境界是"信"："有诸己之谓信"。有了道德认知，还能将这些认知内化成自己的品行，不仅有善念，还有善行，这就叫作"信"。乐正子只做到了这一境界。

第三重境界是"美"："充实之谓美"。只在某一方面做到善是不够的，如果能将善良的本性随时随地体现在方方面面，就达到了"美"的境界。

第四重境界是"大"："充实而有光辉之谓大"。不仅在方方面面做好了，同时还给别人带来了温暖，给社会做出了贡献，那么这个人就达到了"大"的境界。

第五重境界是"圣"："大而化之之谓圣"。将自己的美德发扬光大，不仅度己度人，还能感化众生，化育万物，即所谓教化万民，教化万邦，这就是圣人的境界。

最高的境界是"神"："圣而不可知之之谓神"。一个人不仅能教化万民，而且是以一种潜移默化的方式感染万民，不需要刻意教化，而是自然而然地影响他人，这是教育的最高境界，也是庄子的"至人无己，神人无功，圣人无名"的逍遥境界。这种境界很少有人能达到。

孟子说："乐正子，二之中、四之下也。"乐正子的境界达到什么程度了呢？他只达到了善和信，美、大、圣、神，这四个境界他还做不到。

孟子接着说："逃墨必归于杨，逃杨必归于儒。归，斯受之而已矣。今之与杨、墨辩者，如追放豚，既入其苙，又从而招之。"

孟子说过"予岂好辩哉？""予不得已也"。孟子很忧心，他所做的所有努力，就是想将年轻人从墨翟和杨朱的思想中争取过来。

孟子说，逃离墨子一派的，必定归向杨朱一派；逃离杨朱一派的，必定归向儒家一派。只要他能回归，接受他就好了。今天同杨、墨两家辩论的人，就像追逐走失的猪一样——已经送回猪圈了，还要将它们的脚拴住。

逃墨必归于杨，一个人如果真的加入墨家这样的组织，太吓人了，所有的人都穿着破旧的衣服，没有私有财产，哪儿打仗，就去帮人防守，领导让你死，说死就死。一般人都做不到这样，所以，好多年轻人都离开了。

逃离墨家以后，他们往往走向另一个极端，信服杨朱的思想，主张人人都要自私，互不关怀。你不要关怀我，我也不会关怀你，但是你要侵犯我，我就反击，结果就是每个人都像刺猬一样，无法互相取暖。这时候人也是很痛苦的，所以很多人又逃离杨朱一派。

这些逃离的人最终还是回到了儒家的门下。对待这些人应怎么办？孟子说要优待俘虏，就是你不能在他们回来了以后，羞辱他们，而是应该接纳他们。

儒家和墨家、杨朱之间的这种争执，也在于要把自己的支持者变多，不要再内部树敌，不要跟已经归附你的人争论。

打仗的时候，优待俘虏是非常重要的。如果一个部队杀俘虏或者虐待俘虏出了名，结果就是没有人再愿意投降。

孟子这里想要表达的就是儒家的弟子，至少要达到善和信两种境界，对于和自己思想、意见不统一的人，不要羞辱，要用一颗善良的心去接纳他们。

孟子接着说："有布缕之征，粟米之征，力役之征。君子用其一，缓其二。用其二而民有殍，用其三而父子离。"有三种征收赋税的方法，第一种是布缕之征，相当于收钱，那时候货币使用不普遍，布缕可以替代货币的功能。第二种是粟米之征，就是征粮。第三种是力役之征，就是让百姓出劳力，比如修建城池。君子只用其中的一种，另外两种不会同时使用。如果同时使用了两种，百姓就会饿死；如果同时使用了三种，百姓就会父子彼此顾不上，也就是家破人亡了。

这一段是孟子对君主的人格境界提出的要求，孟子认为，一个真正的仁君，至少应该达到"大"的境界，不给百姓增加负担，用自己的品行去感化万民。他认为，只有通过君主的品行和道德教化，才能实现国家的繁荣和人民的幸福。

孟子的这一段话是对君主治理国家的理想化观念，对于现在的社会治理、企业管理仍然有着重要的启示意义。不管是管理国家还是管理企业，都需要以德服人，用自己的品行和道德力量去影响他们，而不是用压迫去征服他们。

人皆有所不忍：
从小处着手，修炼仁义之心

盆成括仕于齐①。

孟子曰："死矣，盆成括！"

盆成括见杀，门人问曰："夫子何以知其将见杀？"

曰："其为人也小有才，未闻君子之大道也，则足以杀其躯而已矣。"

注释 ① 盆成括：姓盆成，名括，曾学于孟子，未成即去。

孟子之滕，馆于上宫。有业屦（jù）于牖（yǒu）上①，馆人求之勿得。

或问之曰："若是乎从者之廋（sōu）也②？"

曰："子以是为窃屦来与？"

曰："殆非也。夫子之设科也，往者不追，来者不拒。苟以是心至，斯受之而已矣。"

注释　① 业屦：没织好的草鞋。
　　　② 庋：隐匿。

　　孟子曰："人皆有所不忍，达之于其所忍，仁也；人皆有所不为，达之于其所为，义也。人能充无欲害人之心，而仁不可胜（shēng）用也；人能充无穿逾（yú）之心，而义不可胜用也；人能充无受尔汝之实①，无所往而不为义也。士未可以言而言，是以言餂（tiǎn）之也②；可以言而不言，是以不言餂之也，是皆穿逾之类也。"

注释　① 尔汝：平辈间以尔汝称，有轻贱之意。
　　　② 餂：诱取。

　　君子之道是孟子思想的核心范畴，也是这一篇的核心议题。在这一节，孟子阐述了他眼中的君子之道。
　　孟子的弟子盆成括学到一半就去齐国做官了，孟子说："死矣，盆成括！"盆成括离死不远了。
　　不久之后，盆成括果然被杀。有学生问孟子，老师怎么知道盆成括会被杀呢？
　　孟子回答说："其为人也小有才，未闻君子之大道也，则足以杀其躯而已矣。"盆成括有一点小聪明，但是他不懂君子应该知道的大道理，不知道藏敛，这足以招来杀身之祸。
　　孟子这里说的君子之道就是懂藏敛，有一点小聪明，但是不懂藏敛，四处卖弄自己的小聪明，迟早会给自己招来祸患。
　　一个普通人，如果不够聪明，那就不会冒头，普普通通地也能过完一辈子。最怕的就是有一点小聪明却不足以成事，还喜欢四处招摇，这就足以殁身。

盆成括这个人有点才干，还没学成就着急去做官了。孟子一看说，危险，他根本不知道齐国的水有多深，孟子是在齐国做过卿的人，他对那里的政治环境非常了解。自己的学生仗着一点小聪明，就以为自己可以去施展身手，结果却把命丢了。所以，锋芒毕露常常招人嫉恨，惹火烧身自己还不知道。盆成括的遭遇告诉我们，做人一定要注意自身的修为，要懂得藏敛，不要仗着一点小聪明就张扬行事。

下面是发生在孟子身上的一个小故事："孟子之滕，馆于上宫。有业屦于牖上，馆人求之勿得。或问之曰：'若是乎从者之廋也？'曰：'子以是为窃屦来与？'曰：'殆非也。夫予之设科也，往者不追，来者不拒。苟以是心至，斯受之而已矣。'"

孟子到滕国去，住在上等旅馆里，有一双还没织好的鞋子放在窗台上不见了，旅馆里的人找不到它。就有人问说："是不是跟孟子一起来的人把它藏起来了？"下面的这句话没有主语，我觉得更合理的解释是另外一个旅馆的人员，他说："你以为他们是为偷鞋子而来的吗？"那人说："恐怕不是的。"另外一个人接着说："孟子作为先生是来教授学问的，有人学到一半就离去他也不追问，有人愿意来学他也不拒绝，只要他们有心向学，孟子就会接受他们。"

这个故事说明了什么呢？孟子对学生的行为不追问，只要前来求学就一律收留，对于草鞋的存在和遗失，在孟子眼里就和学生的往来一样，他并不在意。学生的行为在于个人，与孟子本人没有什么关系。

接下来，孟子说的这段话，解释了上面故事中他的行为，孟子说："人皆有所不忍，达之于其所忍，仁也。"每个人都有不忍心做的事情，如果能把这种不忍心扩展到忍心做的事情上，这就是仁。你看到一个婴儿匍匐着爬向水井，你不会考虑你跟这个婴儿什么关系，有没有摄像头，你一定会去救那个婴儿，因为你不忍心他掉到井里去，这个叫作恻隐之心。这是一个人与生俱来的善，人们不忍心做一些违背善心的事情。把这种恻隐之心扩展到其他的事情上，就是仁。

"人皆有所不为，达之于其所为，义也。"每一个人都有不乐意做的事，将它扩展到所乐意做的事上，就是义。你不会抢你哥哥的饭来吃，你有辞让之心，这就是义的开端。你推而广之，将这种辞让之心推广到其他人身上，不欺负他人，这就是义。

所以，仁和义在孟子看来并不难，"人能充无欲害人之心，而仁不可胜用也。""充"字很重要，就是推广，对于孟子来说，人这一辈子最重要的一件事就是推广，你心中已经有了善端，有了仁，有了义，你最重要的事是把它发扬光大，把它守护住，达到不会产生害人之心的程度，这时候仁的能量就会源源不断。

我们采访过《生命摆渡人》的作者，武汉的快递小哥汪勇，他说自己开始加入武汉金银潭医院的需求群，只是想多探听点消息，也就是为了保护自己的家人。这是他开始的仁心，只在自己家人身上。进群后他看到那些医护人员没有饭吃，没有人送热水，眼镜腿坏了没法修，手机坏了没法修。然后他就将自己的仁心扩大到医护人员身上，最后成为英雄。

一个人把自己的不忍之心扩大，就可以达到仁的地步，再把仁心扩大，就能得到源源不断的能量，而君子就是将这两者同时扩大到最大。

"人能充无穿逾之心，而义不可胜用也；人能充无受尔汝之实，无所往而不为义也。"一个人如果能够将不偷不抢的心扩展开，义就会用之不尽了；一个人如果能够将不受轻贱的言行扩展开，那无论到哪里都合乎义了。

"士未可以言而言，是以言餂之也；可以言而不言，是以不言餂之也，是皆穿逾之类也。"一个士人，本来不应该和他交谈却偏要争高下，非要谈出个所以然来，这就是用言语来引诱他，以便从中取利，比如像苏秦、张仪这样的辩士，到处去和那些国君讲合纵连横的策略，实际上他们心中没有立场和道义，谈成一个是一个，这个叫"以言铦之"。可以和他谈论却又不说，这就是用沉默来引诱他，以便从中取利，这些行为和挖洞翻墙没有什么区别。

而君子之道，就是不行挖洞翻墙之事，同时也不用言语去诱骗他人。

养心莫善于寡欲：
修身养性最好的方法，就是减少自己的欲望

孟子曰："言近而指远者，善言也；守约而施博者，善道也。君子之言也，不下带而道存焉①；君子之守，修其身而天下平。人病舍其田而芸人之田，所求于人者重，而所以自任者轻。"

注释 ① 不下带：朱熹注："古人视不下于带，则带之上及目前常见至近之处也。举目前之近事，而至理存焉，所以为言近而指远也。"视不下带，眼睛只看着腰带以上，所指的就是常见的一般事物。

孟子曰"尧、舜，性者也；汤、武，反之也。动容周旋中（zhòng）礼者，盛德之至也。哭死而哀，非为生者也。经德不回①，非以干禄也②；言语必信，非以正行也。君子行法，以俟命而已矣。"

注释 ① 经：行。回同违。
② 干：求取。

孟子曰："说（shuì）大人则藐之，勿视其巍巍然。堂高数仞①，榱（cuī）题数尺②，我得志，弗为也；食前方丈，侍妾数百人，我得志，弗为也；般（pán）乐饮酒③，驱骋田猎，后车千乘，我得志，弗为也。在彼者，皆我所不为也；在我者，皆古之制也。吾何畏彼哉？"

注释　① 堂高：指堂阶之高而言，过去，堂往往建在台地上。仞：周制八尺，汉制七尺。
　　　② 榱题：屋檐滴水处，此处指屋檐。
　　　③ 般乐：大肆享乐。般：游玩。

孟子曰："养心莫善于寡欲。其为人也寡欲，虽有不存焉者，寡矣；其为人也多欲，虽有存焉者，寡矣。"

孟子的言论始终围绕"圣人必可学而至"，他一直鼓励年轻人要提升自己的道德操守，向圣人靠近。这一节孟子的主题依然是鼓励年轻人向圣人学习。

孟子说："言近而指远者，善言也。"言语浅近而含义深远的，就是善言。

孔子和孟子都不喜欢卖弄文字，他们说的语言都说那个时代的大白话，很容易理解。比如孔子的"学而时习之，不亦说乎？有朋自远方来，不亦乐乎？"，这句话就很浅近，通过字面意思也能理解，但是意义却很深远，可以让人反复学习。

"守约而施博者，善道也。"原则很简单但是效果却很广泛的，是善道。

秦朝的法律规定特别复杂，百姓不小心触犯了法律，动不动就被割鼻子、砍手脚。刘邦进入咸阳后，下令"杀人者死，伤人及盗抵罪"，简单明了，一下子就得到了百姓的拥护，这就是守约而施博者。

"君子之言也,不下带而道存焉。"古人穿衣服要系腰带,"不下带"就是眼睛不往腰带以下的地方看。这句话的意思是君子的言语,讲的虽然是很平常的事情,但是道却在其中,蕴含着深刻的道理。

"君子之守,修其身而天下平。"一个君子最重要的操守就是"修其身而天下平",先把自己的事情做好,才能使天下太平,也就是先修身,才能治国平天下。

一个企业出现问题,往往是领导者自身先出现问题,如果领导者能反身以诚,从自身去找原因,提升自己的格局和眼界,那么公司自然会越来越好。如果领导者自身的修养、格局不够,领导者自己就会成为企业发展的边界,所以"修其身而天下平"是君子之守。

"人病舍其田而芸人之田,所求于人者重,而所以自任者轻。"人们的毛病往往在于放弃自己的田地不耕种,却跑到别人的田里去除草。对别人要求很严格,对自己要求却很松,宽以律己,严以待人。

很多管理者都有这样的问题,他们对下属要求极其严苛,对自己要求却很松,自己的事情都做不好,反而插手下属的事情,最终导致管理和工作都没做好。

古人有句话说:"以责人之心责己,则寡过;以恕己之心恕人,则全交。"意思是我们要以宽容自己的心来宽容别人,就能保全友谊;以要求别人的标准要求自己,就会减少很多过错,严以律己,而宽以待人。

接着,孟子给我们列举了可以学习的一些榜样,他说:"尧、舜,性者也;汤、武,反之也。"尧和舜的美德是出于本性,而汤、武则是通过修身而将美德加于己身的。虽然我们无法复制尧、舜,但是却可以通过努力去向汤、武靠近,这是我们努力的方向。

"动容周旋中礼者,盛德之至也。哭死而哀,非为生者也。经德不回,非以干禄也;言语必信,非以正行也。"汤、武通过修身达到了什么样的境界呢？一举一动无不合乎礼，这是美德的最高表现。他们参加葬礼悲伤哭泣，不是做给活人看的，而是发自内心地为死者难过。他们贯彻道德，远离邪僻，不是为了谋得一官半职。他们言出必行，不是为了让别人知道自己行为端正。他们的言行都不带有任何的目的，所做都是顺其自然，顺应自己的内心。

"君子行法，以俟命而已矣。"君子依照法度做事，剩下的就交给命运去安排。《中庸》里讲"君子居易以俟命，小人行险以徼幸"，也是这个意思。

商汤和周武王这样的圣明君主，他们做事不取巧，依照法度，该做什么就做什么，然后等待命运的安排，看上天会带来一个什么样的结果。跟我们常说的"尽人事以听天命"是一个意思，做好自己该做的，剩下的就顺其自然，不强求。

孟子接着用具体的例子来说明君子的做法，他说"说大人则藐之，勿视其巍巍然。堂高数仞，榱题数尺，我得志，弗为也。"君子应持有傲骨，不因对方的地位高而感到敬畏。你去游说诸侯，你要学会"藐视"他们，不要把他们高高在上的样子放在眼里。殿堂几丈高，屋檐几尺宽，如何才能做到"藐视"他们呢？就在心里告诉自己"我得志，弗为也"，如果有一天我得志了，就不会这样做。这是君子对自己的一种警醒，也是对未来的期许。

在享受生活方面，君子同样有自己的原则，"食前方丈，侍妾数百人，我得志，弗为也"。吃饭的时候菜肴满桌，姬妾几百，你得在心里告诉自己"我得志，弗为也"，有一天我发达了，绝对不这样做。这种节制并不是因为君子不喜欢享受，而是因为他们明白，过度沉迷于物质享受会让人失去自我。

此外，君子在娱乐和出游方面也有自己的标准。"般乐饮酒，驱骋田猎，后车千乘，我得志，弗为也。"饮酒作乐，驰骋田猎，跟随的车子多达千辆,我如果得志,一定不这样干。这是因为君子明白,真正的快乐来自内心的平静和自我修养,而不是外在的物质享受。

最后,孟子强调,君子的行为准则并不是为了迎合他人,而是为了坚守自己的信念。"在彼者,皆我所不为也;在我者,皆古之制也。吾何畏彼哉?"他们所做的,都是我不会做的;而我做的,都是依照古法制度。既然如此,我有什么好怕他们的呢?因此,君子并不需要惧怕那些违反道义的人。他们只要坚守自己的信念,就能在任何情况下保持傲骨。

最后孟子谈论了修身养性的方法,他说:"养心莫善于寡欲。其为人也寡欲,虽有不存焉者,寡矣;其为人也多欲,虽有存焉者,寡矣。"

修养心性的方法没有比减少欲望更好的了。如果能够做到清心寡欲,虽然心性也有迷失的,但是不多;反之,如果欲望过多,虽然心性也有不迷失的,但是就很少见了。

所以修身养性最好的方法,就是减少自己的欲望,不为欲望所累,自然也不会被欲望所伤。这个欲,包括我们的衣食住行等对物的欲望,也包括我们对权力、感情等精神的欲望。正所谓"嗜欲深者天机浅",一个人的欲望越大,那么他离自己的本心本性就会越远。

思狂狷，恶乡原：
伪君子比真小人更可怕

曾皙嗜羊枣①，而曾子不忍食羊枣②。公孙丑问曰："脍炙与羊枣孰美③？"

孟子曰："脍炙哉！"

公孙丑曰："然则曾子何为食脍炙而不食羊枣？"

曰："脍炙所同也，羊枣所独也。讳名不讳姓，姓所同也，名所独也。"

注释	① 羊枣：何焯《读书记》云："羊枣非枣也，乃柿之小者，初生色黄，熟则黑，似羊矢。其树再接则成柿。" ② 曾子：人名，曾皙的儿子，名参。父子俱学于孔子。 ③ 脍：把鱼、肉切成薄片，类似刺身。炙：烤肉。

万章问曰："孔子在陈，曰：'盍归乎来？吾党之士狂简①，进取不忘其初。'孔子在陈，何思鲁之狂士？"

孟子曰："孔子'不得中道而与之，必也狂狷乎！狂者进取，狷者有所不为也'。孔子岂不欲中道哉？不可必得，故思其次也。"

"敢问何如斯可谓狂矣？"

曰："如琴张②、曾晳、牧皮者③，孔子之所谓狂矣。"

"何以谓之狂也？"

曰："其志嘐嘐（xiāo xiāo）然④，曰：'古之人！古之人！'夷考其行⑤，而不掩焉者也。狂者又不可得，欲得不屑不絜之士而与之，是獧（juàn）也，是又其次也。孔子曰：'过我门而不入我室，我不憾焉者，其惟乡原（yuàn）乎⑥！乡原，德之贼也。'"

曰："何如斯可谓之乡原矣？"

曰："'何以是嘐嘐也？言不顾行，行不顾言，则曰，古之人，古之人。行何为踽踽（jǔ jǔ）凉凉⑦？生斯世也，为斯世也，善斯可矣。'阉然媚于世也者，是乡原也。"

万章曰："一乡皆称原人焉，无所往而不为原人，孔子以为德之贼，何哉？"

曰："非之无举也，刺之无刺也，同乎流俗，合乎污世，居之似忠信，行之似廉洁，众皆悦之，自以为是，而不可与入尧、舜之道，故曰'德之贼'也。孔子曰：'恶似而非者：恶莠，恐其乱苗也；恶佞⑧，恐其乱义也；恶利口，恐其乱信也；恶郑声，恐其乱乐也；恶紫，恐其乱朱也；恶乡原，恐其乱德也。'君子反经而已矣⑨。经正，则庶民兴；庶民兴，斯无邪慝（tè）矣。"

注释　① 党：乡里。士：指留在鲁国的孔门弟子。简：疏阔。狂简，志向高远而处事疏阔。
　　　② 琴张：孔子弟子，即子张。
　　　③ 牧皮：孔子弟子。
　　　④ 嘐嘐：赵岐注："志大言大者也。"
　　　⑤ 夷：此字不知何解，前人疑为语首词，无义。
　　　⑥ 乡原：即乡愿，指乡里伪善欺世、博取好名的所谓好好先生。
　　　⑦ 踽踽凉凉：即不与人相亲，落落寡合的样子。踽踽：独行难进。凉凉：不被人亲近，凉：薄。
　　　⑧ 佞：巧言谄媚。
　　　⑨ 反同返。经：正道，常道。

本篇中，孟子借万章之口表明了自己对于几类人的褒贬态度。

万章问曰："孔子在陈，曰：'盍归乎来？吾党之士狂简，进取不忘其初。'孔子在陈，何思鲁之狂士？"

故事的背景是，孔子在陈地时，连粮食都没有了，孔子突然想回鲁国。孔子说，我为什么不回去呢？我们那个地方的年轻人志向高远、处事疏阔，他们努力进取又不忘初心。万章不明白，孔子为什么会突然想起鲁国的狂士，于是来问孟子。

孟子曰："孔子'不得中道而与之，必也狂狷乎！狂者进取，狷者有所不为也'。孔子岂不欲中道哉？不可必得，故思其次也。"孟子说，孔子想招一个能够找到中庸之道的人，但却找不到，好不容易有一个接近中道的颜回，还不幸短命。没办法，孔子觉得狂者和狷者也可以，狂者做事积极，而狷者知道有些事情绝对不能做，这是退而求其次的做法。

"敢问何如斯可谓狂矣？"曰："如琴张、曾皙、牧皮者，孔子之所谓狂矣。"万章问，那到底什么样的人可以被称作狂者呢？孟子说，像子张、曾皙、牧皮这样的学生，孔子说他们算是狂者。"何以谓之狂也？"为什么他们可以被称作狂者呢？

曰："其志嘐嘐然，曰：'古之人！古之人！'夷考其行，而不掩焉者也。狂者又不可得，欲得不屑不絜之士而与之，是狷也，是又其次也。

"嘐嘐"是志向远大的意思。孟子说，这些人志向远大，张口就说古之人、古之人，意思是他们每天都托古讽今。可如果你去考察他们的行为，就会发现他们言行不符。如果这样的狂者我们也找不到的话，那么能找到一些"不屑不絜之士"与之交往也可以。所谓"不屑不絜之士"，是指那些不愿意为了私人欲望去改变自己的行为，去做超越底线之事的人，这些人被称作狷者，这是又次一等的。

在孟子看来，狂者强于狷者。狂者虽然喜欢说大话，行为不受规矩约束，甚至做一些出格的事，但他们努力做事。而狷者虽然看起来没有那么大的力量去改变这个世界，但能守住自己的底线，知道哪些事该做，哪些事不该做。

接下来，孟子又提到一类人，叫作"乡原"。

"孔子曰：'过我门而不入我室，我不憾焉者，其惟乡原乎！乡原，德之贼也。'"孟子引用孔子的话回答万章。孔子说，过我的门不入我的室，我心中毫无遗憾的只有一种人，就是乡原，他们是损害德行的人。这是孔子最讨厌的一种人。

曰："何如斯可谓之乡原矣？"，什么样的人被称作乡原呢？曰："'何以是嘐嘐也？言不顾行，行不顾言，则曰，古之人，古之人。行何为踽踽凉凉？生斯世也，为斯世也，善斯可矣。'阉然媚于世也者，是乡原也。"

孟子先是引用了乡原批评狂者的话。狂者不是喜欢讲道德，喜欢说"古之人，古之人"嘛，乡原就在旁边说风凉话，批判狂者口出狂言，说狂者说的，又做不到，狂者做的，又说不清楚。狂者只能艰难地独行，不与人亲近，根本没有人喜欢他们，也没有人愿意跟他们在一起。

但乡原认为自己人缘好，因为他们把自己的真实意愿藏起来，曲意讨好世人，他们考虑的不是什么事对、什么事该做，而是自己这样做别人会不会说我好。所以，乡原做的所有事情，都不是自己想要做的，而是他们猜测周围人认为他们应该做的，所以别人都说他们好。

万章曰："一乡皆称原人焉，无所往而不为原人，孔子以为德之贼，何哉？"万章接着问，全乡的人都说他们是忠厚之人，他们走到哪儿表现出来的都是忠厚人的样子，那孔子为什么说他们是损害德行的人呢？

乡原就有点像我们说的"墙头草",他们做事不是出于自己的真实意愿,而是迎合周围人,见风使舵。

万章不清楚,别人都说好的人,孔子为什么这么厌恶他们呢?

曰:"非之无举也,刺之无刺也,同乎流俗,合乎污世,居之似忠信,行之似廉洁,众皆悦之,自以为是,而不可与入尧、舜之道,故曰'德之贼'也。"孟子说,因为乡原什么事都没做,你想骂他却找不出他的过错,你要是指责他,他也没有什么可以指责的。他跟整个世界同流合污,整天把忠信挂在嘴边,以道德来绑架别人,做事好像还是挺像样的,大家都说他好,他也自以为自己很好。

但他做不到和你一起实现尧舜之道,跟社会上的不正之风做斗争,倡导一些真正符合科学和良知的东西。也就是说他们混淆了有道和无道、有德和无德,让老百姓根本分辨不清什么是好、什么是坏,所以孔子说这种人对于德行有着很大的损害。

孔子还做了一些比喻说明这种人很坏。孔子曰:'恶似而非者:恶莠,恐其乱苗也;恶佞,恐其乱义也;恶利口,恐其乱信也;恶郑声,恐其乱乐也;恶紫,恐其乱朱也;恶乡原,恐其乱德也。'"

孔子说,乡原可恶的地方在于他们的似是而非。"莠"就是狗尾巴草,乡原就像狗尾巴草,跟麦子长得很像,试图冒充麦苗。"佞"就是说话谄媚的人,乡原就像说话谄媚的人,能够把黑的说成白的,把白的说成黑的,把真正的义行搅乱了。乡原夸夸其谈,真实的东西都被他们的好口才给扭曲了。孔子特别讨厌郑国的音乐,说它是靡靡之音,乡原就像靡靡之音,把真正的礼乐之教的音乐给掩盖了。紫色跟红色很接近,乡原就像紫色扰乱了正宗的红色。

总之,孔子很讨厌乡原这种人,就是因为这种人不是典型的坏蛋,但他们让人们混淆好人跟坏人的界限。他们努力地挑别人的毛病,而展示自己道德的高尚,会使正义观变得非常混乱。

最后孟子又说了自己最推崇的一类人，就是君子。

"君子反经而已矣。经正，则庶民兴；庶民兴，斯无邪慝矣。""经"是正道，"反经"就是返回正道的意思。君子什么样子呢？孟子觉得君子能够返回正道。只要正道确立了，老百姓就会振作起来，老百姓一旦振作起来，这个世界上的邪恶就会减少很多。

在全书即将收尾的倒数第二章，孟子用了很大一段话，通过万章之口，向我们描述了什么是狂者，什么是狷者，什么是乡原，什么是君子。

在孟子眼里，最高等的是君子，其次是狂者，再其次是狷者，最后是极其令人厌恶的乡原，也是在鼓励后人做能够返回正道的君子，别做被人厌恶的乡原。

然而无有乎尔，则亦无有乎尔：
以天下为己任，是孟子的大丈夫气概

孟子曰："由尧、舜至于汤，五百有余岁。若禹、皋陶，则见而知之；若汤，则闻而知之。由汤至于文王，五百有余岁。若伊尹、莱朱[①]，则见而知之；若文王，则闻而知之。由文王至于孔子，五百有余岁。若太公望[②]、散宜生[③]，则见而知之；若孔子，则闻而知之。由孔子而来，至于今，百有余岁。去圣人之世，若此其未远也；近圣人之居，若此其甚也。然而无有乎尔，则亦无有乎尔！"

注释　① 莱朱：商汤的贤臣。
　　　② 太公望：即姜尚，文王国师，后辅武王伐纣。
　　　③ 散宜生：散宜为姓，生为名，文王贤臣。

孟子在所有篇章里提到很多践行仁政的古人，也正是一代代人传承下来，把仁义和道义传到了孟子的时代。而孟子在做的事情，就是传承和发扬这些优秀古人的品质，为后人所用。

在《孟子》的最后一篇里，孟子依然在强调自己传承优秀品质的责任感。

孟子曰："由尧、舜至于汤，五百有余岁。若禹、皋陶，则见而知之；若汤，则闻而知之。由汤至于文王，五百有余岁。若伊尹、莱朱，则见而知之；若文王，则闻而知之。由文王至于孔子，五百有余岁。若太公望、散宜生，则见而知之；若孔子，则闻而知之。由孔子而来，至于今，百有余岁。去圣人之世，若此其未远也；近圣人之居，若此其甚也。然而无有乎尔，则亦无有乎尔！"

孟子说，从尧、舜到商汤，大概有五百多年，像禹和皋陶这样的人，他们是见过尧、舜的，而像汤只能通过口耳相传知道。

从汤传到周文王，又过了五百年。莱朱是汤朝的贤臣，伊尹和莱朱都是和汤共事过的人，这些人是见过汤的；而周文王只能从别人口中听说汤。

从周文王传到孔子这儿，又过了五百多年。散宜生是周文王时的贤臣，他和姜太公是见过周文王的，孔子只能是听别人说周文王。

孔子的孙子叫子思，子思的弟子是孟子老师，孔子和孟子相距一百来年。孟子说，我们现在离最近的圣人其实并不远，也只有一百来年；离圣人的家乡也很近，孔子在曲阜，孟子在邹地，这是多么接近的呀。

最后孟子感叹，假如就算这样都不能继承孔子遗志，那就没人能继承孔子的遗志了。

在《孟子》的最后一篇里，孟子讲了儒家血脉的接续，从尧舜到商汤，再到周文王、孔子，然后再到孟子自己身上，孟子表达了自己的责任感。孟子虽然不是孔子亲收的弟子，但终其一生，都以传承和发扬儒家思想为己任。他很清楚他自己要做的事情是传承圣人的正道，以天下为己任，有一种舍我其谁的气度，让我们为之赞叹。

我觉得今天的我们也要传承孟子思想。在我看来，我们可以从三个方面对孟子思想进行学习和传承。

一是通过书本教育传承给孩子。俗话说，教育要从娃娃抓起。能够让孩子拿起书本，翻看《孟子》，作为父母，也能够放下手机，陪孩子一起学习阅读《孟子》，让孩子早点接受孟子思想的熏陶，对于孩子未来世界观、价值观的形成具有重要作用。

二是严格要求自己。德国著名哲学家卡尔·雅斯贝尔斯说：教育的本质意味着：一棵树摇动另一棵树，一朵云推动另一朵云，一个灵魂唤醒另一个灵魂。父母是孩子的第一任老师，父母以孟子的思想要求自己，身体力行，对周围人充满善意，做事从仁义出发，言传身教就会促使孩子变成一个内心有仁爱的人，也可以影响周围人的行为。

三是在学习、工作、人际交往和生活中践行孟子的思想。比如对人要少一些责备、多一些包容。在教育孩子时，把孩子当成平等的个体，尊重孩子。在管理公司和下属时要施行仁政，要懂得尊重下属，用仁慈和善意管理人心。

总之，孟子坚持人性本善论，他认为人生来就有恻隐之心、羞恶之心、辞让之心和是非之心，这"四心"是仁、义、礼、智四端，也是人与生俱来的"善端"，人应该顺从自己的善心去做人做事。生活中，我们也应该善意地对待他人。

当我们真正在生活中做到这些时，我们也就成了孟子思想的传承者，从而更好地为自己的人生护航。同时，向社会传递善意也是我们每个人的社会责任。